DOCTRINE DE LA SCIENCE.

PRINCIPES FONDAMENTAUX

DE LA SCIENCE

DE LA CONNAISSANCE,

PAR J. G. FICHTE,

TRADUIT DE L'ALLEMAND

PAR P. GRIMBLOT.

PARIS,
LIBRAIRIE PHILOSOPHIQUE DE LADRANGE,
Quai des Augustins, 19.

1843

OEUVRES CHOISIES
DE FICHTE.

TOME I.
DOCTRINE DE LA SCIENCE.

DOCTRINE DE LA SCIENCE.

PRINCIPES FONDAMENTAUX

DE LA SCIENCE

DE LA CONNAISSANCE,

PAR J. G. FICHTE,

TRADUIT DE L'ALLEMAND

PAR P. GRIMBLOT.

A PARIS,
LIBRAIRIE PHILOSOPHIQUE DE LADRANGE,
Quai des Augustins, 19.

1843

PRÉFACE
DU TRADUCTEUR.

L'École Philosophique, connue sous le nom d'École Allemande, a eu en France une singulière destinée. Que beaucoup d'excellents esprits aient contre elle la plus fâcheuse des répugnances, celle qui naît du dédain, jusqu'à un certain point je n'en suis pas surpris, puisqu'on a voulu la juger avant de l'étudier; et que, n'ayant aucune idée précise de son point de départ et de son but, des caractères essentiels de sa méthode et du rigoureux enchaînement de ses déductions, on lui a souvent attribué des idées fausses, sur des expressions qui, arbitrairement détachées et perdant leur signification spéciale, paraissaient en effet vides, ridicules, quelquefois même insensées. Mais lorsqu'on examine de près la philosophie allemande, on tarde peu à s'apercevoir que si jamais prévention fut injuste, c'est celle au nom de laquelle on l'a repoussée. On la représentait comme perdue dans de vaines subtilités ou obéissant aux caprices les plus déréglés de la fantaisie, et poursuivant dans les régions nébuleuses de l'abstraction les plus ridicules chimères. *Gens ratione ferox et vanis pasta chimæris*, disait-on avec la légèreté prétentieuse et l'orgueilleuse sécurité de l'igno-

rance. D'ailleurs, les philosophes allemands n'on
pas été les seules victimes de ce préjugé. L'espri
général de la nation allemande était lui-même mis er
cause. On lui reprochait des tendances vagues, indé-
cises : on lui refusait cet indéfinissable achèvement des
facultés intellectuelles, que l'on appelle goût, esprit,
jugement, sens pratique, suivant que l'on parle des
arts, de la conduite ou des affaires. Mais à l'imperti-
nente et spirituelle question du père Bouhours, si souvent posée depuis deux siècles, l'Allemagne elle-même
n'a-t-elle pas péremptoirement répondu? N'est-il pas
douteux aujourd'hui qu'écrivain ni poète puisse jamais avoir plus d'esprit et de goût que Gœthe? Que
dans la critique historique, il soit jamais déployé
plus de jugement, je ne dis pas plus d'érudition, que
n'en révèlent les travaux de Savigny, de Muller et
de ce Niebuhr, à qui sa merveilleuse intelligence des
choses romaines a donné une place à côté même de
Machiavel et de Montesquieu? Dans tout ce qui demande ce que l'on appelle un esprit positif, a-t-on vu
l'Allemagne nous être inférieure? Dans les plus déli-
cates parties de la politique, la diplomatie, par exemple, n'a-t-elle pas produit les hommes les plus émi-
nents? et sur le terrain même des intérêts purement
matériels, ne nous montre-t-elle pas suffisamment
aujourd'hui qu'elle ne le cède, en esprit pratique, à
aucune autre nation?

Cependant on ne se doute pas en France que si la philosophie allemande se distingue par quelque qualité particulière, c'est précisément par des tendances pratiques, par un esprit positif. Qu'était la philosophie au moment où Kant voulut en prendre la direction? qu'est-elle encore, peut-on dire, aux yeux du plus grand nombre, sinon une sorte de Babel où toutes les contradictions s'entrechoquent : triste monument de l'impuissance humaine, où tant d'efforts inutilement dépensés n'ont semblé aboutir qu'à la confusion des intelligences? Choqué des vacillations de cette faculté avec laquelle nous croyons nous emparer de la certitude, un homme de sens, Hume, se prit à élever des doutes sérieux sur l'autorité à laquelle la raison ne cesse de prétendre malgré ses mécomptes. Kant s'émeut de ces doutes; ils sont pour lui comme une révélation : il comprend que, pour faire de la philosophie une science positive, il faut d'abord mesurer les forces et la portée de l'organe intellectuel qui lui sert d'instrument. Il entreprend cet examen avec une largeur de pensée et une sévérité logique à laquelle rien n'échappe dans la sphère qu'il s'est donné la mission d'explorer. Il vérifie les doutes du scepticisme. Géographe de la pensée, si l'on peut s'exprimer ainsi, il trace autour de la raison les limites hors desquelles elle ne peut que se perdre, au-delà desquelles il n'y a qu'inconciliables contradictions où elle irait vainement se briser. Depuis l'époque où Aristote conçut la pensée de donner aux lois de la logique des formules éternelles, a-t-on jamais eu en vue, je le demande, un résultat philosophique plus positif, plus pratique, que celui que Kant se proposait ?

Du point de départ qu'il avait choisi, Kant avait poursuivi une route certaine et avait atteint des conséquences inattaquables. Mais, dans l'étude qu'il avait voulu faire de l'organe de la connaissance, était-il parti réellement des premiers principes de la science? Il avait étudié l'organe de la connaissance, tout formé pour ainsi dire, et bien plus à son point d'arrivée qu'à son origine. Mais pour l'embrasser dans son ensemble, ne fallait-il pas étudier l'intelligence dans sa formation, et marquer la série des opérations par lesquelles elle s'engendre? Conséquente et vraie dans la sphère où elle s'était placée, la philosophie de Kant ne pouvait prétendre néanmoins à être définitive, parce qu'elle n'était pas complète. Si, d'ailleurs, elle était arrivée, par exemple, à des conclusions négatives, si elle n'avait dégagé des problèmes philosophiques, que des équations insolubles, ne pouvait-on pas l'attribuer légitimement à ses omissions dans les principes? N'était-ce donc pas dès-lors, je le demande encore, une entreprise éminemment logique, et d'une portée vraiment pratique, de revenir sur les pas de Kant et de faire l'exploration qu'il avait négligée, pour donner enfin à la philosophie une unité réelle, et une indestructible continuité?

Telle est l'entreprise tentée par Fichte dans la *Science de la Connaissance,* ouvrage connu jusqu'à présent chez nous sous le nom impropre de *Doctrine de la Science.*

La connaissance est le caractère essentiel de la nature humaine; elle est le milieu dans lequel l'homme fait mouvoir tous les ressorts de son être. Tour à tour l'homme sent, réfléchit, veut, réalise dans le monde extérieur les décisions de sa volonté; mais c'est dans le milieu constant de la connaissance. Il ne sentirait, ni ne réfléchirait, ni ne voudrait, ni n'agirait extérieurement, s'il ne savait en même temps qu'il sent, qu'il réfléchit, qu'il veut, qu'il agit; en un mot, il n'existerait pas s'il ne se savait pas exister, ou, pour parler la langue scientifique de Fichte, s'il ne *posait* pas son existence, s'il n'existait pas *pour* lui-même. Si l'homme veut s'expliquer à lui-même, s'il veut s'expliquer tout ce qui peut entrer dans le domaine de la connaissance, il doit donc commencer par s'expliquer la connaissance elle-même, c'est-à-dire, par en rechercher les données fondamentales, et en découvrir les lois nécessaires. La première affaire de la philosophie est donc d'établir *la Science de la Connaissance.*

Toutes les sciences sont obligées de partir de notions

qui leur sont fournies par des connaissances plus élémentaires dont elles n'ont pas à présenter elles-mêmes l'explication. La *Science de la Connaissance* devra partir, elle aussi, de propositions qu'elle n'aura pas à démontrer; mais ces propositions devant être les fondements de toute connaissance, ne pourront se démontrer que par elles-mêmes, elles devront être d'une évidence absolue, d'une certitude inconditionnelle.

Parmi les données absolues, Fichte prend d'abord la proposition A = A ou A est A. En disant que A est A, j'affirme l'existence d'un rapport, d'une relation nécessaire entre un A quelconque et la connaissance que j'ai de cet A. Mais où se trouve ce rapport nécessaire ? en moi, évidemment, puisque c'est moi qui connais, qui juge dans cette proposition. Mais les deux termes (A tel qu'il est connu par moi et A tel qu'il existe, le sujet et le prédicat) unis dans le rapport d'identité, sont nécessairement aussi dans le moi, puisque le rapport exige que A soit *posé* comme existant à condition qu'il soit *posé* comme connu : A est *posé* ou connu, s'il est *posé* en moi, ou connu par moi. Il est donc établi par moi, en vertu de la nécessité du rapport d'identité, que A est absolument pour moi en tant que je juge, parce qu'il est posé en moi en général ; — c'est-à-dire, qu'en moi, en quelque fonction que j'agisse, soit que je pose ou que je connaisse simplement, soit que je juge ou que je réfléchisse sur ce que je connais, il y a une chose toujours une, toujours identique à elle-même, toujours la même, un rapport d'identité nécessaire, qui peut fort bien être exprimé sous la formule, Moi = moi, laquelle, en langage ordinaire, signifie, *Moi — je suis — moi*, ou *je suis*.

Le rapport nécessaire dont la proposition *je suis* est l'expression, est un fait de la conscience ; il en est le fait le plus élevé. La proposition A = A était inférieure à la proposition *je suis*, car elle était conditionnelle, elle équivalait à celle-ci : *Si* A est posé, il est posé avec le prédicat de A ; mais elle ne décidait pas qu'il fût posé, par conséquent qu'un prédicat quelconque pût lui être attribué. Au contraire la proposition : Moi — je suis — moi, a une valeur inconditionnelle et absolue ; car, identique à la loi du rapport nécessaire, elle a de plus un contenu, le moi posé en elle, non sous condition, mais absolument, avec le prédicat de l'identité avec soi-même ; c'est donc le fondement de tous les faits de la conscience, qu'avant que rien soit posé dans le moi, il faut que le moi lui-même soit posé.

Mais la proposition : *Je suis*, est plus qu'un fait, elle est un acte : en formulant la proposition A=A, ou Moi — je suis — moi ; je porte un jugement, et juger c'est agir. Le rapport d'identité ou la proposition : Je suis, est donc le fondement absolu d'une activité de l'esprit humain. (La science de la connaissance prouvera qu'elle est le fondement de l'activité toute entière). Cette proposition exprime l'activité pure, c'est-à-dire dégagée de toutes les conditions particulières auxquelles elle est soumise dans ses fonctions empiriques. Se poser soi-même, avoir simplement conscience de soi-même, constitue donc pour le moi l'activité pure. Le moi se pose, et il existe en vertu de la simple conscience qu'il a de lui-même ; réciproquement, il existe, et il a conscience de son existence simplement en vertu de son existence : en tant qu'il est, il se pose, et en tant qu'il se pose, il est; ou bien, il est, parce qu'il agit; il agit, parce qu'il est : l'activité et le produit de l'activité sont en lui une seule et même chose. On peut donc définir le moi sujet absolu (c'est-à-dire sans autre prédicat que son identité avec lui-même) : un être qui existe simplement, parce qu'il se pose lui-même comme existant; le moi existe donc nécessairement pour le moi. Se poser et être étant pour le moi une seule chose, de la proposition : Je suis, parce que je me suis posé, il peut tirer la proposition : Je suis absolument, parce que je suis. En vertu de la même identité, il est ce en qualité de quoi il se pose : Je suis absolument ce que je suis; et en résumant ces deux corollaires : Je suis, peut-il dire, absolument parce que je suis pour moi, et je suis absolument ce que je suis pour moi.

Le rapport nécessaire du *fait d'être posé*, de la conscience simple, à *l'être*, donne le principe fondamental de la logique dans la formule A = A qui subordonne toute chose à la loi suprême de l'identité du moi : Une chose n'existe pour le moi, qu'en étant posée dans le moi. De là aussi est dérivée la notion générale ou la catégorie de la réalité. Tout ce qui est posé d'une chose dans le moi en constitue la réalité. Il n'y a de réalité que relativement au moi : telle chose doit être *si* le moi est.

La proposition : *Je suis*, est donc la proposition fondamentale, absolue et inconditionnelle de la connaissance humaine [1].

Il est une proposition non moins certaine que la proposition A = A, c'est celle-ci : — A n'est pas égal à A ; cette proposition ne peut être démontrée par la première, car elle lui est absolument opposée. Dans la première, une chose était *posée* absolument. Dans la seconde, une chose est *opposée* absolument comme contraire à celle qui était d'abord posée. Aussi certainement que la proposition : —A n'est pas égal à A, se rencontre parmi les faits de conscience, il y a donc parmi les actions du moi une opposition. Le moi pose un contraire absolument. Quant à sa forme, en tant qu'elle est une

---

[1] Première partie, Principes de la Science de la Connaissance. § 1 :— 1ᵉʳ *Principe absolument inconditionnel*, pp. 1-13.

opposition, l'opposition est inconditionnelle. Mais pour que le contraire de A soit posé, il faut que A soit posé d'abord comme action, c'est-à-dire, quant au contenu : l'opposition dépend donc d'une autre action; l'acte d'opposer n'est possible qu'à la condition de l'identité de la conscience du sujet qui pose et qui oppose. Si la conscience de la première action n'était identique à celle de la seconde, la seconde ne serait pas une opposition; elle ne ferait que poser absolument ; elle ne devient opposition que relativement à un acte antérieur de poser. —A, quant à sa forme, est déterminé par l'opposition, il est un contraire absolument; mais, quant à sa matière, il est déterminé par A. Nous ne savons ce que — A est ou n'est pas, qu'à la condition de connaître A. — A n'est pas ce qu'est A ; voilà en quoi consiste pour nous toute son essence. Or, nous ne connaissons primordialement, et jusqu'à présent il n'a été posé que le moi. — A ne peut donc être opposé absolument qu'au moi. Appelons non-moi ce qui est opposé absolument au moi; si la proposition : — A n'est pas égal à A se présente comme absolument certaine parmi les faits de conscience, il faut donc admettre qu'*un non-moi est absolument opposé au moi*. Telle est la seconde proposition fondamentale de la connaissance humaine. Sous la formule : — A n'est pas égal à A, elle donne la proposition logique que l'on peut appeler de la *contradiction* ou de *l'opposition*. A n'en considérer que a forme, que le rapport de l'opposition au contraire de l'être, de la réalité posée dans la première proposition, on a la notion générale ou la catégorie de la *négation* [1].

Mais à quelle condition la proposition que nous venons d'énoncer, subsiste-t-elle ? N'est-il pas à craindre qu'elle se détruise elle-même dans la contradiction absolue qu'elle expose ? Le non-moi est posé dans le moi, puisqu'il lui est opposé, et que toute opposition exige l'identité du moi dans lequel elle est posée avec celui auquel elle oppose un contraire. Mais le non-moi est le contraire absolu du moi : ce qu'est le non-moi, le moi ne l'est pas ; en tant que le non-moi est posé dans le moi, le moi lui-même n'y serait donc pas posé. Cependant il ne peut être posé de non-moi, qu'autant que, dans la même conscience, il a d'abord été posé un moi auquel il soit opposé ; et comme c'est dans la conscience identique que le non-moi doit être posé, en tant que le non-moi est posé dans le moi, le moi y est aussi posé. On voit donc que l'on peut tirer de la seconde proposition, deux conclusions contradictoires. Cette proposition ne saurait néanmoins se détruire, car elle ne se contredit qu'en tant que l'opposé détruit le posé, c'est-à-dire qu'en tant qu'elle a de la valeur, en d'autres termes, qu'en tant qu'elle subsiste : nouvelle contra-

---

[1] § 2. — *Second principe, conditionnel quant à son contenu*, pp. 13-18.

diction. Ces conséquences contradictoires sont rigoureusement exactes, mais elles détruisent l'identité de la conscience. Nous sommes donc ici en présence d'un problème bien déterminé : il faut découvrir comment il se peut faire que ces conclusions conservent leur exactitude sans détruire l'identité de la conscience.

Nous avons à rechercher comment, par une conciliation absolue, A et — A, être et non-être, réalité et négation, peuvent être conçus ensemble, sans se détruire ; ce ne peut être évidemment qu'en se limitant, qu'en se bornant réciproquement. Limiter une chose, c'est en effet en détruire la réalité par la négation, mais seulement en partie. La notion de la limitation renferme donc, outre les notions de la réalité et de la négation, celles de la divisibilité, de la quantité en général. *Le moi et le non-moi sont donc posés absolument divisibles*, c'est-à-dire limités, finis. Il y a, par conséquent, dans les actions primitives du moi, en même temps qu'une *contradiction* absolue, une *conciliation* absolue. En vertu de cette conciliation, le moi et le non-moi peuvent être posés ensemble dans le moi : Ils y sont posés tous deux comme se partageant la réalité. Le moi et le non-moi deviennent dès-lors réels. Le moi de la première proposition, de la proposition : Je suis, n'est pas le moi de la réalité, puisqu'aucun prédicat tiré hors de lui ne peut lui être appliqué, et qu'il est absolu. Le moi auquel un non-moi est opposé, qui en ce cas est réel, divisible, limité, fini, est par conséquent opposé lui-même au moi absolu, indivisible, illimité, infini. Les contradictions sont ainsi conciliées sans que l'unité et l'identité de la conscience soient entamées. Le cercle de ce qui est absolument et inconditionnellement certain dans la connaissance est maintenant parcouru. Nous pouvons en résumer l'ensemble dans la proposition suivante : *J'oppose, dans le moi, au moi divisible un non-moi divisible.*

Il résulte de cette conciliation une notion logique que l'on peut appeler notion du *fondement.* Nous venons de voir que les contraires sont identiques en un certain caractère (celui de la limitation, de la divisibilité, dans la proposition précédente), et que réciproquement les identiques (le moi absolu et illimité et le moi réel et limité, dans la même proposition) sont opposés en un certain caractère. Ce caractère est, dans le premier cas, un fondement de relation, et dans le second, un fondement de distinction; car, poser des identiques ou comparer des opposés, c'est les mettre en relation, et opposer des identiques, c'est les distinguer. La notion logique du fondement ne s'applique qu'à une partie de la connaissance. Au moyen de cette notion, il n'est porté en effet aucun jugement sur ce à quoi rien ne peut être ni opposé, ni identique. Ce qui n'a pas de fondement, ce qui est à soi-même son propre principe, est le fondement de tous les jugements possibles. Ce principe suprême est le moi absolu; aussi tous les jugements dont le moi absolu est le sujet, ont une valeur absolue et sans autre fondement.

L'opération de l'esprit, par laquelle on recherche le caractère dans lequel les choses sont opposées, est *antithétique*. Celle par laquelle on recherche, dans les choses opposées, le caractère suivant lequel elles sont identiques, est *synthétique*. La loi logique de l'antithèse et de la synthèse, la notion du fondement, est déduite de la troisième proposition fondamentale; l'autorité de toute synthèse et de toute antithèse, dérive de cette proposition; or, l'action qu'elle exprime la conciliation des termes contraires, n'est pas possible sans l'action de l'opposition, de même que celle-ci ne saurait exister sans celle-là. Par conséquent il ne peut y avoir de synthèse sans antithèse, ni d'antithèse sans synthèse. La troisième proposition fondamentale contient la synthèse absolue, la synthèse suprême, celle qui est possible absolument sans autre principe qu'ellemême. Toutes les synthèses légitimes de la connaissance humaine doivent au contraire avoir en elle leur fondement, c'est-à-dire, être contenues en elle. La marche de la science de la connaissance est ainsi toute tracée. Elle verra dans toute proposition une synthèse; mais la synthèse n'est pas possible sans une antithèse antérieure que l'on néglige comme action, dans la synthèse, pour ne s'occuper que des contraires à réunir : la science de la connaissance aura donc à rechercher d'abord, dans chaque proposition, les opposés qui devront être conciliés. Ainsi, dans la synthèse suprême qui lui est donnée absolument, où le moi et le non-moi sont conciliés, elle devra découvrir les caractères contradictoires qui peuvent exister encore, et les concilier par un nouveau fondement de relation qui doit se trouver aussi dans le fondement suprême de relation, et ainsi de suite jusqu'à ce qu'elle arrive à des caractères contradictoires qu'il sera impossible de réunir synthétiquement.

Si la synthèse et l'antithèse s'exigent réciproquement, elles ne sont pas moins impossibles, toutes deux sans *thèse*. Nous avons vu, en effet, qu'il ne saurait y avoir opposition, ni par conséquent conciliation, si d'avance quelque chose n'était posé, semblable ou dissemblable, opposé ou identique à rien autre; c'est-à-dire, si quelque chose n'était posé simplement et absolument. Le système de la *Science de la Connaissance* repose donc tout entier sur la première des propositions fondamentales, sur la proposition absolument inconditionnelle : *Je suis*. C'est de cette proposition qu'émane la loi suprême de l'unité, loi dont la réalisation est impossible à l'homme toujours engagé dans le divers, qui flotte sans cesse entre les contradictions, et ne peut aller que de l'antithèse à la synthèse, et de celle-ci à celle-là; mais qui en lui assignant un but vers lequel elle l'entraîne sans relâche, quoiqu'il ne puisse être atteint en lui-même, lui ouvre la route de l'infini. L'infini qui caractérise cette loi, se manifeste dans la partie la plus élevée, dans la partie éminemment subjective de la connaissance humaine. La connaissance du divers est le résultat d'une comparaison opérée par le jugement qui sépare les dissemblables dans l'antithèse et réunit les semblables dans la synthèse; mais, pour être séparés, les dissemblables ont dû être comparés auparavant, et par conséquent perçus comme semblables en une notion supérieure et plus générale : ainsi s'élève du particulier au général, la connaissance du relatif. Pour ce qui est posé absolument, pour le moi, au-dessus, au-delà duquel nous ne trouvons rien à l'origine de la connaissance humaine, la marche est toute différente. Vous ne pouvez comparer le moi qu'au non-moi, mais pour le rendre identique au non-moi, vous l'abaissez à une notion inférieure, à celle du divisible, du limité, du fini : on descend ici au lieu de monter ; aussi, tous les jugements dont le sujet logique est le moi limitable ou quelque chose qui détermine le moi, doivent être définis eux-mêmes par une notion supérieure, tandis que tous les jugements dont le sujet logique est illimitable ne peuvent être déterminés par rien. Ils sont à eux-mêmes leur propre fondement, ils ne se définissent absolument que par eux-mêmes : ils sont absolus.

Telle est, par exemple, cette proposition : L'homme est libre. — Qu'est-ce que la liberté ? L'homme est libre, cela signifie-t-il qu'il y a une classe d'êtres en général autres que l'homme, et à laquelle l'homme est uni par le fondement de relation particulier de la liberté ? Mais loin de pouvoir indiquer ce fondement de relation, on ne saurait pas même désigner cette classe d'êtres. Voudrait-on, au contraire, faire de la liberté le fondement de distinction entre l'homme et tous les êtres qui sont soumis aux lois de la nécessité ? mais pour opposer la liberté à la nécessité, il faut les comparer et dire, par conséquent, en quoi elles sont identiques. D'ailleurs l'homme, en tant qu'on lui applique l'attribut de la liberté, comme sujet absolu, n'a rien de commun avec les êtres naturels, et ne peut leur être opposé. Ce jugement n'est donc, en lui-même, ni synthétique, ni antithétique ; il est absolu. Cependant, il est synthétique dans sa forme, il suppose un contraire, un non-moi ; il doit donc exprimer une conciliation, qui ne saurait se trouver elle-même que dans l'idée contradictoire d'un être, qui, n'étant déterminé par rien hors de lui, déterminerait tout au contraire hors de lui. Comme être fini, l'homme comprend qu'il ne peut réaliser absolument cette idée, mais il se sent néanmoins entraîné à sa réalisation partielle, relative, qui sera infinie, puisqu'elle ne pourra jamais être achevée. Pour être libre, il doit donc s'efforcer de se laisser

b

déterminer toujours le moins possible par le non-moi, de le déterminer au contraire toujours davantage. Telle est l'explication de ce jugement par laquelle on est conduit de l'infini, au fini. Kant a eu raison de nommer infinis les jugements de cette nature, qui, fondés sur la thèse suprême, n'arrivent à la synthèse qu'en traversant une antinomie insoluble au premier abord. Mais à Fichte, revient l'honneur de les avoir expliqués le premier, et d'avoir montré à la racine même de l'être fini, cet infini, qui semble dominer l'homme intellectuel et moral, et dont la présence dans notre connaissance est la pierre d'achoppement des philosophes qui ne se sont pas élevés jusqu'au critère suprême de la connaissance humaine [1].

La recherche des propositions fondamentales de la connaissance humaine à laquelle nous nous sommes livrés, nous fournit en même temps les données de la science que nous allons étudier, et la méthode que nous devrons suivre dans cette étude; ces données se trouvent dans la proposition fondamentale, où les principes de l'identité du moi, de l'opposition du moi et du non-moi et de leur conciliation, sont réunis. Toute la science de la connaissance devra être développée de cette proposition : il faut donc chercher à découvrir ce qui doit

---

[1] § 3. *Troisième principe*, etc. pp. 18-39.

en être déduit; cette tâche sera accomplie au moyen de la méthode synthétique. La proposition fondamentale et toutes celles qui peuvent en découler sont des synthèses, et expriment des actions synthétiques du moi. La réflexion devra les décomposer, les analyser; elle dégagera, elle exclura de chaque synthèse les termes contraires qu'elle ne peut concilier; elle les réunira ensuite dans une synthèse supérieure en insérant entre eux des termes moyens, elle agira de la même manière sur cette synthèse et les suivantes, jusqu'à ce qu'elle arrive à une conciliation ou à une exclusion suprême.

Pour nous, nous ne suivrons pas l'auteur dans l'analyse minutieuse et rigoureuse où il va s'engager. Il nous suffit d'avoir conduit le lecteur au début de l'investigation, et d'avoir essayé de le familiariser avec les données préliminaires; nous n'ajouterons plus que quelques mots sur les principales divisions de l'ouvrage, qui sortent naturellement de la proposition fondamentale : *Le moi, sujet absolu, pose le moi et le non-moi comme réciproquement limitables, l'un par l'autre*, ou comme se partageant la réalité, en agissant réciproquement l'un sur l'autre. On peut dégager de cette proposition ces deux-ci : *Le moi se pose soi-même comme limité par le non-moi*, et *le moi pose le non-moi comme limité par le moi*. L'analyse de la première, donne la partie théorique de la science de la connaissance; la seconde fait l'objet de la partie pratique.

Après avoir examiné dans la partie théorique toutes les manières dont la détermination du moi par le non-moi, (c'est-à-dire la représentation) peut être expliquée, après en avoir exposé lui-même l'explication complète et nécessaire, et avoir ainsi déterminé le moi comme intelligence [1], Fichte cherche dans la partie pratique comment le non-moi est posé à son tour comme déterminé par le moi, déjà déterminé lui-même comme intelligence ; c'est ici qu'a lieu, au moyen de la détermination d'une faculté pratique, la conciliation suprême entre le moi absolu, illimitable, infini, et le moi déterminé comme intelligence, c'est-à-dire limité, fini ; la détermination du moi pratique jette la plus vive lumière sur la nature intime du moi qui apparaît comme une activité, aspirant à l'infini, dont la tendance est l'infini, — arrêtée, bornée par un choc qui se révélant à elle par le *sentiment*, lui donne en même temps que la *foi* à un non-moi, la vie *intellectuelle* et *morale*, laquelle ne consiste elle-même qu'en un effort toujours en lutte contre un effort opposé, et dont le triomphe toujours imparfait est commandé par la loi du *devoir* [2]. La science de la connaissance se termine enfin par l'exposition des conditions de l'intuition paticulière et de la sensation [3].

---

[1] DEUXIÈME PARTIE, *Principes de la connaissance théorique*, pp. 40-187.
[2] TROISIÈME PARTIE *Principes de la connaissance pratique*, pp. 188-291.
[3] SECONDE EXPOSITION *des principes fondamentaux de la science de la connaissance*, pp. 293-394.

Après avoir passé en revue les hypothèses diverses que peuvent soulever les rapports du moi avec le non-moi, après avoir parcouru le cercle où s'exerce la réciprocité d'action de ces deux pôles de la connaissance humaine, le résultat que l'on reçoit avec bonheur de l'ouvrage de Fichte, c'est la lumière ineffaçable qu'il répand sur l'essence de la nature humaine. L'homme n'est homme qu'en se connaissant lui-même comme moi, c'est-à-dire qu'à titre d'essence intellectuelle, de substance spirituelle; pour être intelligence, il faut qu'il soit activité libre, force infinie, — arrêtée il est vrai par un non-moi qui se révèle à elle par le sentiment et la foi, — mais qu'elle doit repousser sans fin. Telle est la conclusion de l'investigation de Fichte, conclusion scientifique d'ailleurs, mathématiquement déduite, et qui fournit par conséquent à la partie morale de la philosophie la plus précieuse, la plus puissante donnée. Arrivé là, on ne se repent point des difficultés, de l'aridité de la route qu'il a fallu traverser; on n'oserait plus nier l'importance fondamentale de la psychologie métaphysique, et l'on comprend le mot de Fichte à madame de Staël, qui lui demandait s'il ne pouvait pas lui dire sa morale plutôt que sa métaphysique : « L'une dépend de l'autre, » répondit le philosophe.

Je crois du reste devoir avertir qu'il serait téméraire et injuste de vouloir donner à quelques-unes des formules de Fichte, auxquelles la rigueur scientifique a imprimé un caractère absolu, une portée ontologique par laquelle on se croirait autorisé à jeter au système de Fichte cette accusation de panthéisme qu'on lance si volontiers aujourd'hui contre certaines doctrines philosophiques. Sans doute, il faut dédaigner ces batailleurs politiques qui viennent soulever, dans les temples sereins des études libérales, la poussière d'une autre arène; mais, sans vouloir m'incliner devant d'ineptes clameurs, me permettra-t-on de rappeler sur ce point à des idées d'indulgence, les esprits droits et désintéressés? Suffit-il de quelques phrases où des pensées infinies semblent détruire l'imparfaite enveloppe qui les enferme, pour convaincre et flétrir un système de panthéisme? Quels philosophes, je dis même les plus sincères dans leur foi religieuse, Malebranche et Fénelon, par exemple, pourraient soutenir impunément une critique si sévère? Gardons-nous donc de rendre le penseur ou l'écrivain responsables de l'impuissance de la langue humaine. Reconnaissons plutôt qu'il est des sujets devant lesquels notre raison éblouie ne peut que balbutier d'obscures, d'incohérentes paroles. Demandons à la philosophie, elle ne peut pas davantage, de nous conduire, dans la sphère intellectuelle, à cette infranchissable barrière où la connaissance expire, et où la foi commence nécessairement, et dans le domaine pratique, au point où l'homme éclairé sur sa liberté est convaincu de sa responsabilité morale. Mais si une philosophie ne mène notre esprit qu'au doute et veut l'y retenir, si elle n'aboutit qu'à la négation de la liberté, que l'on soit impitoyable contre elle, c'est justice. Le panthéisme n'a pas d'autres conséquences que l'indifférence sceptique, il n'existe que là où est le fatalisme, et là, d'ailleurs, il ne se distingue plus des doctrines athées et matérialistes. Fichte n'a donc rien à redouter des accusations de panthéisme.

Je comprends que les nombreux avortements des tentatives philosophiques puissent mettre en garde contre les prétentions des systèmes nouveaux qui se présentent comme ayant enfin triomphé. La philosophie a essuyé beaucoup d'échecs; elle en subira bien d'autres sans doute; cependant elle ne périra point. C'est une noble curiosité, une curiosité à laquelle les intelligences d'élite ne peuvent résister, que de vouloir connaître à fond l'organe de la connaissance elle-même, et savoir à quoi s'en tenir sur sa force et sur sa portée. Les esprits de quelque valeur ne sauraient s'engager d'un pas assuré dans la vie, si d'avance ils ne s'étaient mis d'accord avec eux-mêmes sur certains principes, sur certaines vérités. Voilà pourquoi la philosophie ne cessera jamais d'exister : elle répond à un besoin éternel de l'intelligence; ne fût-ce que pour démontrer l'impuissance de la philosophie, il faudrait encore une philosophie.

Mais lors même que l'on croirait que la philosophie (je parle de la philosophie rigoureusement scientifique, et non de ces fantaisies désordonnées qui en usurpent et discréditent le nom), ne formulerait qu'en énigmes insolubles les grands problèmes qui pressent sans relâche nos intelligences, il s'en faudrait de beaucoup encore que les efforts qu'on lui aurait consacrés fussent irréparablement perdus. On peut revenir de l'exploration philosophique sans avoir atteint le but désiré, mais on en revient toujours avec des facultés fortifiées. On retirera sûrement cet avantage de l'étude du système de Fichte. « L'exercice de la pensée, a dit madame de Staël, y est tellement fort et subtil en même temps, que celui qui a compris ce système, dût-il ne pas l'adopter, aurait acquis une puissance d'attention et une sagacité d'analyse, qu'il pourrait ensuite appliquer, en se jouant, à tout autre genre d'étude. » Même au point de vue sous lequel on envisage le plus volontiers les choses aujourd'hui, au point de vue politique, l'observation de madame de Staël est pleine de justesse. On aurait grand tort de mépriser comme de ridicules futilités, ces exercices qui apprennent à l'intelligence à manier la logique, et à suivre la pensée dans ses détours les plus complexes. On n'a pas oublié que, peu de temps avant sa mort, un des grands diplomates de ce siècle attribuait aux études théologiques, dont on sait les complications et les subtilités, une puissante influence pour aiguiser l'esprit aux difficultés, à l'enchevêtrement des affaires. Un homme d'esprit, de cet esprit que l'on a appelé français par excellence, avait observé avant lui que les politiques si nombreux et si remarquables du seizième siècle devaient sans doute aux luttes de la scolastique cette intelligence vive et souple, ce jugement pénétrant et sûr dont nous admirons les profonds caractères dans les écrits de Machiavel, un des auteurs de prédilection, j'aime à le dire en passant, du philosophe Fichte.

ERRATA.

Pag.	Lig.	
22,	15,	Au lieu de : *entre* les notions, lisez : *outre* les notions.
59,	23,	Au lieu de : *de* la totalité, lisez : *à* la totalité.
71,	20,	Au lieu de : dans le *moi*, lisez : dans le *non-moi*.
84,	19,	Au lieu de : *son* activité, lisez : *l'activité du moi*.
97,	31,	Au lieu de : *l'un de l'autre*, lisez : *l'un avec l'autre*.
112,	25,	Au lieu de : *la condition*, lisez : *l'opposition*.
123,	23,	Au lieu de : *le* remplir, lisez, *la* remplir.
135,	22,	Au lieu de : de sorte qu'*elle* est *exclue*, lisez : de sorte qu'*il* est *exclu*.
Ibid.	24,	Au lieu de : *elle* existerait, lisez : *il* existerait.
153,	4,	Au lieu de : le moi ne peut *s'opposer*, lisez : le moi ne peut *se poser*.
156,	19,	Au lieu de : il *se* pose, lisez : il *le* pose.
189,	1,	Au lieu de : ne pouvant ni devant, lisez : ni *ne* devant.
Ibid.	7,	Au lieu de : *convenable*, lisez : *concevable*.
199,	4,	Au lieu de : ce *qui* a posé le moi, lisez : ce *qu'a posé*, etc.
219,	18,	Au lieu de : *avant eux*, lisez : *avantageux*.
267,	2,	Au lieu de : prend sa *marche*, lisez, prend sa *source*.

SCIENCE DE LA CONNAISSANCE.

PREMIÈRE PARTIE.

PRINCIPES DE LA SCIENCE DE LA CONNAISSANCE.

§ 1. *Premier principe, absolument inconditionnel.*

Nous nous proposons de rechercher le principe le plus absolu, le principe absolument inconditionnel de toute la connaissance humaine. Si ce principe est véritablement le plus absolu, il ne pourra être ni défini, ni démontré.

Il devra exprimer l'acte, qui ne se présente pas et ne peut se présenter parmi les déterminations empiriques de notre conscience, mais sur lequel, au contraire, repose toute conscience, et qui seul rend toute conscience possible. Dans l'exposition de cet acte, ce qui est à craindre, ce n'est pas tant que l'on ne s'imagine pas ce qu'il faudrait se représenter, — la nature de notre esprit y a pourvu, — c'est plutôt que l'on considère ce que l'on ne devrait pas se représenter. De là la nécessité de réfléchir sur ce que l'on pourrait regarder d'abord comme ce qu'il faut s'imaginer, et d'en abstraire tout ce qui ne lui appartient pas réellement.

Par cette réflexion abstractive un fait de la conscience ne peut devenir ce qu'il n'était pas en soi. Mais elle fait reconnaître que l'on doit concevoir nécessairement l'acte cherché comme fondement de toute conscience.

Les lois d'après lesquelles on doit se représenter absolument cet acte comme le principe de la connaissance humaine, ou ce qui revient au même, — les règles auxquelles cette réflexion est soumise, ne sont pas encore démontrées valables : on les suppose tacitement connues et admises. Elles dérivent, dans leur origine la plus reculée, du principe dont la légitimité ne peut être établie que sous la condition de leur justesse. C'est un cercle, mais un cercle inévitable. (Voyez sur la notion de la *doctrine de la science*, § 7.) Or, puisqu'il est inévitable, et que l'on en convient franchement, il est permis, pour poser le principe le plus élevé, de se confier à toutes les lois de la logique générale.

Sur la voie où la réflexion va s'engager, nous devons partir d'une proposition quelconque, qui nous soit accordée par tout le monde, sans contradiction aucune. Il peut bien y avoir un grand nombre de propositions de ce genre; mais la réflexion est libre, et peu importe celle d'où elle partira. Nous choisissons la plus voisine de notre but.

En nous accordant cette proposition, on doit nous accorder en même temps comme acte, ce que nous voulons poser comme le principe de la science de la connaissance, et le résultat de la réflexion doit être que cet acte nous soit accordé comme principe, conjointement avec la proposition. Nous posons un fait quelconque de la conscience empirique, et nous en retranchons l'une après l'autre toutes les déterminations empiriques, jusqu'à ce qu'il ne reste plus dans sa pureté que ce que la pensée ne peut pas absolument exclure, que ce dont on ne peut plus rien retrancher.

1. — Tout le monde accorde la proposition : A est A (aussi bien que A = A, car c'est ce que signifie la copule logique) ; et même on l'admet sans réflexion aucune, comme complètement certaine.

Si quelqu'un en demandait la démonstration, on ne songerait nullement à la lui donner ; mais on soutiendrait que cette proposition est certaine absolument, c'est-à-dire sans raison autre et plus développée. En agissant ainsi, incontestablement avec l'assentiment général, on s'attribue le pouvoir de poser quelque chose absolument.

2. — En affirmant que la proposition précédente est certaine en soi, on ne pose pas l'existence de A. La proposition : A est A, n'équivaut nullement à celle-ci : A est ou il y a un A. (*Être*, posé sans prédicat a une toute autre signification que *être*, avec un prédicat ; nous en parlerons dans la suite.) Si l'on admet que A désigne un espace compris entre deux droites, cette proposition demeure exacte, quoique, dans ce cas, la proposition : A est, soit d'une fausseté évidente. Mais on pose que *si* A est, A est (*ainsi*). La question n'est nullement si A est ou non : il s'agit ici non du contenu de la proposition, mais seulement de sa forme ; non d'un objet dont on sache quelque chose, mais de ce que l'on sait de tout objet, quel qu'il puisse être.

De la certitude absolue de la proposition précédente, il résulte qu'il y a entre ce *si* et cet *ainsi* un rapport nécessaire ; c'est ce rapport nécessaire qui est posé absolument et sans aucun autre fondement. J'appelle provisoirement ce rapport nécessaire — X.

3. — Mais cet A est-il ou n'est-il pas? il n'y a rien encore de décidé à cet égard; cette question s'élève donc : Sous quelle condition A est-il?

a. — Quant à X, elle est dans le moi et posée par le moi. — Car c'est le moi qui juge dans la proposition ci-dessus, et même il juge véritablement d'après X, comme d'après une loi. Par conséquent X est donnée au moi, et étant posée absolument et sans autre fondement plus éloigné, elle doit être donnée au moi par le moi lui-même.

b. — Nous ne savons si A est posé, ni comment il est posé; mais X devant exprimer un rapport entre un *poser* inconnu de l'A et un *poser* absolu du même A, en tant du moins que ce rapport est posé, A est dans le moi et posé par le moi de même que X. X n'est possible que relativement à un A. Or, X est réellement posée dans le moi : A doit donc être posé dans le moi si X s'y trouve.

c. — X se rapporte à cet A qui dans la proposition énoncée a la place du sujet logique, de même qu'à celui qui occupe celle du prédicat; tous deux en effet sont unis par X. Tous deux donc, en tant qu'ils sont, sont posés dans le moi; or, A est posé absolument dans le prédicat, sous la condition qu'il soit posé dans le sujet; la proposition énoncée peut donc être exprimée de cette manière : Si A est posé dans le moi, il est posé ainsi; ou il est ainsi.

4. — Il est donc établi par le moi, au moyen de X, que A est absolument pour le moi jugeant, par cela seul qu'il est posé dans le moi en général; c'est-à-dire qu'il est établi que dans le moi, — qu'il soit particulièrement posant ou jugeant, — il y a une chose qui est

toujours identique à elle-même, toujours une, toujours la même; et l'on peut exprimer l'X posée absolument sous la forme de l'équation suivante : Moi = moi; moi (je) suis moi.

5. = Nous sommes arrivés ainsi, sans y prendre garde, à la proposition : Je suis, comme l'expression, il est vrai, non d'un acte, mais d'un fait. Car X est absolument; c'est un fait de la conscience empirique. Or X est identique à la proposition : Moi (je) suis moi; celle-ci existe donc absolument.

Mais la proposition : Moi (je) suis moi, a une tout autre signification que la proposition A est A. — Car cette dernière n'a un contenu qu'à une certaine condition. *Si* A est posé, il est certainement posé *comme* A, avec le prédicat de A. Mais cette proposition ne détermine pas encore si A est posé d'une manière générale et par conséquent s'il est posé avec un prédicat quelconque. Au contraire, la proposition : Moi (je) suis moi, a une valeur inconditionnelle et absolue, car elle est identique à la loi X. Elle a de la valeur non-seulement quant à sa forme, mais aussi quant à son contenu. Le moi est posé en elle, non sous condition, mais absolument, avec le prédicat de l'identité avec soi-même : il est donc posé; et la proposition peut être exprimée ainsi : Je suis.

Cette proposition : Je suis, n'est fondée jusqu'à présent que sur un fait, et n'a d'autre valeur que celle d'un fait. Si la proposition A=A, ou, pour mieux dire, X, qui est posée en elle d'une manière absolue, doit être certaine, la proposition Je suis (moi suis) doit l'être également. Or c'est un fait de la conscience empirique

que nous sommes forcés de tenir X pour absolument certaine; il doit en être de même par conséquent de la proposition : Je suis,— sur laquelle X est fondée. C'est donc le principe explicatif de tous les faits de la conscience empirique, qu'avant de rien poser dans le moi, il faut que le moi soit lui-même posé. Je dis de tous les faits, et cela résulte de la proposition démontrée que X est le fait le plus élevé de la conscience empirique, celui qui est la base de tous les autres, et qui est compris dans tous. Cette proposition aurait bien pu se passer de preuve; cependant toute la doctrine de la science est consacrée à la démontrer.

6. = Revenons à notre point de départ.

a. — Par la proposition A est A, on porte un *jugement*. Mais, suivant la conscience empirique, un jugement est un acte de l'esprit humain; car il a toutes les conditions que l'action réunit dans la conscience empirique, conditions qui, pour faciliter la réflexion, doivent être admises d'avance comme connues et accordées.

b. — Or, cet acte, c'est-à-dire X = je suis, ne repose sur aucun principe plus élevé.

c. — Donc il est le principe posé absolument et étant à soi-même son fondement, d'un certain acte de l'esprit humain (on verra par l'ensemble de la science de la connaissance, qu'il faut dire de tout acte de l'esprit humain), son vrai caractère est le pur caractère de l'activité en soi, abstraction faite des conditions empiriques qui lui sont particulières.

Ainsi, pour le moi, se poser soi-même est ce qui constitue la pure activité. — Le moi se pose soi-même, et *il est,* en vertu de cette simple action ; et réciproquement, le moi est et il pose son être, simplement en vertu de son être. — Il est en même temps l'agent et le produit de l'action ; ce qui agit et ce qui est produit par l'action ; en lui l'action et le fait sont une seule et même chose ; c'est pourquoi : *Je suis*, est l'expression d'un acte, mais aussi du seul acte possible, comme on le verra par toute la doctrine de la science.

7. — Examinons encore la proposition : *Moi suis moi (Je suis moi).*

a. — Le moi est posé absolument ; si l'on admet que le moi, qui occupe dans la proposition précédente la place du sujet formel, désigne le moi posé absolument, et que le moi, qui se trouve à la place du prédicat, désigne le moi *existant*, le jugement qui a une valeur absolue affirme qu'ils sont complètement tous deux une même chose, ou posés absolument ; le moi existe, *parce qu'*il s'est posé lui-même [1].

b. — Le moi de la première acception et celui de la seconde, doivent être posés comme absolument identiques l'un à l'autre. On peut donc aussi renverser la

---

[1] Il en est de même relativement à la forme logique de toute proposition. Dans l'équation $A = A$, le premier A est ce qui est posé dans le moi, soit absolument comme le moi lui-même, soit sur un fondement quelconque, comme tout non-moi déterminé. Le moi joue en ceci le rôle de sujet absolu ; et c'est pourquoi on nomme le premier A sujet. Le second A désigne le moi se faisant lui-même l'objet de la réflexion, comme posé en soi, parce qu'il a d'abord posé cet objet en soi. Le moi jugeant fait un prédicat de quelque chose, non proprement de A, mais de soi-même, puisque c'est en lui qu'il trouve un A : c'est pour cela que le second A est appelé prédicat. — Ainsi, dans la proposition $A=B$, A est ce qui est posé au moment où la proposition est énoncée, et B, ce qui était posé antérieurement ; le mot *est* exprime le passage du moi de l'acte de poser à la réflexion sur ce qui est posé.

proposition précédente, et dire : Le moi se pose lui-même absolument parce qu'il est, il se pose lui-même par le simple fait de son existence, et il est simplement parce qu'il est posé.

Ces observations éclairent complétement le sens dans lequel nous employons ici le mot *moi*, et nous fournissent une explication nette et lucide du moi comme sujet absolu. Le moi, sujet absolu, est *cet être qui est simplement parce qu'il se pose soi-même comme étant.* En tant qu'il se *pose, il est,* et en tant qu'il *est,* il *se pose.* Le moi existe donc absolument et nécessairement pour le moi. Ce qui n'existe pas pour soi-même n'est pas moi.

— ÉCLAIRCISSEMENT.— Qu'étais-je, demandera-t-on, avant que je ne vinsse à avoir conscience de moi-même? La réponse est toute naturelle : Je n'étais pas ; car je n'étais pas moi. Le moi n'est qu'autant qu'il a conscience de lui-même. — Faire cette question, c'est confondre le moi comme *sujet* avec le moi comme *objet* de la réflexion du sujet absolu, et c'est une inconséquence. Le moi se pose soi-même ; il se perçoit, dans ce cas, sous la forme de la représentation, et seulement alors il est quelque chose, un objet; sous cette forme, la conscience perçoit une substract, qui *est,* bien que sans conscience réelle, et qui de plus est conçu sous forme corporelle. C'est cette manière d'être que l'on considère, et l'on demande ce qu'est le moi, c'est-à-dire ce qu'est le substract de la conscience. Mais alors aussi, sans y prendre garde, on conçoit le sujet absolu, comme ayant l'intuition de ce substract. Ainsi, presque sans s'en douter, on a en vue cela même dont on disait avoir fait abstraction, et l'on se contredit. On ne peut rien penser, sans penser son moi comme ayant conscience de lui-même. On ne peut jamais faire abstraction de sa conscience : par conséquent on ne saurait répondre à de semblables questions, car on ne peut les supposer lorsqu'on s'entend bien avec soi-même.

8. — Si le moi n'est qu'autant qu'il se pose, il n'est aussi que lorsqu'il se pose, et il ne se pose que lorsqu'il est. — *Le moi est pour le moi.* — Mais s'il se pose lui-même absolument, en tant qu'il est; il se pose nécessairement, et il est nécessairement pour le moi. *Je ne suis que pour moi; mais pour moi, je suis nécessairement.* (En disant : *pour moi*, je pose mon être.)

9. — *Se poser soi-même* et *être*, sont en parlant du moi complètement identiques. La proposition : Je suis, parce que je me suis posé moi-même, peut donc s'exprimer ainsi : *Je suis absolument, parce que je suis.*

Le moi se posant et le moi étant, sont complètement identiques, sont une seule et même chose. Le moi est *ce* en qualité de *quoi* il se pose; et il se pose *ce* qu'il est. Ainsi : *Je suis absolument ce que je suis.*

10. — L'expression immédiate de l'acte que nous venons de développer serait la formule suivante : *Je suis absolument,* c'est-à-dire, *je suis absolument parce que je suis pour moi, et je suis absolument ce que je suis* pour moi.

Si l'on voulait faire précéder la science de la connaissance de l'énonciation de cet acte, voici à peu près les termes dans lesquels il devrait être présenté : *Le moi pose primitivement et absolument son propre être.*

Nous sommes partis de la proposition : A = A, non que nous prévissions que la proposition : Je suis, pût en être déduite, mais parce que nous voulions partir d'un fait quelconque, fourni comme *certain* par la conscience empirique. Or, il résulte de notre discussion que la proposition : A = A, n'est pas le fondement de la proposition : Je suis, mais qu'au contraire celle-ci est le principe de celle-là.

Si, dans la proposition : Je suis, nous faisons abstraction du contenu déterminé du moi, pour ne considérer que la simple forme, qui est donnée avec ce contenu : *La forme du rapport du fait d'être posé* à l'être, comme cela doit avoir lieu au point de vue de la logique (voy. notion de la doctrine de la science, § 6), on obtient comme principe fondamental de la logique, la proposition : A = A, qui ne peut être démontrée et déterminée que par la science de la connaissance : il est démontré que A = A, parce que le moi qui a posé A est identique à celui dans lequel il est posé; il est déterminé, parce que tout ce qui est n'est qu'en étant posé dans le moi, et que hors du moi il n'y a rien. Aucun A possible dans la proposition précédente (aucune chose), ne peut être quelque chose que posé dans le moi.

De plus, si l'on fait abstraction de tous les jugements comme actes déterminés, et si l'on ne considère que les modes d'activité de l'esprit humain en général, fournis par cette forme, on a la catégorie de la réalité. Tout ce à quoi la proposition A = A est applicable a de la réalité. Par la simple action de poser une chose quelconque, tout ce qui est posé d'une chose posée dans le moi est réalité en elle, est son essence.

— Le scepticisme de Maimon repose sur la question de savoir si nous avons la faculté d'appliquer la catégorie de la réalité. Cette faculté ne peut être dérivée d'aucune autre ; nous la possédons absolument. Toutes les autres facultés doivent plutôt en être déduites, et le scepticisme de Maimon la suppose lui-même sans y prendre garde, puisqu'il reconnaît la justesse de la logique générale. Mais on peut indiquer un fondement d'où toute catégorie peut être dérivée ; c'est le moi sujet absolu. Quant à toutes les autres, auxquelles cette faculté peut être appliquée, il faut montrer que leur réalité est empruntée du moi : — Cela doit être, si le moi est.

Dans la déduction des catégories, Kant s'est expliqué sur notre proposition, comme principe absolu de toute connaissance ; mais il ne l'a jamais désignée d'une manière précise comme principe. Avant lui, Descartes avait énoncé une proposition analogue : *Cogito, ergo, sum,* qui ne peut être précisément la mineure et la conséquente d'un syllogisme, dont la majeure serait : *Quodcumque cogitat, est,* mais aussi, qu'il peut très-bien avoir regardée comme un fait immédiat de conscience. Elle équivaut en effet à celle-ci : *Cogitans sum, ergo sum* (comme nous dirions *sum ergo sum*). Du reste le corollaire *cogitans* est tout-à-fait superflu, on ne pense pas nécessairement si on est ; mais on est nécessairement si on pense. La pensée n'est pas l'essence : elle est seulement une détermination particulière de l'être qui en a encore plusieurs autres. — Reinhold pose la représentation pour principe, ce qui dans la formule de Descartes s'exprimerait ainsi : *Represento, ergo sum,* ou plus exactement : *Representans sum, ergo sum.* Il fait un pas de plus que Descartes, et un pas plus important, mais qui ne suffit pas s'il veut établir le principe même de la science et non se borner à en présenter seulement la propédeutique. Car la représentation n'est pas l'essence de l'être; elle n'est que l'une de ses déterminations particulières; notre être a encore d'autres déterminations que celle-là, quoique, pour arriver à la conscience empirique, elles doivent toutes traverser la représentation.

Spinoza s'est écarté de notre proposition, dans le sens que nous lui avons donné. Il ne nie pas l'unité de la conscience empirique, mais il nie entièrement la conscience pure. Suivant lui, toute la série des représentations d'un sujet empirique se rapporte à l'unique sujet pur, comme une représentation à la série. Pour lui le moi (ce qu'il nomme *son* moi, ce que je nomme *mon* moi) est absolument, non *parce qu'il est*, mais parce qu'il existe quelque chose autre. Suivant lui, il est vrai, le moi est pour le moi, — moi, et il demande ce que serait ce qui existe hors du moi. Ce « hors du moi » serait également un moi, dont le moi posé (*mon* moi) et tous les moi que l'on peut poser seraient des modifications. Il distingue la conscience pure et la conscience empirique. Il place la première en Dieu, qui n'a jamais conscience de soi-même, puisque la conscience pure n'arrive jamais à avoir conscience d'elle-même; et la dernière, dans les modifications particulières de la divinité. Ainsi exposé, son système est conséquent et irréfutable, parce qu'il se trouve sur un terrain où la raison ne peut le suivre; mais il est sans fondement : de quelle autorité, en effet, a-t-il dépassé la conscience empirique? Il est aisé de voir ce qui le pousse à son système : c'est une tendance fatale à produire l'unité la plus haute dans la conscience humaine. Cette unité est dans son système : il se trompait seulement en croyant tirer ses conclusions de principes fondés sur la raison théorique, tandis qu'il n'obéissait qu'à une nécessité pratique, — en croyant exposer une donnée réelle, lorsqu'il ne présentait cependant qu'un idéal qu'il se proposait et qu'il est impossible de jamais atteindre. Son unité suprême, nous la retrouverons dans la science de la connaissance, non comme quelque chose qui *est*, mais comme quelque chose qui *doit* et *ne peut* être produit par nous. — J'observe encore que l'on doit arriver nécessairement au spinozisme, si l'on dépasse la proposition : *Je suis;* (Salomon Maimon montre dans son excellent Mémoire sur les progrès de la philosophie, que le système de Leibnitz, rigoureusement développé, n'est autre chose que le Spinozisme), et qu'il n'y a que deux systèmes entièrement conséquents : le criticisme qui se borne à cette proposition, et le spinozisme qui la franchit.

§ 2. *Second principe, conditionnel quant à son contenu.*

Par la raison que le premier principe ne pouvait être ni démontré ni déduit, le second ne peut l'être davantage. C'est pourquoi, pour celui-ci comme pour le premier, nous partons d'un fait de la conscience empirique, et nous agissons à son égard avec la même autorité, et de la même manière.

1. — Tout le monde sans doute reconnaît comme tout-à-fait certaine la proposition : — A n'égale pas A, et on ne doit pas s'attendre à voir quelqu'un en demander la démonstration.

2. — Si néanmoins une semblable démonstration

était possible dans notre système (dont la justesse en soi demeurera problématique jusqu'à l'achèvement de la science de la connaissance), elle ne pourrait être déduite que de la proposition $A = A$.

3. — Mais cette démonstration est impossible. Supposons en effet que la proposition énoncée soit complètement identique à la proposition — $A = -A$. — A est donc égal à un Y quelconque posé dans le moi, et cette proposition ne signifie pas autre chose que ceci : *si* le contraire de A est posé, il est posé : le rapport d'égalité ($= X$) serait donné absolument comme plus haut; la proposition ne serait pas dérivée de la proposition $A = A$ et démontrée par elle : ce serait cette proposition elle-même.... La forme de cette proposition se trouve donc aussi réelle, en tant qu'elle n'est qu'une simple proposition logique, sous la forme la plus élevée, la forme par excellence, l'unité de la conscience.

4. — La question : La forme de la simple action est donc, et sous quelle condition est-elle posée le contraire de A? demeure donc entièrement intacte. C'est cette condition qu'il fallait déduire de la proposition $A = A$, si la proposition ci-dessus exposée devait elle-même être déduite. Mais elle ne peut fournir une condition de ce genre; puisque, loin d'être contenue dans la forme de l'acte de *poser*, la forme de l'acte d'*opposer* lui est plutôt contraire. Le contraire de A est donc opposé sans aucune condition et absolument. — A est posé *comme* tel, absolument *parce qu'*il est posé.

Nous rencontrons ainsi parmi les actions du moi un acte d'opposer, aussi certainement que la proposition :

— A, n'égale pas A se rencontre parmi les faits de la conscience empirique ; cet acte d'opposer, d'après sa simple forme, est une action absolument possible, indépendante de toute condition et sans fondement plus éloigné.

— La forme logique de la proposition (si la proposition est énoncée : — A = — A) dépend de la condition de l'identité du sujet avec le prédicat (c'est-à dire du moi *représentant* et du moi *représenté*, comme représentant. Mais la possibilité de l'acte d'opposer en soi suppose l'identité de la conscience ; voici la marche du moi agissant dans cette fonction : A (ce qui est posé absolument) = A (sur lequel on réfléchit) ; à cet A, = objet de la réflexion, est opposé par une action absolue — A ; et à l'égard de celui-ci, on juge qu'il est également opposé à l'A posé absolument, parce que le premier est égal au dernier ; égalité (§ 1) qui se fonde sur l'égalité du moi posant et du moi réfléchissant. — Il est supposé de plus que le moi agissant dans les deux actions et jugeant sur les deux est le même. S'il pouvait être opposé à lui-même dans les deux actions, — A serait = A. Par conséquent le passage de l'acte de poser à celui d'opposer n'est possible que par l'identité du moi.

5. — Or, par cette action absolue, et absolument par elle, l'opposé en tant qu'il est posé à l'encontre, est posé (comme simple contraire en général). Tout contraire, comme contraire, est absolument, en vertu d'une action du moi, et n'a pas d'autre principe. L'état d'être opposé en général, est posé absolument par le moi.

6. — Si un — A quelconque doit être posé, un A doit

être posé; donc l'action d'opposer est conditionnelle : si une action est possible en général, elle dépend d'une autre action. L'action est donc conditionnelle quant à son contenu, comme acte en général. Comme acte, elle est corrélative d'un autre acte. Que l'action ait lieu précisément *ainsi* et non d'une autre manière, c'est inconditionnel. L'action est inconditionnelle quant à la *forme* (relativement au *comment*).

— L'acte d'opposer n'est possible que sous la condition de l'unité de la conscience du posant et de l'opposant. Si la conscience de la première action ne faisait un avec la seconde, le second acte de poser ne serait pas un acte d'opposer : ce serait un acte de poser absolument. Il ne devient acte d'opposer que par une relation avec un acte de poser.

7. — Nous n'avons parlé jusqu'à présent que de l'action comme simple action, que du *mode* de l'acte. Nous arrivons maintenant à son produit : = — A.

Nous pouvons distinguer deux choses en — A : sa *forme* et sa *matière*. La forme détermine qu'il existe un contraire en général (d'une X quelconque). Si ce contraire est opposé à un A déterminé, il est quelque chose de non déterminé.

8. — La forme de — A est déterminée absolument par l'action ; c'est un contraire, parce qu'il est le produit d'un acte d'opposer. La matière en est déterminée par A : il n'est pas ce qu'est A ; et toute son essence consiste en ce qu'il n'est pas ce qu'est A. Je sais de — A qu'il est le contraire d'un A quelconque. Mais *ce* qu'il est ou n'est pas, je ne puis le savoir qu'à la condition de connaître A.

9. — Originairement, il n'y a rien de posé que le moi;

et il n'est posé qu'absolument (§ 1). Donc — A ne peut être opposé absolument qu'au moi. Mais ce qui est opposé au moi = non-moi.

10. — De même que l'on accorde inconditionnellement que la certitude absolue de la proposition : — A n'égale pas A, se trouve parmi les faits de la conscience empirique, *de même on doit accorder qu'un non-moi est absolument opposé au moi*. Ce que nous venons de dire de l'opposition en général dérive de cette opposition primitive, et en emprunte originairement toute sa valeur. Elle est donc inconditionnelle quant à la forme, mais conditionnelle quant à la matière. Ainsi donc est découvert le second principe de toute la connaissance humaine.

11 — En vertu de la simple opposition du non-moi au moi, le contraire de tout ce qui appartient au moi, doit être la propriété du non-moi.

— C'est une opinion reçue que la notion du non-moi est une notion discursive, née de l'abstraction de toutes les choses représentées ; mais il est facile de montrer combien cette explication est superficielle. On ne peut représenter une chose quelconque qu'en l'opposant au représentant. Or, il peut et sans doute il doit y avoir dans l'objet de la représentation, une X quelconque, par laquelle il se manifeste comme la chose à représenter et non comme le représentant ; mais je ne puis apprendre d'aucun objet que tout ce en quoi cette X se trouve soit non le représentant mais la chose à représenter, ou plutôt il n'y a d'objet en général que par la supposition de cette loi.

De la proposition matérielle : *Je suis*, nous avons fait

sortir, en faisant abstraction de son contenu, la proposition purement formelle et logique : A = A. De celle qui vient d'être exposée dans le présent §, nous tirons par la même abstraction, la proposition logique : — A n'égale pas A, que j'appellerais volontiers, *la proposition de l'opposition*. Le moment n'est pas venu encore de lui donner la détermination qui lui convient, ni de l'exprimer en une formule verbale, dont le principe se présentera dans le § suivant. Enfin, si l'on fait entièrement abstraction du jugement déterminé, et que l'on ne considère que la forme du rapport de l'état d'opposition au non-être, on a la *catégorie de la négation*, dont on ne pourra avoir non plus une vue claire que dans le § suivant.

§. 3. *Troisième principe, conditionnel quant à sa forme.*

A chaque pas que nous faisons dans notre science, nous nous approchons de la sphère où tout peut être démontré. Rien ne devait ni ne pouvait être démontré dans le premier principe; il était inconditionnel quant à sa forme, aussi bien que quant à son contenu, et il n'avait pas d'autre fondement de certitude que lui-même. Dans le second, l'acte de l'opposition ne pouvait pas être déduit, il est vrai ; mais s'il était posé inconditionnel quant à la forme, on pouvait rigoureusement démontrer que l'*opposé* devait être — non-moi. Le troisième est presque entièrement susceptible de démonstration, parce qu'il est déterminé non comme le second, relativement à son contenu, mais plutôt quant à sa forme, et qu'il est déterminé, non comme celui-ci par une seule proposition, mais par deux propositions.

Déterminé quant à sa forme, il est inconditionnel, seulement quant à son contenu,—c'est-à-dire : les deux propositions précédentes déterminent le problème de l'action qu'il expose; mais elles n'en définissent pas la solution. Celle-ci est inconditionnelle et absolue en vertu d'un arrêt de la raison.

Commençons donc par une déduction, et conduisons-la aussi loin que nous pourrons. Le point où il nous sera impossible de la poursuivre davantage, nous indiquera sans doute celui où nous devrons l'abandonner, et où nous devrons nous en remettre à cet arrêt souverain de la raison qui ressortira du problème.

a —1. = En tant que le non-moi est posé, le moi ne l'est pas; car le non-moi supprime complètement le moi.

Or, le non-moi est posé dans le moi : car il est opposé; et toute opposition suppose l'identité du moi dans lequel elle est posée et auquel elle est opposée.

Par conséquent le moi n'est pas posé dans le moi, en tant que le non-moi y est posé.

2. = Mais le non-moi ne peut être posé qu'en tant que dans le moi (dans la conscience identique) un moi est posé auquel il puisse être opposé.

Or, le non-moi doit être posé dans la conscience identique.

Par conséquent le moi doit y être posé, en tant que le non-moi doit y être posé.

3. = Les deux conclusions sont opposées l'une à l'autre : toutes deux sont tirées du second principe par voie d'analyse, et par conséquent elles s'y trouvent

toutes deux. Le second principe est donc opposé à lui-même et se détruit lui-même.

4. — Mais, il ne se détruit lui-même qu'en tant que le posé est supprimé par l'opposé, par conséquent qu'en tant qu'il a lui-même quelque valeur. Or il doit se détruire lui-même et n'avoir aucune valeur.

Par conséquent il ne se détruit pas.

Le second principe se détruit et en même temps ne se détruit pas.

5. — Mais s'il en est ainsi du second principe, il n'en est pas autrement du premier. Il se détruit et en même temps ne se détruit pas. En effet,

Si moi = moi, tout ce qui est posé, est posé dans le moi.

Or, le second principe doit être posé dans le moi, et en même temps n'y être pas posé.

Par conséquent moi n'est pas = moi; mais moi = non-moi, et non-moi = moi.

6. — Toutes ces conséquences sont déduites des deux principes exposés d'après les lois de la réflexion supposées légitimes; elles doivent donc être exactes; mais si elles sont exactes, l'identité de la conscience, le seul fondement absolu de notre connaissance, est détruite. Ainsi notre problème est défini : nous avons à chercher une X quelconque, au moyen de laquelle toutes ces conséquences puissent être justes sans détruire l'identité de la conscience.

1. = Les contradictions qui doivent être conciliées sont dans le moi comme conscience; donc X doit être aussi dans la conscience.

2. = Le moi et le non-moi sont tous deux également des produits des actions primitives du moi, et la con-

science elle-même est un produit semblable de la première action originaire du moi, l'acte par lequel le moi se pose lui-même.

3. — Mais d'après les conclusions précédentes, l'action dont le produit est le non-moi, est l'opposition, qui n'est pas possible sans X. Par conséquent X elle-même doit être un produit et même le produit d'une action primitive du moi. Il y a donc une action de l'esprit humain = Y, dont le produit est = X.

4. — La forme de cette action est complètement déterminée par le problème dont nous avons parlé. Par elle le moi opposé et le non-moi doivent être conciliés, posés identiques, sans se détruire réciproquement. Ces contraires doivent être réunis dans l'identité de la conscience.

5. — Mais comment cela est-il possible, de quelle manière cela pourra-t-il avoir lieu? c'est ce qui n'est pas encore déterminé, ce qui n'est pas contenu dans l'énoncé du problème et ne peut, en aucune façon, en être tiré. Nous devons donc essayer une expérience comme ci-dessus, et nous demander : Comment A et —A, être et non-être, réalité et négation, peuvent-ils être conçus ensemble, sans qu'ils se détruisent et s'anéantissent?

6. — On ne peut s'attendre à recevoir sur cette question, aucune autre réponse que celle-ci : ils se *limitent* réciproquement. Par conséquent, si cette réponse est juste, l'action Y serait la limitation des deux opposés l'un par l'autre, et X désignerait les limites.

— On ne me comprendrait pas, si l'on croyait que je prétends que la notion des limites est une notion analytique qui se trouve dans la conciliation de la réalité et de la négation, et peut en être déduite. Il est vrai que les notions opposées sont fournies par les deux premiers principes. Le premier en exige implicitement la conciliation. Mais de quelle manière cette conciliation doit-elle avoir lieu? c'est ce qui n'est pas compris dans ces principes, et ce qui est déterminé par une loi *particulière* de notre esprit, dont notre expérience devait provoquer l'apparition dans la conscience.

7. — Mais dans la notion des limites, il y a plus que l'X cherchée, car les notions de la réalité et de la négation y sont conciliées. Nous devons donc, pour obtenir l'X pure, faire encore une abstraction.

8. — *Limiter* une chose, c'est en supprimer la réalité par la négation, mais seulement en partie. Il y a donc dans la notion des limites, entre les notions de la réalité et de la négation, celle de la *divisibilité* (de la faculté de la *quantité* en général, mais non d'une quantité *déterminée*); cette notion est l'X cherchée, et par l'action Y, *le moi et le non-moi sont posés absolument divisibles.*

9. — *Le moi et le non-moi sont posés divisibles :* car l'action Y ne peut être la conséquence de l'acte de l'opposition, c'est-à-dire ne peut être regardée comme seulement rendue possible par celle-ci; puisque, conformément à la démonstration précédente, sans elle l'opposition se détruit elle-même et par conséquent est impossible. De plus, elle ne peut précéder l'opposition; car elle n'est admise que pour la rendre possible, et la divisibilité n'est rien s'il n'y a quelque chose de divisible. Ainsi elle se produit immédiatement dans et avec l'acte de l'opposition. Elles sont toutes deux une seule et même chose, et ne peuvent être distinguées que

par la réflexion. Par cela même qu'un non-moi est opposé au moi, le moi auquel quelque chose est opposé et le non-moi qui lui est opposé sont divisibles.

c. — Nous n'avons plus maintenant qu'à rechercher si l'action indiquée résout réellement le problème, et concilie toutes les contradictions.

1. — La première conclusion est maintenant déterminée de la manière suivante. Le moi n'est pas posé dans le moi, c'est-à-dire : il n'est pas posé quant aux parties de réalité avec lesquelles le non-moi est posé. Une partie de la réalité, celle qui est attribuée au non-moi, est supprimée dans le moi. Cette proposition n'est pas contredite par la seconde. En tant que le non-moi est posé, le moi doit aussi être posé, c'est-à-dire : ils sont tous deux posés en général comme se partageant la réalité.

Maintenant seulement, en vertu de la notion indiquée, on peut dire d'eux qu'ils sont *quelque chose*. Le moi absolu du premier principe n'est pas *quelque chose* (il n'a pas de prédicat et ne peut en avoir), il est absolument ce qu'il est, et on ne peut en dire davantage. Maintenant, par le moyen de cette notion, la réalité est dans la conscience ; de cette réalité ce qui n'appartient pas au moi devient la propriété du non-moi, et réciproquement : ils sont tous deux quelque chose ; le moi est ce que n'est pas le non-moi, et celui-ci ce que n'est pas celui-là. Au moi absolu (auquel il ne peut être opposé quelque chose qu'en tant qu'il est représenté, comme cela sera démontré en son temps) est opposé le non-moi, *absolument rien* : au moi limitable, est opposée une *quantité négative*.

2. — Le moi doit être identique à soi-même, et pour-

tant être opposé à soi-même. Il est identique à soi, à l'égard de la conscience, et la conscience est une; mais le moi absolu est posé dans cette conscience comme indivisible : au contraire le moi auquel le non-moi est opposé, est posé comme divisible. Par conséquent, le moi, en tant qu'un non-moi lui est opposé, est lui-même opposé au moi absolu.

Ainsi sont conciliées toutes les contradictions, sans préjudice pour l'unité de la conscience; et c'est une preuve de plus de la justesse de la notion exposée.

d. — Nos principes, dont l'un est absolument inconditionnel, l'autre conditionnel quant au contenu, et le troisième conditionnel quant à la forme, ne pouvant être démontrés, d'après notre supposition, que par l'achèvement d'une science de la connaissance, nous ne pouvons aller plus loin que ce que nous venons d'exposer. Nous avons épuisé maintenant la sphère de tout ce qui est certain inconditionnellement et absolument, et nous pouvons résumer cet ensemble sous la formule suivante : *J'oppose dans le moi au moi divisible un non-moi divisible.*

Aucune philosophie ne peut aller plus loin que cette formule, mais toute philosophie fondamentale doit remonter jusqu'à elle : et suivant la voie par laquelle elle y arrive, elle est science de la connaissance. Tout ce qui se présentera désormais dans le système de l'esprit humain doit pouvoir se déduire de ce qui vient d'être exposé.

1. — Nous avons concilié le moi et le non-moi par la notion de la divisibilité. Si nous faisons abstraction du

contenu déterminé, du moi et du non-moi, pour ne considérer que la *simple forme de la conciliation des opposés par la notion de la divisibilité,* nous avons la proposition logique appelée jusqu'à présent proposition du *fondement* : A en partie = — A, et réciproquement. Chaque opposé est identique à son opposé en un certain caractère = X ; et tout identique est opposé à son identique en un certain caractère = X. Ce caractère = X est appelé fondement, dans le premier cas *fondement de relation,* dans le second cas *fondement de distinction.* Car poser des identiques ou comparer des opposés, c'est les *poser en relation* : opposer des posés identiques, c'est les *distinguer.* Cette proposition est démontrée et définie par le principe *matériel* que nous avons exposé.

Elle est démontrée, car

a. — Tout opposé = — A est opposé à un A, et cet A est posé.

Par l'acte de poser un — A, A est supprimé, et cependant aussi il n'est pas supprimé.

Par conséquent il n'est supprimé qu'en partie, et au lieu de l'X dans A, qui n'est pas supprimée, — X, n'est pas posée dans — A : c'est X elle-même, et ainsi A = — A est dans X.

b. — Tout posé identique (A = B) est identique à soi-même, parce qu'il est posé dans le moi. A=A, B=B.

Or, il est posé A = B, donc B n'est pas posé par A, car s'il était posé par A, il y aurait = A et non = B (il n'y aurait pas deux posés, il n'y en aurait qu'un seul).

Mais si B n'est pas posé par l'acte de poser A, il y a, en ce cas, = —A, et comme ils ont été posés égaux tous deux, ce n'est ni A ni B qui sont posés, c'est une X quelconque qui est = X = A = B.

On voit par là comment la proposition A = B peut être légitime, quoique contredisant en soi la proposition A=A, X=X, A = X, B = X; donc A = B, chacun des deux étant = X ; mais A = — B, si chacun = — X.

Les identiques ne sont opposés, et les opposés ne sont identiques, qu'en une partie, car s'ils étaient opposés les uns aux autres en plusieurs parties, c'est-à-dire s'il y avait dans les opposés des caractères opposés les uns aux autres, l'un des deux appartiendrait à celui dans lequel les comparés sont identiques, et par conséquent ils ne seraient pas opposés, et réciproquement. Tout jugement fondé n'a donc qu'un seul fondement de relation et un seul de distinction ; s'il a plusieurs fondements, il n'est pas un seul jugement, il est la réunion de plusieurs jugements.

2. = La proposition logique du fondement est déterminée par le principe matériel ci-dessus, c'est-à-dire sa valeur est limitée; elle n'a de valeur que pour une partie de notre connaissance.

Des choses distinctes ne sont opposées ou posées identiques en un caractère quelconque qu'à la condition qu'en général elles soient ou identiques ou opposées; ce n'est pas à dire pour cela, qu'absolument et sans aucune condition, tout ce qui pourrait se présenter dans notre conscience doive être identique à une chose quelconque ou opposé à une troisième; sous la proposition du fondement, aucun jugement n'est porté sur ce à quoi rien ne peut être opposé ou identique, car sa valeur ne dépend pas d'un jugement de ce genre. Ce quelque chose n'a pas de fondement, mais il est lui-même le fondement de tous les jugements possibles. Il n'a pas de fondement, mais il est celui de tout ce qui est fondé ; le sujet de tels jugements est le moi absolu, et tous les jugements dont il est le sujet ont une valeur absolue et sans autre fondement.

3. — L'actoin par laquelle on cherche dans les choses comparées le caractère dans lequel elles sont opposées, est le procédé *antithétique*; on le nomme ordinairement analytique, mais cette expression est moins convenable que la première, parce qu'elle indique que l'on peut développer de celle-ci quelque chose qui y a été placé auparavant par une synthèse, et aussi parce qu'elle exprime plus clairement que ce procédé est le contraire du synthétique. En effet, le procédé *synthétique* consiste à rechercher dans les opposés le caractère par lequel ils sont identiques. A l'égard de la simple forme logique, qui fait complètement abstraction de tout le contenu de la connaissance, aussi bien que de la manière par laquelle on y arrive, les jugements produits par le premier procédé sont nommés antithétiques ou négatifs, et ceux qui sont produits d'après le second, jugements synthétiques ou affirmatifs.

4. — Si les règles logiques auxquelles sont soumises toute antithèse et toute synthèse, sont déduites du troisième principe de la doctrine de la science, l'autorité de toute antithèse et de toute synthèse en est déduite en général. Mais nous avons vu dans l'exposition de ce principe que l'acte primitif qu'il exprime, la réunion des opposés, n'est pas possible sans l'acte de l'opposition, et de même, que celui-ci n'est pas possible sans l'acte de conciliation. Toutes deux sont donc unies dans le fait inséparablement, et ne peuvent être distinguées

que dans la réflexion. Il suit de là, que, de même, les actions logiques qui ont ces actes primitifs pour fondement et n'en sont à proprement parler que des déterminations plus rigoureuses, ne seront pas possibles par l'un de ces actes sans l'autre. Aucune antithèse n'est possible sans une synthèse; car l'antithèse consiste à chercher dans les identiques le caractère d'opposition. Mais les identiques ne seraient pas identiques, s'ils n'étaient d'abord posés comme tels par une action synthétique. Dans la simple antithèse, on fait abstraction de leur identité: posés d'abord identiques par cette action, ils sont admis absolument et sans examen comme identiques; la réflexion n'est dirigée, en eux, que sur l'opposition, et l'on en a par là une conscience claire et nette. Réciproquement il n'y a pas de synthèse possible sans une antithèse. Les opposés doivent être conciliés; mais ils ne seraient pas opposés, si ce n'était par une action du moi dont on fait abstraction dans la synthèse, pour n'appeler à la conscience par la réflexion que le fondement de relation. Il n'y a donc en général, quant au contenu, aucun jugement purement analytique. Et par des jugements analytiques, non-seulement, comme dit Kant, on ne peut aller en avant, mais même on ne peut sortir du point où l'on est.

5. == La question célèbre que Kant a posée au début de la *critique de la raison pure* : Comment les jugements syntéthiques sont-ils possibles *à priori?* — est maintenant résolue de la manière la plus universelle et la plus satisfaisante. Nous avons accompli, dans le troisième principe, une synthèse entre le moi opposé et le non-moi au moyen de la divisibilité que nous avons posée dans les deux; on né peut plus mettre en question

la possibilité de cette synthèse, ni lui apporter un fondement ; elle est possible absolument, et l'on est autorisé à l'admettre sans autre fondement. Toutes les autres synthèses qui doivent avoir de la valeur, doivent se trouver en elle ; elles doivent être accomplies en elle et avec elle; et ainsi, comme cela sera démontré, nous est fournie la preuve qu'elles ont la même valeur qu'elle.

6. = *Elles doivent toutes être comprises en elle* : cela nous indique de la manière la plus précise la voie que nous aurons à suivre dans notre science. — Telles doivent être toutes nos synthèses; désormais par conséquent nous procéderons synthétiquement (du moins dans la partie théorique de notre science, car dans la partie pratique c'est l'inverse) : toute proposition renfermera une synthèse. — Mais aucune synthèse n'est possible sans une antithèse qui la précède, et dont nous faisons abstraction, en tant qu'elle est action, ne cherchant que son produit, l'opposé. Nous devons dans chaque proposition commencer par découvrir les opposés qui doivent être conciliés. — Toutes les synthèses exposées doivent se trouver dans la synthèse suprême, que nous avons accomplie plus haut, et pouvoir en être tirées. Nous avons à rechercher dans le moi et le non-moi réunis par elle, en tant qu'elle les unit, les caractères d'opposition qui restent, et à les lier par un nouveau fondement de relation, qui doit être aussi contenu dans le principe suprême de toute relation. Nous avons à chercher dans les opposés réunis par cette première synthèse, de nouveaux opposés, à les réunir par un nouveau fondement de relation contenu dans celui qui a été déduit le premier, et à continuer ainsi nous

aussi long-temps que nous pourrons, jusqu'à ce que nous arrivions aux opposés qui ne peuvent plus être réunis, et que nous passions par là dans la partie pratique de notre science. Notre marche nous est fermement et sûrement tracée par les choses elles-mêmes, et nous pouvons prévoir que nous n'errerons pas dans notre route, si nous marchons avec une attention convenable.

7. = L'antithèse n'est pas plus possible sans la synthèse, ou la synthèse sans l'antithèse qu'elles ne le sont toutes deux sans thèse, je veux dire sans un acte absolu de poser, par lequel un A (le moi) n'est posé identique ou opposé à rien autre, mais est simplement posé absolument. La thèse donne de la consistance à l'ensemble de notre système et l'achève. Il faut que ce soit un système, et un système ayant de l'unité; tant qu'il y aura des opposés, ils devront être réunis, jusqu'à ce que l'unité absolue soit produite, laquelle, comme on le verra en temps et lieu, n'est possible que par une approximation infinie, c'est-à-dire impossible en elle-même. — La nécessité d'opposer et de concilier d'une manière déterminée repose immédiatement sur le troisième principe. La nécessité de concilier en général est fondée sur le premier principe, le plus élevé, absolument inconditionnel. La forme du système a pour fondement la synthèse la plus élevée; de sorte qu'en général un système doit être fondé sur la thèse absolue.

On peut en dire autant de l'application de la remarque que nous avons faite à notre système en général; mais il y en a encore une application plus importante à faire sur la forme des jugements, et plusieurs motifs nous engagent à ne pas la passer sous silence. De même qu'il y a des jugements antithétiques et synthétiques, il pourrait bien y en avoir aussi de thétiques, qui seraient opposés en quelque sorte à ceux-là en une certaine détermination. Car la justesse des deux premières sortes de jugements suppose un fondement et même deux fondements, l'un de relation et l'autre de distinction, qui peuvent et qui doivent être indiqués, si le jugement doit être démontré. (Par exemple : l'oiseau est un animal. Dans ce cas le fondement de relation sur lequel on réfléchit, est la notion déterminée de l'animal, par laquelle on le considère comme composé de matière, de matière organisée, de matière animale. Mais le fondement de distinction dont on fait abstraction est la différence spécifique des diverses espèces d'animaux (animaux à deux ou quatre pieds, ayant plumes ou écailles, ou poils etc.), et celui-ci encore : une plante n'est pas un animal. Dans cet exemple, le fondement de distinction sur lequel on réfléchit, est la différence spécifique entre la plante et l'animal; mais le fondement de relation dont on fait abstraction est l'organisation en général.) Or un jugement thétique serait celui dans lequel une chose ne serait posée identique ou opposée à aucune autre, ne serait posée identique qu'à elle-même : ce jugement ne supposerait donc aucun fondement de relation, ni de distinction. Pourtant, il devrait supposer quant à la forme logique, un *thème* pour fondement. Le jugement primitif et le plus élevé de cette nature est celui-ci : Je suis, où l'on n'affirme rien du moi, et où la place du prédicat pour la détermination du moi possible à l'infini, est laissée vide. Tous les jugements compris dans celui-ci, c'est-à-dire compris sous l'acte absolu par lequel le moi est posé, sont de cette nature (lors même qu'ils n'ont pas toujours le moi pour sujet logique); par exemple : l'homme est libre. Si l'on considère ce jugement comme positif (il signifierait dans ce cas : l'homme appartient à la classe des êtres libres), un fondement de relation devrait être donné entre lui et les êtres libres, lequel serait compris, comme fondement de la liberté, dans la notion des êtres libres en général, et de l'homme en particulier. Mais loin de pouvoir donner ce fondement, on ne saurait désigner une classe d'êtres libres. Si on le considère comme négatif, on oppose l'homme à tous les êtres qui se trouvent sous la loi de la nécessité naturelle; mais il doit y avoir alors un fondement de distinction entre ce qui est nécessaire et ce qui ne l'est pas, et il faut montrer que la notion de la nécessité est comprise non dans la notion de l'homme, mais dans celle des êtres opposés : il faut indiquer en même temps un caractère dans lequel le libre et le nécessaire soient tous deux en rapport. Mais l'homme, en tant que l'on peut lui appliquer le prédicat de la liberté, c'est-à-dire en tant qu'il est sujet absolu, n'a rien de commun avec les êtres naturels, et par conséquent ne leur est pas opposé. Pourtant à l'égard de la forme logique du jugement qui est positif, les deux notions doivent être conciliées : or, elles ne peuvent l'être dans aucune notion, sinon dans celle d'un moi, dont la conscience ne serait déterminée par rien en dehors de lui, mais qui plutôt par sa seule conscience déterminerait tout hors de lui : mais cette idée ne peut être conçue, puisqu'elle renferme pour nous une contradiction. Néanmoins elle nous est désignée comme le but pratique le plus élevé.

L'homme doit toujours et de plus en plus s'approcher indéfiniment de la liberté, qu'il ne peut jamais atteindre en elle-même. — Le jugement du goût : A est beau (autant que A est un caractère qui se trouve dans l'idéal du beau) est un jugement thétique; car je ne puis comparer ce caractère avec l'idéal, puisque je ne connais pas l'idéal. Le découvrir est pour mon esprit un problème qui sort de l'acte absolu par lequel il est posé, mais qui ne peut être résolu que par une approximation indéfinie devenant toujours plus complète. C'est donc avec raison que Kant et ses disciples ont nommé ces jugements, infinis, bien que nul d'entre eux, que je sache, ne les ait expliqués d'une manière claire et précise.

8. = On ne peut donc donner un fondement à un jugement thétique déterminé quel qu'il soit; mais le procédé de l'esprit humain dans les jugements thétiques en général est fondé sur l'acte absolu par lequel le moi se pose lui-même. Il importe, pour rendre plus claire et plus précise l'intelligence du caractère propre du système critique, de comparer cette base des jugements thétiques avec celles des jugements antithétiques et synthétiques.

Dans toute notion qui exprime le fondement de leur distinction, les opposés correspondent en une notion *plus élevée* (plus universelle, plus compréhensive) que l'on appelle la notion d'espèce; c'est-à-dire que l'on suppose une synthèse où les deux opposés sont compris, comme identiques. (L'or et l'argent, par exemple, sont compris comme identiques dans la notion des métaux, qui ne renferme pas celle dans laquelle ils sont opposés, celle de la couleur entre autres). C'est pourquoi la règle logique de la définition indique qu'elle doit renfermer la notion d'espèce qui contient le fondement de relation, et la différence spécifique, qui contient le fondement de distinction.

De plus, tous les posés identiques sont opposés en une notion inférieure, qui exprime une détermination particulière quelconque, dont on fait abstraction dans le jugement de relation, c'est-à-dire que toute synthèse suppose une antithèse qui l'a précédée. Dans la notion des corps, par exemple, on fait abstraction de la diversité des couleurs, de la pesanteur déterminée, du goût, de l'odeur, etc. Or, si toutes les choses qui remplissent l'espace, tout ce qui est doué d'impénétrabilité et de pesanteur, peuvent être des corps, toutes ces choses peuvent être opposées aussi relativement à ces caractères.

La science de la connaissance précise, parmi les déterminations, celle qui est la plus générale ou la plus particulière, et par suite, parmi les notions, celles qui sont les plus élevées ou les plus inférieures. Une notion est d'autant plus élevée qu'elle dérive par moins de notions médiates de la notion la plus élevée, celle de la réalité ; elle est d'autant plus inférieure, qu'elle en est dérivée par un plus grand nombre ; Y est une notion inférieure à X, si X se présente dans le cours de sa déduction de la notion la plus élevée, et réciproquement.

Relativement à ce qui est posé absolument, au moi, il en est tout autrement. Un non-moi est posé identique au moi, en même temps qu'il lui est opposé, mais non dans une notion plus élevée (qui renferme à peu près les deux en soi et supposerait une synthèse plus haute ou du moins une thèse) comme cela a lieu pour toutes les autres comparaisons, mais dans une notion inférieure. Le moi est abaissé lui-même dans une notion inférieure, celle de la divisibilité, afin de pouvoir être posé identique au non-moi, et c'est aussi dans cette notion qu'il lui est opposé. Ici donc la marche n'est pas *ascendante* comme dans toutes les synthèses : elle est *descendante*. Moi et non-moi, en tant qu'ils sont posés identiques et opposés par la notion de la limitation réciproque, sont eux-mêmes quelque chose dans le moi (des accidents), comme substances divisibles posées par le moi, sujet absolu, illimitable, auquel rien n'est identique et rien n'est opposé. — C'est pourquoi tous les jugements dont le sujet logique est le moi limitable, ou déterminable, ou quelque chose qui définisse le moi, doivent être limités ou définis par quelque chose de plus élevé ; mais tous les jugements, dont le sujet logique est le moi absolument illimitable, ne peuvent être déterminés par rien de plus élevé, parce que le moi absolu n'est déterminé par rien qui lui soit supérieur : ils sont fondés et définis absolument par eux-mêmes.

L'essence de la philosophie critique consiste dans l'exposition d'un moi absolu, absolument inconditionnel, et qui ne peut être défini par aucun principe plus élevé. En poursuivant les conséquences de ce principe, cette philosophie devient science de la connaissance. Au contraire, cette philosophie est dogmatique, qui au moi en soi pose quelque chose d'identique et d'opposé, c'est ce qui arrive par la notion de la *chose (Ens)* la plus élevée dans ce système, et qui est donnée en même temps comme la plus élevée tout-à-fait arbitrairement. Dans le système critique, cette chose est ce qui est posé dans le moi, dans le dogmatisme, elle est ce en quoi le moi lui-même est posé : Le criticisme est donc *immanent* parce qu'il pose tout dans le moi ; le dogmatisme est *transcendant* parce qu'il va au-delà du moi. Le produit le plus logique du dogmatisme, s'il peut être conséquent, est le spinozisme. Si, procédant avec le dogmatisme et, comme on le doit toujours, avec ses propres principes, on lui demande pourquoi il admet sa chose en soi, sans fondement plus élevé, tandis qu'il en exigeait un dans le moi ; si on lui demande pourquoi, sans principe plus éloigné, cette chose a néanmoins à ses yeux une valeur absolue, tandis que le moi n'en devait point avoir, il ne peut alléguer aucune autorité en réponse, et nous exigeons en conséquence que, fidèle à ses propres principes qui lui commandent de ne rien accepter sans fondement, il ne présente ni une notion d'espèce supérieure pour la notion de la chose en soi, ni la chose elle-même pour la notion la plus élevée. Le dogmatisme poussé jusqu'à ses dernières conséquences, ou bien donc nie que notre connaissance en général ait un fondement, qu'il y ait système dans l'esprit humain ; ou bien se contredit lui-même. Le dogmatisme complet est un scepticisme qui met en doute qu'il doute ; car il doit détruire l'unité de la conscience et avec elle toute logique : Il n'est donc pas dogmatisme, et se contredit lui-même lorsqu'il se donne pour tel [1].

[1] Il n'y a que deux systèmes : le criticisme et le dogmatisme. Tel qu'il est défini plus haut, le scepticisme n'est pas un système ; car il nie même la possibilité d'un système en général. Mais, comme il ne peut le nier que systématiquement, il se contredit lui-même, et est entièrement contraire à la raison. La nature de l'esprit humain a eu soin de le rendre impossible. Il n'y a jamais eu de partisan sérieux d'un scepticisme semblable. Le scepticisme critique est tout différent. C'est celui de Hume, de Maimon, d'Énésidème : il met à jour l'insuffisance des fonde-

Ainsi Spinoza pose le fondement de l'unité de la conscience, en une substance dans laquelle la conscience est nécessairement déterminée, aussi bien quant à la matière (la série déterminée de la représentation) que quant à la forme de l'unité. Mais je lui demande : Qu'est donc la chose qui contient encore le fondement de la nécessité de cette substance, aussi bien quant à sa matière (les diverses séries de la représentation contenues en elle) que quant à sa forme (d'après laquelle toutes les séries possibles de la représentation doivent être créées et former un tout complet)? Or il ne me donne de cette nécessité aucun fondement plus éloigné. Il dit : Cela est ainsi, et il le dit parce qu'il est poussé à admettre une chose qui soit la plus absolue, une unité suprême. Mais puisque c'est là ce qu'il veut avoir, il aurait dû demeurer identiquement dans l'unité qui lui était donnée dans la conscience, et il ne lui eût pas été nécessaire d'inventer une unité plus élevée encore à laquelle rien ne le conduisait.

On ne saurait expliquer d'une manière précise, comment un penseur a jamais pu dépasser le moi, ou comment, après l'avoir franchi, il a pu se tenir quelque part avec sécurité, si l'on ne découvrait dans une donnée pratique l'explication complète de ce phénomène. C'était une donnée pratique, et non une donnée théorique, comme on a paru le croire, qui poussait les dogmatiques au-delà du moi ; c'était le sentiment de la

ments établis jusqu'à l'époque où il est exposé, et indique par là où l'on en peut trouver de plus solides. Il fait toujours gagner à la science, sinon quant au contenu, du moins quant à la forme ; et c'est méconnaître les intérêts de la science que de refuser au sceptique ingénieux l'estime qui lui est due.

dépendance du moi, en tant qu'il est pratique, d'un non-moi qui ne se trouve pas absolument sous notre pouvoir législatif, et qui, à cet égard, est libre. Mais une autre donnée les obligeait à prendre un point d'appui quelque part : c'était le sentiment de la subordination nécessaire et de l'unité de tout le non-moi sous les lois pratiques du moi. Cette donnée n'est nullement quelque chose en tant qu'objet d'une notion qui s'y trouve, mais en tant qu'objet d'une idée qui doit être produite par nous, comme on le montrera en temps et lieu.

D'après cela, il est évident en définitive que le dogmatisme n'est nullement ce qu'il prétend, que nous n'avons pas été injustes envers lui en déduisant les conséquences précédentes, et qu'il faillit contre lui-même, si lui-même il ne les tire. Son unité la plus haute n'est et ne peut être autre que la conscience, et sa *chose* est le substract de la divisibilité en général, ou la substance suprême dans laquelle sont posés le moi et le non-moi (l'intelligence et l'étendue de Spinoza). Loin de dépasser le moi absolu, il ne s'élève pas jusqu'à lui : là où il va le plus loin, comme dans le système de Spinoza, il arrive jusqu'à notre second et à notre troisième principes, mais il n'atteint pas le premier, absolu et inconditionnel ; d'ordinaire il s'en faut de beaucoup qu'il s'élève aussi haut. Il était réservé à la philosophie critique de faire ce dernier pas et d'achever ainsi la science. La partie théorique de notre doctrine de la science, qui n'est développée que des deux derniers principes, puisque le premier n'a ici qu'une valeur régulative, est réellement, comme on le prouvera en temps voulu, le spinozisme systématique. Seulement le moi individuel y est l'unique substance suprême. Mais notre système ajoute une partie pratique qui base et détermine la première; achève par là la science toute entière, épuise tout ce qui est trouvé dans l'esprit humain, et par là réconcilie avec la philosophie le sens commun de l'homme, qui, choqué par toutes les philosophies antérieures à Kant, est mis en scission avec la philosophie, par notre système théorique, sans jamais espérer une solution.

9. — Si nous faisons abstraction de la forme déterminée du jugement, — que soit qu'il oppose, soit qu'il compare, il est établi sous un fondement de distinction ou de relation, pour ne considérer que le mode de l'action en général, par laquelle l'un est limité par l'autre, — nous avons la catégorie de la détermination (chez Kant, limitation), c'est-à-dire que l'acte de poser la quantité en général, que ce soit quantité de la réalité ou de la négation, est appelé détermination.

DEUXIÈME PARTIE.

PRINCIPES DE LA CONNAISSANCE THÉORIQUE.

§ 4. — *Premier théorème.*

Réfléchissons un instant sur la route que nous allons suivre, avant de nous y engager. — Nous avons indiqué trois principes logiques : celui de l'identité, qui est le principe de tous les autres, et ensuite les deux qui ont en lui leur fondement réciproque, je veux dire le principe de l'opposition et celui du fondement. Les deux derniers rendent possible le procédé synthétique en général, indiquent sa forme, et en sont la base. Notre réflexion ne peut donc rien de plus, pour nous donner la certitude de la valeur formelle de notre procédé. — Dans la première action synthétique, celle de la synthèse fondamentale (du moi et du non-moi) est exposé aussi le contenu de toutes les synthèses futures possibles; de ce côté encore nous ne pouvons rien de plus. Tout ce qui doit appartenir au domaine de la doctrine de la science, doit pouvoir être développé de cette synthèse fondamentale.

Mais si certaines choses doivent pouvoir en être déduites, d'autres doivent se trouver renfermées dans les notions conciliées par elle, qui n'ont pas été indiquées encore. Notre tâche est de les découvrir, et voici comment nous procédons dans ce but. — D'après le § 3, toutes les notions synthétiques naissent par la conciliation des opposés. On devrait donc chercher d'abord les caractères opposés des notions indiquées comme opposées (ici, du moi et du non-moi, en tant qu'ils sont posés comme se déterminant réciproquement), ce qui ne peut se faire qu'au moyen de la réflexion qui est un acte (spontané, volontaire) de notre esprit. *Rechercher*, disais-je : il est donc établi que ces caractères se présentent à nous et qu'ils ne sont pas créés artificiellement par la réflexion (qui n'a aucun pouvoir de ce genre), c'est-à-dire qu'il est établi qu'il existe un acte primitivement nécessaire et antithétique du moi.

La réflexion a à exposer cet acte antithétique, et elle commence, pour cela, par être analytique, c'est-à-dire que les caractères opposés renfermés dans une notion antithétique = A, sont amenés, comme opposés par la réflexion, à une conscience claire, en d'autres termes analysent la notion A. Mais il faut remarquer en particulier ici que notre réflexion analyse une notion qui ne lui est encore nullement donnée, et qui ne doit être découverte que par l'analyse; jusqu'à l'achèvement de l'analyse, la notion analysée est = X. Une question s'élève : comment une notion inconnue peut-elle être analysée ?

Aucune action antithétique, quoique supposée en général pour la possibilité de l'analyse, n'est possible sans une action synthétique et même aucune action antithétique déterminée, sans sa synthétique déterminée (§ 3) : elles sont toutes deux entièrement unies ; elles forment une seule et même action et ne sont distinctes que dans la réflexion. On peut donc conclure de l'antithèse à la synthèse. Le troisième terme dans lequel deux opposés sont conciliés peut également être indiqué, non comme le produit mais comme le fondement de la réflexion, comme le produit de cet acte primitif et synthétique du moi, qui, à cause de cela, ne doit pas se présenter, comme acte, à la conscience empirique, pas plus même que les actes jusqu'à ce moment indiqués. Nous trouvons, dès à présent, des actions synthétiques manifestes, qui ne sont pas encore néanmoins des actions inconditionnelles comme les premières. Mais il est prouvé par notre déduction que ce sont des actions et des actions du moi, c'est-à-dire qu'elles le sont aussi certainement qu'il est certain que la première synthèse, de laquelle elles sont déduites et avec laquelle elles ne font qu'une seule et même chose, est une. Elle est une aussi certainement que l'acte suprême du moi, celui par lequel il se pose soi-même, est un. Les actes qui sont exposés sont synthétiques, la réflexion qui les expose est analytique.

Mais ces antithèses supposées pour la possibilité d'une analyse par la réflexion, doivent être conçues comme ayant précédé, c'est-à-dire comme celles dont dépend la possibilité des actes synthétiques à exposer. Mais aucune analyse n'est possible sans synthèse. Une synthèse plus élevée est donc supposée comme exposée déjà, et notre premier soin doit être de la rechercher et de la déterminer avec précision ; elle doit avoir été déjà exposée dans le § précédent, mais il pourrait se faire que, passant à une partie de la science entièrement nouvelle pour nous, nous eussions quelque chose de particulier à rappeler à son égard.

A. *Détermination de la proposition synthétique qui doit être analysée.*

Le moi et le non-moi sont tous deux posés par le moi et dans le moi, comme réciproquement limitables l'un par l'autre, c'est-à-dire, de telle sorte que la réalité de l'un supprime la réalité de l'autre, et réciproquement.

Cette proposition renferme les deux propositions suivantes :

1. = *Le moi pose le non-moi comme limité par le moi.* De cette proposition destinée à jouer un grand rôle dans la suite, et même dans la partie pratique de notre science, on ne peut, du moins à ce qu'il semble, faire maintenant aucun usage. Jusqu'à présent, en effet, le non-moi n'est rien. Cette proposition ne paraît donc être d'aucun usage, du moins jusqu'à ce que d'une manière quelconque une réalité puisse être attribuée au non-moi. La proposition sous laquelle elle est comprise, le moi et le non-moi se limitent réciproquement, est posée il est vrai ; mais quoique posée par elle, quoique contenue en elle, la proposition dont il est question en ce moment est tout-à-fait problématique. Le moi peut être aussi limité purement et simplement à l'égard du non-moi, comme l'ayant posé d'abord lui-même ; la limitation, étant d'abord émanée du moi. Peut-être le non-moi ne limite-t-il pas le moi en soi, mais limite-t-il seulement sa limitation. Ainsi expliquée, la proposition précédente demeurerait vraie et juste, sans que l'on dût attribuer au non-moi

une réalité absolue, et sans que la proposition indiquée plus haut comme problématique fût comprise en elle.

2. — Cette proposition contient encore celle-ci : *Le moi se pose soi-même comme limité par le non-moi.* On peut s'en servir et elle doit être admise comme certaine, car elle peut se déduire de la proposition précédente.

Le moi est posé d'abord comme réalité absolue, ensuite comme réalité limitable, susceptible d'une quantité et même comme limitable par le non-moi. Or toutes ces choses sont posées par le moi : elles forment par conséquent des moments de notre proposition.

Il sera prouvé :

1. — Que la dernière proposition est le fondement de la partie théorique de la science de la connaissance, mais seulement après l'achèvement de cette science, car il ne peut en être autrement dans l'exposition synthétique.

2. — Que la première proposition problématique, jusqu'à présent, est le fondement de la partie pratique de la doctrine de la science. Mais, comme elle est problématique, la possibilité de cette partie pratique l'est aussi. C'est pourquoi —

3. — La réflexion doit partir de la partie théorique. Il sera prouvé néanmoins, dans la suite, que ce n'est pas la faculté théorique qui rend la pratique possible, mais que c'est, au contraire, sur la possibilité de celle-ci que repose la possibilité de la première (que la raison est en elle-même purement pratique et ne devient théorique qu'en appliquant ses lois à un non-moi qui la limite). La réflexion doit partir de la partie théo-

rique, parce qu'on ne peut concevoir la proposition fondamentale de la partie pratique, qu'autant que l'on peut concevoir la proposition fondamentale de la théorique. Il s'agit dans la réflexion, de concevoir celle-ci.

4. — Il suit de là que la division que nous avons faite ici de la doctrine de la science en théorique et en pratique est purement problématique, c'est pour ce motif que nous ne devions la faire qu'en passant, et que nous ne devions pas tracer rigoureusement une ligne de démarcation qui n'est pas encore admise. Nous ne savons nullement encore si nous achèverons la partie théorique, ou si nous rencontrerons une contradiction insoluble; encore moins pouvons-nous savoir si, de la partie théorique, nous serons conduits à une partie spécialement pratique.

B. *Synthèse des propositions contraires renfermées dans la proposition énoncée et dans la proposition générale.*

La proposition : *Le moi se pose comme déterminé par le non-moi*, vient d'être dérivée du troisième principe; s'il doit avoir de la valeur, elle doit en avoir aussi. Mais s'il doit avoir de la valeur, il est certain que l'unité de la conscience ne doit pas être supprimée, et que le moi ne doit pas cesser d'être moi (§ 3). Ainsi cette proposition doit avoir de la valeur aussi certainement que l'unité de la conscience ne doit pas être supprimée.

Nous devons d'abord l'analyser, c'est-à-dire examiner si des contraires sont contenus en elle, et quels ils sont.

Le moi se pose comme déterminé par le non-moi. Ainsi le moi ne doit pas déterminer; il doit être déterminé. Mais le non-moi doit déterminer, doit poser des limites. Notre proposition contient donc d'abord la suivante :

Le non-moi détermine (activement) *le moi* (qui en ce cas est passif). Le moi se pose comme déterminé par l'activité absolue. Toute activité doit émaner du moi, autant du moins que nous pouvons en juger jusqu'à présent. Le moi s'est posé lui-même : il a posé le non-moi. Il les a posés tous les deux dans la quantité. Mais le moi s'est posé comme déterminé. Donc la proposition énoncée contient encore la suivante :

Le moi se détermine soi-même (par l'activité absolue).

Ne nous occupons nullement encore, pour le moment, de chercher si chacune des deux propositions se contredit en elle-même. Mais il est évident qu'elles se contredisent toutes deux réciproquement l'une l'autre, car le moi ne peut être actif s'il doit être passif.

Les notions de l'activité et de la passivité, il est vrai, ne sont pas encore déduites ni développées comme opposées. Mais on ne doit rien conclure ici de ces notions comme étant opposées, on s'est servi des mots qui les désignent pour éclairer la pensée. Avec ou sans ces mots, il est également évident que l'une des deux propositions développées nie ce que l'autre affirme, et que par conséquent il y a bien contradiction.

Si deux propositions contenues dans une seule et même proposition se contredisent l'une l'autre, elles se détruisent, et la proposition qui les contient se détruit elle-même. C'est ce qui arrive pour la proposition énoncée plus haut; elle se détruit donc elle-même.

Mais elle ne peut se détruire, si l'unité de la conscience ne doit pas être anéantie, nous devons donc chercher à concilier les contraires désignés (c'est-à-dire non conformes à la proposition suprême). La réflexion doit donc inventer pour eux par un raffinement, un point de conciliation; or, si l'unité de la conscience est posée en même temps que cette proposition qui menace de la supprimer, le terme de conciliation doit se trouver dans notre conscience, et c'est là que la réflexion doit le chercher. Nous venons d'analyser une notion synthétique = X, qui s'y trouve réellement, et des contraires découverts par l'analyse, nous devons conclure quelle sorte de pensée est l'inconnue X.

Arrivons à la solution de notre problème.

L'une des propositions affirme ce que l'autre nie; ce sont donc la réalité et la négation qui se détruisent; mais elles ne doivent pas se détruire, elles doivent être conciliées, ce qui a lieu (§ 3) au moyen de la limitation ou de la détermination.

En disant: Le moi se détermine soi-même, on accorde au moi la totalité absolue de la réalité. Le moi ne peut se déterminer comme réalité (§ 1); car il est posé absolument comme réalité, et aucune négation n'est posée en lui. Cependant, il doit être déterminé par lui-même; cela ne signifie pas qu'il détruise en lui une réalité, car il se mettrait par là immédiatement en contradiction avec lui-même. Mais cela doit signifier que le moi détermine la réalité, et au moyen de celle-ci se détermine lui-même. Il pose la réalité comme une quantité absolue. Il n'y a pas de réalité hors de celle-là. Cette réalité est posée par le moi. Le moi est donc déterminé, en tant que la réalité est déterminée.

Il faut remarquer, en outre, que c'est là encore un acte absolu du moi, précisément le même qui se trouve dans le (§ 3) où le moi se pose lui-même comme quantité, et qui, à cause de ses conséquences, devait être clairement exposé ici.

Le non-moi est opposé au moi. La négation est en lui, de même que la réalité est dans le moi. Si la totalité absolue de la réalité est posée dans le moi, la totalité absolue de la négation doit nécessairement être posée dans le non-moi, et la négation elle-même doit être posée comme totalité absolue.

La totalité absolue de la réalité dans le moi, et la totalité absolue de la négation dans le non-moi doivent être conciliées par la détermination. Donc le moi se *détermine en partie, et est déterminé en partie*.

Mais ces deux choses doivent être conçues comme une seule et même chose, je veux dire que le moi doit être déterminé dans le même rapport qu'il se détermine, et se déterminer dans le même rapport qu'il est déterminé.

Le moi est déterminé, c'est-à-dire la réalité est détruite en lui. Si donc le moi ne pose en lui qu'une partie de la totalité absolue de la réalité, il supprime par cela même le reste de cette totalité, et, en vertu de l'opposition (§ 2) et de l'identité de la quantité avec elle-même (§ 3), il pose dans le non-moi, autant de réalité qu'il en a été supprimé en lui (le moi). Un degré est toujours un degré, qu'il soit un degré de réalité ou de négation. Si l'on divise, par exemple, la totalité de la réalité en dix parties égales, et si l'on en place cinq dans le moi, il y a évidemment cinq parties de la négation posées dans le non-moi.

Autant le moi pose en lui de parties de la négation, autant il en pose de la réalité dans le non-moi, et cette réalité posée dans l'opposé, annule réellement la réalité que contient le moi. Il y a, par exemple, cinq parties de la négation placées dans le moi, s'il y en a cinq de la réalité dans le non-moi.

Ainsi, le moi pose en lui la négation en tant qu'il pose la réalité dans le non-moi, et la réalité, en tant qu'il pose dans le non-moi la négation : il se pose donc se *déterminant* en tant qu'il *est* déterminé, et *étant* déterminé, en tant qu'il se détermine. La question est donc résolue dans les termes donnés plus haut.

Mais seulement dans ces termes; car une question encore est demeurée sans réponse : comment le moi peut-il poser la négation en soi ou la réalité dans le non-moi? nous n'avons rien fait si nous ne pouvons répondre à cette question. Je le rappelle, afin que personne ne soit choqué de la nullité apparente et de l'insuffisance de notre solution.

Nous venons d'opérer une nouvelle synthèse. La notion qui y est exposée, est contenue dans la notion d'espèce et supérieure de la détermination, car la quantité est posée par elle. Mais s'il doit y avoir réellement une autre notion et si la synthèse qu'elle expose doit être réellement une synthèse nouvelle, sa différence spécifique de la notion de la détermination doit être nouvelle aussi; on doit pouvoir en montrer la différence fondamentale (le fondement de distinction des deux notions).—Par la *détermination* en général la quantité est simplement *finie*. On recherche comment par la notion synthétique que nous venons d'exposer maintenant, la quantité de l'un des opposés est déterminée par la quantité de l'autre. La détermination de la réalité ou de la négation du moi détermine en même temps la négation ou la réalité du non-moi, et réciproquement. Je puis partir de celui des opposés que je veux, et par l'acte au moyen duquel je le détermine, j'ai en même temps déterminé l'autre. La dénomination la plus propre de cette détermination serait celle de réciprocité d'action, à cause de l'effet réciproque qu'elle implique; c'est ce que Kant appelle relation.

C. *Synthèse par réciprocité d'action des contraires, renfermés dans la première des propositions opposées.*

Il sera bientôt montré que la solution de notre problème n'a acquis aucun résultat considérable par la synthèse par réciprocité d'action; mais cette synthèse nous a fait gagner pour la méthode un terrain solide.

Si la proposition principale, exposée au commencement du §, renferme tous les contraires qui doivent être conciliés ici, si elle doit les contenir conformément à la méthode que nous avons rappelée plus haut, si d'ailleurs, ils ont dû être conciliés en général par la notion de la réciprocité d'action, les contraires qui se trouvent dans les propositions générales déjà conciliées doivent nécessairement être conciliés immédiatement par la réciprocité d'action. De même que les contraires particuliers sont contenus dans les contraires généraux exposés, de même aussi la notion synthétique, qui les concilie, doit être renfermée dans la notion générale de la détermination réciproque. Il nous faut donc procéder, à l'égard de cette notion, presque de la même manière que nous avons procédé relativement à la notion de la détermination en général. Nous l'avons déterminée, c'est-à-dire nous avons limité la sphère de son influence à un domaine moins étendu, en lui opposant la condition que la quantité de chacun des opposés doit être déterminée par l'autre, et nous avons obtenu ainsi la notion de la détermination réciproque. D'après la démonstration que nous venons de rappeler, nous avons maintenant à déterminer plus exactement cette notion elle-même, c'est-à-dire à délimiter sa sphère en lui adjoignant une condition particulière. C'est ainsi que nous trouverons les notions synthétiques comprises sous la notion la plus élevée, la réciprocité d'action.

Par là nous serons en mesure de déterminer ces notions par les lignes de démarcation les plus précises, de manière qu'il soit absolument impossible de les confondre et de passer du domaine de l'une dans le domaine de l'autre. Le défaut de détermination rigoureuse nous signalera en même temps les erreurs.

Le non-moi doit déterminer le moi. — C'est qu'il doit supprimer la réalité dans le moi. Mais cela n'est possible qu'à condition qu'il ait en lui-même cette partie de la réalité qu'il doit supprimer dans le moi; ainsi — *le non-moi a en lui-même de la réalité.*

Mais *toute réalité est posée dans le moi* et le non-moi est opposé au moi, il n'y a donc en lui aucune réalité : il n'y a en lui qu'une négation manifeste. Le non-moi est négation, et par conséquent *il n'a en soi aucune réalité.*

Les deux propositions se détruisent réciproquement l'une l'autre. Elles sont toutes deux comprises dans la proposition : le non-moi détermine le moi, chacune d'elles se détruit donc elle-même.

Mais chacune de ces propositions est comprise dans la proposition principale qui vient d'être rappelée ; celle-ci est comprise elle-même dans la proposition de l'unité de la conscience. Si elles sont supprimées, la proposition principale qui les implique, et l'unité de la conscience qui implique celle-ci le sont aussi ; elles ne doivent donc pas se détruire, et il faut que les contraires qui se trouvent en elles puissent être conciliés.

1. — La contradiction n'est pas entièrement résolue par la notion de la réciprocité d'action. Si nous posons la totalité absolue de la réalité comme *divisible;* c'est-à-dire comme telle qu'elle puisse être ou augmentée ou diminuée (avons-nous le droit d'agir ainsi ? cela n'a pas été déduit encore), nous pouvons arbitrairement en retrancher du moi des parties, qui doivent nécessairement, sous cette condition, être posées dans le non-moi, tant on gagne par la notion de la réciprocité d'action. Mais qui nous conduit à retrancher des parties de la réalité du moi? Cette question n'a pas été agitée encore. Lorsqu'elle supprime quelque partie de la réalité, conformément à la loi de la réciprocité d'action, la réflexion pose dans l'un des opposés ce qu'elle a supprimé dans l'autre. Mais qui l'autorise, qui l'oblige à admettre en général une détermination réciproque?

Expliquons-nous d'une manière plus précise. — Il est posé absolument de la réalité dans le moi; d'après le troisième principe fondamental, et tout-à-l'heure même, le non-moi a été défini comme *quantité* posée.

Or, toute *quantité* est quelque chose, et a par conséquent de la réalité. Le non-moi doit être négation et en même temps négation réelle (quantité négative).

A l'égard de la notion de la simple relation, il est complètement indifférent auquel des deux opposés on veut attribuer la réalité ou la négation. Cela dépend de celui des deux objets d'où part la réflexion. C'est ce qui arrive dans les mathématiques qui font complètement abstraction de toute qualité, et ne considèrent que la quantité. Il est tout-à-fait indifférent que j'appelle quantité positive les pas faits en arrière ou les pas faits en avant, cela dépend de savoir si je veux présenter comme résultat définitif la somme des premiers ou celle des seconds. De même, dans la science de la connaissance, ce qui est négation dans le moi est réalité dans le non-moi et réciproquement. La notion de la détermination réciproque ne prescrit que cela et rien de plus. Que j'appelle réalité ou négation ce qui est en moi, peu importe! cela est laissé à mon libre choix : il ne s'agit que de réalité relative.

— Il est digne de remarque que, dans le langage ordinaire, le mot *relatif* soit toujours très justement appliqué à ce qui se distingue par la quantité, et ne peut être distingué par rien autre, tandis que l'on ne peut attacher aucune notion déterminée au mot *relation* d'où il est dérivé. —

Il y a donc équivoque dans la notion de la réalité elle-même, équivoque produite par la notion de la détermination réciproque. Si l'on ne peut faire disparaître cette ambiguité, l'unité de la conscience est supprimée : le moi est réalité, le non-moi est également réalité; ils ne sont plus opposés tous deux l'un à l'autre, le moi n'égale pas moi, il est = non-moi.

2. — Pour que la contradiction signalée soit résolue d'une manière satisfaisante, il faut avant tout faire disparaître cette équivoque, derrière laquelle la contradiction pourrait être masquée de telle sorte, que n'étant pas au fond une contradiction véritable, elle n'en eût que l'apparence.

Le moi est l'origine de toute réalité, c'est par lui, c'est avec lui que la notion de la réalité est donnée, mais le moi *est* parce qu'il *se pose*, et il *se pose* parce qu'il *est*. *Se poser* et *être* sont donc une seule et même chose; or la notion de *se poser* et celle de *l'activité* sont également identiques. Ainsi toute réalité est *active* et tout ce qui est *actif* est réalité. L'activité est la réalité *positive* (opposée à celle qui est purement relative).

— Il est très-nécessaire ici de considérer la notion de l'activité entièrement pure. Elle ne peut rien exprimer qui ne soit contenu dans l'acte absolu du moi se posant lui-même, rien qui ne se trouve immédiatement dans la proposition : *Je suis*. Il est donc évident que l'on doit faire abstraction de toutes les *conditions de temps* et de tous les *objets* de l'activité; tandis que le moi pose son propre être, l'acte (le mode d'activité) du moi ne se dirige nullement sur un objet, il revient sur lui-même. L'objet n'est donc que lorsque le moi se représente lui-même. — Il est difficile à l'imagination de ne pas mêler ce dernier caractère, celui de l'objet, à la notion pure de l'activité; il suffit d'être averti de l'illusion à laquelle elle pourrait entraîner, afin qu'on écarte du moins tout ce qui pourrait provenir d'un tel alliage.

3. — Le moi doit être déterminé, c'est-à-dire, la réalité, ou suivant la définition qui vient d'en être donnée, *l'activité* doit être supprimée en lui. Le contraire de l'activité est donc posé en lui. Or, le contraire de l'activité est la *passivité*. La passivité est la négation *positive* : elle est opposée à cet égard à la négation purement *relative*.

— Il serait à désirer que le mot passivité *(pati)* fut pris dans moins d'acceptions. Il est inutile de rappeler qu'il ne faut pas y voir ici l'expression de la sensation de la douleur. On y fait abstraction de toutes les *conditions de temps,* et en outre, jusqu'à présent, de toute activité causale qui produise la passivité dans les opposés. La passivité est la simple négation de la pure notion d'activité que nous venons de présenter et même de l'activité *quantitative*, si elle est quantitative. En effet, la simple négation de l'activité, en faisant abstraction de sa quantité, = 0, et serait le repos. Tout ce qui dans le moi n'est pas immédiatement compris dans la proposition : *Je suis,* n'est pas posé immédiatement par le moi se posant lui-même, est pour le moi *passivité* (affection en général).

4. — Si la totalité absolue de la réalité doit être conservée, lorsque le moi est en état de passivité, un égal degré d'activité doit nécessairement être transporté au non-moi, en vertu de la loi de l'action réciproque.

Telle est donc la solution de la contradiction précédente. Le *non-moi n'a en soi*, comme tel, *aucune réalité*, mais, en vertu de la loi de la détermination réciproque, *il a de la réalité en tant que le moi est passif.* Cette proposition : *Le non-moi,* autant du moins que nous pouvons en juger jusqu'à présent, *n'a de réalité pour le moi qu'autant que le moi est affecté; et n'en a pas hors de la condition d'une affection du moi*, est très-importante à cause de ses conséquences.

5. — La notion synthétique, maintenant déduite, est comprise dans la notion supérieure de la détermination réciproque; car, en elle, la quantité de l'un des opposés, le non-moi, est déterminée par la quantité de l'autre, le moi. Mais elle s'en distingue aussi spécifiquement; car, dans la notion de la détermination réciproque, il était complètement indifférent de savoir lequel des deux opposés était déterminé par l'autre, auquel des deux était attribuée la réalité, et auquel la négation. La quantité, et rien de plus, était déterminée. Mais dans la synthèse actuelle, l'alternative n'est pas indifférente : il y est bien défini auquel des deux termes de l'opposition est attribuée la réalité et non la négation, et auquel la négation et non l'activité. La synthèse actuelle pose donc l'*activité*, et même à degré égal, dans l'un des termes, dans la même proportion que la *passivité* est posée dans le terme contraire.

Cette synthèse est appelée synthèse de la *causalité*. Ce à quoi l'*activité* est attribuée, en tant qu'il n'est pas *passif*, se nomme cause première (réalité primitive, réalité positive et posée absolument, ce qu'exprime très-bien ce mot) : ce à quoi est attribuée la *passivité*, est l'effet (par conséquent ce qui dépend d'autre chose, ce qui n'a pas de réalité primitive). Les deux idées réunies sont exprimées par le mot effet (pris dans le sens actif). Le résultat de la cause (ce qui est effectué) ne devrait jamais être nommé effet.

— Dans la notion de la causalité, telle qu'elle vient

d'être déduite, on doit faire complètement abstraction des conditions empiriques de temps, et sans ces conditions on ne saurait bien la concevoir. D'un côté, le temps n'étant pas encore déduit, nous n'avons pas le droit de nous servir de sa notion ; de l'autre, il n'est nullement vrai que l'on doive se représenter la cause première comme telle, c'est-à-dire en tant qu'elle produit un effet déterminé, comme précédant dans le temps ce qui est effectué ; on le verra dans le schématisme. En vertu de l'unité synthétique, la cause et l'effet doivent être conçus comme une seule et même chose. Ce n'est pas la cause, comme telle, c'est la substance, à laquelle la réalité est attribuée, qui précède l'effet dans le temps, par des fondements qui seront montrés. Mais, à cet égard, la substance, sur laquelle un effet est produit, précède aussi, dans le temps, l'effet produit en elle par une cause.

D. *Synthèse par détermination réciproque des termes contraires compris dans la seconde des propositions opposées.*

La seconde proposition exposée comme comprise dans notre proposition principale : Le moi se pose comme déterminé, c'est-à-dire, se détermine, renferme en elle des termes contraires et par conséquent se détruit aussi. Mais comme elle ne peut se supprimer sans que l'unité de la conscience ne soit aussi médiatement supprimée, nous devons concilier en une nouvelle synthèse les contraires qui sont en elle.

a. — Le moi se détermine : il est le *déterminant*; il est donc actif.

b. — Il se détermine : il est le déterminé; il est donc passif. Ainsi le moi est en même temps, dans une seule action, actif et passif : il lui est attribué à la fois de la réalité et de la négation, ce qui sans doute se contredit.

Cette contradiction doit être résolue par la détermination réciproque; elle serait parfaitement résolue néanmoins, si l'on pouvait à la proposition précédente substituer celle-ci : le moi détermine par l'activité sa passivité, ou par la passivité son activité. Alors, en effet, il serait en même temps actif et passif. Seulement il s'agit de savoir si cette proposition peut être substituée à l'autre, et à quel titre elle peut être admise.

Pour que la détermination soit possible, il faut qu'une mesure soit fixée. Cette mesure pourrait bien n'être autre chose que le moi lui-même, parce qu'il n'y a que le moi qui primitivement ait été posé absolument.

Or, il y a de la réalité posée dans le moi. Par conséquent le moi doit être posé, à l'égard de la réalité, comme *totalité absolue* (c'est-à-dire comme une somme qui comprend toutes les autres sommes, et peut être la mesure de toutes), et même primitivement et absolument, si la synthèse que nous venons d'exposer problématiquement est possible, et si la contradiction doit être résolue d'une manière satisfaisante. Ainsi :

1. — Le moi pose absolument, sans fondement quelconque et sans aucune condition possible, la *totalité absolue de la réalité*, comme une somme, au-dessus de laquelle il est absolument impossible qu'il y en ait une plus grande; et ce maximum absolu de la réalité, il le

pose en *lui-même*. Tout ce qui est posé dans le moi est réalité ; et tout ce qui est réalité est posé dans le moi (§ 1). Mais cette réalité dans le moi est une quantité, et même une quantité posée absolument (§ 3).

2. = La quantité de ce qui manque de réalité (de la passivité) doit être déterminée d'après cette mesure posée absolument. Mais l'absence de réalité est le néant, et ce qui manque de réalité n'est rien. Par conséquent cette mesure ne peut servir à déterminer que le *reste de la réalité*. Le moi ne peut donc déterminer que la quantité limitée de sa *réalité*, par la détermination de laquelle est donc aussi déterminée en même temps (en vertu de la détermination réciproque) la quantité de la négation.

— Nous faisons entièrement abstraction ici de la détermination de la négation comme contraire de la *réalité en soi* dans le moi : et nous dirigeons purement notre attention sur la détermination d'une somme de réalité, plus petite que la totalité. —

3. = Une somme de réalité, n'étant pas égale à l'ensemble, est elle-même *négation*, c'est-à-dire négation de la totalité. Elle est opposée comme quantité limitée de la totalité. Mais tout opposé est la négation de ce à quoi il est opposé. Toute quantité déterminée est non-totalité.

4. = Mais pour que cette somme puisse être *opposée* à la totalité, par conséquent, pour qu'elle puisse lui être comparée (d'après les règles de toute synthèse et antithèse), il faut qu'il existe entre elles un fondement de distinction, c'est la notion de la *divisibilité* (§ 3). Il n'y a pas de parties dans la totalité absolue, mais elle peut être comparée avec des parties et distinguée

d'elles. On peut donc résoudre ainsi d'une manière satisfaisante la contradiction précédente.

5. — Pour examiner ceci avec la plus grande lucidité, considérons la notion de la réalité. La notion de la réalité est identique à celle de l'activité. Toute réalité est posée dans le moi, c'est-à-dire toute activité est posée en lui; et réciproquement, tout est réalité dans le moi, c'est-à-dire le moi n'est qu'activité : il n'est moi qu'autant qu'il est actif; et en tant qu'il n'est pas actif, il est le non-moi.

Toute passivité est non-activité. La passivité ne peut donc se déterminer que par rapport à l'activité.

Cela répond à la question que nous nous étions proposée, d'après laquelle l'activité par détermination réciproque devait déterminer la passivité.

6. — La passivité ne peut être rapportée à l'activité qu'à la condition d'avoir un fondement de relation avec elle; mais ce fondement ne peut être autre que le fondement universel de relation entre la réalité et la négation, celui de la quantité. La passivité est en rapport avec l'activité au moyen de la quantité, c'est-à-dire : *La passivité est une quantité d'activité.*

7. — Pour concevoir une somme d'activité, il faut avoir une mesure de l'activité, c'est-à-dire de *l'activité* en général (ce que nous avons appelé plus haut la totalité absolue de la réalité). La quantité en général est la mesure.

8. — Si *toute* l'activité est posée dans le moi, poser une *somme* d'activité c'est la diminuer. Cette somme n'étant pas *toute* l'activité, est une passivité, quoiqu'en elle-même elle soit activité.

9. — Donc une passivité est posée, si l'on pose une

somme d'activité, par l'opposition de cette somme à l'activité, non pas comme activité en général, mais comme étant *toute* l'activité ; c'est-à-dire, cette somme d'activité, comme telle, est posée elle-même comme passivité et *déterminée* en cette qualité :

— *Déterminée*, dis-je. Toute passivité est négation de l'activité ; une somme d'activité nie la totalité de l'activité, et en tant que cela a lieu, la somme appartient à la sphère de la passivité.—Si elle est considérée en général comme activité, elle n'appartient pas à la sphère de la passivité ; elle en est exclue.—

10. — Une X est maintenant signalée, qui est en même temps réalité et négation, activité et passivité.

a. — X est *activité*, en tant qu'elle est mise en rapport avec le non-moi, parce qu'elle est posée dans le moi, et dans le moi posant, agissant.

b. — X est *passivité*, en tant qu'elle est mise en rapport avec la totalité de l'activité. Elle n'est pas l'activité en général, mais elle est une activité déterminée, un mode particulier d'activité renfermé dans la sphère de l'activité en général.

Si l'on décrit une circonférence = A, la surface qu'elle comprend = X, qui est finie, est opposée à la surface indéterminée qui s'étend dans l'espace indéfini. Dans l'intérieur de la circonférence A, si l'on décrit une autre circonférence, = B, la surface Y, comprise dans cette circonférence, est d'abord enfermée dans le cercle A et, en même temps, opposée avec la surface limitée par A à la surface infinie, et à cet égard elle est complètement identique à la surface A. Mais quant à elle, considérée comme enfermée par B, elle est opposée à la surface indéterminée qui s'étend au-delà de cette circonférence, et par conséquent aussi à la partie de la surface X qui ne se trouve pas en elle. La surface Y est donc opposée à elle-même, suivant qu'on la considère comme partie de la surface X, ou comme surface Y, ayant par elle-même une existence qui lui est propre.

11. = La proposition *Je pense,* est d'abord l'expression d'une activité; le moi est *pensant* et posé comme *agissant*. Elle est ensuite une expression de la négation, de la limitation, de la passivité; car *penser* est une détermination particulière de l'être, et la notion en exclut tous les autres modes de l'être. La notion de l'acte de penser est donc opposée à elle-même; elle désigne une activité, lorsqu'elle est mise en rapport avec l'objet de la pensée : elle exprime une passivité, relativement à l'être en général : car il faut que l'être soit limité pour que la pensée soit possible.

Tous les attributs possibles du moi en expriment une limitation. Le sujet : moi (je) est l'actif absolu ou ce qui est. Par l'attribut (par exemple : je représente, je m'efforce, etc.) cette activité est enfermée dans une sphère limitée. Pourquoi en est-il ainsi? quelle en est la cause? ce n'est pas ce dont il s'agit en ce moment.

On peut voir parfaitement ici, comment le moi détermine sa passivité par son activité, et comment il peut être en même temps actif et passif. Il est déterminant, en tant qu'il se pose par une spontanéité absolue à travers toutes les sphères contenues dans la totalité absolue de sa réalité, dans une sphère déterminée; et en tant que l'on ne considère que cet acte absolu par lequel il se pose, mais que l'on fait abstraction des limites de la sphère. Il est déterminé, en tant qu'on le considère comme posé dans cette sphère déterminée, et que l'on fait abstraction de la spontanéité de l'acte par lequel il se pose.

12. — Nous avons l'action primitivement synthétique du moi par laquelle la contradiction indiquée est résolue, et par elle nous avons trouvé une nouvelle notion synthétique qu'il nous faut examiner encore avec plus d'attention.

Comme la précédente, celle de causalité, elle est une détermination réciproque plus exactement définie; et toutes deux elles nous fourniront l'unité la plus parfaite, si nous les comparons entre elles et avec celle de la détermination.

D'après les règles de la détermination en général, elles doivent : — 1° toutes deux être identiques à la détermination réciproque; — 2° lui être opposées; — 3° être identiques l'une à l'autre, en tant qu'elles sont opposées à celle-là; — 4° être opposées l'une à l'autre.

a. — Elles sont identiques à la détermination réciproque, en ce que dans toutes deux, de même que dans celle-là, l'activité est déterminée par la passivité, ou la réalité par la négation (ce qui est la même chose) et réciproquement.

b. — Elles lui sont toutes deux opposées (à la détermination réciproque). Car il est bien posé une alternative dans la détermination réciproque, mais non une alternative déterminée. Elle laisse complètement libre de passer de la réalité à la négation, ou de celle-ci à celle-là. Mais dans les deux synthèses que nous venons de déduire, l'ordre de l'alternative est arrêté et déterminé.

c. — C'est même la fixation de cet ordre qui fait l'identité de ces deux synthèses.

d. — A l'égard de l'ordre de l'alternative, elles sont toutes deux opposées. Dans la notion de la causalité, l'activité est déterminée par la passivité; dans celle que nous venons de déduire, la passivité est déterminée par l'activité.

13. — En tant qu'il est considéré comme embrassant le cercle absolument déterminé de toute la réalité, le moi est *substance*. En tant qu'il est posé dans une circonférence, non absolument déterminée, comprise dans ce cercle (comment et par quoi cette circonférence est-elle déterminée? c'est ce qu'il nous reste maintenant à rechercher), il est *accidentel*, ou *il y a en lui un accident*. La limite, qui sépare ce cercle particulier du cercle entier, est ce qui constitue l'accident. Elle est le fondement de distinction entre la substance et l'accident. Elle est dans le cercle; c'est pourquoi l'accident appartient à la substance et se trouve en elle; elle exclut quelque chose de la totalité de l'étendue, et à cet égard l'accident n'est pas substance.

14. — On ne peut concevoir aucune substance sans relation à un accident. Car ce n'est qu'à l'égard des cercles divers, qui peuvent être posés dans le cercle absolu, que le moi est substance. Ce n'est que par la possibilité des accidents que naissent les réalités; car hors de toute réalité règnerait l'*unité*. Les réalités du moi sont ses modes d'activité : il est substance, en tant que tous les modes d'activité possibles y sont posés.

On ne peut concevoir aucun accident sans substance; car pour reconnaître quelque chose comme une réalité *déterminée*, il faut le rapporter à la réalité en général.

On *conçoit* la substance comme *la réciprocité d'action*

universelle. L'accident est quelque chose de *déterminé* et *de variable en réciprocité avec une autre chose variable.*

Il n'y a primitivement qu'une substance, le moi : tous les accidents possibles, et aussi toutes les réalités possibles sont posés dans cette unique substance. Comment peut-on considérer simultanément plusieurs accidents de la substance unique, comme identiques *en un caractère quelconque*? comment même peut-on les considérer comme des substances dont les accidents sont déterminés en ce qu'ils diffèrent de ce caractère, qui constitue l'identité? c'est ce que nous verrons en temps et lieu.

Remarque. — Nous avons laissé sans l'avoir examinée, et dans une obscurité complète, d'un côté, cette activité du moi par laquelle il se distingue soi-même et se compare comme substance et comme accident; de l'autre ce qui fournit au moi l'occasion de faire cette distinction. Ce principe occasionnel, autant que la première synthèse nous permet de le conjecturer, pourrait bien être un effet du non-moi.

Ainsi donc que cela arrive dans chaque synthèse les termes moyens ont été légitimement conciliés; mais non les deux extrêmes.

Cette remarque nous présente, sous une face nouvelle, la tâche propre de la science de la connaissance. Elle continue toujours à introduire des termes moyens entre des termes contraires; mais par là la contradiction n'est pas résolue, elle n'est que reculée. Si entre des membres conciliés, mais que l'on reconnaît ne pas l'être encore complètement, en les examinant de plus près, on intercale un terme moyen, la contradiction

5

signalée la dernière s'évanouit il est vrai ; mais par sa solution on fait naître de nouveaux termes extrêmes, qui sont opposés et qu'il faut de nouveau concilier.

Le problème suprême qui comprend en soi tous les autres problèmes est celui-ci : comment le moi peut-il agir immédiatement sur le non-moi, ou le non-moi sur le moi, puisqu'ils sont tous deux tout-à-fait contraires l'un à l'autre ? On insère entre eux une X quelconque sur laquelle ils agissent tous deux, et au moyen de laquelle ils agissent donc médiatement l'un sur l'autre. Mais on découvre bientôt qu'il doit y avoir dans cette X un point où le moi et le non-moi se rencontrent immédiatement. Pour l'éviter, on pose de nouveau entre eux et à la place des limites rigoureuses un nouveau terme moyen Y. Mais bientôt encore, dans Y comme dans X, on voit qu'il doit y avoir un point où les deux opposés sont en contact immédiat. Cela continuerait ainsi jusqu'à l'infini, à moins qu'un arrêt absolu de la raison que le philosophe ne prononce pas, mais qu'il ne fait qu'indiquer ne décidât que : Puisque le non-moi ne peut être concilié en aucune manière avec le moi, il ne doit pas être non-moi; décision qui résoudrait le nœud, il est vrai, mais en le tranchant.

On peut encore considérer les choses d'un autre point de vue. — En tant qu'il est limité par le non-moi, le moi est fini, mais, en lui-même, en tant qu'il est posé par sa propre activité absolue, il est infini. Il faut concilier en lui ces deux choses, le fini et l'infini. Or, cette conciliation est impossible en soi. Long-temps, il est vrai, le différend est arrangé par accommodement : l'infini limite le fini. Mais enfin la conciliation cherchée, paraissant complètement impossible, le fini doit être supprimé, toutes les limites doivent s'évanouir, le moi absolu doit demeurer seul, comme unité et totalité.

Si dans l'espace continu A, on place au point *m* la lumière, et au point *n* l'obscurité, puisque l'espace est continu, puisqu'il n'y a point d'hiatus entre *m* et *n*, il doit y avoir entre les deux points, un point quelconque *o*, qui est en même temps lumière et obscurité, ce qui se contredit. — Posez entre les deux, un terme moyen, le crépuscule. S'il va de *p* jusqu'à *q*, le crépuscule est limité en *p* par la lumière, et en *q* par l'obscurité. Qu'avez-vous gagné par là? un délai, rien de plus : la contradiction n'est pas résolue d'une manière satisfaisante. Le crépuscule est un composé d'obscurité et de lumière. Or, la lumière brillante ne peut confiner au crépuscule qu'au point *p*, de manière que le point *p* est à la fois lumière et obscurité, puisque ce qui distingue le crépuscule de la lumière, c'est qu'il est aussi obscurité, — qu'il est à la fois lumière et obscurité. — La même chose arrive au point *q*. — On voit donc qu'il ne peut y avoir à la contradiction d'autre solution que celle-ci : La lumière et l'obscurité ne sont pas opposées en général; on ne les distingue l'une de l'autre que par des différences de degrés. L'obscurité n'est qu'une quantité très-petite de lumière. — Il en est à peu près de même à l'égard du moi et du non-moi.

E. *Conciliation synthétique de la contradiction qui existe entre les deux modes indiqués de la détermination réciproque.*

Le moi se pose comme déterminé par le non-moi,

telle est la proposition principale, celle d'où nous sommes partis, et qui ne pourrait être supprimée sans que l'unité de la conscience ne le fût en même temps. Il y avait en elle des contradictions qu'il nous fallait résoudre. D'abord s'est présentée cette question : Comment le moi peut-il en même temps déterminer et être déterminé ? Elle a été résolue ainsi : déterminer et être déterminé, ne sont, en vertu de la notion de la détermination réciproque, qu'une seule et même chose. Donc, à mesure que le moi pose en soi une somme déterminée de négation, il pose aussi en même temps une somme déterminée de réalité dans le non-moi et réciproquement. — Ici il y avait à se demander : par quoi la réalité doit-elle être posée dans le moi et dans le non-moi ? — Au moyen de la notion de la causalité, a-t-on répondu. La négation ou la passivité doit être posée dans le moi, et conformément à la règle de la détermination réciproque, une somme égale de réalité ou d'activité doit être posée dans le non-moi. — Mais, fut-il ajouté, comment une passivité peut-elle être posée dans le moi ? Au moyen, répondit-on, de la notion de substance : Passivité et activité ne sont dans le moi qu'une seule et même chose, car la passivité n'est qu'une somme bornée d'activité.

Mais ces réponses nous ont enlacés dans un cercle vicieux. Si le moi pose un moindre degré d'activité, il pose par là en lui-même une passivité, et une activité dans le non-moi. Mais le moi ne saurait avoir le pouvoir de poser en soi une somme moindre d'activité, car, d'après la notion de substance, il pose en soi toute activité et n'y pose qu'activité. Une activité du non-moi devrait donc précéder l'acte par lequel le moi pose une moindre somme d'activité en lui. Avant que le moi pût en poser en soi une partie moindre, il faudrait que l'activité du non-moi eût d'abord réellement annulé une partie de l'activité du moi. Mais cela même est également impossible, puisqu'en vertu de la notion de causalité on ne peut attribuer au non-moi qu'autant d'activité qu'il est posé dans le moi de passivité.

Cessons de nous expliquer pour un moment conformément aux règles de l'école; négligeons même d'éclaircir davantage le principal point de la question; que l'on me permette néanmoins de supposer connue la notion du temps. — Si, comme premier cas, d'après la simple notion de causalité, il est posé que la limitation du moi ne provient uniquement que de l'activité du non-moi, que l'on considère dans le point de temps A le non-moi comme n'agissant pas sur le moi, toute réalité est alors dans le moi; il ne s'y trouve aucune négation; et, d'après ce qui précède, aucune réalité, par conséquent, n'est posée dans le non-moi. Que l'on suppose ensuite que, dans le point de temps B, le non-moi agisse sur le moi avec trois degrés d'activité; en vertu de la notion de la détermination réciproque, il y aura trois degrés de réalité supprimés dans le moi, et remplacés par trois degrés de négation. Mais en cela le moi est simplement passif; les degrés de négation sont posés en lui, il est vrai; mais aussi ils ne *sont* simplement *posés* que, — *pour une essence intelligente quelconque*, qui, placée hors du moi, observe le moi et le non-moi dans cette action, et juge d'après la loi de la détermination réciproque, — mais non pour le moi lui-même. Il serait nécessaire pour cela qu'il pût comparer son état dans le moment A avec son état dans le moment B, et discerner les diverses sommes de son activité dans les deux moments; mais on n'a pas encore montré comment cela lui est possible. Toutefois, dans le cas donné, le moi serait limité, mais il n'aurait pas conscience de sa limitation. Le moi serait *déterminé*, pour parler comme notre proposition, mais *ne se poserait pas* comme déterminé; il ne pourrait être posé comme tel que pour une essence quelconque hors de lui.

S'il est posé comme second cas, d'après la simple notion de substance que le moi, absolument et indépendamment de toute influence du non-moi, ait le pouvoir de poser arbitrairement en soi une somme amoindrie de la réalité, c'est la supposition de l'idéalisme transcendantal et de l'harmonie préétablie qui, à proprement parler, est un idéalisme semblable. Que cette supposition contredise le principe fondamental le plus absolu on ne s'en inquiète nullement.—Si vous donnez encore au moi la faculté de comparer cette quantité diminuée avec la totalité absolue, et de la mesurer à cette totalité; si, dans cette supposition, vous posez le moi dans le moment A, avec deux degrés de moins d'activité, avec trois dans le moment B, on comprend très-aisément comment le moi peut, dans les deux moments, se juger limité et même limité davantage au moment B qu'au moment A; mais on ne peut apercevoir comment cette limitation peut se rapporter à un non-moi comme sa cause première. Bien plus le moi devait se considérer lui-même comme sa cause. Suivant les termes de notre proposition, le moi se posait comme déterminé, mais non comme déterminé *par le non-moi*. (L'idéaliste nie la légitimité de cette relation au non-moi, et à cet égard, il est conséquent; mais il ne peut nier les faits de cette relation, il n'est jamais arrivé à aucun idéaliste de les nier. Il a du moins à expliquer alors ce fait dont on est convenu, en faisant abstraction de l'autorité de ce fait. Mais cela lui est impossible avec sa supposition, et sa philosophie est incomplète. Si d'ailleurs il admet l'existence des choses hors de nous, comme cela a lieu dans l'harmonie préétablie, il est en outre inconséquent).

Donc les deux synthèses, employées séparément, n'expliquent pas ce qu'elles doivent expliquer, et la contradiction signalée plus haut subsiste. Si le moi se pose comme déterminé, il n'est pas déterminé par le non-moi; s'il se pose comme déterminé par le non-moi, il ne se pose pas comme déterminé.

I. — Exposons ici cette contradiction d'une manière très-précise.

Le moi ne peut poser en soi aucune passivité, sans poser de l'activité dans le non-moi. Mais il ne peut poser de l'activité dans le moi, sans poser en soi une passivité; l'une de ces choses lui est impossible sans l'autre; l'une des deux lui est absolument impossible, l'autre lui est donc impossible ainsi. —

1. Le moi ne pose pas la passivité en soi en tant qu'il pose l'activité dans le non-moi, ni l'activité dans le non-moi en tant qu'il pose en soi la passivité : il ne pose pas en général (que l'on y prenne garde, ce n'est pas la *condition* qui est niée, c'est le conditionnel. La loi de la détermination réciproque n'est pas mise en question, c'est seulement son application au cas présent), comme cela vient d'être démontré.

2. Mais le moi doit poser en soi la passivité et à cet égard l'activité dans le non-moi, et réciproquement, conformément aux conséquences des propositions posées plus haut absolument.

II. — Dans la première proposition, on nie ce que l'on soutient dans la seconde.

Les deux propositions sont donc entre elles comme la négation et la réalité. Or, la négation et la réalité sont conciliées par la quantité. Les deux propositions doivent avoir de la valeur. Mais chacune d'elles ne doit avoir qu'une valeur *partielle*. Voici comment il faut les comprendre.

1. Le moi pose en *partie* la passivité en soi, *en tant qu*'il pose l'activité dans le non-moi; mais il *ne* pose *pas* en partie l'activité en soi, *en tant qu*'il pose l'activité dans le non-moi, et réciproquement.

2. Le moi ne pose qu'*en partie* la passivité dans le non-moi, en tant qu'il pose l'activité dans le moi. (Cela signifierait, d'après ce qui a été exposé : il y a une activité posée dans le moi, qui n'est opposée à aucune passivité dans le non-moi, et une activité dans le non-moi qui n'est opposée à aucune passivité dans le moi.) Nommons cette sorte d'activité, activité indépendante, jusqu'à ce que nous le connaissions plus exactement.

III. — Mais cette activité indépendante dans le moi et dans le non-moi contredit la loi de l'opposition, mieux définie maintenant par la loi de la détermination réciproque. Elle contredit aussi en particulier la notion de la détermination réciproque qui domine l'investigation actuelle.

Toute activité dans le moi détermine une passivité

dans le non-moi, et réciproquement, conformément à la détermination réciproque. — Mais maintenant la proposition énoncée :

Une certaine activité dans le moi ne détermine aucune passivité dans le non-moi; et celle-ci : Une certaine activité dans le non-moi ne détermine aucune passivité dans le moi, qui est à l'égard de la précédente ce qu'est la négation à l'égard de la réalité; ces deux propositions doivent être conciliées par détermination, c'est-à-dire ne peuvent avoir chacune qu'une valeur partielle.

La proposition contredite est celle de la détermination réciproque; elle ne doit avoir de la valeur qu'en partie, c'est-à-dire elle doit être déterminée, sa valeur doit être restreinte par une loi à un cercle particulier.

Ou, pour nous exprimer différemment, l'activité indépendante du moi et du non-moi n'est indépendante qu'à *un certain égard*; cela sera bientôt éclairci. En effet :

IV. — Conformément à ce qui précède, il doit y avoir dans le moi une activité qui détermine une passivité dans le non-moi, et qui est déterminée par le non-moi; et réciproquement, il doit y avoir dans le non-moi une activité qui détermine une passivité dans le moi et qui est déterminée par le moi; c'est à cette activité et à cette passivité que la notion de la détermination réciproque est applicable.

Il doit y avoir en même temps, dans chacun des deux, une activité qui n'est déterminée par aucune passivité dans l'autre, ce qui est exigé pour pouvoir résoudre la contradiction signalée.

Les deux propositions doivent co-exister l'une en

vertu de l'autre. On doit donc pouvoir les concevoir comme conciliées par une notion synthétique en une seule et même activité. Mais cette notion ne peut être autre que celle de la détermination réciproque. La proposition dans laquelle on pourrait les concevoir conciliées, serait la suivante :

Par l'action et la passivité réciproques (l'action et la passivité se déterminant réciproquement) *l'activité indépendante est déterminée;* et réciproquement *l'activité indépendante détermine l'action et la passivité réciproques.*

Si l'on peut soutenir cette proposition, on voit clairement :

1. Dans quel sens l'activité indépendante du moi et celle du non-moi se déterminent réciproquement; et dans quel sens elles ne se déterminent pas. Elles se déterminent non immédiatement, mais médiatement, par cette proposition dans la réciprocité d'action et de passivité;

2. Comment la proposition de la détermination réciproque peut en même temps avoir et n'avoir pas de la valeur. Elle est applicable à la réciprocité et à l'activité indépendante; mais elle n'est pas applicable à l'activité indépendante, et à l'activité indépendante en soi. La réciprocité et l'activité indépendante se trouvent dans cette proposition, mais non l'activité indépendante et l'activité indépendante en soi.

Considérons maintenant le sens de la proposition énoncée.

Il y a en elle les trois propositions suivantes :

1. Une activité indépendante est déterminée par la réciprocité d'action et de passivité.

2. Une réciprocité d'action et de passivité est déterminée par une activité indépendante.

3. Toutes deux sont réciproquement déterminées l'une par l'autre, et il est indifférent de passer de l'action et de la passivité réciproques à l'activité indépendante, ou au contraire d'aller de celle-ci à celles-là.

I.

Quant à ce qui concerne la première proposition, nous avons d'abord à rechercher ce que signifie ceci en général : une activité indépendante est déterminée par une réciprocité. Nous appliquerons ensuite cette proposition aux cas qui se présenteront.

1. — Une activité indépendante est déterminée par l'action et la passivité réciproques. — On se souvient que c'est par là que nous venons de déterminer la notion de la détermination réciproque, c'est-à-dire de fixer par une loi le cercle de son autorité. Mais la détermination a lieu par l'indication du fondement. Cette proposition est limitée par cela même que le fondement de son application est donné.

C'est-à-dire que, conformément à la proposition de la détermination réciproque, par cela même que l'on pose une activité dans l'un des termes, une passivité est posée dans l'autre et réciproquement. Or, il est clair, d'après la proposition de l'opposition, que, *si* en général une passivité doit être posée, il doit être posé la même somme de l'activité dans le terme opposé. Mais la qusetion : *Pourquoi en général* une passivité doit-elle être posée, et pourquoi ne peut-elle pas avoir son application en l'activité de l'un des termes ; c'est-à-dire, pourquoi en général la détermination réciproque doit-elle avoir l'antériorité ? cette question n'a pas reçu de réponse encore. La passivité et l'activité, comme telles, sont opposées ; néanmoins la passivité doit être posée immédiatement par l'activité et réciproquement. Par conséquent, conformément à la proposition de la détermination, elles doivent aussi être identiques dans un troisième terme$= X$ (qui rend possible le passage de la passivité à l'activité, et réciproquement, sans que l'unité de la conscience soit brisée et que pour ainsi dire, un *hiatus* s'ouvre en elle.) Ce troisième terme est le fondement de relation entre l'activité et la passivité en réciprocité (§ 3).

Ce fondement de relation ne dépend pas de la détermination réciproque, mais celle-ci en dépend. Ce n'est pas par elle qu'il est rendu possible; mais c'est lui qui la rend possible. Il est donc posé dans la réflexion par la détermination réciproque, mais comme indépendant de cette détermination et des termes qu'elle met en réciprocité.

Il est ensuite *déterminé* dans la réflexion par la réciprocité, c'est-à-dire la détermination réciproque étant posée, il est posé dans le cercle qui renferme en soi le cercle de la détermination réciproque. Un cercle plus étendu est produit et fixé par lui autour de celui de la détermination réciproque. Il remplit le cercle de la détermination en général dont la détermination réciproque ne remplit qu'une partie, cela a été rendu évident par ce que nous avons dit plus haut, mais il faut le rappeler ici pour l'usage de la réflexion.

Ce fondement est une réalité, ou si la détermination réciproque est considérée comme action, il est une activité. —C'est ainsi qu'au moyen de la détermination réciproque en général est déterminée une activité indépendante.

— Les observations précédentes nous ont fait connaître également que le fondement de toute détermination réciproque est la totalité absolue de la réalité; celle-ci ne peut être supprimée, et par conséquent la somme de réalité qui est supprimée dans l'un des termes doit être posée dans le terme opposé.

2. — Appliquons cette proposition générale aux propositions particulières qui y sont contenues, et aux cas qui se présentent actuellement.

a. — En vertu de la notion de causalité réciproque, par une passivité du moi est posée une activité du non-moi. C'est une des alternatives de la réciprocité; elle doit poser et déterminer une activité indépendante.

La détermination réciproque part de la passivité. La passivité est posée. En vertu de la passivité et par elle est posée l'activité. La passivité est posée *dans le moi*; elle est complètement fondée sur la notion de la détermination réciproque, de sorte que *si* une activité doit être opposée à cette passivité, cette activité doit être posée dans l'opposé du moi, dans le non-moi. — Dans ce passage, il doit y avoir et il y a un terme d'union, ou un fondement qui est ici un fondement de relation. Ce fondement est, comme on sait, la quantité égale de passivité et d'activité posée dans le moi et dans le non-moi. Elle est le fondement de relation que nous avons pu nommer proprement le fondement *idéal*. Ainsi dans le moi se trouve le fondement idéal de l'activité du non-moi. — La loi de la détermination réciproque autorise complètement ce procédé.

La question suivante est plus difficile : La loi de la détermination réciproque doit donc être appliquée ici, et pourquoi doit-elle être appliquée ? on accorde sans hésiter que l'activité soit posée dans le non-moi, mais pourquoi l'activité en général est-elle posée ? Ce n'est pas par la proposition de la détermination réciproque, c'est par la proposition supérieure du fondement qu'une réponse peut être donnée à cette question.

Une passivité *est posée* dans le moi : cela signifie, une somme d'activité lui est enlevée.

Cette passivité ou cette diminution d'activité doit avoir un fondement, car ce qui est retranché, est *une somme*; mais toute somme est déterminée par une autre somme en vertu de laquelle elle n'est ni plus grande ni plus petite, mais elle est telle somme précise, conformément à la proposition de la détermination (§ 3).

Le fondement de cette détermination ne peut se trouver dans le moi; car le moi ne pose en soi que de l'activité, il n'y pose point de passivité; il se pose simplement comme étant et non comme n'étant pas (§ 1). Le fondement ne se trouve pas dans le moi. En vertu de l'opposition, d'après laquelle ce qui n'a pas lieu pour le moi a lieu pour le non-moi (§ 2), cette proposition équivaut à la suivante : le fondement de la diminution se trouve dans le non-moi.

Il n'est plus question ici de la quantité; il s'agit de la qualité; la passivité est opposée à l'essence du moi, en tant qu'il consiste dans l'être, et seulement dans ce cas son fondement devrait être posé non dans le moi, mais dans le non-moi. La passivité est posée comme qualité opposée à la réalité, comme négation (et non simplement comme une somme inférieure d'activité voy. B dans ce §). Mais le fondement d'une qualité se nomme *fondement réel.* Une activité du non-moi indépendante de la réciprocité, supposée déjà pour sa possibilité, est le fondement réel de la passivité, et est posée pour que nous ayons son fondement réel. — Il est aussi posé plus haut, par la réciprocité, une activité du non-moi indépendante de la réciprocité.

— Comme nous sommes arrivés à l'un des points les plus clairs d'où l'on peut apercevoir très-aisément l'ensemble du système, et aussi pour ne pas laisser un seul moment au réalisme dogmatique, la confirmation qu'il pourrait tirer de la proposition qui vient d'être énoncée, nous faisons observer expressément encore une fois, que l'admission d'un fondement réel dans le non-moi repose sur ce que la passivité est considérée dans le moi comme quelque chose de *qualitatif* (ce que la réflexion doit admettre sur la simple proposition de la causalité), de sorte qu'elle n'a pas plus de valeur que cette supposition. — Lorsque notre examen sera dirigé sur la seconde des notions réciproques, celle de substance, on verra que la passivité ne peut nullement y être conçue comme quelque chose de *qualitatif*, mais qu'elle ne s'y présente que comme quelque chose de quantitatif, comme une simple diminution d'activité. Ainsi, dans cette réflexion, le fondement tombant, ce qui était fondé sur lui tombe aussi, et le non-moi redevient encore un simple fondement idéal. Pour le dire en peu de mots, l'explication de la représentation, c'est-à-dire la philosophie spéculative, part de ce que le non-moi est posé comme cause première de la représentation, et celle-ci comme l'effet du non-moi. Ainsi donc il y a pour tout le même fondement réel qui est absolument ce qu'il est, qui est parce qu'il est, (le *fatum* de Spinoza); le moi lui-même n'est que l'accident et n'est pas substance : nous admettons alors le spinozisme matérialiste qui est un réalisme dogmatique, système où apparaît l'absence de l'abstraction la plus élevée possible, puisque dans son abstraction suprême il suppose encore le non-moi, et qui n'exposant pas le dernier fondement, manque complètement de fondement. — Mais, au contraire, si l'explication de la représentation part de ce que le moi soit considéré comme sa substance; mais que son accident, le non-moi, soit non un fondement réel mais un fondement idéal; le non-moi n'a alors aucune réalité hors de la représentation; il n'est pas substance, il n'est pas quelque chose d'existant pour soi, qui soit posé absolument : il n'est qu'un simple accident du moi. Dans ce système, on ne peut présenter aucun fondement pour la limitation de la réalité dans le moi (pour l'affection d'où provient une représentation). La recherche du fondement est ici complètement coupée. Ce système serait un idéalisme dogmatique, qui ayant pris pour base l'abstraction la plus haute, est en conséquence parfaitement fondé; mais qui est incomplet, au contraire, en ce qu'il n'explique pas tout ce qui doit être expliqué. La question controversée est donc de savoir laquelle de ces deux voies il faut choisir pour expliquer la représentation. On verra que la partie théorique de notre science de la connaissance, laisse cette question tout-à-fait sans réponse, c'est-à-dire que la seule réponse qu'elle donne est celle-ci : les deux voies sont justes; on est forcé de prendre l'une sous une certaine condition, et l'autre sous la condition opposée; et la raison, c'est-à-dire la raison finie s'engage ainsi dans une contradiction et se trouve emprisonnée dans un cercle vicieux. Le système qui démontre ces résultats est l'idéalisme critique, que Kant a exposé de la manière la plus conséquente et la plus complète. Ce conflit de la raison avec elle-même doit être résolu, bien que cela soit impossible dans la science de la connaissance théorique; et l'être absolu du moi ne pouvant être donné, la lutte doit être terminée au préjudice de la dernière sorte de déduction, de même que dans l'idéalisme dogmatique, (mais il y a cette différence que notre idéalisme est pratique et non dogmatique, qu'il ne détermine pas ce qui *est*, mais ce qui *doit* être). Or, il faut que par là ce qui doit être expliqué, soit expliqué, ce qu'il n'est pas au pouvoir du dogmatisme de faire. L'activité amoindrie du moi doit être expliquée par le moi lui-même; le dernier fondement doit en être posé dans le moi, ce qui arrive en ce que le moi, pratique à cet égard, est posé comme tel qu'il *doive* contenir en soi l'existence du non-moi qui amoindrit l'activité du moi intelligent : idée infinie, qui même ne peut être conçue, qui, par conséquent, n'explique pas tout ce qui est à éclaircir, qui prouve seulement *que* le problème ne peut être expliqué et en montre les motifs, et qui au lieu de délier les nœuds, ne fait plutôt qu'en poser le dénouement dans l'infini.

Par la réciprocité qui existe entre la passivité du moi et celle du non-moi, une activité indépendante de celle-ci est posée, elle est aussi *déterminée* par la réciprocité. Elle est posée pour fondement d'une passivité posée dans le moi. Son cercle ne s'étend pas au-delà du cercle du moi. Il n'y a aucune réalité primitive, aucune activité du non-moi pour le moi, qu'autant que celui-ci est passif. Point de passivité dans le moi, point d'activité dans le non-moi. Il ne s'agit pas là, où cette activité est considérée comme activité indépendante, de la notion de la causalité, qui est le fondement réel. La chose en soi elle-même n'existe qu'autant que la possibilité d'une passivité est posée dans le moi : règle qui ne reçoit sa détermination parfaite et son application que dans la partie pratique.

b. — En vertu de la notion de substance, une passivité est posée et déterminée par l'activité dans le même terme ; toutes deux sont comprises dans la réciprocité, leur réciprocité est le second mode de la détermination réciproque exposée plus haut, et cette réciprocité doit poser et déterminer une activité indépendante d'elle et qui n'est pas comprise en elle.

L'activité et la passivité sont opposées en soi. Comme nous l'avons vu précédemment par une seule et même action, qui pose dans l'un des termes une somme déterminée d'activité, la même somme de passivité peut être posée dans le terme opposé, et réciproquement. Mais que, par une seule et même action, l'activité et la passivité soient posées, non en deux termes contraires, mais dans le seul et même terme, cela se contredit.

Il est vrai que cette contradiction a déjà disparu plus haut dans la déduction de la notion de substance en général, de telle sorte que la passivité en soi, et quant à la qualité, ne soit autre chose que l'activité ; mais quant à la quantité, elle doit être une activité moindre que la totalité, et l'on peut bien concevoir qu'une activité moindre, mesurée à la totalité absolue, ne lui étant pas égale en quantité, puisse être posée comme moindre.

Le fondement de relation des deux est maintenant l'activité. La totalité aussi bien que la non-totalité sont activité.

Mais dans le non-moi aussi est posée l'activité et même aussi une activité qui n'est pas égale à la totalité, une activité limitée. De là la question : à quoi peut-on distinguer une activité limitée du moi d'une activité limitée du non-moi? question qui n'a pas une moindre portée que celle-ci : Comment, sous ces conditions, le moi et le non-moi peuvent-ils être distingués? car le fondement de distinction du moi et du non-moi, en vertu duquel le premier doit être actif et le second passif, a été renversé.

Si cette distinction n'est pas possible, la détermination réciproque demandée n'est pas possible non plus; ni aucune des déterminations qui en sont dérivées. L'activité du non-moi est déterminée par la passivité du moi; mais celle-ci est déterminée par la quantité de *son* activité qui est restée après la diminution qui en a été faite. Ici, pour qu'une relation à la totalité absolue de l'activité du moi soit possible, il est supposé que l'activité amoindrie est l'activité du moi, du même moi dans lequel est posée la totalité absolue. — Une activité amoindrie est opposée à la totalité de l'activité : mais la totalité est posée dans le moi, donc, d'après la loi de l'opposition, le terme opposé à la totalité, ou l'activité amoindrie, devrait être posé dans le non-moi. Mais si cette activité y était posée, elle ne serait liée à la totalité absolue par aucun fondement de relation; la détermination réciproque n'aurait pas lieu, et tout ce qui a été déduit jusqu'à présent serait détruit.

Par conséquent, l'activité amoindrie qui, comme

activité en général, ne serait pas corrélative à la totalité, doit avoir encore un caractère qui puisse donner le fondement de relation, caractère par lequel elle serait l'activité du moi, et ne pourrait pas absolument être l'activité du non-moi. Mais ce caractère du moi, qui ne peut pas être attribué au non-moi, est de *poser absolument et sans autre fondement plus éloigné* (§ 1). Toute activité amoindrie devrait donc être absolue.

Mais ce qui est absolu et sans fondement est entièrement illimité; et pourtant cette activité du moi doit être limitée. A cela il y a à répondre : ce n'est qu'en tant qu'elle est une activité virtuelle en général et rien de plus, qu'elle ne doit être limitée par aucun fondement, par aucune condition. L'action peut avoir lieu ou n'avoir pas lieu. L'action en elle-même se produit avec une spontanéité absolue. Mais en tant qu'elle doit atteindre un objet, elle est limitée. L'action pourrait n'avoir pas lieu, (malgré l'affection produite par le non-moi, si l'on veut regarder un instant comme possible cette action sans l'approprier au moi); mais *une fois* l'action ayant lieu, elle doit atteindre tel objet et nul autre.

Donc, par la détermination réciproque énoncée, une activité indépendante est posée; car l'activité comprise dans la réciprocité est elle-même indépendante en tant qu'elle est *activité,* mais non en tant qu'elle est *comprise* dans la réciprocité. En tant qu'elle se produit dans la réciprocité, elle est limitée, et à cet égard elle est une passivité.

Cette activité indépendante est déterminée ensuite par la réciprocité, c'est-à-dire, dans la simple réflexion. Pour rendre l'action réciproque possible, il fallait que l'activité fût prise comme absolue; mais il est établi qu'elle est non *l'activité absolue* en général, mais *l'activité absolue déterminant une action réciproque* (on la nomme imagination, comme on le verra plus tard). Or, cette activité n'est posée qu'en tant qu'elle doit déterminer une réciprocité; le cercle en est donc déterminé par celui de la réciprocité.

II.

Une action réciproque et une passivité sont déterminées par une activité indépendante : c'est la seconde proposition que nous avons à résoudre. Nous avons à expliquer cette proposition en général, et à distinguer rigoureusement sa signification de celle de la proposition précédente.

1. = Dans la proposition précédente, nous sommes partis d'une réciprocité d'action. Elle était supposée comme ayant lieu; il ne s'agissait donc pas de sa *forme*, c'est-à-dire de la simple réciprocité (du passage de l'un des termes à l'autre); il s'agissait de sa *matière*, des termes compris dans la réciprocité. Une réciprocité devant exister, — il suivait de ce qui a été exposé plus haut, que les termes qui peuvent être en réciprocité doivent exister, — comment cela est-il possible ? — Nous en avons indiqué le fondement dans une activité indépendante.

Mais ici nous partons, non de la réciprocité d'action, mais de ce qui rend possible une réciprocité, *en tant que* réciprocité, et quant à sa seule forme, quant au passage de l'un des termes à l'autre. Tout-à-l'heure il s'agissait du fondement de la *matière*, ici il s'agit du fondement de la *forme*, de la réciprocité. Une activité indépendante doit être ce fondement formel de la réciprocité, telle est la prétention que nous avons à démontrer

Nous pouvons présenter le fondement de distinction de la forme de la réciprocité avec plus de clarté, en partant de sa matière, en revenant sur nos propres réflexions.

Dans le premier cas, la réciprocité est supposée d'avance *en action*. On fait donc complètement abstraction de la manière dont elle peut avoir lieu; on ne s'occupe que de la possibilité des termes compris dans la réciprocité. — L'aimant attire le fer : le fer est attiré par l'aimant : sont deux propositions réciproques, c'est-à-dire qu'elles se posent l'une l'autre. C'est un fait posé d'avance et supposé *fondé*. C'est pourquoi l'on ne demande pas : *par quoi* elles sont ainsi posées l'une et l'autre, et *comment* il se fait qu'en posant l'une, l'autre soit posée ? on demande seulement pourquoi *ces deux* propositions sont comprises dans la sphère des propositions qui sont posées l'une par l'autre. Il doit y avoir dans chacune d'elles, quelque chose qui les rend susceptibles d'être en réciprocité. C'est ce quelque chose, le matériel (le contenu) qui les rend propositions réciproques, qu'il faut rechercher.

Dans le second cas, on réfléchit sur le *fait* lui-même de la réciprocité; on fait donc complètement abstraction des propositions dans lesquelles la réciprocité a lieu. La question est ici de savoir, non pas en vertu de quoi *ces* propositions sont en réciprocité, mais *comment* il y a réciprocité en général; et l'on trouve qu'il faut qu'en dehors du fer et de l'aimant, il existe un être intelligent, qui les observe tous deux, qui en réunisse les notions dans sa conscience, et qui soit obligé de donner à l'un le prédicat opposé du prédicat de l'autre (attirer, être attiré).

Dans le premier cas, on réfléchit uniquement sur le phénomène, — c'est un fait d'observation : dans le second, on réfléchit sur cette première réflexion, — c'est une réflexion philosophique sur le mode de l'observation.

Or, puisqu'il est décidé que l'activité indépendante que nous cherchons doit déterminer la forme de la réciprocité, mais non sa simple matière, rien ne nous empêche de nous servir de la méthode théorique et de partir de la réciprocité, puisque notre recherche sera ainsi considérablement facilitée.

2. — Appliquons la proposition éclaircie maintenant en général aux cas particuliers qu'elle renferme.

a. — Dans la réciprocité de causalité, par une passivité dans le moi, une activité est posée dans le non-moi, c'est-à-dire, il y a une certaine activité qui, *non* posée dans le moi, ou retranchée du moi, est *posée* au contraire dans le non-moi. Pour saisir dans sa pureté la simple forme de cette réciprocité, nous devons faire abstraction de *ce qu'il* est posé d'activité, aussi bien que des termes dans lesquels cette activité n'est pas posée et est posée, le moi et le non-moi. Il nous reste ainsi, comme pure forme, un acte par lequel on pose là ce qu'on ne pose plus ici (*un poser par un non-poser*), c'est-à-dire un *transport*. Tel est donc le caractère formel de la réciprocité dans la synthèse de la causalité, et par conséquent le caractère matériel de l'activité qui fait la réciprocité (dans le sens actif, qui accomplit la réciprocité).

Cette activité est indépendante de la réciprocité, qui est rendue possible par elle, accomplie par elle; et ce n'est pas la réciprocité qui rend cette activité possible.

Elle est indépendante des termes de la réciprocité car ce n'est que par elle qu'ils sont des termes réciproques : c'est elle qui les met en réciprocité, chacun des termes en soi peut exister sans elle ; en un mot ils sont isolés et ne sont pas en relation de réciprocité.

Mais poser est le caractère du moi ; par conséquent cette activité qui transporte, pour que la notion de causalité puisse être déterminée, appartient au moi. Le moi transporte l'activité du moi dans le non-moi ; dans ce cas, il supprime l'activité en lui-même, ce qui signifie, d'après ce qui précède : il pose en soi par l'activité une passivité. En tant que le moi est actif, en transportant de l'activité au non-moi, le non-moi est passif : il est transporté de l'activité sur lui.

Que l'on ne s'effraie pas trop tôt de voir cette proposition, telle qu'elle est exposée, contredire le premier principe d'où est tirée maintenant, dans la discussion de la proposition précédente, une réalité du non-moi, indépendante de toute réciprocité. Il suffit qu'elle dérive par des conséquences légitimes des propositions précédemment démontrées, aussi bien que celle qu'elle contredit. Le fondement de leur conciliation commune se présentera au moment voulu sans aucune intervention arbitraire de notre part.

Il ne faut pas laisser passer sans le remarquer qu'il a été dit plus haut : cette activité est indépendante de la réciprocité par laquelle elle est rendue possible. Il pourrait donc en exister une autre qui ne tiendrait pas de la réciprocité sa possibilité.

Avec toutes les limitations que la proposition énoncée pourrait éprouver, par elle nous avons autant gagné, pour le moins, que le moi lui-même ; tandis qu'il est passif, il doit *aussi* être actif, bien qu'il ne soit pas alors *uniquement* actif. Il pourrait se faire que nous eussions acquis ainsi un résultat fort important, qui récompensât richement toutes les peines que l'investigation nous a coûtées.

b. —Dans la réciprocité de *substance*, l'activité, au moyen de la totalité absolue, doit être posée comme limitée : c'est-à-dire, cette partie de la totalité absolue qui est enfermée par des limites est posée, comme *non*-posée par l'acte qui pose l'activité limitée, comme en étant retranchée. Par conséquent, le caractère purement formel de cette réciprocité est de ne pas poser ici ce que l'on pose là (*un non-poser au moyen d'un poser*). Ce qui est retranché est posé dans la totalité absolue, et *non* dans l'activité limitée ; il est posé *comme* non posé dans la réciprocité. On part d'un acte qui pose absolument, qui pose même la totalité absolue, conformément à la notion de substantialité exposée plus haut.

Le caractère matériel de l'action qui pose cette réciprocité elle-même doit donc être également un *non poser par un poser, et même par un poser absolu*. D'où provient l'*état* de *non-posé* dans l'activité limitée, qui est considérée alors comme déjà donnée, et quel en est le fondement ? On en fait ici complètement abstraction. L'action limitée existe, cela est supposé ; nous demandons ensuite ce qu'elle peut être en soi ; nous demandons seulement comment, limitée, elle peut être mise en réciprocité avec l'illimitabilité.

Poser en général, et surtout poser absolument, appartient au moi. L'action qui pose la réciprocité actuelle, procède de l'acte qui pose absolument ; elle est donc une action du moi.

Cette action ou activité du moi est complètement indépendante de la réciprocité, qui est posée par elle. Elle pose elle-même un des termes de la réciprocité, la totalité absolue, absolument, et au moyen de celui-ci elle pose le second terme comme activité diminuée comme plus petit que la totalité. D'où doit provenir cette activité, il ne s'agit pas de le rechercher en ce moment, car ce n'est pas *comme telle* qu'elle est l'un des termes de la réciprocité ; ce n'est que comme activité *amoindrie* qu'elle l'est, et elle ne devient telle que, la totalité absolue étant posée, en étant mise en relation avec elle.

L'activité indépendante indiquée part de l'acte de poser (*du poser*) ; mais c'est à l'acte de retrancher (*du non-poser*) qu'elle aboutit proprement : nous pouvons donc à cet égard la nommer une *désappropriation*, c'est une somme déterminée de la totalité absolue, exclue de l'activité posée comme diminuée, et considérée non en celle-ci, mais comme devant être trouvée hors d'elle.

Il ne faut pas négliger de remarquer la différence caractéristique qui distingue cette *désappropriation*, du *transport* que nous avons signalé tout-à-l'heure. Dans celui-ci, quelque chose est supprimé dans le moi, mais on ne s'occupe pas de cette suppression ; on ne considère proprement que le transport de ce quelque chose au terme posé. Ici, au contraire, il est simplement retranché. Ce qui est retranché est-il posé dans quelque chose autre ? Quoique puisse être ce quelque chose autre, ce n'est pas ce qui nous regarde ici.

A l'activité de désappropriation doit être opposée une passivité, c'est ce qui arrive ; une partie de la totalité absolue est désappropriée, elle *est* posée, comme nonposée (retranchée). L'activité a un objet, cet objet est une partie de la totalité. Quel est le substract de la réalité qui éprouve cette diminution d'activité ou cette passivité? est-ce le moi, est-ce le non-moi? Ce n'est pas ici la question, et il importe beaucoup de ne pas aller plus loin que ce qu'il faut poursuivre dans la proposition énoncée, la forme de la réciprocité dans toute sa pureté.

— Chaque chose est ce qu'elle est ; elle a des réalités qui sont posées à mesure qu'elle est posée, $A = A$ (§ 1). Mais ce que nous poursuivons est un accident quelconque de la chose, c'est-à-dire avant tout, cet accident n'est pas posé par le *poser* de la chose; il n'appartient pas à son essence; il est en dehors de la notion première de la chose. C'est cette notion de l'accident que nous avons maintenant éclaircie. Mais en un certain sens, l'accident, au contraire, est attribué à la chose et posé en elle. Ce qu'elle est sous cette condition, nous le verrons également plus tard, lorsque le moment sera venu.

III.

La réciprocité et l'activité qui en est indépendante doivent se déterminer toutes deux réciproquement. Comme nous l'avons toujours fait jusqu'à présent, nous devons rechercher avant tout le sens général de cette proposition, et l'appliquer ensuite aux cas particuliers qu'elle contient.

1. — Dans l'activité indépendante aussi bien que dans la réciprocité, nous avons encore distingué deux choses. Nous avons distingué la forme de la réciprocité de sa matière, et, la mesure de cette distinction obtenue, une activité indépendante qui détermine la première d'une seconde activité qui est déterminée dans la réflexion par une autre. Ce n'est donc pas précisément dans les termes où elle est énoncée que la proposition à discuter doit être soumise à l'examen. Car l'expression de réciprocité nous présente maintenant une équivoque; la considérons-nous sous le rapport de la matière ou sous le rapport de la forme? il en est de même de l'activité indépendante. Il faut donc que, dans toutes deux, les deux sens soient préalablement conciliés; mais cela n'est possible que par la synthèse de la détermination réciproque : il doit donc y avoir dans la proposition énoncée les trois propositions suivantes.

α. — L'activité indépendante de la forme de la réciprocité détermine l'activité indépendante de la matière, et réciproquement ; c'est-à-dire elles se déterminent réciproquement toutes deux et sont synthétiquement conciliées.

β. —La forme de la réciprocité détermine sa matière, et réciproquement ; c'est-à-dire elles se déterminent réciproquement toutes deux et sont synthétiquement conciliées. — Et maintenant notre proposition se présente très-intelligiblement à la discussion sous la forme suivante.

α. — La réciprocité (comme unité synthétique), détermine l'activité indépendante (comme unité synthétique) et réciproquement; c'est-à-dire elles se déterminent toutes deux réciproquement et sont synthétiquement conciliées.

α. —L'activité qui doit déterminer la *forme* de la réciprocité, ou la réciprocité *comme* telle, mais qui doit en être absolument indépendante, est le *passage* de l'un des termes compris dans la réciprocité à l'autre, *comme* passage (non à peu-près comme action en général). L'activité qui détermine la matière de la réciprocité est celle qui pose dans les termes ce qui rend possible le passage de l'un à l'autre.

La dernière activité donne l'X cherchée plus haut qui est comprise dans les deux termes de la réciprocité, et ne peut être comprise que dans les deux, mais non en un seul. C'est ce qui nous empêche de nous borner à poser un seul terme (la réalité, ou la négation), et nous oblige à poser l'autre en même temps, en nous montrant que l'un est incomplet sans l'autre. C'est là ce que poursuit et doit continuer de poursuivre l'unité de la conscience, s'il ne doit pas y avoir hiatus en elle, c'est également son *échelle*. La première activité est la conscience elle-même, en tant qu'elle poursuit cette X au delà des termes réciproques. Elle est une même chose, bien qu'elle alterne ses termes; et elle doit nécessairement les alterner, si elle doit être une seule chose.

Le premier détermine le dernier, c'est-à-dire l'acte de transition (*le passage au delà*) fonde lui-même ce sur quoi la transition a lieu; par le simple passage, la transition devient possible. Le dernier détermine le premier, c'est-à-dire ce sur quoi le passage a lieu fonde le passage comme action. Par le fait même que celui-ci est posé, le passage lui-même est immédiatement posé. Tous deux se déterminent réciproquement, ce qui signifie donc : par le simple passage, est posé dans les termes réciproques ce au moyen de quoi la transition peut avoir lieu, et par le fait même qu'ils sont posés comme termes réciproques, il y a immédiatement réciprocité entre eux. Le passage est possible par le fait même qu'il a lieu; et il n'est possible qu'en tant qu'il a lieu réellement. Il est à lui-même son propre fondement. Il a lieu absolument parce qu'il a lieu. Il est un acte absolu qui n'a aucun fondement de détermination, ni aucune condition hors de lui-même. — Le fondement qui fait qu'elle passe d'un terme à l'autre est dans la conscience elle-même, et non hors d'elle. La conscience, absolument parce qu'elle est conscience, doit franchir l'un des termes (*passer au delà*), et un hiatus s'ouvrirait en elle, si elle n'accomplissait pas ce passage, absolument parce qu'elle ne serait pas alors une conscience.

β. — La forme de la réciprocité et sa matière doivent se déterminer réciproquement.

La réciprocité, comme nous l'avons rappelé tantôt, est distinguée de *l'activité posée d'avance par elle*, en ce qu'on y fait abstraction de cette activité (par ex. : d'une intelligence qui observe, qui pose dans son entendement les termes réciproques, comme devant être en réciprocité). On y considère les termes réciproques, comme étant par eux-mêmes en réciprocité. On transporte sur les choses ce qui n'est peut-être qu'en nous. Jusqu'à quel point cette abstraction est-elle ou n'est-elle pas légitime? on le montrera ultérieurement.

Sous ce point de vue, les termes sont d'eux-mêmes en réciprocité. Leur connexion, leur pénétration mutuelle est la *forme; l'activité et la passivité,* ce qui entre immédiatement dans cette pénétration, ce qui se présente dans les deux termes, est la matière de la réciprocité. Nommons-les, pour abréger, le rapport mutuel des deux termes. Cette pénétration doit déterminer le rapport des termes, c'est-à-dire ce rapport doit être déterminé immédiatement par la simple pénétration, par la connexion *comme telle*, sans aucune détermination postérieure; et réciproquement le rapport des termes réciproques doit déterminer leur connexion, c'est-à-dire par leur simple rapport, sans aucune détermination ultérieure, il est posé qu'ils se pénètrent l'un l'autre. Par leur simple rapport, considéré ici avant la réciprocité, comme déterminant, leur connexion est déjà posée; et par leur connexion, considérée ici avant le rapport comme déterminant, leur rapport est également posé. La connexion et le rapport sont une seule et même chose. — 1. Ils sont en relation l'un de l'autre, de telle sorte qu'ils entrent en réciprocité, et excepté celui-là, ils n'ont aucun rapport. Ils ne sont pas posés en général, s'ils ne sont posés en réciprocité. — 2. Par cela même qu'entre eux, d'après la simple forme, une réciprocité est posée, en même temps la matière de cette réciprocité, c'est-à-dire son espèce, la quantité d'action et de passivité posée par elle, est déterminée complètement, sans aucune influence ultérieure. Ils sont en réciprocité nécessairement et d'une seule manière déterminée possible, absolument parce qu'ils sont en réciprocité. — S'ils sont posés, une réciprocité déterminée est posée; et si une réciprocité déterminée est posée, ils sont posés, ils ne forment avec la réciprocité qu'une seule et même chose.

γ. — L'activité indépendante, (comme unité synthétique) détermine la réciprocité (comme unité synthétique) et réciproquement, c'est-à-dire elles se déterminent réciproquement et sont synthétiquement conciliées.

L'activité, comme unité synthétique, est une transition *(un passer au-delà)* absolue. La réciprocité est une connexion absolue complètement déterminée par elle-même. Celle-là détermine celle-ci, cela signifie, ce n'est que par l'acte par lequel l'un des termes est dépassé que la connexion des termes réciproques est posée. La dernière détermine la première, cela signifierait, à mesure que les deux termes entrent en connexion l'activité doit passer de l'un à l'autre. Toutes deux se déterminent réciproquement, c'est-à-dire, à mesure que l'une est posée l'autre l'est aussi, et réciproquement. De chaque terme de la comparaison, on peut et l'on doit passer à l'autre. — Tous deux ne forment qu'une seule et même chose, et cet ensemble est posé absolument, il est à lui-même son propre fondement.

Pour rendre cette proposition plus claire et pour montrer son importance, appliquons-la aux propositions qu'elle renferme.

L'activité déterminant la forme de la réciprocité détermine tout ce qui s'y présente, et réciproquement tout ce qui se présente dans la réciprocité la détermine. La simple réciprocité, quant à sa forme, c'est-à-dire, la connexion des termes l'un avec l'autre, n'est pas possible sans l'action de passer au-delà de l'un des termes; cette transition pose la connexion des termes réciproques. Réciproquement la connexion des termes réciproques pose la transition. A mesure que ces termes sont posés en connexion, il y a nécessairement transition. Pas de connexion pas de passage, pas de passage pas de connexion : tous deux sont une seule et même chose, la réflexion seule peut les distinguer. En outre la même activité détermine le matériel de la réciprocité; par la transition nécessaire les termes réciproques sont posés *comme tels*, et ce n'est que posés comme tels qu'ils sont posés en général. Réciproquement à mesure que les termes réciproques sont posés comme tels, l'activité qui passe et doit passer de l'un à l'autre, est posée. On peut donc partir de celui des deux moments que l'on veut; puisque si l'un d'eux est posé, les trois autres sont posés également. L'activité déterminant la matière de la réciprocité détermine toute la réciprocité. Elle pose le but de la transition, but à cause duquel la transition doit avoir lieu, elle pose donc l'activité de la forme et par elle tout le reste.

Ainsi elle retourne en elle-même au moyen de la réciprocité, et la réciprocité retourne en elle-même, au moyen de l'activité. Tout se reproduit soi-même, et quelque soit le terme d'où l'on se dirige vers les autres on ne peut rencontrer d'hiatus. L'activité détermine l'activité de la matière, celle-ci la matière de la réciprocité, celle-là sa forme, la forme de la réciprocité, l'activité de la forme, etc. Tous ces termes composent un seul et même être synthétique. L'action retourne en elle-même en décrivant une circonférence. Mais la circonférence tout entière est posée absolument, elle est parce qu'elle est, et on ne saurait en donner un principe plus élevé.

On va voir dans ce qui suit l'application de cette proposition.

2. — La proposition : La réciprocité et l'activité considérée jusqu'à présent comme en étant indépendante, doivent se déterminer réciproquement ; cette proposition, dis-je, doit être appliquée maintenant aux cas particuliers qui sont contenus en elle ; d'abord, — A — *à la notion de la causalité.* — Nous recherchons la synthèse demandée d'après le *schema* qui vient d'être exposé, — α — dans la réciprocité de la causalité, l'activité de la forme détermine celle de la matière et réciproquement, — β — en elle, la forme de la réciprocité détermine sa matière et réciproquement. — γ — L'activité synthétiquement conciliée détermine la réciprocité conciliée synthétiquement et réciproquement, c'est-à-dire qu'elles sont synthétiquement conciliées.

α — L'activité à supposer pour que la réciprocité demandée dans la notion de la causalité soit possible, est quant à la simple forme, un *transport* (*un poser par un non-poser*), de telle sorte que par elle ce qui *n'est pas* posé sous un certain rapport, *est posé* sous un autre, cette activité de la *forme* doit déterminer l'activité de la *matière* de la réciprocité. Cette dernière activité était une activité indépendante du non-moi qui seule rendait possible ce terme d'où part la réciprocité, une passivité dans le moi. Cette passivité est déterminée, fondée, posée par l'activité, voici évidemment ce que cela signifie : c'est cette activité du non-moi lui-même qui est posée par la première au moyen de sa faculté de poser; et elle n'est posée qu'autant que quelque chose n'est pas posé. (Nous n'avons pas à rechercher ici ce que peut être ce quelque chose). — Une sphère bornée est prescrite par là à l'activité du non-moi, et l'activité de la forme est cette sphère. Le non-moi n'est actif qu'en tant qu'il est posé comme actif par le moi (auquel appartient l'activité de la forme), en vertu d'un non-poser. S'il n'y a rien de posé par une soustraction, il n'y a pas d'activité du non-moi. Réciproquement l'activité de la matière, par conséquent l'activité indépendante du non-moi, doit déterminer et fonder l'activité de la forme, et par conséquent le transport (le *poser* par *un non-poser*). Or, d'après tout ce qui précède, cela signifie, qu'elle doit déterminer la transition comme un transport, elle doit poser cette X qui explique ce qu'il y a d'incomplet dans l'un des termes et par là oblige de le poser comme terme réciproque, et conséquemment d'en poser un second encore avec lequel il puisse être en réciprocité. Ce terme est la passivité *en tant que* passivité. Donc le non-moi est le fondement du *non-poser*, et par là détermine l'activité de la forme et en donne les conditions. Celle-ci pose par un non-poser et absolument non autrement, mais le non-poser est soumis à la condition d'une activité du non-moi, et par conséquent aussi, toute l'action demandée. Le *poser par un non-poser* est circonscrit dans la sphère d'une activité du non-moi. Point d'activité du non-moi point de *poser* par un *non-poser*.

— Nous voici donc encore en présence du conflit soulevé plus haut. Seulement il est ici un peu adouci, et le rapprochement n'est pas éloigné. La conséquence du premier mode de réflexion fonde un idéalisme dogmatique : *Toute réalité du non-moi n'est purement qu'une réalité transportée du moi.* La conséquence du second mode de réflexion donne un réalisme dogmatique : *Il ne peut rien être transporté s'il n'existe déjà une réalité indépendante du non-moi, une chose en soi.* La synthèse que nous avons à exposer maintenant ne se propose rien moins que de résoudre le conflit et de montrer la voie intermédiaire entre l'idéalisme et le réalisme.

Les deux propositions doivent être synthétiquement conciliées, c'est-à-dire, elles doivent être considérées comme une seule et même proposition. Voici comment cela a lieu : ce qui est activité dans le non-moi est passivité dans le moi (en vertu de la proposition de l'opposition), nous pouvons donc poser *la passivité du moi* à la place de l'activité du non-moi. Ainsi, en vertu de la synthèse demandée, dans la notion de la causalité sont réunies la passivité du moi et son activité, le non-poser et le poser, formant complètement une seule et même chose. Dans cette notion, les propositions : Le moi ne pose pas quelque chose en soi, et : Le moi pose quelque chose dans le non-moi, disent une seule et même chose. Elles désignent non des actions différentes, mais une seule et même action ; aucune des deux n'est le fondement de l'autre, car toutes deux n'en font qu'une.

Approfondissons davantage cette proposition, elle renferme en soi les propositions suivantes : *a* — le moi ne pose pas quelque chose en soi, c'est-à-dire il pose quelque chose dans le non-moi, *b* — c'est cela, ce qui vient d'être posé dans le non-moi, que ce qui n'est pas posé dans le moi, ne pose pas ou nie. L'action retourne en elle-même. Le moi *ne* doit *pas* poser quelque chose en soi, il est lui-même non-moi, mais devant être le non-moi, il doit le poser, et comme il ne doit pas le poser dans le moi, il doit le poser dans le non-moi. Mais avec quelque rigueur que cette proposition soit maintenant démontrée, le sens commun de l'humanité continue néanmoins à se soulever contre elle. **Recherchons le fondement de cette résistance,** afin de satisfaire réellement les prétentions du sens commun, ou du moins pour qu'il demeure tranquille jusqu'à ce que nous puissions lui montrer le domaine où son autorité est légitime.

Evidemment dans les deux propositions que nous venons d'énoncer, le mot *poser* offre un double sens. Le sens commun le comprend et de là sa résistance.— Le non-moi *ne* pose *pas* quelque chose dans le moi, ou le nie, c'est-à-dire : le non-moi est en général pour le moi *non-posant*, mais il supprime simplement, il est donc, en ce cas, opposé au moi quant à la *qualité* et il est le fondement réel de celle-ci. Mais le moi ne pose pas quelque chose dans le moi, cela ne signifie pas que le moi en général ne pose pas. Certes il pose bien puisqu'il ne pose pas quelque chose, il le pose comme négation ; cela signifie, ce n'est qu'en *partie* qu'il ne pose pas. Le moi est donc opposé à lui-même non quant à la qualité mais quant à la *quantité*. Il n'est donc que le fondement idéal d'une détermination en lui-même, — il *ne* pose *pas* quelque chose en soi ; et il le pose dans le non-moi ; c'est une seule et même opération : le moi n'est donc pas autrement le fondement de la réalité du non-moi, qu'en étant le fondement en lui-même de sa passivité, il n'est que fondement idéal.

Or ce fondement, qui n'est posé qu'idéalement dans le non-moi, doit devenir réellement le fondement d'une passivité dans le moi. Le fondement idéal doit devenir le fondement réel. C'est ce dont le sens commun ne peut pas se laisser convaincre. — Nous pouvons l'embarrasser beaucoup, si acceptant le non-moi dans le sens dans lequel il veut qu'il soit fondement réel, qu'il influe sur le moi sans participation aucune de celui-ci, comme une matière qui doit d'abord être créée, nous demandons ensuite, comment donc le fondement réel doit-il devenir idéal ? — Il doit en effet le devenir si une passivité doit être posée dans le moi et doit arriver par la représentation à la conscience, — question dont la solution à peu près comme la précédente suppose la rencontre immédiate du moi et du non-moi : le sens commun et tous ses défenseurs ne nous donneront jamais à cet égard de réponse fondamentale. Les deux questions sont résolues par notre synthèse, et ne peuvent être résolues que par une synthèse, c'est-à-dire l'une par l'autre.

Voici donc la signification la plus profonde de la synthèse précédente : *les fondements idéal et réel sont dans la notion de causalité* (partout donc, car il ne se présente de fondement réel que dans la notion de la causalité) *une seule et même chose*. Cette proposition, fondement de l'idéalisme critique, et qui, concilie par ce système l'idéalisme et le réalisme, ne trouvera pas accès auprès des hommes, et elle n'y trouvera pas accès, faute de leur part d'une force d'abstraction suffisante.

Car si la notion de la causalité tire de nous des choses différentes et les unit les unes aux autres, — légitimement ou non, on le verra en temps voulu, — on la distingue en relativité avec le fondement réel et le fondement idéal. Il doit y avoir dans les choses en soi quelque chose d'indépendant de notre représentation en vertu de quoi elles se pénètrent les unes les autres sans notre intervention; mais que *nous* les rapportions les unes aux autres, le principe doit s'en trouver en nous, dans notre sensation. Ainsi nous posons notre moi hors de nous comme une chose qui existe sans notre participation, une chose quelconque doit agir sur lui, de même que l'aimant sur un morceau de fer.[1]

---

[1] La remarque suivante s'adresse moins à mes auditeurs, qu'à mes autres lecteurs, les savants et les philosophes, entre les mains desquels ce livre peut tomber. — La plupart des hommes seraient plus aisément portés à se regarder comme un morceau de lave dans la lune, qu'à se tenir pour un moi. C'est pour cela que l'on n'a pas compris Kant et que l'on n'a pas pressenti son génie; c'est pour cela que l'on ne comprendra pas cette exposition, quoiqu'elle porte en tête la condition de toute philosophie. Celui qui, sur cette question n'est pas encore d'accord avec lui-même, ne comprend pas la philosophie fondamentale et n'en a pas besoin. La nature, dont il est une machine, le conduira sans sa participation à tout ce qu'il doit accomplir. L'indépendance n'appartient qu'à la philosophie, et on ne se la donne qu'à soi-même. Nous ne pouvons nous passer d'yeux pour voir; mais doit-on prétendre que les yeux voient?

Or le moi n'est rien hors du moi, il est lui-même le moi. Son essence consiste simplement et uniquement en ce qu'il se pose soi-même : pour lui donc, se poser et être, sont une seule et même chose. En lui le fondement réel et le fondement idéal ne font qu'un. Réciproquement *ne pas* se *poser et ne pas être* c'est la même chose pour le moi ; le fondement réel et le fondement idéal de la négation ne font qu'un également. Ces principes exposés séparément nous donnent les propositions suivantes : Le moi ne pose pas une chose quelconque en soi, et : Le moi *n'est pas* une chose quelconque, il est un et identique.

Quelque chose n'est pas *posé* (*realiter*) dans le moi, cela signifie évidemment : Le moi ne pose pas en soi (*idealiter*) ce quelque chose, et réciproquement par cette formule : Le moi ne *pose* pas quelque chose en soi, il faut entendre que ce quelque chose n'est pas posé dans le moi.

Le non-moi doit agir sur le moi, il doit supprimer dans le moi quelque chose ; c'est-à-dire évidemment : il doit supprimer en lui un *acte de poser*, il doit faire que le moi ne pose pas quelque chose en soi. Si ce sur quoi il est agi doit être réellement un moi, il n'y a pas à son égard d'autre effet possible qu'un *non poser* en soi.

Réciproquement cette proposition : Il doit y avoir un non-moi pour le moi, ne peut avoir d'autre signification que celle-ci : Le moi doit poser la réalité dans le non-moi ; car il n'y a de réalité pour le moi et il ne peut en exister d'autre qu'une réalité posée par lui-même.

L'activité du moi et du non-moi sont une seule et même chose, c'est-à-dire, il n'est possible au moi de *ne pas* poser en soi quelque chose qu'en posant cette chose dans le non-moi; et il ne peut poser une chose en soi, qu'en ne la posant pas dans le non-moi. Mais aussi certainement qu'il est moi, le moi doit poser, mais non précisément poser *en soi*. — La passivité du moi et la passivité du non-moi sont aussi une seule et même chose. Car en tant qu'il ne pose pas une chose en soi, il la pose dans le non-moi. L'activité et la passivité du non-moi sont une seule et même chose. En tant que le non-moi doit agir sur le moi, en supprimer quelque chose, ce quelque chose est posé en lui par le moi. Ainsi donc est clairement et complètement exposée la conciliation synthétique. De tous les moments signalés aucun n'est le fondement des autres : ils forment tous une seule et même chose.

Donc à la question : Quel est le fondement de la passivité dans le moi? Il n'y en a aucun faut-il répondre; il n'y en a point du moins qui doive être supposé comme une activité du non-moi en tant que chose en soi; car il n'y a pas dans le moi de passivité simple. Mais il reste une autre question : Quel est donc le fondement de la réciprocité entière qui vient d'être exposée? Il n'est pas permis de dire qu'elle est posée absolument, sans aucun fondement, et que le jugement qui la pose comme existant est un jugement thétique; car il n'y a que le moi qui soit posé absolument, et il n'y a pas dans le moi cette réciprocité. Mais il est évident en même temps que dans la science de la connaissance théorique un fondement pareil est inconcevable, parce qu'il n'est pas compris dans le principe fondamental de cette connaissance. Le moi se pose comme déterminé par le non-moi, mais auparavant il est posé par lui-même; donc ce fondement, s'il doit être indiqué quelque part, doit se trouver hors des limites de la science de la connaissance théorique.

Ainsi, par conséquent, est exposé d'une manière précise l'idéalisme critique qui domine dans notre théorie. Il est dogmatique contre l'idéalisme et le réalisme dogmatique, puisqu'il montre que ni la simple activité du moi n'est le fondement de la réalité du non-moi, ni la simple activité du non-moi n'est le fondement de la passivité dans le moi. Quant à la question sur laquelle on exige de lui une réponse : quel est le fondement de la réciprocité admise entre le moi et le non-moi, il allègue son incapacité d'y répondre et montre que l'examen de ce sujet est en dehors des limites de la théorie. Dans son explication de la représentation, il ne part ni d'une activité absolue du moi, ni d'une activité absolue du non-moi, mais d'un état déterminé qui est en même temps une détermination, parce que l'état déterminé ne contient immédiatement et ne peut contenir rien autre. La théorie laisse tout-à-fait indécise la question de savoir ce qui peut déterminer cette détermination. Ce qu'elle présente ainsi d'incomplet est ce qui nous pousse au-delà de la théorie vers la partie pratique de la science de la connaissance.

Les expressions si souvent employées, d'activité *amoindrie, limitée, bornée* du moi sont en même temps parfaitement éclaircies. Elles désignent une activité qui se dirige sur un non-moi, sur un *objet* et par conséquent une activité objective. L'activité du moi en elle-même, ou l'activité par laquelle il pose n'est nullement limitée et ne peut l'être ; mais c'est l'activité par laquelle il doit poser un non-moi qui est limitée.

β. — La forme de la simple réciprocité dans la

notion de causalité, et sa matière se déterminent réciproquement.

Nous avons vu plus haut que l'on ne peut distinguer la simple réciprocité de l'activité qui en est indépendante qu'au moyen de la réflexion. Si l'action réciproque est posée dans les termes de la réciprocité elle-même, on fait complètement abstraction de l'activité, et la réciprocité n'est considérée qu'en elle-même, en tant que réciprocité. On verra en temps et lieu laquelle de ces deux manières de considérer est juste, ou peut-être qu'aucune des deux ne l'est, appliquée exclusivement.

Dans la réciprocité comme telle on peut distinguer la forme de la matière. La forme de la réciprocité est la simple connexion mutuelle des termes réciproques. La matière est ce qui, dans les deux termes, fait qu'ils doivent être en connexion réciproque. — La forme caractéristique de la réciprocité dans la causalité est une *production par une soustraction* (une transformation (un *devenir*) par une suppression).

On doit bien observer, qu'il faut faire tout-à-fait abstraction ici de la substance sur laquelle l'action est dirigée, du substract de la transition et par conséquent de toutes les conditions de temps. Si cette substance et ce substract sont posés, le produit est posé dans le temps en relation avec la substance et le substract. Mais quelque difficile que cela puisse être à l'imagination, il faut en faire abstraction ; car la substance ne paraît pas dans la réciprocité. Il n'y paraît que ce qui s'introduit en elle, et ce qui est atteint et supprimé par ce qui s'introduit, et il ne s'agit ici que de ce qui paraît dans la réciprocité. Par exemple : X nie — X :

— X était déjà avant d'être niée. Si elle doit être considérée comme existant elle doit être posée dans le temps antérieur et X en opposition dans le temps postérieur. Mais ce n'est pas comme existant, c'est comme n'existant pas qu'il faut considérer X. Or l'existence de X et la non-existence de — X ne sont pas absolument dans des temps différents, elles sont dans le même moment. Elles sont donc, s'il ne s'y trouve pas autre chose, ce qui nous oblige à poser le moment dans une série de moments, mais nullement dans le temps. La matière de la réciprocité qu'il faut examiner est un *état d'opposition essentielle* (d'après l'incompatibilité de qualité.)

La forme de cette réciprocité doit en déterminer la matière, c'est-à-dire, parce que et en tant qu'ils se suppriment mutuellement, les termes de la réciprocité sont opposés essentiellement. La suppression (réelle) essentielle détermine le cercle de l'état d'opposition mutuelle. S'ils ne se suppriment pas, ils ne sont pas essentiellement opposés *(essentialiter opposita)*. — Ceci est un paradoxe contre lequel s'élève la méprise que nous avons indiquée plus haut. Car, à la première apparence, on croira qu'il est conclu ici de l'accidentel à l'essentiel; on pourrait conclure, il est vrai, de la suppression actuelle, à l'état d'opposition essentielle; mais non réciproquement de l'état d'opposition essentielle à la suppression présente. Pour que cela fût possible, il faudrait une condition de plus, je veux dire : l'influence immédiate de ces deux termes l'un sur l'autre (par ex. : dans les corps la présence dans le même espace). — Tous deux essentiellement pourraient être opposés même isolément, et être hors de toute condition, alors ils ne seraient pas opposés, et par conséquent ne pas se supprimer. — L'origine de ce désaccord et le moyen de le faire disparaître seront indiqués en même temps.

La matière de cette réciprocité doit en déterminer la forme, c'est-à-dire l'état d'opposition essentielle détermine la suppression réciproque. Ce n'est que sous la condition que les termes soient essentiellement opposés et en tant qu'ils le sont, qu'ils peuvent se supprimer mutuellement. — Il est vrai que la suppression actuelle est posée en général dans la sphère de l'opposition, mais celle-ci ne doit pas remplir seulement, elle doit en elle en remplir une plus étroite dont la limite détermine la condition de l'influence réelle qui se présente, chacun accordera spontanément cette proposition, et le paradoxe pourrait être celui que nous signalions d'abord expressément. Mais —

La matière et la forme de la réciprocité doivent se déterminer réciproquement, c'est-à-dire du simple état d'opposition doit découler la suppression réciproque et ainsi la connexion, l'influence immédiate, et de la suppression réciproque doit sortir l'état d'opposition. Ces deux choses n'en formeront qu'une; elles sont opposées en soi, ou—elles se suppriment réciproquement. Leur influence et leur opposition essentielle sont une seule et même chose.

Approfondissons davantage encore cette conséquence. Ce qui est posé par la synthèse tentée proprement entre des termes réciproques, c'est la nécessité de leur conciliation ; c'est cette X qui signale l'incomplet de chacun des termes isolés et ne peut être contenue que dans les deux. On nie qu'il soit possible de séparer un être en soi d'un être en réciprocité. Ils sont tous deux posés comme termes réciproques et ne sont nullement posés hors de la réciprocité. — On conclut de l'opposition à la contre-opposition ou à l'opposition idéale, et réciproquement. Les oppositions réelle et idéale sont une seule et même chose. — Le sens commun cesse de se choquer de cette conclusion, dès qu'on se souvient que l'un des termes de la réciprocité est le moi, à l'encontre duquel il n'y a que ce qu'il s'oppose : ce à quoi il ne s'oppose pas n'est posé à l'encontre de rien. Le résultat actuel est presque le même que le précédent sous une autre forme.

γ. = Dans la causalité, l'activité considérée comme unité synthétique et la réciprocité considérée comme unité synthétique se déterminent réciproquement, et déterminent elles-mêmes une unité synthétique.

L'activité comme unité synthétique, nous pouvons la nommer un *poser médiat* (le premier mot pris dans un sens affirmatif, — un *poser* de la réalité). La réciprocité, comme unité synthétique, consiste dans l'identité de *l'opposition essentielle et de la suppression réelle.*

1. — Par l'activité la réciprocité est déterminée, c'est-à-dire la *médiatité* du *poser* (auquelle elle appartient proprement ici), la condition essentielle et la suppression réelle sont une seule et même chose. Le *poser* étant médiat, l'opposition et la suppression sont identiques. *a* — Si les termes qui doivent être en réciprocité étaient posés *immédiatement*, l'opposition et la suppression seraient différentes. Soient A et B les termes réciproques. Supposons d'abord que A = A et B = B, mais que, quant à une quantité déterminée, A soit aussi

= — B et B = — A. Les deux termes pouvaient très-bien être posés dans leur première signification sans se supprimer ; on avait fait abstraction de ce en quoi ils étaient opposés ; ils n'étaient donc pas posés comme essentiellement opposés et se supprimant réciproquement, parce qu'ils étaient posés immédiatement, indépendants l'un de l'autre. En outre, ils n'étaient pas posés comme simples termes réciproques, mais comme réalités en soi (A — A. § 1). Les termes réciproques ne peuvent être posés que médiatement ; A est égal à — B et absolument rien de plus ; et B est égal à — A et absolument rien de plus. De cette médiatité de *position*, résulte *l'opposition essentielle,* la *suppression réciproque* et l'identité de ces deux derniers faits, — *b.* — car si A est posé simplement comme le contraire de B, et n'est susceptible d'aucun autre prédicat (non plus celui d'*une chose* que l'imagination encore inaccoutumée à une rigoureuse abstraction est toujours prête à appliquer), A ne pourrait être posé réel si B n'était pas *posé,* et B non plus si A n'était pas posé. Leur essence commune consiste évidemment en ce que chacun est posé par le *non-poser* de l'autre, comme en opposition ; et — si faisant abstraction d'une intelligence active qui pose on ne considère que les termes réciproques, — en ce que ils se suppriment réciproquement. Leur opposition essentielle et leur suppression réciproque sont donc identiques en tant que chaque terme est posé simplement par le non-poser de l'autre, et d'aucune autre manière.

Ce qui précède s'applique au moi et au non-moi. Le moi (considéré ici comme absolument actif) peut transférer la réalité au non-moi, seulement par cela même qu'il ne la pose pas en soi ; et réciproquement il ne peut transporter en soi la réalité que par cela même qu'il ne la pose pas dans le non-moi. (On verra dans une détermination plus rigoureuse du moi que ce dernier point ne contredit pas sa réalité absolue ; déjà même cela est évident ici en partie : il s'agit d'une réalité *transportée* et non d'une réalité *absolue*.) Leur essence en tant qu'ils doivent être en réciprocité consiste donc purement en ce qu'ils sont opposés et se suppriment réciproquement l'un l'autre. Donc —

La médiatité du poser (comme le montrera plus tard la loi de la conscience : *Point de sujet point d'objet, point d'objet point de sujet*) et cette médiatité seule est le fondement de l'opposition essentielle du moi et du non-moi. Par cela même, elle est aussi le fondement de la réalité du non-moi aussi bien que de celle du moi — en tant que la dernière est posée, elle doit être idéale ; car l'absolu ne peut s'y perdre ; elle est dans le *posant*. Au point où nous en sommes dans notre synthèse, elle ne doit pas être fondée par ce qui est fondé par elle ; elle ne le peut non plus d'après l'autorité du procédé de la proposition du fondement. Suivant ce qui a été exposé, le fondement de cette identité ne se trouve pas dans la réalité du non-moi et la médiatité du moi. Il doit donc se trouver dans le moi absolu, et cette médiatité doit être elle-même absolue, c'est-à-dire fondée en soi et par soi-même.

Cette conséquence, entièrement juste ici, conduit à un nouvel idéalisme, encore plus abstrait que le précédent. Dans le précédent, le moi par sa nature et son essence supprimait une activité posée en lui. Cette activité, à laquelle était ouvert le champ entier de la possibilité, était supprimée absolument et sans aucun autre fondement, et par là un objet et un sujet devenaient possibles. Dans cet idéalisme, les propositions se développaient du moi d'une manière qui nous était tout-à-fait inconnue et inaccessible, à peu près comme dans une harmonie préétablie conséquente, c'est-à-dire purement idéalistique.

Dans l'idéalisme actuel, l'activité a sa loi immédiatement en elle-même : elle est médiate, elle n'est absolument rien autre chose, absolument parce qu'elle est médiate. Il n'est donc pas supprimé d'activité dans le moi ; l'activité médiate y existe, et une activité immédiate ne doit pas donner le moi. Mais avec la médiatité de cette activité, on peut éclaircir parfaitement tout le reste, — la réalité du non-moi et dans ce cas la négation du moi, la négation du non-moi et la réalité du moi. Ici les représentations du moi se développent, d'après une loi déterminée et que l'on peut connaître naturellement, on peut donner un fondement à ces représentations, mais non à la loi.

Ce dernier idéalisme détruit nécessairement le premier, parce qu'il explique réellement et par un fondement supérieur, ce que le premier ne pouvait expliquer. Le premier idéalisme peut être réfuté idéalistiquement. Le principe fondamental de ce système serait : *Le moi est fini absolument parce qu'il est fini.*

Quoique cet idéalisme s'élève fort haut, il n'arrive pas néanmoins à la hauteur qu'il faut atteindre, au posé absolument et inconditionnel. Il est vrai qu'un fini doit être posé absolument. Mais, en vertu de sa notion, tout fini est limité par son opposé et le fini absolu est une idée qui se contredit elle-même.

Pour distinguer ces deux idéalismes, je nomme le premier, celui qui supprime quelque chose de posé dans le moi, *qualitatif*, et le second qui pose primitivement une quantité limitée, *quantitatif*.

2. = L'essence des termes réciproques consistant dans la simple opposition, c'est par là qu'est déterminée la médiatité du *poser*, elle n'est possible qu'à cette condition. Si l'essence des termes réciproques consiste encore en quelque chose autre que la simple opposition, il est d'une égale évidence que par le *non-poser* de l'un quant à toute son essence, l'autre n'est nullement posé quant à toute son essence, et réciproquement. Mais si leur essence ne consiste dans rien autre, s'ils doivent être posés, ils ne peuvent l'être que médiatement, comme cela ressort de ce qui vient d'être dit.

Mais ici l'opposition essentielle l'opposition en soi, est établie comme fondement de la médiatité du poser. Elle est absolument, sans qu'on puisse en donner l'explication. La seconde est posée par la première.

De même que le premier mode de conséquence donne un idéalisme quantitatif, de même celle-ci fournit un réalisme quantitatif qui doit être bien distingué du réalisme qualitatif exposé plus haut. Celui-ci reconnaît l'impression sur le moi d'un non-moi, indépendant du moi, ayant par lui-même de la réalité, impression qui pénètre l'activité du moi. Le réaliste simplement quantitatif reconnaît à ce sujet son ignorance, il reconnaît que pour le moi la réalité n'est posée dans le non-moi que par la loi du fondement; mais il soutient *l'existence réelle d'une limitation du moi*, sans que le moi y participe d'aucune manière, ni par l'activité absolue comme le veut l'idéaliste qualitatif, ni conformément à une loi spéciale de sa nature, comme le prétend l'idéaliste quantitatif. Le réaliste qualitatif affirme la réalité indépendante du moi d'un *déterminant,* le quantitatif, la réalité indépendante du moi d'une simple *détermination*. D'après celui-ci, il y a dans le moi une détermination, dont le fondement ne peut être posé en lui, qui est pour lui un fait, sur le fondement même de laquelle toute recherche lui est interdite, c'est-à-dire qui est pour lui absolument et sans plus de fondement. Il doit cependant, d'après la loi du fondement qu'il admet, la rapporter à quelque chose du non-moi, comme à son fondement réel. Mais il sait que cette loi ne se trouve qu'en lui-même et à cet égard il ne se trompe pas. Il est de la dernière évidence que ce réalisme n'est autre chose que l'idéalisme exposé plus haut sous le nom de critique. Kant n'en a pas exposé d'autre. Sur le degré de la réflexion où il s'était placé, il ne pouvait en exposer d'autre et ne le voulait pas non plus [1].

[1] Kant déduit l'idéalité des objets, de l'idéalité posée d'avance du temps et de l'espace. Nous, à l'inverse, nous tirerons la démonstration de l'idéalité du temps et de l'espace, de l'idéalité démontrée des objets. Kant a besoin d'objets idéaux pour remplir le temps et l'espace; nous avons besoin du temps et de l'espace, pour placer les objets idéaux. C'est pourquoi notre idéalisme qui n'est nullement dogmatique, mais qui est critique, fait quelques pas plus avant que le sien.

Ce n'est pas ici le lieu de montrer, ce qui est du reste palpable, que Kant connaissait très-bien ce qu'il s'abstenait de dire, ni de donner les motifs pour lesquels il ne pouvait, ni ne voulait dire ce qu'il savait. Les principes exposés ici, et ceux qui seront présentés encore, se trouvent évidemment au fond des siens, comme peut s'en convaincre quiconque se familiarisera avec l'esprit de sa philosophie. Il a dit plusieurs fois qu'il ne voulait pas exposer dans ses critiques la science elle-même, mais

Ce réalisme se distingue de l'idéalisme quantitatif exposé plus haut, en ce que, quoiqu'ils admettent tous deux, il est vrai, que le moi soit fini, le fini est absolu pour le premier et accidentel pour le second, sans pouvoir être pour cela expliqué davantage. Le réalisme quantitatif détruit l'idéalisme de même nom, comme étant sans fondement et inutile, parce qu'il éclaircit parfaitement sans lui, et avec les mêmes défauts, il est vrai, ce qu'il devait expliquer : L'existence d'un objet dans la conscience; avec les mêmes défauts, dis-je, car il lui est absolument impossible d'expliquer comment une détermination réelle peut devenir idéale, comment une détermination qui existe en soi, peut devenir une détermination pour le moi posant. Il est maintenant bien démontré, comment par l'opposition essentielle, la médiatité du *poser* est déterminée et fondée; mais sur quel fondement s'appuie le *poser* lui-même en général? S'il doit être posé il ne peut l'être que médiatement; mais l'acte de *poser*, est cependant en soi une action absolue du moi indéterminé et qui dans cette fonction ne peut absolument pas être déterminé. Ce système est donc caractérisé par l'impossibilité déjà signalée de passer du limité à l'illimité. L'idéalisme n'a pas vaincu cette difficulté, car il supprime le passage en général, il est détruit au contraire par la contradiction manifeste qu'il y a à poser absolument un fini. —

On doit s'attendre à voir notre recherche prendre à peu près la même voie que plus haut, et de la conci-

---

qu'il n'en présentait que la propédentique. Il est difficile de s'expliquer pourquoi ceux qui ne font que répéter ce qu'il a dit, n'ont refusé de de croire que cette parole parmi celles qu'il a prononcées.

liation des deux synthèses, à voir sortir un idéalisme quantitatif critique, comme intermédiaire entre ces deux modes d'explication.

3. — La médiatité du *poser* et l'opposition essentielle se déterminent réciproquement; elles remplissent toutes deux une seule et même sphère. La manière dont il faut se représenter ce fait, pour en concevoir la possibilité, est évidente, c'est-à-dire : *être* et être *posé*, le rapport idéal et le rapport réel, le *posé* et l'opposition doivent former une seule et même chose. La condition à laquelle cette simultanéité est possible est également évidente, ce qui est posé en rapport étant la même chose que ce qui pose, c'est-à-dire le posé en rapport étant le moi.

Le moi doit être en rapport avec une X quelconque qui doit, en ce cas, être nécessairement un non-moi, de sorte qu'il ne doit être terme posé que l'autre n'étant pas posé et réciproquement. Or le moi, aussi certainement qu'il est moi, ne se trouve en ce cas, en un certain rapport qu'autant qu'il se pose comme se trouvant en ce rapport : ainsi à l'égard du moi il est complètement indifférent de dire : il est posé dans tel rapport, ou il se pose dans tel rapport. Il ne peut y être posé (*realiter*) qu'en s'y posant (*idealiter*), et il ne peut s'y poser qu'en tant qu'il est posé, parce que le simple moi posé absolument contredit ce rapport plutôt que de le poser.

Il faut développer plus nettement encore le contenu de notre synthèse. — En admettant toujours la proposition principale énoncée au commencement de ce § sur l'ensemble de la méthode théorique, proposition d'où nous avons tiré jusqu'à présent tous nos développements, — mais aussi en écartant tout autre principe, — c'est une loi pour le moi de ne poser que médiatement le moi aussi bien que le non-moi; c'est-à-dire de ne poser le moi que par le *non-poser* du non-moi, et le non-moi que par le *non-poser* du moi. (Dans ce cas, par conséquent, le moi est absolument le *posant*, mais dans la recherche actuelle nous en faisons abstraction. Il n'est le *posé* qu'à condition que le non-moi soit posé comme non-posé, ou en d'autres termes soit nié.) Si nous nous exprimons dans le langage ordinaire, le moi, tel qu'il est considéré ici, n'est simplement que le contraire du non-moi et rien de plus; et le non-moi n'est simplement que le contraire du moi et rien de plus. Point de moi, point de toi; point de toi, point de moi. Désormais, pour plus de clarté, nous nommerons à cet égard et à aucun autre, le non-moi objet, et le moi sujet, quoique nous ne puissions montrer encore la convenance de cette dénomination. Le non-moi indépendant de cette réciprocité ne doit pas être nommé objet, ni le moi indépendant de cette réciprocité, être nommé sujet. — Ainsi le sujet est ce qui n'est pas objet, il n'a aucun prédicat de plus jusqu'à présent; l'objet est ce qui n'est pas sujet et il est jusqu'à présent sans autre prédicat.

Si l'on pose cette loi sans demander d'autre principe pour fondement de l'explication de la représentation, on n'a aucun besoin de l'influence du non-moi, admise par le réaliste qualitatif pour donner un fondement à la passivité du moi; et l'on n'a pas besoin non plus de cette passivité (affection, détermination) que le réaliste quantitatif admet pour son explication. — Qu'il soit mouvement de C qui est aussi le fer, n'y est pas compris. Donc, pour réunir les deux sphères, vous devez poser une sphère supérieure qui comprenne le fer mu et le fer non mu. En tant qu'il remplit cette sphère supérieure, le fer est substance (non en tant qu'il remplit la sphère A, telle quelle, comme on le tient généralement, à tort; à cet égard il est chose en soi). Le mouvement et le non-mouvement sont ses accidents. Que le non-mouvement survienne au fer en un autre sens que le mouvement et, quel en est le fondement, nous le verrons en temps voulu.

L'activité formelle détermine l'activité matérielle, cela signifierait : ce n'est qu'autant que quelque chose est exclu de la totalité absolue, et est posé comme non compris en elle, que peut être posée une sphère compréhensive mais indéterminée. Ce n'est que sous la condition de l'exclusion réelle qu'une sphère supérieure est possible : point d'exclusion, point de sphère compréhensive, c'est-à-dire aucun accident dans le moi, aucun non-moi. Le sens de cette proposition est clair. Nous allons ajouter quelques mots sur son application.

Le moi est posé primitivement comme *se posant*. Et la fonction de *se poser* remplit à cet égard la sphère de de sa réalité absolue. Si l'on pose un objet, ce *poser* objectif doit être exclu de cette sphère et doit être posé dans la sphère opposée du *non-poser* du moi. Poser un objet et ne pas poser signifient la même chose. De cette action découle le raisonnement suivant : On prétend que le moi pose un objet et exclut quelque chose de soi absolument parce qu'il exclut, et sans aucun autre fondement. C'est cette exclusion qui rend possible la sphère supérieure du *poser* en général (où l'on fait abstraction, si le moi ou le non-moi sont posés). Il est clair que cette déduction est idéalistique et concorde avec l'idéalisme quantitatif, exposé plus haut, d'après lequel le moi pose quelque chose comme un non-moi absolument parce qu'il le pose. Dans ce système la notion de la substantialité devait donc être expliquée absolument comme elle l'a été. — Il est clair ici que le *poser* du moi se présente sous un double rapport de quantité, une fois comme totalité absolue, une autre fois comme partie déterminée d'une quantité indéterminée. Cette proposition peut avoir dans l'avenir des conséquences très-importantes. — Il est clair ensuite que le mot substance désigne non ce qui est *permanent*, mais ce qui *comprend tout*. Le caractère de permanence ne s'applique à la substance qu'en prenant ce mot dans une acception très-dérivée.

L'activité matérielle détermine l'activité formelle et en est la condition, cela signifierait : la sphère compréhensive est posée comme sphère compréhensive (par conséquent avec les sphères du moi et du non-moi qui lui sont subordonnées), et c'est ce qui rend possible l'exclusion comme action réelle du moi (à une condition encore à venir). — Il est clair que cette déduction conduit à un réalisme et même à un réalisme qualitatif. Moi et non-moi sont posés comme opposés. Le moi est posant en général; de sorte qu'à une certaine condition, s'il ne pose pas le non-moi, il est accidentel qu'il se pose et détermine par le principe du poser en général ce qui ne se trouve pas dans le moi. — Le moi est dans cette déduction une essence représentante qui doit se diriger vers la manière d'être des choses en soi.

Mais parmi ces déductions aucune ne peut avoir de la valeur, elles doivent être modifiées toutes deux l'une par l'autre. Le moi devant exclure de soi quelque chose, il doit y avoir une sphère supérieure, et parce qu'il y a une sphère supérieure et qu'elle est posée, le moi doit exclure de soi quelque chose. En un mot, il y a un non-moi parce que le moi s'oppose quelque chose, et le moi s'oppose quelque chose parce qu'il y a un non-moi et qu'il est posé. Aucune de ces deux actions n'est le fondement de l'autre; elles sont toutes deux une seule et même action du moi, qui ne peut être distingué que dans la réflexion. Il est également clair, également évident que ce résultat est identique à celui de la proposition énoncée plus haut : le fondement idéal et le fondement réel sont une seule et même chose et l'on peut en conclure que le résultat actuel expose, aussi bien que la proposition énoncée, un idéalisme critique.

β. — *La forme de la réciprocité, dans la substantialité, et sa matière doivent se déterminer réciproquement.*

La forme de la réciprocité consiste dans l'exclusion mutuelle des termes réciproques s'excluant l'un l'autre. Si A est posé comme totalité absolue, B est exclu de sa sphère et est posé dans la sphère B indéterminée mais déterminable. Réciproquement, B étant posé, A est exclu de sa totalité absolue, car la sphère A n'est plus la totalité absolue, elle est, de même que B, partie d'une sphère indéterminée, mais déterminable. Il faut bien remarquer ce dernier point, car tout y aboutit dans la forme de la réciprocité et l'exclusion mutuelle des termes réciproques de la totalité absolue.

— Si l'on pose le fer en général et en soi, on a une notion déterminée et complète qui en remplit la sphère, si l'on pose le fer en mouvement, on a un caractère qui ne se trouve pas dans cette notion et qui par conséquent en est exclu. Mais en attribuant ce mouvement au fer, la notion du fer auparavant déterminée n'est plus déterminée, elle est déterminable, il lui manque une détermination, qui sera définie en son temps, comme la faculté d'être attiré par l'aimant.

Quant à ce qui concerne la matière de la réciprocité il est clair que dans sa forme, comme il vient d'être exposé, ce qui est proprement la totalité demeure indéterminée. Si B doit être exclu, la sphère de A remplit la totalité. Si au contraire B doit être posé, les deux sphères, celle de B et celle de A remplissent la totalité indéterminée, mais déterminable (on fait complètement abstraction ici que la sphère qui comprend A et B soit encore à déterminer). Cette indéterminabilité doit cesser. La totalité dans ces deux rapports est totalité. Si elles n'ont pas chacune un autre caractère qui puisse les faire distinguer l'une de l'autre, la réciprocité demandée est impossible, car alors la totalité est unique, il n'y a qu'un seul terme et par conséquent point de réciprocité. (Expliquons-nous d'une manière plus frappante quoique moins rigoureuse. Imaginez-vous cette exclusion réciproque comme si vous en étiez spectateurs. Si vous ne pouvez distinguer les deux totalités entre lesquelles la réciprocité a lieu, il n'y a pour vous aucune réciprocité. Mais vous ne pouvez la distinguer, si hors des deux en tant qu'elles ne sont que totalités ne se trouve une X quelconque sur laquelle vous vous orientez). Par conséquent, pour que la réciprocité demandée soit possible, on suppose la déterminabilité de la totalité dans le sens propre. On suppose que l'on peut distinguer les deux totalités en quelque chose, et cette déterminabilité est la matière de la réciprocité, ce en quoi la réciprocité se poursuit, ce par quoi elle est uniquement fixée.

Si vous posez le fer tel qu'il est donné par l'expérience commune, sans aucune connaissance de l'histoire naturelle, en soi, c'est-à-dire isolé et en dehors de toute liaison avec quelques-unes des choses que vous remarquez hors de lui, enfin comme persistant en un lieu, comme en repos, le mouvement n'appartient pas à sa notion ; et s'il vous est donné dans l'apparence, comme se mouvant, vous avez entièrement raison, de rapporter le mouvement à quelque chose d'existant hors du fer. Mais si vous attribuez ce mouvement au fer, et en ceci vous avez également raison, cette notion n'est plus complète et vous avez à la déterminer davantage à cet égard, par exemple, à poser dans sa sphère la propriété d'être attiré par l'aimant. — Cela fait une différence. — Si vous partez de la première notion, la persistance en un lieu est essentielle au fer et le mouvement ne lui est qu'accidentel. — Si vous partez de la seconde notion, le repos lui est aussi accidentel que le mouvement ; car le repos se trouve précisément soumis à la condition de l'absence, de même que le mouvement l'est à la condition de la présence de l'aimant ; vous êtes donc désorientés, si vous ne pouvez donner une raison pour partir de la première notion et non de la seconde et réciproquement ; c'est-à-dire, en termes généraux, si l'on ne peut préciser d'aucune manière laquelle des deux totalités on doit prendre en considération; si c'est celle qui est absolument posée et déterminée, ou la déterminable produite par celle-ci et le terme exclu, ou bien toutes les deux ensemble.

La forme de la réciprocité en détermine la matière, c'est-à-dire, c'est l'exclusion réciproque qui détermine la totalité dans le sens indiqué plus haut, qui précise donc laquelle des deux totalités possibles est absolue et doit servir de point de départ. Ce qui exclut autre chose de la totalité, est, en tant qu'il exclut, la totalité, et réciproquement, il n'y a aucun autre principe de détermination. Si par l'A posé absolument, B est exclu, A est à cet égard la totalité ; et si l'on considère B et que par conséquent A ne soit pas regardé comme totalité, à cet égard A + B qui est indéterminé en soi est la totalité déterminable. La totalité telle qu'on l'admet est quelque chose de déterminé ou de déterminable. Ce résultat, il est vrai, ne paraît rien apporter de nouveau; il nous donne précisément ce que nous avions avant la synthèse. Mais avant nous espérions trouver un principe de détermination. Le résultat actuel nous enlève tout-à-fait cette espérance. Sa signification est négative il n'y a, nous dit-il, aucun principe de détermination possible que par la relation.

— Dans l'exemple précédemment cité, on peut partir de la notion absolument posée du fer. Alors le repos est essentiel au fer ; — ou de la notion déterminable et alors le repos est accidentel. Le point de départ admis, les deux conséquences sont justes, et on ne peut donner sur le choix du point de départ aucune règle de détermination. La différence est purement relative. —

La matière de la réciprocité en détermine la forme,

c'est-à-dire, la déterminabilité de la totalité dans le sens expliqué, qui est posée par là, comme devant déterminer quelque autre chose (la détermination est réellement possible, et elle a lieu d'après une X que nous n'avons pas à nous occuper ici de rechercher), détermine l'exclusion mutuelle. Du déterminé, ou du déterminable, l'un est la totalité absolue et l'autre n'est donc pas : il y a donc un exclu absolu, celui qui est exclu par la totalité. Si, par exemple, le déterminé est la totalité absolue, celui qui est exclu par là est l'exclu absolu. Donc, et ceci est le résultat de la synthèse actuelle, il y a un principe absolu de la totalité et celle-ci n'est pas seulement relative.

— Dans l'exemple précédent, il n'est pas indifférent que l'on parte de la notion déterminée du fer ou de sa notion déterminable, et de tenir le repos pour une chose essentielle ou accidentelle au fer. Si l'on pose que d'après un principe quelconque, il fallait partir de la notion déterminée du fer, l'accident absolu est alors le mouvement et non le repos. —

Nul des deux termes ne doit déterminer l'autre : ils doivent se déterminer tous deux mutuellement; cela signifie, pour arriver au fait sans détour, que le principe absolu et le principe relatif de la détermination de la totalité doivent être une seule et même chose, la relation doit être absolue, et l'absolu ne doit rien être de plus qu'une relation.

Cherchons à éclaircir davantage ce résultat très-important. La détermination de la totalité détermine l'excluant et réciproquement. C'est aussi une relation, mais ce n'est pas de celle-ci qu'il est question. La question est de savoir laquelle des deux sortes de détermination possible, il faut prendre? Aucune, répond à ce sujet le premier membre ; il n'y a d'autre règle déterminée que celle-ci : Si l'on adopte l'une, on ne peut prendre l'autre ; mais sur la question de savoir laquelle il faut prendre, on ne peut rien prononcer d'assuré. Il faut prendre l'une des deux, répond le second membre, et il doit y avoir sur ce point une règle. Mais quelle est cette règle? Cela devait naturellement demeurer indécis, parce que le principe de détermination du terme à exclure devait être la déterminabilité et non la détermination.

Les deux propositions sont conciliées par la proposition présente qui soutient qu'il existe une règle, mais non une règle qui établisse l'une des deux sortes de détermination comme déterminant l'autre. La totalité cherchée n'est dans aucune de celles que nous avons jusqu'à présent considérées comme telles, cette totalité est formée des deux déterminées mutuellement l'une par l'autre. Il s'agit donc ici d'une relation des deux sortes de détermination, la relative et l'absolue, et cette relation constitue la totalité cherchée. Ce n'est pas A qui doit être la totalité absolue. Ce n'est pas davantage $A + B$, c'est A déterminé par $A + B$. Le déterminable doit être déterminé par le déterminé, le déterminé par le déterminable et l'unité qui en résulte est la totalité que nous cherchons. Il est évident que tel devait être le résultat de notre synthèse. Mais il y a quelque chose de plus difficile à entendre, je veux parler de la signification de ce résultat.

Le déterminé et le déterminable doivent se déterminer mutuellement, cela signifie évidemment que la détermination de ce qui est à déterminer consiste en ce qu'il est déterminable. Il est déterminable et rien de plus. En cela consiste toute son essence. Cette déterminabilité est la totalité cherchée, c'est-à-dire la déterminabilité est une quantité déterminée ; elle a ses bornes au-delà desquelles il n'y a plus de détermination, et au-dedans desquelles se trouve toute déterminabilité possible. Appliquons ce résultat au cas présent et tout sera clair. Le moi se pose, c'est en cela que consiste la réalité absolument posée du moi. La sphère de cette réalité est remplie et contient la totalité absolue (de la réalité absolument posée du moi). Le moi pose un objet ; nécessairement ce *poser* objectif doit être hors de la sphère dans laquelle le moi se pose. Il doit pourtant être attribué au moi et nous obtenons par là la sphère A+B comme totalité (jusqu'à présent illimitée) des actions du moi. D'après la synthèse actuelle, les deux sphères doivent se déterminer réciproquement. A donne ce qu'il a, des bornes absolues; A+B, un contenu; et le moi pose un objet et non le sujet, ou bien le sujet et alors non un objet, en tant qu'il se pose comme posant d'après cette règle; et ainsi ces deux sphères coïncident et remplissent réunies une seule sphère limitée. A cet égard, la détermination du moi consiste dans la déterminabilité par le sujet et l'objet.

La déterminabilité déterminée est la totalité que nous cherchons, et que l'on nomme substance. Aucune substance n'est possible, si l'absolument posé ne sort pas du moi qui se pose uniquement ; c'est-à-dire, si quelque chose n'en est pas exclu, ici un non-moi posé ou un objet. Mais la substance qui ne doit être rien de plus qu'une déterminabilité, mais pourtant une déterminabilité déterminée, solidement fixée, demeure in-

déterminée, et il n'y a pas de substance, (rien qui embrasse tout) si elle n'est pas déterminée par le posé absolument, ici par le poser du moi. Le moi se pose comme se posant par cela même qu'il exclut le non-moi, ou comme posant le non-moi par cela même qu'il s'exclut.
— Ce *poser* se présente ici deux fois, mais en des rapports différents. Dans le premier il est inconditionnel, dans le dernier il est conditionnel, et poser déterminable par une exclusion du non-moi. — Si la détermination du fer est le repos en un lieu, le changement de lieu est exclu par là, et le fer n'est pas substance, car il n'est pas déterminable. Mais le changement de lieu doit être attribué au fer, cela n'est pas possible, par la suppression de la persistance en un lieu. Car alors le fer lui-même tel qu'il est serait annihilé. Par conséquent le changement de lieu n'est pas attribué au fer, ce qui contredit le postulat; la persistance ne peut donc être supprimée qu'en partie et le changement de lieu est déterminé et limité par la persistance; c'est-à-dire, le changement de lieu n'arrive que dans la sphère d'une certaine condition, par exemple, la présence d'un aimant, et n'existe plus hors de cette sphère, hors de laquelle la persistance se représente. On voit donc que la persistance en un lieu se présente ici sous deux significations bien différentes, la première fois inconditionnelle, et la seconde fois conditionnelle à l'absence d'un aimant. —

Pour continuer l'application de la proposition fondamentale établie plus haut, en même temps que $A + B$ est déterminé par A, B est déterminé. Il appartient en effet au cercle du déterminable, maintenant déterminé, et A, comme on vient de l'indiquer, est déterminable. En tant que B est déterminé, A + B peut l'être par lui et comme une relation absolue a lieu, — relation qui seule doit donner la totalité cherchée, il doit être déterminé; ainsi, par conséquent, si A est posé dans la sphère du déterminable, A + B est déterminé par B.

Cette proposition deviendra claire, si nous l'appliquons au cas actuel, le moi doit exclure quelque chose de soi. Telle est l'action considérée jusqu'à présent comme le premier moment, dans la recherche de la réciprocité. — Je vais plus loin et étant ici dans le domaine du fondement, j'ai le droit d'aller plus loin.— Si le moi doit exclure de soi quelque chose, cette même chose doit être posée en lui avant l'exclusion, c'est-à-dire indépendamment de l'exclusion. Donc, comme nous ne pouvons apporter un principe supérieur, elle est posée absolument. En partant de ce point, l'exclusion du moi est quelque chose de non posé dans le posé absolument, et doit être exclue de sa sphère, elle ne lui est pas essentielle; elle est accidentelle à l'objet, s'il est posé dans le moi (pour la possibilité de l'exclusion) d'une manière tout-à-fait incompréhensible pour nous, et en tant qu'il doit être un objet, de sorte qu'elle est exclue, et, comme on le verra plus tard, représentée en conséquence de cette exclusion. Elle existerait en soi, non hors du moi, mais dans le moi lui-même, si cette exclusion n'avait lieu; l'objet en général (qui est ici B) est le déterminé. L'exclusion par le sujet (ici B + A) est le déterminable. L'objet peut être ou non exclu, et demeure toujours objet dans le sens de ci-dessus. L'objet est posé ici deux fois, mais, on le voit, dans des acceptions différentes; une fois inconditionnel et absolu, l'autre fois sous la condition d'être exclu du moi.

— Le mouvement doit être exclu du fer posé comme persistant en un lieu. D'abord le mouvement n'était pas posé dans le fer en vertu de sa notion. Maintenant, il doit en être exclu, et même à un certain égard, n'étant pas posé par lui, être posé absolument. — (Pour nous exprimer d'une manière plus aisée à comprendre, mais moins rigoureuse, cela signifie que pour que le mouvement soit opposé au fer, il faut qu'il soit déjà connu. Mais il ne doit pas être connu en vertu du fer. C'est donc d'ailleurs qu'on le connaît, et comme nous ne considérons ici que le fer et le mouvement, il est connu absolument.) — Si nous partons de la notion du mouvement, c'est accidentellement qu'elle s'applique au fer, entre autres objets. Elle est l'essentiel, le fer est pour elle l'accidentel. Le mouvement est posé absolument. Le fer, à l'état de repos, est exclu de sa sphère. Maintenant le repos est supprimé dans le fer et le mouvement lui est attribué. La notion du mouvement se présente ici de deux manières; une fois inconditionnelle, et la seconde fois conditionnelle à la suppression du repos dans l'état du fer. —

Donc, et c'était la proposition synthétique exposée plus haut, la totalité n'existe que dans la relation complète, et il n'y a rien de solide en soi que ce qu'elle détermine. La totalité consiste dans un rapport complet et non dans une réalité.

— Considérés isolément, les termes du rapport sont les accidents; la totalité, comme on l'a déjà dit plus haut, est la substance. Ici, seulement pour les personnes qui ne sont pas capables de tirer d'elles-mêmes une déduction si facile, il faut exprimer formellement que dans la substance on ne doit concevoir qu'une simple réciprocité et non quelque chose de fixé. Pour qu'une substance soit déterminée, ou pour que quelque chose de déterminé soit considéré comme substance, il faut que la réciprocité parte d'un terme quelconque, qui n'est fixé qu'autant que la réciprocité doit être déterminée, mais qui n'est pas fixé absolument, car on peut partir aussi bien du terme qui lui est opposé, et alors ce terme qui auparavant était essentiel, solide, fixé, n'est plus qu'accidentel, comme l'expliquent les exemples que nous avons donnés. Les accidents réunis, synthétiquement conciliés, donnent la substance; et celle-ci ne comprend rien de plus que les accidents. La substance analysée donne les accidents, et il ne reste rien que les accidents d'une analyse complète de la substance. Il ne faut pas se faire l'idée d'un substract permanent, d'un support quelconque des accidents. Chaque accident est à lui-même son propre support et celui de l'accident opposé, sans avoir besoin pour cela d'un soutien particulier. — Le moi posant, par la plus admirable de ses qualités que nous définirons plus rigoureusement dans la suite, retient l'accident qui disparaît pour le comparer à celui qui lui est corrélatif. C'est cette faculté presque toujours méconnue, qui relie ensemble deux propositions différentes, et en compose une unité, qui, se plaçant entre les moments qui devaient mutuellement se détruire, les conserve, et ainsi rend seule possibles la vie et la conscience, la conscience particulièrement comme une série de temps continu. Cette faculté n'accomplit toutes ces choses que parce qu'elle appelle à soi et en soi-même, les accidents qui n'ont aucun support commun et ne pourraient en avoir sans s'entre-détruire.

γ. — L'activité comme unité synthétique et la réciprocité comme unité synthétique doivent se déterminer réciproquement et former une unité synthétique.

Comme unité synthétique, l'activité sera caractérisée en peu de mots, comme reliant absolument et maintenant ensemble des termes opposés, un subjectif et un objectif, dans la notion de la déterminabilité dans laquelle ils sont néanmoins opposés. (Pour se placer à un point de vue plus élevé et l'expliquer, que l'on compare la synthèse, indiquée ici avec la conciliation exposée plus haut (§ 3) entre le moi et le non-moi par la quantité. De même qu'alors le moi était posé absolument, quant à la qualité, comme réalité absolue, de même ici quelque chose, c'est-à-dire une détermination par la quantité, est posé dans le moi, ou en d'autres termes, le moi est posé absolument comme quantité déterminée. Quelque chose de subjectif est posé comme absolument subjectif, c'est là une thèse, et même, pour la distinguer de la thèse qualitative précédente, il faut l'appeler quantitative. Tous les modes d'actions du moi doivent sortir d'un procédé thétique. — Dans la partie théorique de la science de la connaissance, dans les limites que nous nous sommes tracées par notre proposition fondamentale, il y a une thèse, parce que ces limites nous empêchent d'aller plus avant; quoiqu'en renversant ces bornes, nous pussions démontrer qu'il existe une synthèse qui peut se ramener à la thèse suprême.) De même que ci-dessus un non-moi était opposé au moi, comme qualité opposée, de même ici au subjectif est opposé un objectif, par la simple exclusion de ce dernier de la sphère du subjectif, seulement donc par la quantité (la détermination, la limitation) et ce procédé est une antithèse quantitative, de même que le procédé de ci-dessus était une antithèse qualitative. Or, le subjectif ne doit pas être anéanti par l'objectif, ni celui-ci par celui-là, pas plus que ci-dessus, le moi ne devait être supprimé par le non-moi ou réciproquement. Ils doivent donc être unis synthétiquement, et ils le seront par le troisième terme, dans lequel ils sont tous deux égaux en vertu de la déterminabilité. Tous deux, non pas le sujet et l'objet en soi, mais le subjectif et l'objectif posés par la thèse et l'antithèse sont réciproquement déterminables l'un par l'autre; et ce n'est qu'autant qu'ils le sont, qu'ils peuvent être réunis, fixés et maintenus par la faculté du moi qui se déploie dans la synthèse (l'imagination). Mais de même que ci-dessus l'antithèse n'est pas possible sans thèse, parce qu'elle ne peut être opposée qu'au *posé*, de même la thèse ici demandée n'est pas possible, quant à la matière, sans la matière de l'antithèse; car avant qu'une chose puisse être déterminée absolument, c'est-à-dire, avant que la notion de la quantité ne puisse y être appliquée, elle doit exister quant à la qualité. Il doit donc y avoir ici quelque chose en quoi le moi actif, traçant une limite au subjectif, abandonne le reste à l'objectif. Mais quant à la forme, précisément comme ci-dessus, l'antithèse n'est pas possible sans la synthèse, parce que, sans la synthèse, le *poser* serait supprimé; par conséquent l'antithèse ne serait pas une antithèse mais une thèse; donc ces trois actions ne sont qu'une seule et même action, et ce n'est que lorsque la réflexion se dirige sur cette action que l'on peut en distinguer les moments particuliers.

Quant à la simple réciprocité, si sa forme, l'exclusion mutuelle des termes réciproques, et la matière, la sphère compréhensive (qui contient en soi les deux termes qui s'excluent) sont réunies synthétiquement, l'exclusion mutuelle est la sphère compréhensive; la sphère compréhensive est l'exclusion mutuelle, c'est-à-dire, la réciprocité consiste dans la simple relation; et il n'y a rien de plus que l'exclusion mutuelle, la déterminabilité que nous venons d'indiquer. On voit sans peine que tel doit être le terme moyen synthétique; mais ce qu'il est plus difficile de s'imaginer c'est une simple déterminabilité, une simple relation, sans quelque chose qui soit en relation. (Ici, et dans toute la partie théorique de la science de la connaissance, il faut faire abstraction de ce quelque chose). — Guidons l'imagination autant que nous le pouvons. — A et B (on sait déjà que nous désignons proprement par là A + B déterminé par A, et A + B déterminé par B, mais pour notre but nous pouvons en faire abstraction et les nommer A et B), A et B sont donc opposés, et si l'un est posé l'autre ne peut l'être. Cependant ils doivent coexister, sans se supprimer mutuellement, non pas seulement en partie comme on l'a demandé jusqu'à présent, mais entièrement et comme opposés. Concevoir cela c'est le problème. Mais ils ne peuvent être conçus ensemble, d'aucune autre manière, et sous aucun autre prédicat possible que comme se détruisant mutuellement. A ne peut pas être conçu, ni B non plus. Or, il faut concevoir la rencontre, la cohésion des deux, et là seulement est leur point de réunion.

— Si au point X, on pose dans le moment A de la lumière, et dans le moment B, suivant immédiatement, de l'obscurité, la lumière et l'obscurité se distinguent vivement l'une de l'autre comme cela doit être. Mais les moments A et B se limitent immédiatement et il n'y a entre eux aucun intervalle. Soit Z l'extrême limite entre ces deux moments. Qu'y a-t-il dans Z ? pas de lumière, car il n'y a lumière que dans le moment A et Z n'est pas = A ; pas d'obscurité non plus, car celle-ci se trouve dans le moment B. Il n'y a donc en Z ni lumière ni obscurité. Mais j'ai aussi bien le droit de dire qu'elles y sont l'une et l'autre. En effet, si entre A et B, il n'y a pas intervalle, il n'y en a pas non plus entre la lumière et l'obscurité ; par conséquent elles sont toutes deux immédiatement en contact en Z. On pourrait dire et cela est, que dans la seconde déduction, j'étends par l'imagination jusqu'à un moment Z qui ne devait être qu'une limite (les moments A et B n'ont pas été produits autrement que par une telle extension au moyen de l'imagination.) Je puis donc étendre Z par la simple imagination, et je le dois, si je veux concevoir la limitation immédiate des moments A et B. C'est en même temps ici une expérience de la merveilleuse faculté de l'imagination productive qui sera bientôt expliquée, sans laquelle rien ne peut être expliqué dans l'esprit humain, et sur laquelle tout le mécanisme de l'esprit humain doit aisément s'édifier.

a. — L'activité qui vient d'être expliquée détermine la réciprocité que nous avons expliquée, c'est-à-dire la rencontre des termes réciproques et sous la condition d'une activité absolue du moi, au moyen de laquelle celui-ci oppose le subjectif et l'objectif et les réunit. Ce n'est que dans le moi et qu'en vertu de cette action du moi qu'ils sont des termes réciproques; ce n'est que dans le moi et en vertu de cette action du moi qu'ils se rencontrent.

Il est évident que la proposition établie est idéalistique. Si l'activité, attribuée ici à l'essence du moi en tant qu'il est une intelligence, est admise comme absorbante, comme elle doit l'être, elle ne doit l'être, que sous quelques limitations : la faculté de représenter consiste pour le moi à poser un subjectif, et à opposer un objectif à ce subjectif, etc.; et nous voyons commencer une série de représentations dans la conscience empirique. Nous avons établi plus haut la loi de la médiatité du *poser*, d'après laquelle (elle conserve ici sa valeur) aucun objectif ne peut être posé sans qu'un subjectif ne soit supprimé, et aucun subjectif également sans la suppression d'un objectif. C'est par là que l'on peut expliquer la réciprocité des représentations : il y a de plus ici la détermination qu'ils doivent être réunis tous deux synthétiquement, qu'ils doivent être posés tous deux par un seul et même acte du moi, et de là on pourrait expliquer l'unité de ce en quoi est la réciprocité, et du terme réciproque dans l'opposition, ce qui n'était pas possible avec les lois de la pure médiatité. On aurait alors une intelligence avec toutes ses déterminations possibles, purement et simplement par la spontanéité absolue. Le moi serait ainsi qualifié, comme posant, se posant et se posant qualifié. Mais si l'on remonte la série aussi loin que l'on voudra, on doit enfin arriver à quelque chose d'existant dans le moi, en quoi une chose est déterminée comme subjectif, et une autre chose lui est opposée comme objectif. L'existence de ce qui doit être subjectif, peut s'expliquer absolument de soi-même, par le *poser* du moi; mais non l'existence de ce qui doit être objectif, car cela n'est pas posé absolument par le *poser* du moi. La proposition énoncée n'explique donc pas complètement ce qui doit être expliqué.

b. — La réciprocité détermine l'activité, c'est-à-dire non p s l'existence réelle des termes opposés, mais par leur simple rencontre, ou leur contact dans la conscience, comme il a été exposé plus haut. L'opposition et la réunion sont possibles par l'activité du moi : cette rencontre est la condition de cette activité. Il ne faut plus que la bien entendre.

On vient d'objecter contre le système d'explication idéalistique avancé, que, pour que quelque chose soit déterminé dans le moi comme subjectif, et quelqu'autre chose en soit exclu comme objectif, il faut expliquer comment ce dernier terme qui doit être exclu peut exister dans le moi, ce que n'expliquerait pas ce système. La réponse à ce reproche est dans la proposition présente, l'objectif qui doit être exclu, n'a pas besoin d'exister; il suffit, s'il m'est permis de m'exprimer ainsi, qu'il y ait un choc pour le moi; c'est-à-dire, l'objectif, par un principe quelconque, n'existant qu'en dehors de l'activité du moi, ne doit pas pouvoir être étendu davantage. Cette impossibilité d'être étendu davantage, décidait donc la simple réciprocité détruite, ou la simple cohésion; elle ne limitait pas le moi comme activité, elle lui donnait la tâche de se limiter. Or, toute limitation a lieu, par opposition; par conséquent le moi, pour satisfaire à cette tâche, devait opposer quelque chose d'objectif au subjectif à limiter, et ensuite réunir les deux synthétiquement comme il a été démontré plus haut. C'est ainsi qu'on déduirait toute la représentation. Ce mode d'explication, cela saute aux yeux, est réalistique : seulement il y a en lui un réalisme bien plus abstrait que tous ceux qui ont été précédemment exposés, car il donne non un non-moi existant hors du moi, ni même une détermination existant dans le moi, mais seulement l'obligation pour le moi d'une détermination à prendre par lui-même en soi-même, en d'autres termes la simple déterminabilité du moi.

On pourrait croire au premier abord que cette obligation de se déterminer est une détermination et que le système actuel ne diffère en rien du réalisme quantitatif exposé plus haut, qui admettait l'existence d'une détermination. Mais la différence est très-aisée à montrer. Plus haut la détermination était donnée, ici elle doit être accomplie par la spontanéité du moi actif. (S'il est permis de jeter quelques regards en avant, on peut indiquer la différence d'une manière encore plus précise. En effet, il sera démontré dans la partie pratique que la déterminabilité dont il est ici question est une sensation. Or, une sensation est une détermination du moi, mais non du moi en tant qu'intelligence, c'est-à-dire de ce moi qui se pose comme déterminé par le non-moi, le seul dont il soit ici question. Cette obligation d'être déterminé n'est donc pas une détermination.)

Comme tout réalisme, le système actuel a le défaut de ne considérer le moi que comme un non-moi, et ainsi de ne pas expliquer le passage du non-moi au moi qui devait être expliqué. Si nous accordons ce qui est demandé, la déterminabilité du moi, ou l'obligation pour le moi d'être déterminé, est posée, mais sans que le moi y prenne part. Par là on peut bien expliquer comment le moi peut être déterminable par et pour quelque chose hors du moi, mais non comment il peut être déterminable par et pour le moi, et c'est là pourtant ce qui était demandé. Le moi, en vertu de son essence, n'est déterminable qu'en tant qu'il se pose déterminable et seulement en tant qu'il peut se déterminer, et le mode de déduction présenté n'explique pas comment cela est possible.

c. — Les deux modes de déduction doivent être synthétiquement conciliés. L'activité et la réciprocité doivent se déterminer mutuellement.

Il n'était pas admissible que la réciprocité, qu'un simple choc ayant lieu sans aucune participation du moi posant, donne au moi l'obligation de se limiter parce que ce qui doit être expliqué ne se trouve pas dans ce principe d'explication. Il faut donc admettre que ce choc n'existera pas sans la participation du moi, mais qu'il aura lieu sur l'activité du moi dans le poser de soi-même; que son activité, dont l'effort est expansif et tend au loin, sera repoussée en soi-même (réfléchie). De là, la limitation du moi de laquelle découlerait naturellement tout le reste.

Par là donc la réciprocité et l'activité ont été déterminées et synthétiquement réunies, comme l'exigeait la méthode de notre recherche. Le choc (non-posé par le moi posant) se produit sur le moi, en tant qu'il est actif, et il n'y a choc qu'autant que le moi est actif. La possibilité du choc est conditionnelle à l'activité du moi. Pas d'activité du moi, pas de choc. En sens contraire, l'activité de la détermination du moi par lui-même serait déterminée par le choc. Pas de choc, pas de détermination du moi ; et par suite, pas de détermination du moi, pas d'objectif.

Cherchons à bien connaître le résultat final et le plus important de tous, que nous avons trouvé ici. L'activité (du moi) dans la compréhension des opposés, et la rencontre (en elle-même, abstraction faite de l'activité du moi) de ces opposés doivent être réunies et ne former qu'une seule et même chose. La rencontre et la compréhension, voilà où se trouve la différence capitale. En réfléchissant sur le moyen de concilier ces extrêmes, nous irons donc le plus loin possible dans l'esprit de la proposition énoncée.

Il est facile de concevoir comment la rencontre en elle-même est et doit être soumise à la condition d'une compréhension. Les opposés en eux-mêmes sont complètement opposés ; ils n'ont rien de commun. Si l'un est posé, l'autre ne peut l'être; ils ne se rencontrent qu'en tant que la limite qui les sépare est posée, et cette limite n'est posée ni par le *poser* de l'un, ni par le *poser* de l'autre. Elle doit être posée particulièrement; mais alors la limite n'est rien de plus que ce qui est commun aux deux. Par conséquent poser la limite, c'est les embrasser; mais ils ne peuvent être embrassés que si leurs limites sont posées. Ils ne se rencontrent que sous la condition d'une compréhension qui a lieu par et pour celui qui les embrasse.

La compréhension, ou, comme nous pouvons le dire maintenant avec plus de précision, la position de la limite est soumise maintenant à la condition d'une rencontre, ou comme l'activité qui agit dans la limitation, en vertu de ce qui a été dit ci-dessus, est elle-même et même doit être, en tant qu'activité, l'un des termes de la rencontre, cela n'est possible qu'à la condition que cette activité s'échappe dans l'illimité, l'indéterminé et l'indéterminable, c'est-à-dire, dans l'infini. Sans cette tendance vers l'infini, il ne résulterait pas de cette limitation de l'activité, qu'elle eût reçu un choc; ce ne pourrait être qu'une limitation posée par sa simple notion (comme on devrait l'admettre dans un système où un moi fini serait établi absolument). Il pourrait alors y avoir, au-dedans des limites posées par sa notion, une autre limitation qui permettrait de conclure à un choc du dehors et qui devrait être déterminée d'une autre manière : mais de la limitation en général, telle qu'elle est suivie ici, on ne peut tirer une conclusion semblable.

— Les opposés dont il est ici question doivent être opposés absolument; il ne doit y avoir en eux aucun point de réunion. Mais les choses finies ne sont pas opposées entre elles absolument, elles sont égales entre elles dans la notion de la déterminabilité; de même tous les infinis, s'il peut y avoir plusieurs infinis, sont égaux entre eux dans la notion de l'indéterminabilité. Parmi les opposés, il n'y a donc que le fini et l'infini qui ne puissent être égaux entre eux ; tels doivent donc être les opposés dont il est question ici. —

Les deux opposés doivent être une seule et même chose ; cela signifie en peu de mots : Pas d'infini, pas de limitation; pas de limitation, pas d'infini. L'infini et la limitation sont unis dans un seul et même terme.

Si son activité ne tendait pas à l'infini, le moi ne pourrait pas limiter son activité, ni lui poser des bornes comme il le doit. L'activité du moi consiste dans un *poser* du moi illimité; elle rencontre une résistance, si elle surmontait cette résistance, l'activité qui se trouve au-delà de la limite de la résistance serait entièrement anéantie et supprimée, le moi alors ne poserait pas; mais il doit poser sur cette ligne, il doit se limiter, c'est-à-dire, il doit se poser à cet égard comme ne se posant pas; il doit poser dans cette circonférence la limite indéterminée, illimitée, infinie (plus haut B) et pour faire cela, il faut qu'il soit infini.

En outre, s'il ne se limitait pas, le moi ne serait pas infini. Le moi n'est que ce qu'il se pose, il est infini ; c'est-à-dire, il se pose infini : il se détermine par le prédicat de l'activité, donc il se limite comme substract de l'infini; il se distingue de son activité infinie (quoiqu'ils ne soient tous deux qu'une seule et même chose), et ainsi doit procéder le moi pour être infini.— L'activité s'échappant dans l'infini, qu'il distingue de lui-même, doit être son activité; elle doit lui être attribuée; par conséquent, dans une seule et même action, indivise, indécomposable, il doit admettre de nouveau en soi cette activité (déterminer A + B par A); mais s'il l'admet en soi, elle est déterminée, elle n'est donc plus infinie : pourtant elle doit être infinie, et ainsi elle doit être posée hors du moi.

Cette réciprocité du moi en soi et avec soi-même en tant qu'elle se pose en même temps finie et infinie, réciprocité qui n'est qu'une lutte du moi avec lui-même, se reproduisant elle-même, tandis que le moi veut réunir ce qui ne peut être réuni, qu'il cherche tantôt à admettre l'infini sous la forme du fini, et tantôt repoussé pose cet infini hors de lui-même et tente, dans le même moment, de le ramener en lui sous la forme du fini, — cette réciprocité est la faculté de l'imagination.

Ainsi sont complètement réunies la rencontre et la compréhension; la rencontre ou la limite est un produit du concevant dans et pour la conception (thèse absolue de l'imagination, qui est à cet égard absolument productive). En tant que le moi et ce produit de son activité sont opposés, les termes de la rencontre sont opposés, et aucun des deux n'est posé dans la limite (antithèse de l'imagination). Mais en tant que tous deux sont de nouveau réunis, — cette activité productive doit être attribuée au moi, — les termes qui se limitent sont perçus dans la limite (synthèse de l'imagination, qui est en cela antithétique et synthétique, comme nous le verrons en son temps).

Les termes opposés doivent être compris dans la notion de la déterminabilité (et non celle de la détermination). C'est un moment capital de la réunion demandée, et nous avons encore à y réfléchir, afin de définir et d'éclaircir complètement ce qui vient d'être dit. Si la limite posée entre les opposés (dont l'un est l'opposant, mais l'autre, quant à son existence, est complètement hors de la conscience, et n'est posé que pour la limitation nécessaire), est posée comme une limite solide, fixée, immuable, les opposés sont réunis par la détermination, mais non par la déterminabilité; mais alors la totalité demandée dans la réciprocité de substance ne serait pas remplie ($A + B$ ne serait déterminé que par le déterminé A, mais non en même temps par l'indéterminé B). Cette limite ne doit donc pas être regardée comme une limite fixe, et cela est ainsi toutefois, en vertu de la décision donnée plus haut sur la faculté de l'imagination, qui agit dans cette limitation. Elle pose pour qu'il y ait détermination du sujet, une limite infinie, comme produit de son activité qui se dirige sur l'infini; elle cherche à s'attribuer cette activité (à déterminer $A + B$ par A); si elle le faisait, elle ne serait plus cette activité; elle serait comme posée en un sujet déterminé, elle serait déterminée elle-même, et non par conséquent infinie. L'imagination est ramenée de nouveau par là dans l'infini (elle est obligée de déterminer $A + B$ par B). D'après cela la simple déterminabilité est l'idée de la détermination qu'il est impossible d'atteindre sur cette voie, et non la détermination elle-même qui existe. L'imagination ne pose aucune limite solide, car elle n'a pas de terrain solide. La raison seule pose quelque chose de solide, parce qu'elle fixe elle-même l'imagination. L'imagination est une faculté qui flotte entre la détermination et l'indétermination, entre le fini et l'infini; et par conséquent elle détermine à la fois $A + B$ par le déterminé A et par le déterminé B, ce qui réalise ces hypothèses que nous avons exposées plus haut relativement à elle. L'imagination manifeste cette fluctuation dans son produit; elle le produit, tandis qu'elle flotte et parce qu'elle flotte.

Cette fluctuation de l'imagination entre des termes inconciliables, c'est cette lutte qu'elle soutient avec elle-même, comme on le verra plus tard, qui étant l'état du moi en elle, a un moment de durée (de temps); pour la raison pure tout est en même temps, le temps n'existe que pour l'imagination. L'imagination ne conserve pas cet état long-temps, c'est-à-dire plus long-temps qu'un instant (excepté dans le sentiment du sublime qui produit une surprise, une durée de la réciprocité dans le temps). La raison intervient, et donne naissance à une réflexion qui détermine l'imagination à admettre B dans le déterminé A : mais l'A posé comme déterminé doit être limité par un B infini, à l'égard duquel l'imagination se conduit comme il a été dit ci-dessus et ainsi de suite, jusqu'à la détermination complète de la raison (ici théorique) par elle-même, où il n'est plus besoin dans l'imagination d'aucun B limitant, hors de la raison, c'est-à-dire jusqu'à la représentation du sujet représentant. Dans le champ pratique, l'imagination poursuit dans l'infini jusqu'à l'idée absolument indéterminable de l'unité suprême, qui ne serait possible que par l'achèvement d'un infini accompli, lequel est lui-même impossible.

1. — Sans l'infinité du moi, sans une faculté productive dont la tendance soit illimitée et illimitable, on ne saurait expliquer la possibilité de la représentation. Cette faculté de production est déduite et synthétiquement démontrée du postulat qu'il doit y avoir une représentation, postulat contenu dans la proposition : le moi se pose comme déterminé par le non-moi. Mais on peut prévoir que dans la partie pratique de notre science, cette faculté sera ramenée à une faculté supérieure.

2. — Toutes les difficultés soulevées sur notre route ont été renversées d'une manière satisfaisante; le problème était d'unir les opposés, le moi et le non-moi : par l'imagination qui concilie les contraires ils peuvent être parfaitement conciliés. — Le non-moi est un produit du moi se déterminant soi-même; il n'est rien d'absolu et de posé hors du moi. Un moi qui se pose, en tant que se posant soi-même, ou un sujet n'est pas possible sans un objet produit de la manière décrite (la détermination du moi, sa réflexion sur soi-même comme déterminé, n'est possible qu'à la condition qu'il se limite par un opposé). Seulement la question : Comment et par quoi est produit le choc sur le moi, qu'il faut admettre pour l'explication de la représentation? ne doit pas recevoir ici de réponse; car elle est en dehors des limites de la science de la connaissance.

3. — La proposition posée au sommet de l'ensemble

de la science de la connaissance théorique : Le moi se pose comme déterminé par le non-moi, est traitée à fond, et toutes les contradictions qui se trouvaient en elles ont disparu. Le moi ne peut s'opposer autrement que déterminé par le non-moi (pas d'objet, pas de sujet). A cet égard, il se pose comme déterminé; en même temps il se pose aussi comme déterminant, parce que ce qui limite dans le non-moi est son propre produit (pas de sujet, pas d'objet). — Non seulement la réciprocité d'action demandée est possible, mais encore ce qui est demandé par le postulat énoncé ne peut être conçu sans cette réciprocité d'action. Ce qui n'avait avant qu'une valeur problématique, a maintenant une certitude apodictique. Par là, il est donc en même temps complètement démontré que la partie théorique de la science de la connaissance est parfaitement fermée; car toute science dont le principe est épuisé, est achevée. Le principe est épuisé, lorsque par la marche de la recherche on y est retourné.

4. — Si la partie théorique de la doctrine de la science de la connaissance doit être achevée, tous les moments nécessaires pour l'explication de la représentation doivent être établis et fondés, et nous n'avons maintenant plus rien à faire qu'à appliquer et à développer tout ce qui a été démontré jusqu'à présent.

Mais avant d'entrer dans cette voie, il est utile et très-important, pour avoir une vue parfaite de toute la science de la connaissance, de la soumettre à la réflexion.

5. — Notre problème était de rechercher si, et avec quelle détermination, la proposition énoncée comme problématique : Le moi se pose comme déterminé par le

non-moi, pouvait être conçue; nous l'avons recherché avec toutes les déterminations possibles du moi, que nous avons épuisées par une déduction systématique. En éliminant tout ce qui n'avait pas de base solide et ce qui ne pouvait être conçu, nous avons ramené ce qui pouvait être conçu dans un cercle toujours plus étroit, et pas à pas nous nous sommes toujours approchés de plus près de la vérité, jusqu'à ce que nous ayons atteint enfin ce qui seul était concevable. Si cette proposition en général, c'est-à-dire sans les déterminations particulières qu'elle renferme maintenant, est vraie; — qu'elle le soit, c'est un postulat qui repose sur les principes supérieurs, — si, dis-je, en vertu de la déduction présente, elle n'est vraie que de cette manière, ce qui a été établi est un fait primitif, qui se présente dans notre esprit.

En termes plus clairs, toutes les manières dont la proposition pouvait être conçue, énoncées dans le cours de notre investigation, que nous avions présente à la pensée avec conscience de la manière dont elles pouvaient être conçues, étaient aussi des faits de notre conscience, en tant que nous les envisagions philosophiquement; mais c'étaient des faits de notre faculté de penser, produits artificiellement par la spontanéité de notre réflexion, d'après les règles de la réflexion. La seule manière de concevoir possible, qui reste après l'élimination de toutes celles qui ont été démontrées fausses, est aussi un fait de cette nature produit artificiellement par notre spontanéité : elle l'est, en tant qu'ayant été amenée par la réflexion à la conscience du philosophe. Ou à mieux dire : la conscience de ce fait est un fait produit artificiellement. Mais la proposition placée au sommet de notre investigation doit être vraie, c'est-à-dire quelque chose doit lui correspondre dans notre esprit. Elle ne doit pouvoir être vraie que de la seule manière exposée ; par conséquent, il doit y avoir originairement dans notre esprit, indépendamment de notre réflexion, quelque chose qui corresponde à la manière de la concevoir exposée ; et dans cette signification supérieure, je nomme ce qui a été établi un fait dans lequel ne sont pas compris les autres manières indiquées. (Par exemple, l'hypothèse réalistique : Que la matière de la représentation pourrait être donnée du dehors, s'est présentée dans le cours de notre recherche; elle devait être pensée, et la pensée de cette hypothèse devait être un fait de la conscience réfléchissante. Mais nous avons trouvé, dans une recherche plus rigoureuse, que cette hypothèse contredisait le principe établi parce que ce à quoi une matière serait donnée du dehors ne serait pas un moi, comme il doit l'être cependant en vertu de ce qui est demandé, mais serait un non-moi, que par conséquent rien ne peut répondre dans le moi à cette pensée, qu'elle est complètement vide, et qu'il faut la repousser comme appartenant à un système transcendant et non transcendantal).

Il faut remarquer encore en passant, que dans une science de la connaissance, des faits sont établis, par lesquels cette science se distingue comme système de conception réelle de toute philosophie vide et formaliste ; mais qu'il n'est pas permis en elle de demander quelque chose comme fait, sans apporter la preuve que ce quelque chose est un fait, comme cela a eu lieu dans le cas présent. En appeler aux faits qui se trouvent dans le domaine de la conscience commune, qu'aucune réflexion philosophique ne guide, si l'on est conséquent et si l'on n'a pas posé d'avance devant soi les résultats qui doivent se produire naturellement, ne produit rien qu'une philosophie populaire, pleine d'erreurs, et qui n'est pas une philosophie véritable. Mais si les faits énoncés se trouvent en dehors de ce cercle, il faut bien savoir comment on est arrivé à être convaincu qu'ils existent comme faits, pourquoi on doit avoir cette conviction; et si on parvient à la faire partager, c'est la preuve que ces faits sont des faits.

6. — Tout porte à prévoir que ce fait doit avoir des conséquences dans notre conscience. Si dans la conscience d'un moi doit exister un fait, le moi doit d'abord poser ce fait comme existant dans sa conscience, et comme il pourrait y avoir à cet égard des difficultés, comme cela pourrait n'être possible que d'une certaine manière, on peut indiquer sans doute la manière dont il se pose en soi. Pour nous exprimer plus clairement, le moi doit s'expliquer ce fait; mais il ne peut pas se l'expliquer autrement que d'après les lois de son être, qui sont les mêmes lois conformément auxquelles toute notre réflexion a été établie jusqu'à présent. La manière dont le moi travaille ce fait en soi, dont il le modifie, dont il le détermine; en un mot la méthode qu'il suit à son égard, est désormais l'objet de notre réflexion philosophique. Il est clair que sur ce point la réflexion passe sur un tout autre terrain et a une signification toute différente.

7. — La série précédente de la réflexion et celle qui va suivre se distinguent par leur objet. Dans celle qui a été développée jusqu'ici, on a réfléchi sur les divers

modes possibles de la pensée, c'était la spontanéité de l'esprit humain, qui produisait l'objet de la réflexion — et même les divers modes de pensée possibles, conformément toutefois aux règles d'un système synthétique, — aussi bien que la forme de la réflexion, que la manière dont la réflexion doit être conduite. Il est arrivé que l'objet de la réflexion contenait quelque chose de réel, mais avec un alliage de choses vides, qu'il fallait éliminer, jusqu'à ce que pour notre but, pour la science de la connaissance théorique, il ne restât plus que ce qui était entièrement vrai.

Dans la série prochaine, la réflexion sera dirigée sur les faits; l'objet de cette réflexion est une réflexion, savoir : La réflexion de l'esprit humain sur la donnée qui lui est fournie (il faut appeler donnée ce qui n'est que l'objet de cette réflexion de l'esprit sur lui-même, car ce n'est pas un fait). Par conséquent dans la prochaine série, l'objet de la réflexion n'est pas produit par la réflexion elle-même; il n'est qu'appelé par elle à la conscience.

Il ressort en même temps de cela que nous n'avons plus maintenant à nous occuper de pures hypothèses, dans lesquelles il soit d'abord nécessaire de démêler le peu de vérité qui s'y trouve, d'un alliage d'erreurs; mais que l'on peut attribuer de plein droit de la réalité à tout ce qui est établi dès à présent.

La science de la connaissance doit être une histoire des faits (*pragmatique*) de l'esprit humain. Nous n'avons travaillé jusqu'ici, pour pouvoir nous y introduire, qu'à démontrer un fait et à l'élever au-dessus du doute. Nous avons ce fait, et dès à présent notre perception qui n'est pas aveugle, qui est expérimentale, peut tranquillement poursuivre la marche des événements.

8. — Ces deux séries de réflexions sont différentes quant à leur direction. Que l'on fasse entièrement abstraction d'abord de la réflexion philosophique artificielle, et que l'on s'en tienne à la réflexion primitivement nécessaire, qui doit mettre l'esprit humain en possession de ce fait (et qui sera désormais l'objet d'une réflexion philosophique), il est clair que l'esprit humain ne peut réfléchir sur le fait qui n'est donné d'après aucune autre loi que celle en vertu de laquelle ce fait est trouvé ; par conséquent, que d'après les lois qui ont dirigé notre réflexion jusqu'à présent. Cette réflexion est partie de la proposition : Le moi se pose comme déterminé par le non-moi, et a décrit sa route jusqu'à ce fait. La réflexion présente, naturelle, et qui doit être établie comme fait nécessaire, part de ce fait; et comme l'application des principes établis ne peut pas être achevée jusqu'à ce que cette proposition soit prouvée comme fait (jusqu'à ce que le moi se pose comme se posant déterminé par le non-moi), elle doit continuer jusqu'à ce qu'elle arrive à cette proposition. Elle décrit par conséquent toute la route parcourue par celle-ci, mais dans une direction inverse, et la réflexion philosophique qui ne peut suivre que celle-ci, mais ne peut lui donner aucune loi, prend nécessairement la même direction.

9. — Si dès à présent la réflexion prend la direction inverse, le fait établi est en même temps le point où la réflexion doit retourner, c'est le point dans lequel sont unies deux séries tout-à-fait différentes, et dans lequel la fin de l'une se rattache au commencement de l'autre. Dans ce point donc, le principe de distinction

du mode de déduction suivi jusqu'à présent doit avoir de la valeur.

La méthode était et demeure complètement synthétique. Le fait établi est lui-même une synthèse. Dans cette synthèse, sont d'abord réunis deux opposés de la première série ; ce qui serait donc le rapport de cette synthèse à la première série.

Dans la même synthèse, il doit y avoir aussi deux opposés pour la seconde série de la réflexion, afin qu'une analyse et la synthèse qui en résulte soient possibles. Comme il ne peut y avoir dans la synthèse que deux opposés réunis, ceux qui ont été unis en elle à la fin de la première série, doivent être ceux qui doivent être de nouveau séparés pour commencer une seconde série. Mais s'il en est ainsi, la seconde série n'en sera pas véritablement une seconde ; elle ne sera que la première renversée, et notre méthode ne sera que la répétition d'une solution, qui ne servira de rien, n'augmentera en rien notre connaissance et ne nous fera pas faire un pas en avant. Par conséquent, les termes de la seconde série devront différer en quelque chose de ceux de la première, tout en étant les mêmes. Nous ne pouvons obtenir cette différence qu'au moyen de la synthèse, et même en l'approfondissant. Bien connaître la différence qui distingue les termes opposés, en tant qu'ils font partie de la première ou de la seconde série, est un résultat qui vaut la peine d'être poursuivi, et qui répand la plus grande lumière sur le point le plus important et le plus caractéristique de ce système.

10. — Les opposés sont dans les deux cas un objectif et un subjectif ; mais ils le sont avant et après la

synthèse d'une manière bien différente dans l'esprit humain. Avant la synthèse, ils sont de simples opposés et rien de plus; l'un est ce que l'autre n'est pas, et réciproquement; ils expriment un simple rapport et rien de plus; ils sont quelque chose de négatif, et absolument rien de positif (précisément comme dans l'exemple ci-dessus, la lumière et l'obscurité en Z, Z étant considéré comme limite purement pensée); ils ne sont qu'une simple pensée, sans aucune réalité, et de plus une pensée qui n'est qu'une simple relation. — A mesure que l'un se présente, l'autre est anéanti, et celui-là ne pouvant se présenter que sous les prédicats du contraire de l'autre, avec sa notion, par conséquent, se présentant en même temps la notion de ce dernier qui l'anéantit, il ne peut effectivement pas se présenter. Il n'y a donc rien et il ne peut rien y avoir d'existant; notre conscience n'est pas remplie; il n'existe absolument rien en elle. (Nous n'aurions pas pu entreprendre toutes les recherches auxquelles nous nous sommes livrés jusqu'à présent, sans une illusion bienfaisante de l'imagination, qui supposait un substract à ces purs opposés; notre pensée n'aurait pas pu les atteindre, car ils n'étaient absolument rien et on ne peut pas réfléchir sur rien. Cette illusion ne devait pas être conservée, il fallait seulement en compter le produit dans la somme de nos déductions, et l'en exclure, comme cela a eu lieu réellement). Après la synthèse, ils sont quelque chose qui peut être perçu et retenu dans la conscience, quelque chose qui la remplit (à la faveur et sous la loi de la réflexion; ils sont pour la réflexion ce qu'ils étaient librement avant, mais sans qu'on le remarquât et avec une forte opposition d'elle-même), précisément comme ci-dessus la lumière et l'obscurité en Z étaient quelque chose que l'imagination étendait à un moment, quelque chose qui ne s'anéantissait pas absolument.

Cette transformation les précède dans leur passage à travers la synthèse, et il faut indiquer comment la synthèse peut leur communiquer quelque chose qu'ils n'avaient pas auparavant. La faculté synthétique a pour tâche d'unir les opposés, de les concevoir comme une seule et même chose (car le postulat s'adresse toujours comme auparavant, précisément à la faculté de penser). Elle ne le peut pas; cependant la tâche, le but sont là et ainsi s'élève une lutte entre le postulat et l'impossibilité de le satisfaire. Dans cette lutte, l'esprit hésite, flotte entre le postulat et l'impossibilité de le satisfaire, et dans cette situation, mais dans cette situation seule, il les tient ensemble, ou ce qui revient au même, il les rend tels qu'il puisse les saisir et les retenir en même temps, (leur imprimant ainsi une impulsion qu'ils lui rendent ensuite et qu'il leur renvoie encore, il leur donne un certain contenu et une certaine étendue que l'on montrera plus tard être la pluralité dans le temps et dans l'espace). Cet état est celui de l'intuition; on a déjà nommé plus haut imagination la faculté qui s'y déploie.

11. — Nous croyons que c'est précisément la circonstance qui menaçait de détruire la possibilité d'une théorie de la connaissance humaine, qui est ici la seule condition sous laquelle nous pouvons établir cette théorie. Nous ne prévoyions pas comment il nous serait possible de réunir les termes opposés absolument, et nous voyons ici qu'il ne serait pas possible d'expliquer

les événements dont notre esprit est le théâtre, sans des termes absolument opposés; de même que la faculté qui est le principe de tous ces événements, l'imagination productrice, ne serait nullement possible s'il n'y avait à réunir des termes absolument opposés, et dépassant complètement la mesure de la faculté compréhensive du moi. C'est encore une preuve que notre système est juste et qu'il explique ce qui devait être expliqué. Ce qui est supposé ne peut être expliqué que par ce que l'on trouve et ce qui est trouvé que par ce que l'on supposait. De cet état absolu d'opposition résulte tout le mécanisme de l'esprit humain, mécanisme qui ne peut être expliqué que par une opposition absolue.

12. — Une lumière complète est répandue en même temps sur une expression qui s'est déjà présentée et n'a pas encore été parfaitement expliquée, savoir : Comment l'idéalité et la réalité peuvent-elles être une seule et même chose ? Comment toutes deux ne sont-elles différentes que suivant la manière dont on les considère ?

Les termes absolument opposés (l'infini subjectif, et l'infini objectif) sont avant la synthèse quelque chose de purement pensé, et comme nous nous sommes exprimés jusqu'à présent, quelque chose de purement idéal. Devant être réunis par la faculté de penser et ne le pouvant pas, ils reçoivent de la réalité par la fluctuation de l'esprit, nommé dans cette fonction, imagination, parce qu'ils deviennent par-là capables d'être perçus par l'intuition, c'est-à-dire qu'ils reçoivent de la réalité en général; car il n'y a et ne peut y avoir réalité que par le moyen de l'intuition. Si l'on fait abstraction de cette intuition, ce que l'on peut pour la simple faculté de penser, mais non pour la conscience en général, cette réalité redevient quelque chose de purement idéal. Elle n'a d'existence qu'en vertu de la loi de la faculté de la représentation.

13. — Nous apprenons donc ici que toute réalité,— toute réalité pour nous, veux-je dire, et on ne peut l'entendre autrement dans un système de philosophie transcendantale, — n'est produite que par l'imagination. L'un des plus grands penseurs de notre temps, qui, autant que je puis en juger, enseigne la même chose, l'appelle une illusion de l'imagination. Mais toute erreur est opposée à la vérité, toute erreur doit pouvoir être évitée. Or, s'il est démontré, comme cela le sera dans le système actuel, que sur cette action de l'imagination est fondée pour nous notre conscience, notre vie, notre être, c'est-à-dire toute notre existence en tant que moi, cette action ne doit pas cesser d'être, si nous ne devons pas faire abstraction du moi, ce qui se contredit, car ce qui fait abstraction ne peut pas faire abstraction de soi-même. Par conséquent, l'imagination ne trompe pas; elle donne la vérité et la seule vérité possible. Admettre qu'elle trompe, c'est élever un scepticisme qui professe le doute de sa propre existence.

DÉDUCTION DE LA REPRÉSENTATION.

I.

Plaçons-nous bien d'abord au point où nous étions arrivés.

Un choc a lieu sur l'activité du moi qui tend vers l'infini, et dans laquelle, précisément parce qu'elle est infinie, rien ne peut être distingué, et l'activité, qui en cela ne doit être nullement anéantie, est réfléchie, repoussée au dedans, et reçoit précisément la direction inverse de celle qu'elle prenait naturellement.

Que l'on se représente l'activité qui se dirige dans l'infini, sous l'image d'une ligne droite qui va de A par B à C, etc. Elle pourrait recevoir le choc soit en-deçà, soit au-delà du point C. Mais on admet qu'elle le reçoit en C, et le principe de ce fait se trouve non dans le moi, mais dans le non-moi.

Sous la condition posée, la direction de l'activité du moi qui va de A à C est réfléchie de C à A.

Mais aussi certainement que le moi est un moi, il ne peut exister aucune influence sur lui, qu'il ne la renvoie. Rien ne peut être supprimé dans le moi, par conséquent la direction de son activité ne peut pas l'être, par conséquent l'activité réfléchie vers A, en tant qu'elle est réfléchie, doit en même temps renvoyer l'influence jusqu'à C.

Nous avons ainsi entre A et C une double direction du moi luttant avec elle-même, dans laquelle la direction de C à A peut être considérée comme une passivité, et celle de A à C, comme une activité, ne formant toutes deux qu'un seul et même état du moi.

Cet état dans lequel les directions opposées sont complètement réunies est l'activité de l'imagination, et nous avons maintenant entièrement déterminé ce que nous cherchions plus haut, une activité qui ne soit possible que par une passivité, et une passivité qui ne soit possible que par une activité.

L'activité du moi qui se trouve entre A et C est une activité résistante, mais cette activité n'est pas possible sans qu'elle ne soit réfléchie ; car toute résistance suppose quelque chose à quoi il est résisté : elle est une passivité en tant que la direction primitive de l'activité du moi est réfléchie ; mais une direction qui n'existe pas comme direction déterminée et même dans tous ses points ne peut pas être réfléchie. Ces deux directions, celle vers A et celle vers C, doivent être simultanées, et leur simultanéité résout le problème dont il s'agissait plus haut.

L'état du moi, en tant que son activité se trouve entre A et C, est une intuition ; car l'intuition est une activité qui n'est pas possible sans une passivité, et une passivité qui n'est pas possible sans une activité. L'intuition est maintenant déterminée telle qu'elle est, mais seulement pour la réflexion philosophique ; elle demeure complètement indéterminée à l'égard du sujet, comme accident du moi ; car pour qu'elle fût déterminée à cet égard, il faudrait qu'elle pût être distinguée des autres déterminations du moi, ce qui n'est pas possible encore ; elle est même indéterminée ainsi à l'égard de l'objet, car pour qu'elle fut déterminée à cet égard, il faudrait que l'objet de l'intuition fût distingué de ce qui n'est pas objet de l'intuition, ce qui est maintenant également impossible.

Il est clair que la première activité du moi, rendue à sa direction primitive, se dirige sur C ; mais en tant qu'elle se dirige sur C elle n'est pas résistante, parce que le choc n'a pas lieu en dehors de C, par conséquent elle n'est pas douée d'intuition. Donc, l'intuition et son objet sont limités en C. L'activité qui se dirige sur C n'est pas une intuition, son objet n'est pas l'objet d'une intuition : nous verrons plus tard ce qu'ils peuvent être tous deux. Nous ne voulions ici que faire observer qu'il y a quelque chose encore que nous pourrions admettre.

II.

Le moi doit avoir intuition (*intueri*); si l'agent de l'intuition (*intuens*) ne doit être réellement qu'en moi, cela signifie que le moi doit se poser comme ayant intuition, car rien n'appartient au moi, qu'autant qu'il le l'attribue.

Le moi se pose comme ayant intuition, c'est-à-dire, il se pose comme agissant dans l'intuition ; ce que cette proposition peut signifier encore se présentera naturellement dans le cours de la recherche. En tant qu'il se pose comme actif dans l'intuition, il s'oppose quelque chose qui n'est pas actif en soi, mais qui est passif.

Pour nous orienter dans cette investigation, nous avons à nous souvenir de ce qui a été dit plus haut de la réciprocité, dans la notion de la substantialité. Les deux opposés, l'activité et la passivité, ne doivent pas s'anéantir et se supprimer; ils doivent demeurer à côté l'un de l'autre, ils doivent seulement s'exclure mutuellement.

Il est clair qu'à l'agent de l'intuition comme actif (*intuenti*) doit être opposé un objet de l'intuition (*intuitum*). On demande seulement maintenant de quelle manière peut être posé cet objet de l'intuition.

Un objet d'intuition, qui doit être opposé au moi, en tant qu'agent de l'intuition, est nécessairement un non-moi, et il résulte de là d'abord qu'une action du moi, posant cet objet, n'est pas une réflexion, n'est pas une activité se dirigeant vers l'intérieur; donc, autant que nous pouvons en juger jusqu'à présent, elle est une faculté de production : l'objet de l'intuition, comme tel, est produit.

Il est évident de plus que le moi ne peut pas avoir la conscience de son activité, dans cette production de l'objet de l'intuition, activité qui n'étant pas réfléchie n'est pas attribuée au moi; elle n'est rapportée au moi que dans la réflexion philosophique que nous établissons maintenant, et qu'il nous faut toujours distinguer avec soin de la réflexion commune et nécessaire.

La faculté produisante est toujours l'imagination : donc, ce *poser* de l'objet de l'intuition a lieu au moyen de l'imagination et est lui-même une intuition.

L'intuition doit être opposée à une activité que le

moi s'attribue dans l'intuition. Il doit y avoir en même temps, dans une seule et même action, une activité de l'intuition que le moi s'attribue par le moyen de la réflexion et une autre activité qu'il ne s'attribue pas. La dernière est une simple intuition ; la première doit l'être aussi, mais elle doit être réfléchie. Comment cela arrive-t-il et qu'en résulte-t-il ?

En tant qu'activité, l'intuition se dirige vers C. Mais elle n'est purement une intuition qu'en tant qu'elle résiste à la direction opposée vers A ; si elle ne résiste pas, elle n'est pas une intuition, elle est une activité absolue.

Cette activité de l'intuition doit être réfléchie, c'est-à-dire, l'activité du moi, qui se dirige vers C (qui est toujours une seule et même activité), et même comme résistant à une direction opposée (car autrement elle ne serait pas cette activité, elle ne serait pas l'activité de l'intuition) doit être tournée vers A.

Voici la difficulté : L'activité du moi est déjà réfléchie vers A par le choc du dehors, et maintenant (car le moi doit se poser comme ayant intuition absolument parce qu'il est un moi) elle doit être réfléchie vers la même direction par une spontanéité absolue. Si ces deux directions ne sont pas distinguées, aucune intuition n'est réfléchie ; seulement il y a plusieurs fois intuition d'une seule et même manière, car l'activité est la même ; c'est une seule et même activité du moi et la direction est la même de C vers A. Donc, si la réflexion demandée est possible, elles doivent pouvoir être distinguées) ; et avant d'aller plus loin nous avons à résoudre ce problème : Comment et par quoi sont-elles distinguées ?

III.

Déterminons ce problème plus rigoureusement. On peut apercevoir d'avance, avant tout examen, comment la première direction de l'activité du moi vers A peut être distinguée de la seconde même direction ; car la première est réfléchie par un simple choc du dehors ; la seconde est réfléchie par une spontanéité absolue. Nous pouvons l'apercevoir, du terrain de la réflexion philosophique sur lequel nous nous sommes volontairement placés dès le commencement de l'investigation. Mais il s'agit de démontrer cette supposition pour la possibilité de toute réflexion philosophique ; il s'agit de démontrer comment l'esprit humain arrive à cette distinction entre la réflexion d'une activité extérieure, et celle d'une activité intérieure. C'est cette distinction qui doit être déduite comme fait et démontrée par cette déduction.

Le moi doit être défini par le prédicat d'agent d'intuition (*intuens*) et être distingué par-là d'un objet d'intuition (*intuitum*). Tel est le postulat d'où nous sommes partis, et nous ne pouvions partir d'aucun autre. Le moi, comme sujet de l'intuition, doit être opposé à ce qui en est l'objet, et être distingué ainsi du non-moi. Évidemment nous n'avons pas dans cette recherche de terrain solide et nous tournons dans un cercle éternel, si l'intuition en soi et comme telle n'est pas fixée. Il faut donc commencer par définir le rapport du moi et celui du non-moi à l'intuition, et la solution du problème donné plus haut dépend de la possibilité de fixer l'intuition elle-même et comme telle.

Ce dernier problème est le même que celui par lequel il était demandé que l'on fit distinguer la première direction vers A de la seconde. Une fois l'intuition fixée, la première direction vers A est contenue en elle, et avant l'action réciproque et la suppression mutuelle, on peut regarder sans crainte comme réfléchie vers A, non la première direction, mais l'intuition en général.

Pour que l'intuition puisse être conçue comme une seule et même chose, il faut qu'elle soit fixée; mais l'intuition, comme action, n'est rien d'arrêté; elle est une fluctuation de l'imagination entre des directions qui luttent entr'elles. Elle doit être fixée, cela signifie : l'imagination ne doit pas flotter plus long-temps, ce qui détruirait l'intuition; mais cela ne doit pas être; par conséquent, doit demeurer ce produit de l'état d'intuition, la trace des directions opposées, qui n'est aucune d'elles, mais qui participe de toutes deux à la fois.

Dans cette fixation de l'intuition, qui devient par là une intuition, il y a trois choses : Premièrement l'action de fixer; — cette action est fournie à la réflexion par la spontanéité; elle est produite, comme on le montrera bientôt, par cette spontanéité de la réflexion elle-même, par conséquent l'action de fixer appartient à la faculté qui pose absolument dans le moi, ou à la raison. —Ensuite le déterminé, ou ce qui devient déterminé, et c'est l'imagination en tant qu'une limite est posée à son activité.— Enfin, ce qui résulte de la détermination, le produit de l'imagination dans sa fluctuation. Il est évident que si la fixation demandée est possible, il doit y avoir une faculté qui l'opère ; cette faculté n'est ni la raison qui détermine, ni l'imagination qui produit, c'est par conséquent une faculté intermédiaire entr'elles, c'est la faculté en laquelle réside ce qui peut être déterminé, ce qui peut être entendu, et qui est justement nommée, pour ce motif, entendement.

L'entendement n'existe qu'en tant qu'il y a en lui quelque chose d'arrêté ; et tout ce qui est fixé ne l'est que dans l'entendement. On peut définir l'entendement l'imagination fixée par la raison, ou la raison pourvue d'objets par l'imagination. L'entendement est une faculté de l'esprit, en repos, inactive, qui ne fait que retenir ce qui est produit par l'imagination, ce qui est ou doit être déterminé par la raison, ce qui peut avoir été rapporté de ses actions.

Il n'y a de la réalité que dans l'entendement. Il est la faculté du réel. L'idéal devient réel en lui (de là le mot *entendre* exprime un rapport à quelque chose qui doit nous arriver du dehors, sans notre participation). L'imagination produit la réalité ; mais il n'y a aucune réalité en elle. Ce n'est que par la perception et la compréhension dans l'entendement que le produit devient quelque chose de réel. Nous accordons de la réalité non pas à ce qui se présente à notre conscience comme un produit de l'imagination ; mais bien à ce que nous trouvons compris dans l'entendement, auquel nous attribuons non la faculté de produire, mais celle de retenir.

Il sera démontré que dans la réflexion, en vertu de ses lois, on ne peut retourner que jusqu'à l'entendement et que l'on y trouve alors quelque chose de donné comme matière de la réflexion à la réflexion elle-même. Mais on n'a pas conscience de la manière dont cela arrive dans l'entendement. De là l'inébranlable conviction que nous avons de la réalité des choses, existant hors de nous et sans notre consentement, parce que nous n'avons pas conscience de la faculté de leur production. Si dans la réflexion commune, de même que dans la réflexion philosophique, nous avions conscience, qu'elles ne sont amenées à l'entendement que par l'imagination, nous expliquerions tout comme illusion, et nous aurions tort de cette manière comme de l'autre.

IV.

Reprenons le fil de notre raisonnement; nous l'avons laissé tomber, parce qu'il était impossible de le suivre.

Le moi réfléchit son activité qui dans l'intuition se dirige vers C, comme résistant à une direction opposée de C en A. D'après le principe énoncé ci-dessus, elle ne peut être réfléchie comme une activité allant au dehors, car ce serait alors l'activité tout entière infinie du moi, qui ne peut être réfléchie, et non l'activité qui se présente dans l'intuition. La réflexion est exigée cependant : elle doit être réfléchie par conséquent comme une activité allant jusqu'à C, comme déterminée et limitée en C; ce qui serait le premier cas.

En C, l'activité intuitive du moi est donc limitée par l'activité qui agit dans la réflexion. Mais comme cette activité n'est que réfléchissante, comme elle n'est pas réfléchie elle-même (hormis dans notre réflexion philosophique actuelle) la limitation en C est opposée au moi et attribuée au non-moi. Sur C, dans l'infini, un produit, déterminé de l'imagination produisant absolument, est posé par une intuition obscure, irréfléchie et n'arrivant pas à la conscience déterminée, ce qui limite la faculté de l'intuition réfléchie précisément d'après la règle, que par son premier principe, le premier produit indéterminé serait posé en général ; ce qui serait le second cas. Ce produit est le non-moi par l'opposition duquel le moi est déterminé, ce qui rend possible le sujet logique de la proposition : Le moi a intuition (*intuens est*).

L'activité du moi qui a intuition ainsi déterminée est, quant à sa détermination du moins, fixée et comprise dans l'entendement ; car sans cela, les activités contraires du moi se croiseraient, s'anéantiraient l'une l'autre mutuellement.

Cette activité va de A à C et doit être saisie dans cette direction, mais par une activité réfléchissante du moi qui aille par conséquent de C vers A. Il est évident que dans cette compréhension se présentent des directions opposées, de sorte donc que cette compréhension a lieu au moyen de la faculté de l'opposition, l'imagination, et doit être par conséquent une intuition, ce qui serait le troisième cas. Dans sa fonction actuelle, l'imagination ne produit pas, mais (pour le poser dans l'entendement et non pour le retenir) embrasse seulement ce qui a été produit et ce qui a été conçu dans l'entendement, et pour ce motif, est nommée reproductive.

L'agent de l'intuition, en cette qualité, c'est-à-dire

déterminé comme activité, doit avoir une activité opposée qui n'est pas celle-là et en diffère. Mais l'activité est toujours activité, et jusqu'à présent on ne peut rien distinguer en elle que sa direction. Or, cette direction opposée est la direction de C vers A, qui a son origine dans une réflexion du dehors, et qui a été retenue dans l'entendement; ce qui serait le quatrième cas. En tant que ce qui existe dans l'acte d'intuition doit être déterminé, cette direction opposée doit elle-même être objet d'intuition, et ainsi il existe en même temps que la détermination de l'agent de l'intuition, une intuition de l'objet, mais qui n'est pas réfléchie. Or, pour être opposé à l'agent de l'intuition, l'objet de l'intuition doit être déterminé comme tel, ce qui ne peut se faire que par la réflexion; seulement la question est de savoir laquelle des activités, dont la direction est extérieure, doit être réfléchie, car une activité allant au dehors doit être réfléchie. Mais l'activité qui dans l'acte d'intuition va de A vers C donne l'intuition de l'agent de l'intuition.

Il a été avancé plus haut que pour que la limitation ait lieu en C, il faut que l'activité produisante du moi dépasse C, dans l'indéterminé. Cette activité est réfléchie de l'infini au-delà de C vers A; mais de C vers A se trouve la première direction qui a laissé sa trace dans l'entendement comme résistant dans l'intuition à l'activité propre du moi de A vers C, et relativement à laquelle cette activité opposée doit être appropriée à l'opposé du moi, c'est-à-dire au non-moi, ce qui serait le cinquième cas.

Cette activité aperçue dans l'intuition doit être déterminée comme telle et même comme objet de l'intuition opposée à l'agent de l'intuition, donc par quelque chose qui n'est pas objet de l'intuition et qui est pourtant un non-moi. Mais cette activité se trouve au-delà de C comme produit absolu de l'activité du moi; entre C et A se trouve l'objet de l'intuition, qui d'après sa détermination dans l'entendement est embrassé comme quelque chose de réel, ce qui serait le sixième cas.

Ils sont à l'égard l'un de l'autre, comme l'activité et la passivité (réalité et négation) et sont donc réunis par la détermination réciproque. Pas d'objet d'intuition, pas d'agent d'intuition, et réciproquement. Au contraire, si un objet d'intuition est posé et en tant qu'il l'est, un agent d'intuition est posé et réciproquement.

Tous deux doivent être déterminés; car le moi doit se poser comme agent d'intuition et s'opposer à cet égard au non-moi. Mais pour cela il faut un fondement solide de distinction entre l'agent et l'objet de l'intuition, et ce ne peut pas être la détermination réciproque, comme l'a prouvé la discussion ci-dessus.

L'un étant déterminé ensuite, l'autre l'est par celui-là, précisément parce qu'ils sont en détermination réciproque. Cependant l'un des deux, d'après le même principe, doit être déterminé par soi-même et non par l'autre, parce que nous ne sortons pas d'ailleurs du cercle de la détermination réciproque.

V.

L'agent de l'intuition en soi, c'est-à-dire comme activité, est déjà déterminé par cela même qu'il se trouve en détermination réciproque; c'est une activité à laquelle, dans le terme opposé, correspond une passivité: c'est une activité objective. Une activité de cette nature est déterminée par une activité non objective, et par conséquent une activité pure, qui est activité en général et absolument.

Toutes deux sont opposées; elles doivent être toutes deux synthétiquement réunies, c'est-à-dire mutuellement déterminées l'une par l'autre: 1° l'activité objective par l'activité absolue. L'activité en général est la condition de l'activité objective; elle est son fondement réel; 2° l'activité en général ne doit pas être déterminée par l'activité objective, si ce n'est par son opposée, la passivité; par conséquent l'activité en général est déterminée par un objet de l'activité et par conséquent par une activité objective. L'activité objective est le principe de détermination ou le principe idéal de l'activité en général; 3° toutes deux se déterminent mutuellement l'une l'autre, c'est-à-dire la limite doit être posée entr'elles; c'est le passage de l'activité pure à l'activité objective et réciproquement; c'est à cette condition que l'on peut réfléchir sur elle ou en faire abstraction.

Cette condition comme telle, c'est-à-dire comme limite de l'activité pure et de l'activité objective, est aperçue par l'imagination, et fixée par l'entendement, de la manière qui a été décrite.

L'intuition est l'activité objective sous une certaine condition. Inconditionnelle, elle ne serait pas l'activité objective, elle serait l'activité pure.

En vertu de la réciprocité de détermination, l'objet

de l'intuition n'est aperçu que sous une certaine condition; en dehors de cette condition, il ne serait pas objet d'intuition, il serait une chose posée absolument, une chose en soi, il serait une passivité absolue, comme contraire d'une activité absolue.

VI.

L'intuition est quelque chose de conditionnel aussi bien pour l'agent que pour l'objet de l'intuition; on ne doit donc pas encore les distinguer suffisamment par ce caractère; nous avons à les détermner davantage. Cherchons à déterminer la condition de l'intuition pour tous deux, s'ils peuvent être distingués par elle.

L'activité absolue devient objective conditionnellement, c'est-à-dire évidemment, l'activité absolue est supprimée comme telle, et il y a à son égard une passivité. Donc la condition de toute activité objective est une passivité.

Cette passivité doit être aperçue intuitivement. Mais une passivité ne peut être aperçue autrement que comme l'impossibilité d'une activité contraire, que comme un sentiment de contrainte à une action déterminée, ce qui est possible à l'imagination; mais cette contrainte est fixée dans l'entendement comme une nécessité.

Le contraire de cette activité conditionnelle à une passivité, est une activité libre, aperçue par l'imagination comme une fluctuation de l'imagination entre la réalisation, ou la non-réalisation d'une action, entre la conception, ou la non-conception d'un objet dans l'entendement, activité conçue dans l'entendement comme une simple possibilité.

Ces deux sortes d'activité, qui sont opposées en soi sont synthétiquement réunies. 1. La contrainte est déterminée par la liberté; l'activité libre se détermine elle-même pour un acte déterminé (affection de soi-même). 2. La liberté est déterminée par la contrainte; c'est seulement sous la condition d'une détermination déjà existante; en vertu d'une passivité que l'activité se détermine de soi-même, toujours libre encore dans cette détermination, à un acte déterminé; (la spontanéité ne peut réfléchir qu'à la condition d'une réflexion survenue par un choc du dehors; mais elle ne doit pas réfléchir sans cette condition). 3. Toutes deux se déterminent mutuellement dans l'intuition. La réciprocité d'action dans l'agent de l'intuition, de l'affection de soi-même, et d'une affection extérieure, est la condition à laquelle l'agent de l'intuition est tel.

L'objet de l'intuition est donc en même temps déterminé par là : La chose en soi est l'objet de l'intuition sous condition d'une réciprocité d'action. En tant que l'agent de l'intuition est actif, l'objet est passif; et en tant que l'objet de l'intuition, qui, à cet égard est une chose en soi, est actif, l'agent de l'intuition est passif. De plus, en tant que l'agent de l'intuition est actif, il n'est pas passif, et réciproquement; il en est de même de l'objet de l'intuition. Mais cela ne donne aucune détermination solide, nous ne sortons pas par là de notre cercle. Il faut par conséquent déterminer davantage. Nous devons chercher la part de l'un des deux dans la réciprocité d'action par soi-même indiquée.

VII.

A l'activité de l'agent de l'intuition à laquelle correspond une passivité dans l'objet, et qui est comprise par conséquent dans cette action réciproque, est opposée une activité à laquelle ne correspond pas une passivité dans l'objet, qui se dirige, par conséquent, sur l'agent de l'intuition lui-même (l'activité qui agit dans l'affection de soi-même). La première devrait donc être déterminée par celle-ci.

Cette activité déterminante devrait être aperçue par l'imagination suivant les manières qui ont été exposées jusqu'ici.

Il est évident que l'activité objective de l'agent de l'intuition ne peut avoir aucun autre principe que l'activité de la détermination de soi-même. Si cette dernière pouvait être déterminée, la première le serait, et avec elle l'accidentel de l'agent de l'intuition dans l'action réciproque, de même que par celui-ci l'accidentel de l'objet de l'intuition serait déterminé.

Les deux modes d'activité doivent se déterminer mutuellement ; premièrement, l'activité qui se réfléchit en soi-même doit déterminer l'activité objective, comme on vient de l'indiquer ; secondement, l'objective doit déterminer celle qui revient en soi-même. Ce qui vaut pour l'activité objective, a autant de valeur pour l'activité se déterminant soi-même pour la détermination de l'objet. Mais l'activité objective peut être déterminée par la détermination de l'objet ; il en est donc de même pour l'activité qui se présente par elle dans la détermination de soi-même. Troisièmement, les deux activités se trouvent donc en détermination réciproque, comme il a été maintenant prouvé, et nous n'avons cependant aucun point solide pour la détermination.

L'activité de l'objet de l'intuition, en tant qu'elle se dirige sur l'agent de l'intuition dans l'action réciproque, est déterminée par une activité qui revient en soi-même, par laquelle se détermine l'influence exercée sur l'agent de l'intuition.

D'après l'argumentation de ci-dessus, l'activité est pour la détermination de soi-même, la détermination d'un produit de l'imagination fixé dans l'entendement par la raison, et par conséquent une pensée. L'agent de l'intuition se détermine soi-même à penser un objet.

En tant que l'objet est déterminé par l'acte de penser, il est une pensée.

Il vient d'être déterminé ainsi comme se déterminant soi-même à exercer une influence sur l'agent de l'intuition.

Cette détermination n'est devenue possible que parce qu'une passivité devait être déterminée dans l'agent de l'intuition opposé. Pas de passivité dans l'agent de l'intuition, pas d'activité primitive dans l'objet et retournant en soi-même comme activité pensée. Pas d'activité semblable dans l'objet, pas d'activité dans l'agent de l'intuition. Mais d'après ce qui a été déjà exposé, cette détermination est la détermination par causalité. L'objet est considéré comme cause d'une passivité dans l'agent de l'intuition regardée comme son effet. L'activité intérieure de l'objet en vertu de laquelle il se détermine à la causalité, est une simple pensée, (un noumène) si, comme on le doit, on donne par l'imagination un substract à cette activité.

VIII.

L'activité d'une détermination de soi-même pour la détermination d'un objet déterminé, doit être déterminée davantage ; car nous n'avons encore aucun point solide. Elle est déterminée par cette activité de l'agent de l'intuition qui ne détermine pas un objet comme objet déterminé ($=A$); qui ne se dirige pas sur un objet déterminé, (qui ne se dirige donc que sur l'objet en général comme pur objet). Cette activité devrait par la détermination de soi-même se donner pour objet A ou — A ; elle serait donc à l'égard de A ou de — A complètement indéterminée ou libre; elle serait libre de réfléchir sur A ou d'en faire abstraction.

Cette activité doit être aperçue d'abord par l'imagination; mais flottant entre les opposés, entre la conception ou la non-conception de A, elle doit être considérée comme imagination, c'est-à-dire comme libre de flotter de l'une à l'autre, (ou également si on a en vue une loi dont nous n'avons encore rien ici, comme une consultation de l'esprit avec lui-même). Cependant, A ou — A devant être conçu par cette activité, (A posé comme pouvant être réfléchi ou comme tel qu'on en puisse faire abstraction), elle doit être considérée à cet égard comme entendement. La réunion par une intuition nouvelle de A et — A dans l'entendement se nomme jugement. Le jugement est la faculté libre jusqu'à présent de réfléchir sur les objets déjà posés dans l'entendement, ou d'en faire abstraction et de les poser dans l'entendement avec plus de détermination, suivant la mesure de cette réflexion ou de cette abstraction.

Ces deux facultés, l'entendement pur et le jugement, doivent se déterminer mutuellement. 1. L'entendement doit déterminer le jugement. Il contient déjà en soi les objets dont ce dernier fait abstraction ou qu'il réfléchit, et il est ainsi la condition de la possibilité d'un jugement en général. 2. Le jugement doit déterminer l'entendement. Il détermine l'objet en général comme objet; sans lui, il n'y a pas de réflexion; sans lui, par conséquent, il n'y a rien de fixé dans l'entendement qui est posé d'abord par la réflexion; donc pas de réflexion, pas d'entendement; le jugement est ainsi la condition de la possibilité de l'entendement et tous deux se déterminent mutuellement. Rien dans l'entendement, pas de jugement; pas de jugement, rien dans l'entendement pour l'entendement, pas de pensée de l'objet pensé

En vertu de la détermination réciproque, l'objet est déterminé ainsi : L'objet pensé comme objet de la faculté de penser, à cet égard donc comme passif, est déterminé par un objet non pensé, par conséquent par une chose qu'il est simplement possible de penser (qui doit avoir en soi le principe en vertu duquel elle peut être pensée; principe qui ne doit pas se trouver dans l'être pensant : à cet égard, cette chose est donc active, et l'être pensant passif). Les deux objets, celui qui est pensé et celui qui pourrait l'être, sont déterminés mutuellement l'un par l'autre. Tout objet pensé peut être pensé ; tout objet qui peut être pensé, est pensé à ce titre, et il ne peut être pensé qu'autant qu'il est pensé comme tel. Pas d'objet pensé, pas d'objet qui puisse être pensé, et réciproquement. Ce qui peut être pensé et la faculté d'être pensé sont un simple objet du jugement.

Il n'y a que ce qui est jugé comme pouvant être pensé, qui puisse être pensé comme cause de l'intuition.

L'être pensant doit se déterminer à penser quelque chose comme pouvant être pensé, et à cet égard ce qui peut être pensé serait passif ; mais, au contraire, ce qui peut être pensé doit avoir en soi le principe de détermination qui fait qu'il peut être pensé ; et à cet égard l'être pensant serait passif. Cela donne une action réciproque entre l'être pensant et l'objet pensé dans la pensée, et par conséquent est un point solide de détermination. Il nous faut déterminer encore davantage l'être jugeant.

IX.

L'activité qui détermine en général un objet est déterminée par une activité qui n'a pas d'objet, par une activité non objective opposée à l'objective. Il s'agit seulement de savoir comment cette activité peut être posée et opposée à l'objective.

De même qu'a été déduite la possibilité de faire abstraction de tout objet déterminé = A, ici est demandée la possibilité de faire abstraction de tout objet en général. Il doit exister une semblable faculté d'abstraction absolue, si la détermination demandée doit être possible, et il faut qu'elle le soit, si une conscience du moi et une conscience de la représentation doivent être possibles.

Cette faculté devrait d'abord pouvoir être aperçue. En vertu de son essence, l'imagination flotte entre l'objet et le non-objet; elle est fixée comme n'ayant aucun objet. C'est-à-dire, l'imagination (réfléchie) est entièrement anéantie, et cette annulation, cet anéantissement de l'imagination est aperçu par l'imagination (non réfléchie, et ainsi n'arrivant pas à la conscience claire). (La représentation obscure existant en nous, si nous faisons abstraction, afin de rendre la pensée, pure de tout mélange de l'imagination, est cette intuition qui se présente souvent à l'esprit du penseur). Le produit d'une pareille intuition (non réfléchie) devrait être fixé dans l'entendement; mais il ne doit rien être, il ne doit pas être un objet; il ne peut donc pas être fixé. (La représentation obscure de la pensée d'un simple rapport sans ses termes.) Il ne reste donc rien que la simple règle de la raison, la règle de faire abstraction, la simple loi d'une détermination qui ne doit jamais être réalisée (par l'imagination et l'entendement pour une conscience nette), et cette faculté absolue d'abstraction est par conséquent la raison.

Si tout objectif est supprimé, il reste du moi ce qui se détermine soi-même et ce qui est déterminé par soi-même, le moi et le sujet. Le sujet et l'objet sont déterminés l'un par l'autre, de sorte que l'un est exclu absolument par l'autre. Si le moi ne détermine que soi-même, il ne détermine rien hors de soi ; et s'il détermine quelque chose hors de soi, il ne se détermine pas seulement soi-même. Mais le moi est maintenant déterminé, comme ce qui reste après la disparution de tout objet par la faculté d'abstraction absolue; et le non-moi comme ce dont il peut être fait abstraction par cette faculté d'abstraction. Nous avons donc maintenant un point solide de distinction entre l'objet et le sujet. C'est donc là la cause vraisemblable et qui ne saurait maintenant être méconnue, quant à sa signification, de toute conscience de soi-même. Tout ce dont je puis faire abstraction, tout ce que je peux éliminer par la pensée (non tout à la fois mais en faisant abstraction plus tard de ce que je laisse maintenant, et en laissant alors ce dont je fais abstraction maintenant), n'est pas mon moi, et je l'oppose à mon moi uniquement parce que je le considère comme tel que je puisse l'éliminer par la pensée. Plus un individu déterminé peut éliminer par la pensée, plus la conscience empirique de soi-même s'approche de la conscience pure : depuis l'enfant qui quitte pour la première fois son berceau, et apprend à le distinguer de soi-même, jusqu'au philosophe populaire qui admet encore des images matérielles d'idées et s'inquiète de la place de l'âme, et enfin jusqu'au philosophe transcendantal qui conçoit, et se prouve du moins, la loi de concevoir un pur moi.

X.

Cette activité qui détermine le moi par l'abstraction de tout ce dont on peut faire abstraction devrait à son tour être déterminée elle-même. Mais comme dans ce dont je ne puis pas faire abstraction et où je ne peux faire abstraction de rien (c'est ainsi que le moi est jugé comme simple), rien ne peut être déterminé davantage, elle ne pourrait être déterminée que par une activité qui ne déterminerait absolument pas, et ce qui serait déterminé par elle pourrait être déterminé par un absolument indéterminé.

Une faculté semblable de l'absolument indéterminé, comme condition de tout déterminé, a été démontrée dans l'imagination par les déductions précédentes ; mais elle ne peut être élevée à la conscience, parce qu'elle devrait alors être réfléchie, par conséquent déterminée pour l'entendement, et qu'elle ne demeurerait donc pas indéterminée et infinie.

Le moi dans la détermination de soi-même a été considéré comme déterminant et déterminé : si en vertu de la détermination présente et suprême on réfléchit là-dessus, que ce qui est déterminé et détermine absolument doit être un absolument indéterminé, et de plus que le moi et le non-moi sont absolument opposés, on reconnaîtra, si le moi est considéré comme déterminé, que le non-moi est l'indéterminé déterminant ; et au contraire, si le moi est considéré comme déterminant, qu'il est lui-même l'indéterminé et que c'est le non-moi qui est déterminé par lui. De là s'élève la lutte suivante.

Si le moi réfléchit sur soi-même et se détermine par-là, le non-moi est infini et illimité. Si, au contraire, le moi réfléchit sur le non-moi en général (sur l'univers) et le détermine par-là, il est lui-même infini. Dans la représentation, le moi et le non-moi se trouvent donc en action réciproque : si l'un est fini, l'autre est infini, et réciproquement. Mais l'un des deux est toujours infini ; c'est le principe des antinomies de Kant.

XI.

Si, dans une réflexion plus élevée encore, on réfléchit que le moi est l'absolument déterminant, par conséquent qu'il est ce que la réflexion ci-dessus de laquelle dépend la lutte détermine absolument, dans ce cas, le non-moi est quelque chose de déterminé par le moi; qu'il soit expressément déterminé pour la réflexion ou qu'il soit laissé indéterminé pour la détermination du moi par soi-même dans la réflexion, et qu'ainsi le moi, qu'il soit fini ou infini, ne se trouve en réciprocité d'action qu'avec soi-même, réciprocité d'action, dans laquelle le moi est parfaitement réuni avec soi-même, et au-dessus de laquelle ne s'élève aucune philosophie théorique.

TROISIÈME PARTIE.

PRINCIPES DE LA CONNAISSANCE PRATIQUE.

§ 5. — *Second théorème.*

Dans la proposition, qui résultait des trois propositions fondamentales de la science de la connaissance : Le moi et le non-moi se déterminent mutuellement; se trouvaient les deux suivantes, l'une : Le moi se pose comme déterminé par le non-moi, que nous avons discutée et à l'égard de laquelle nous avons indiqué les faits qui devaient lui correspondre dans notre esprit; l'autre : Le moi se pose comme déterminant le non-moi.

Au commencement du § précédent, nous ne pouvions savoir encore s'il nous serait jamais possible d'assurer une signification à la dernière proposition, puisqu'en elle est supposée la déterminabilité, et par conséquent la réalité du non-moi, à l'admission desquelles nous n'avons désigné encore aucun fondement. Mais maintenant, par le postulat et sous la supposition de ce fait, est demandée en même temps la réalité d'un non-moi, — pour le moi, bien entendu, la science entière de la connaissance, comme connaissance transcendantale, ne pouvant ni devant aller au-delà du moi — et la difficulté qui nous empêchait d'admettre la seconde proposition a disparu. Si un non-moi a de la réalité pour le moi, et si, ce qui est la même chose, le moi le pose comme réel, ce dont la possibilité ainsi que la méthode a été démontrée, le moi, si les autres déterminations de la proposition sont convenables, comme nous ne pouvons le savoir encore, peut se poser comme déterminant (limitant) cette réalité posée.

Dans la discussion de la proposition énoncée : Le moi se pose comme déterminant le non-moi, nous pourrions procéder précisément comme nous avons fait dans la discussion de la proposition précédente : Le moi se pose comme déterminé par le non-moi. Il y a dans cette proposition, comme dans l'autre, plusieurs oppositions; nous pourrions tenter de les concilier synthétiquement, de concilier synthétiquement les notions élevées par cette synthèse, si elles devaient être opposées, etc. Et nous épuiserions complètement et sûrement notre proposition, d'après une méthode simple et fondamentale. Mais il y a une manière plus courte et non moins complète de les discuter.

Il y a dans cette proposition une antithèse capitale, qui comprend toute la lutte entre le moi comme intelligence et à cet égard limité, et le moi comme essence posée absolument et par conséquent illimitée; et nous sommes forcés d'admettre comme moyen de réunion une faculté pratique du moi. Nous examinerons d'abord cette antithèse et nous essayerons d'en concilier les termes; les autres antithèses se découvriront alors d'elles-mêmes et seront plus faciles à concilier.

I.

Prenons pour examiner cette antithèse la voie la plus courte, par laquelle en même temps, d'un point de vue plus élevé, la proposition capitale de toute science de la connaissance pratique : Le moi se pose comme déterminant le non-moi, a été démontrée comme acceptable et tenue dès le principe d'une valeur supérieure comme purement problématique.

Le moi est moi; il est inconditionnellement un seul et même moi en vertu de l'acte par lequel il se pose soi-même (§ 1.).

En tant qu'il représente, ou qu'il est intelligence, le moi est comme tel une faculté de représentation soumise à des lois nécessaires. Mais à cet égard, il n'est pas un avec le moi absolu, posé absolument par soi-même.

Car, comme intelligence, en tant qu'il est déjà moi, le moi est déterminé par soi-même quant à sa détermination particulière au-dedans de cette sphère. A cet égard, il n'y a rien en lui que ce qu'il y pose, et dans notre théorie, nous avons expressément condamné l'opinion d'après laquelle il arriverait au moi quelque chose, en présence de quoi il se comportât d'une manière purement passive. Mais cette sphère en elle-même, considérée en soi, lui est posée non par lui-même, mais par quelque chose en dehors de lui. Le mode de représentation en général est déterminé par le moi. Mais que le moi soit représentant, ce n'est pas le moi qui le détermine, c'est, comme nous l'avons vu, quelque chose en dehors du moi. Nous ne pourrions concevoir la représentation, en général, d'aucune autre manière que par la supposition d'un choc contre l'activité du moi qui s'échappe dans l'indéterminé et l'infini. Comme intelligence en général, le moi dépend donc d'un non-moi indéterminé et jusqu'à présent complètement indéterminable et ce n'est que par le moyen de ce non-moi qu'il est intelligence [1].

Mais le moi doit être absolument posé par lui-même, quant à toutes ses déterminations; et par conséquent doit être complètement indépendant de tout non-moi possible.

Le moi *absolu* et le moi *intelligent* (s'il est permis de s'exprimer ainsi, comme s'ils formaient deux mois, tandis qu'ils doivent cependant n'en former qu'un seul) ne sont pas un seul et même moi; mais ils sont opposés l'un à l'autre, ce qui contredit l'identité absolue du moi.

Cette contradiction doit être détruite et ne peut l'être que de la manière suivante : L'intelligence du moi, cause de la contradiction, ne peut être supprimée sans

---

[1] Je félicite le lecteur qui pressent le sens profond et les conséquences étendues de cette proposition; qu'il les poursuive d'après sa méthode. Une essence finie, n'est finie que comme intelligence ; la législation pratique qui doit lui être commune avec cet infini ne peut dépendre de rien hors d'elle.

Que ceux aussi qui sont habiles à pressentir le plus léger athéisme, dans un système complètement nouveau qu'ils sont incapables d'étudier, se contentent de cette explication et voient ce qu'ils en peuvent tirer.

que le moi ne tombe dans une nouvelle contradiction avec soi-même, car un moi étant posé et un non-moi lui étant opposé en vertu de toute la science de la connaissance théorique, une faculté de représentation est posée avec toutes ses déterminations. En tant qu'il est déjà posé comme intelligence, le moi n'est aussi déterminé que par soi-même, comme nous venons de le rappeler et comme nous l'avons démontré dans la partie théorique. Mais la dépendance du moi comme intelligence doit être détruite, et cela ne peut se concevoir qu'à la condition que le moi détermine ce non-moi jusqu'à présent inconnu auquel est attribué le choc au moyen duquel le moi arrive à l'intelligence. De cette manière, le non-moi devant être représenté, serait au moyen de cette détermination, déterminé immédiatement par le moi absolu, et médiatement par le moi représentant; le moi ne dépendrait que de lui-même, en d'autres termes il serait complètement déterminé par lui-même ; il serait ce qu'il se pose et absolument rien de plus, et la contradiction serait alors résolue d'une manière satisfaisante. Nous aurions démontré complètement ainsi la seconde moitié de notre proposition fondamentale : Le moi détermine le non-moi (c'est-à-dire le moi est le déterminant, le non-moi est ce qui est déterminé.)

Comme intelligence, le moi se trouvait en rapport de causalité avec le non-moi auquel il faut attribuer le choc demandé. Il agissait comme cause sur le non-moi, car le rapport de causalité consiste en ce que, en vertu de la limitation de l'activité dans l'un des termes (ou en vertu d'une quantité de passivité posée en lui), une quantité d'activité égale à l'activité supprimée est posée dans le terme opposé, d'après la loi de la détermination réciproque. Mais si le moi doit être intelligence, une partie de son activité s'échappant dans l'infini doit être supprimée, qui est posée alors, d'après la loi indiquée, dans le non-moi. Mais le moi absolu n'étant capable d'aucune passivité, et devant être activité absolue et rien qu'activité, il devait être admis, comme on vient de le prouver, que ce non-moi demandé est déterminé, par conséquent passif. Et l'activité opposée à cette passivité devait être posée dans ce qui lui est opposé dans le moi, non dans le moi intelligent parce qu'il est déterminé par ce non-moi, mais dans le moi absolu. Or, ce rapport, comme cela est admis ainsi, est le rapport de causalité. Le moi absolu doit donc être cause du non-moi, en tant que celui-là est le fondement suprême de toute représentation, et que celui-ci est l'effet produit.

1. — Le moi est absolument actif, il n'est qu'actif, telle est la supposition absolue de cette supposition ; il résulte d'abord une passivité du non-moi, en tant que celui-ci doit déterminer le moi comme intelligence. L'activité opposée à cette passivité est posée dans le moi absolu comme activité déterminée, précisément comme l'activité par laquelle le non-moi est déterminé ; — par conséquent de l'activité absolue du moi résulte une activité déterminée du même moi.

2. — Tout ce qui vient d'être rappelé sert à éclaircir davantage la déduction ci-dessus. La représentation en général (non ses déterminations particulières) est un effet produit par le non-moi. Mais il ne peut y avoir aucun effet produit dans le moi. Car le moi est ce qu'il

se pose, et il n'y a rien en lui de ce qu'il n'y pose pas. Ce non-moi doit être par conséquent un effet du moi et même du moi absolu. Nous n'aurions donc ainsi aucune influence extérieure sur le moi ; nous n'aurions qu'une action du moi sur lui-même, action indirecte, dont les fondements ne sont pas encore connus, mais seront signalés plus tard.

Le moi absolu doit donc être cause du non-moi en soi et pour soi, c'est-à-dire uniquement de ce qui reste du non-moi, après avoir fait abstraction de toutes les formes démontrables de la représentation de ce à quoi est attribué le choc contre l'activité du moi qui tend à l'infini; car il est prouvé dans la science de la connaissance théorique que le moi intelligent, d'après les règles nécessaires de la représentation elle-même, est cause des déterminations particulières de la représentation.

De la même manière, c'est-à-dire par le *poser* absolu, le moi ne peut pas être cause du non-moi : le moi se pose absolument soi-même, et sans aucun autre fondement, et il doit se poser s'il doit poser quelque autre chose; car ce qui n'est pas ne peut rien poser ; mais le moi est absolument pour le moi, et purement par le fait propre qu'il se pose soi-même.

Le moi ne peut pas poser le non-moi sans se limiter; car le non-moi est complètement opposé au moi ; ce qui est le non-moi n'est pas le moi. En tant donc que le non-moi est posé, le moi n'est pas posé. Si le non-moi était posé sans aucune quantité comme illimité et infini, le moi ne serait pas posé, la réalité serait complètement anéantie, ce qui contredit ce qui précède; par conséquent, il doit être posé en quantité déterminée, et la réalité du moi doit être limitée par la quantité posée de la réalité du non-moi. Les expressions poser un non-moi et limiter le moi sont complètement équivalentes, comme cela a été démontré dans la science de la connaissance théorique.

Or, dans notre supposition, le moi ne devait pas poser absolument un non-moi, sans aucun fondement; c'est-à-dire, il ne devait pas se poser absolument en partie et se limiter sans aucun fondement. Il devait donc avoir en soi-même le fondement de ne pas se poser; il devait y avoir en lui le principe de se poser, et le principe de ne pas se poser; par conséquent, dans son essence, il serait opposé à soi-même et en lutte avec soi-même; il y aurait en lui un double principe opposé, assertion qui se détruit elle-même, car il n'y aurait alors en lui aucun principe; le moi ne serait rien, car il se supprimerait lui-même.

Nous sommes arrivés ici à un point d'où nous pouvons présenter plus clairement le vrai sens de notre seconde proposition fondamentale : Un non-moi est opposé au moi; et par ce moyen mieux exposer que nous ne l'avons pu jusqu'à présent, le vrai sens de toute la science de la connaissance théorique.

Dans la seconde proposition fondamentale, il y a une chose absolue ; mais une chose suppose un fait qui ne peut se prouver *à priori*, qui ne peut se prouver que dans la propre expérience de chacun.

Or, il doit y avoir encore un *poser* de l'acte par lequel le moi se pose soi-même; c'est *à priori* une simple hypothèse. On ne peut se le prouver par rien si ce n'est par un fait de conscience, et chacun doit se prouver par ce fait, que cet acte est posé; personne ne peut le prouver à autrui par des fondements rationnels. Mais absolument et dans l'essence du moi, il est fondé que s'il existe un *poser* semblable, ce *poser* doit être un *opposer* et le *posé* un non-moi. Comment le moi peut-il distinguer quelque chose de soi-même? il est impossible d'en trouver aucun fondement supérieur; mais cette distinction se trouve au fond de toute déduction et de tout fondement : que tout *poser* qui n'est pas un *poser* du moi doive être un opposer, c'est absolument certain. Qu'un poser de cette nature existe, c'est ce que chacun ne peut se prouver que par sa propre expérience. C'est ainsi que l'argumentation de la science de la connaissance a une valeur absolue et *à priori*. Elle expose uniquement des propositions qui sont certaines *à priori*. Mais la réalité ne s'obtient que dans l'expérience. Pour l'être qui ne pourrait avoir conscience du fait en question, — nous savons sûrement que cela ne peut arriver dans aucun être fini rationnel, — la connaissance entière n'aurait aucun contenu, serait vide. Mais cet être devrait lui accorder la justesse, l'exactitude formelle.

Ainsi donc la science de la connaissance est possible *à priori*, bien qu'elle doive aboutir aux objets. L'objet n'est pas *à priori*; il lui est donné dans l'expérience. Chacun reçoit la valeur objective de la propre conscience qu'il a de l'objet, conscience qui ne peut qu'être demandée *à priori* et ne peut pas être déduite. Pour la Divinité, par exemple, c'est-à-dire pour une conscience, dans laquelle tout serait posé simplement par cela seul que le moi le serait (seulement la notion d'une conscience semblable nous est inconcevable), notre science de la connaissance n'aurait aucun contenu, parce qu'il n'y aurait dans cette conscience aucun autre poser que celui du moi. Mais elle aurait aussi pour Dieu l'exactitude formelle, parce que sa forme est la forme de la raison pure elle-même.

II.

Nous avons vu que la causalité demandée du moi sur le non-moi, par laquelle la contradiction indiquée entre l'indépendance du moi comme essence absolue et sa dépendance comme intelligence devait être détruite, contient elle-même une contradiction. La première contradiction doit être détruite, et elle ne peut l'être autrement que par la causalité demandée. Nous devons donc chercher à résoudre la contradiction renfermée dans ce postulat, et nous passons maintenant à ce second problème.

Approfondissons d'abord le vrai sens de cette contradiction.

Le moi doit avoir de la causalité sur le non-moi, et cela pour en produire d'abord la représentation possible, parce qu'il ne peut rien se présenter dans le moi, qu'il ne pose pas en soi, immédiatement ou médiatement, et qu'étant absolument tout ce qu'il est, il doit être par soi-même. Donc le postulat de la causalité se fonde sur l'essentialité absolue du moi.

Le moi ne peut avoir aucune causalité sur le non-moi, parce qu'autrement le non-moi cesserait d'être non-moi (d'être opposé au moi) et deviendrait moi. Mais le moi lui-même s'est opposé le non-moi; et cette opposition, par conséquent, ne peut être supprimée, si rien de ce qui a posé le moi ne peut être supprimé; par conséquent le moi doit cesser d'être moi, ce qui contredit l'identité du moi. La contradiction contre la causalité demandée se fonde donc sur ce que un non-moi est et doit demeurer absolument opposé au moi.

La lutte est donc dans le moi lui-même entre ces deux faces sous lesquelles il se présente. Ce sont ces faces qui se contredisent; il faut chercher entr'elles une médiation (pour un moi auquel rien ne serait opposé, que nous représente l'idée incompréhensible de la divinité, cette contradiction n'existerait pas). En tant que le moi est absolu, il est infini et illimité. Il pose tout ce qui est, et ce qu'il ne pose pas n'est pas (pour lui; et hors de lui il n'y a rien). Mais tout ce qu'il pose, il le pose comme moi; et il pose le moi comme tout ce qu'il pose; par conséquent le moi à cet égard embrasse en soi toute réalité, c'est-à-dire une réalité infinie et illimitée. En tant que le moi s'oppose un non-moi, il pose nécessairement des limites (§ 3) et il se pose soi-même dans ces limites. Il partage entre le moi et le non-moi la totalité de ce qui est posé en général. Il se pose donc nécessairement en ce sens comme fini; ces deux actions bien différentes peuvent être exprimées par les propositions suivantes; la première : Le moi se pose absolument comme infini et illimité; la seconde : Le moi se pose absolument comme fini et limité. Il y aurait donc une contradiction plus élevée dans l'essence du moi lui-même, en tant qu'il se prononce pour sa première ou sa seconde action, de laquelle découlent les propositions présentes. Si celle-là est résolue, celles-ci dont elle est le fondement, le sont aussi.

Toutes les contradictions sont conciliées par une détermination plus rigoureuse des propositions contraires ; de même aussi celle-ci. Dans un sens le moi devrait être posé comme fini, dans un autre sens comme infini : si dans un seul et même sens, il était posé comme fini et infini, la proposition serait insoluble ; le moi ne serait pas un, il serait double ; et nous n'aurions d'autre issue que celle de Spinoza : Rejeter l'infini hors de nous ; mais nous laisserions toujours sans réponse (Spinoza n'a jamais pu se proposer lui-même cette question à cause de son dogmatisme), comment une telle idée du moi aurait pu se présenter à nous.

Or, dans quel sens le moi étant posé fini l'est aussi comme infini ? L'un et l'autre lui sont absolument attribués. La pure action par laquelle il se pose, est le fondement de son infinité aussi bien que de sa *finité*. Seulement, par cela même qu'il pose quelque chose, dans l'un comme dans l'autre cas il se pose dans ce quelque chose, il se l'attribue. Si donc, dans la simple action de ce *poser* différent, nous pouvons trouver une distinction, le problème est résolu.

En tant que le moi se pose comme infini, son activité (de poser) ne se dirige que sur le moi et sur rien autre. Toute son activité se dirige sur le moi : elle est le fondement et forme la sphère de tout être. Le moi est donc infini, en tant que son activité retourne en soi-même ; et à cet égard son activité est infinie parce que le produit de cette activité est infini. (Produit infini, activité infinie ; activité infinie, produit infini.) C'est un cercle, mais non un cercle vicieux. C'est en effet un cercle dont la raison ne peut sortir, puisqu'il exprime ce qui est absolument certain par soi-même. Produit, activité, agent, sont une seule et même chose (§ 1), et nous ne les distinguons que pour nous exprimer. C'est uniquement la pure activité du moi, uniquement le pur moi qui est infini ; or, l'activité pure est celle qui n'a aucun objet qui retourne constamment en elle-même.

En tant que le moi pose des limites et, d'après ce qui précède, se pose dans ces limites, sa faculté de poser ne se dirige pas immédiatement sur lui-même ; elle se dirige sur un non-moi qui doit lui être opposé (§ 2 et 3). Elle n'est donc plus activité pure, elle est activité objective qui se pose un objet. Le mot objet (*ob-jectum*) désigne très-bien ce qu'il doit indiquer. Tout objet d'une activité est nécessairement quelque chose d'opposé (*ob-positum*) à l'activité, ce qui se trouve vis-à-vis d'elle, contre elle. S'il n'y a aucune résistance, il n'y a non plus aucun objet d'activité, aucune activité objective ; mais il doit y avoir une activité ; elle ne fait purement que retourner en soi-même. Dans la notion pure de l'activité objective, quelque chose lui est opposé (posé à l'encontre) et par conséquent elle est limitée. Le moi est donc fini, en tant que son activité est objective.

Or, sous les deux rapports, en tant qu'elle retourne sur le principe *actif,* ou en tant qu'elle doit se diriger sur un objet et hors du principe actif, cette activité doit être une seule et même activité, l'activité d'un seul et même sujet, qui dans les deux cas se pose comme un seul et même sujet. Il doit donc y avoir entre ces deux sortes d'activité un lien de réunion sur lequel la con science de l'une est amenée vers l'autre ; et ce lien serait précisément le rapport de causalité demandé. Je veux dire que l'activité du moi qui retourne en soi est à l'activité objective ce qu'est la cause à l'effet, de sorte que par la première le moi se détermine à la seconde ; que par conséquent la première se dirige immédiatement sur le moi lui-même ; mais médiatement en vertu de la détermination qui a eu lieu par là, du moi lui-même comme déterminant le non-moi sur le non-moi, et c'est ainsi que la causalité demandée est réalisée.

Il est par conséquent demandé d'abord que l'action du moi par laquelle il se pose soi-même (et qui a été exposée dans la première proposition fondamentale), se rapporte à celle en vertu de laquelle il pose un non-moi (qui a été exposée dans la seconde proposition fondamentale) comme la cause à l'effet. Mais ce rapport n'a pu être prouvé; ou plutôt on l'a trouvé complètement contradictoire. Car le moi devrait alors, en se posant soi-même, poser en même temps le non-moi, et par conséquent ne pas se poser, ce qui se détruit. Il a été expressément soutenu que, absolument et sans aucun fondement, le moi s'oppose quelque chose ; et ce n'est qu'en conséquence de l'inconditionnalité de cet acte, que la proposition qui l'établit a pu être appelée proposition fondamentale. Mais on a remarqué en même temps que dans cette action il y avait au moins quelque chose de conditionnel, son produit ; ce à quoi a donné naissance l'action de l'opposition est un non-moi et ne peut être rien autre chose. Approfondissons le sens de cette remarque.

Le moi pose absolument un objet (un non-moi posé en face), par conséquent, dans l'action pure par laquelle il pose, il ne dépend que de lui, il ne dépend de rien hors de lui ; si un objet est posé, et que par le moyen de cet objet le moi en général soit posé limité, ce qui était demandé est arrivé ; il n'y a plus à songer à une limite déterminée. Le moi est donc absolument limité, mais où est sa limite ? En deçà ou au-delà du point C ? Par quoi ce point pourrait-il être déterminé ? Il dépend simplement de la spontanéité du moi qui est posée par ce point posé absolument. Le point de limite se trouve où le moi le pose dans l'infini. Le moi est fini, parce qu'il doit être limité ; mais il est infini dans cette limitation, parce que la limite peut toujours être posée plus loin dans l'infini. Il est infini quant à son état fini, et fini quant à son infinité. Il n'est donc borné par ce poser absolu d'un objet, qu'en tant qu'il se limite absolument et sans aucun fondement ; et comme cette limitation absolue contredit l'essence absolue et infinie du moi, elle est impossible et toute opposition du non-moi est impossible.

Mais il pose ensuite un objet où il peut le poser dans l'infini et pose par là une activité qui se trouve hors de lui et ne dépend pas de son activité (du poser), mais dépend plutôt d'une activité qui lui est opposée. Cependant cette activité opposée doit en un certain sens (on ne recherche pas dans lequel) se trouver dans le moi, en tant qu'elle y est posée ; mais elle doit aussi, dans un autre sens (on ignore également lequel) se trouver dans l'objet. En tant qu'elle se trouve dans l'objet, cette activité doit être opposée à une activité quelconque $= X$ du moi, non à celle par laquelle elle est posée dans le non-moi, car elle lui est identique ; mais par conséquent à une autre quelconque. En tant donc qu'un objet doit être posé comme condition de la possibilité d'un *poser* semblable, il doit se trouver encore dans le moi une activité = X différente de l'activité du *poser*. Qu'est-ce que cette activité ?

D'abord, c'est cette activité qui n'est pas supprimée par l'objet, car elle doit être opposée à l'activité de l'objet. Toutes deux, en tant qu'elles sont posées, doivent par conséquent se trouver l'une à côté de l'autre ; elle doit donc être une activité dont l'essence est indépendante de l'objet, de même que l'objet est indépendant d'elle. Cette activité doit ensuite être fondée absolument dans le moi, parce qu'elle est indépendante du poser de tout objet, et que celui-ci en retour est indépendant d'elle ; elle est par conséquent posée par l'action absolue par laquelle le moi se pose. Enfin, en vertu de ce qui précède, l'objet doit pouvoir être posé extérieurement au moi dans l'infini. L'activité du moi qui lui est opposée, doit par conséquent franchir dans l'infini tout objet possible et être elle-même infinie. Or, si la seconde proposition fondamentale a quelque valeur, un objet doit être posé. X est donc l'activité infinie posée par le moi en soi-même, et elle se rapporte à l'activité objective du moi, comme le fondement de la possibilité à ce qui est fondé. L'objet est simplement posé en tant qu'il est opposé à une activité du moi. Sans une activité semblable dans le moi, il n'y a pas d'objet. Elle est à son égard ce qu'est ce qui détermine à ce qui est déterminé. Un objet ne peut être posé qu'en tant qu'il est opposé à cette activité ; en tant qu'il ne lui est pas opposé, l'objet n'existe pas.

Considérons maintenant cette activité dans sa relation avec l'activité de l'objet. Considérées en elles-mêmes, elles sont toutes deux complètement indépendantes l'une de l'autre et complètement opposées; il n'y a entr'elles aucune relation; mais si, d'après le postulat, un objet doit être posé, elles doivent être mises en relation l'une avec l'autre par le moi posant un objet. Le *poser* d'un objet en général dépend également de cette relation. Si un objet est posé, elles sont en relation, et si elles ne sont pas en relation il n'y a pas d'objet posé. En outre, l'objet étant posé absolument et sans autre fondement (que l'action de poser simplement comme telle), la relation a lieu absolument et sans autre fondement. Il est maintenant complètement éclairci jusqu'à quel point le *poser* d'un non-moi est absolu. Il est absolu en tant qu'il se fonde sur cette relation qui ne dépend que du moi. Elles sont en relation, c'est-à-dire, elles sont posées absolument égales. Mais comme elles ne sont pas égales aussi certainement qu'un objet doit être posé, on peut dire seulement que leur égalité est postulée absolument; elles doivent être absolument égales. Mais comme au fait elles ne le sont pas, il reste toujours à savoir laquelle des deux doit se diriger sur l'autre, et dans laquelle des deux doit être pris le fondement d'égalité. La manière dont on peut répondre à cette question est d'une évidence immédiate. Dès que le moi est posé, toute réalité est posée dans le moi, tout doit être posé en lui. Le moi doit être absolument indépendant. Mais tout doit être dépendant de lui. On demande donc l'accord de l'objet avec le moi; et le moi absolu, précisément par ce qu'il est absolu, est ce qui est demandé [1].

---

[1] C'est le catégorique impératif de Kant. S'il est quelque part évident

Soit donnée l'activité Y, dans ce qui sera posé ensuite comme objet (on ne recherche pas comment et à quelle faculté du sujet) : une activité du moi est mise en relation avec elle; on considère donc une activité du moi ($=-Y$) qui serait égale à cette activité du non-moi. Où est dans ce cas le principe de relation? Évidemment dans le postulat que toute activité doit être égale à celle du moi, et ce postulat a son principe dans l'être absolu du moi. Y se trouve dans un monde dans lequel toute activité serait réellement égale à celle du moi et est idéal. Or, Y ne s'accorde pas avec $-Y$, mais il lui est opposé. En conséquence, il est attribué à un objet, et sans cette relation et le postulat absolu qui en est le fondement, il n'y aurait pas d'objet pour le moi; mais il serait tout dans tout, et précisément à cause de cela, comme nous le verrons en l'approfondissant, il ne serait rien. Donc, le moi absolu est en relation absolument avec un non-moi (ce $-Y$), qui, à ce qu'il paraît, il est vrai, doit être non-moi, quant à sa forme

que Kant donnait pour fondement à son procédé critique, mais tacitement, précisément les principes qu'établit la science de la connaissance, c'est assurément ici. Comment aurait-il jamais pu arriver à un catégorique impératif comme postulat absolu de l'accord avec le moi pur, sans partir de l'existence absolue du moi, par quoi tout serait posé et devrait l'être s'il ne l'était pas? La plupart des disciples de Kant, dans ce qu'ils disent sur le catégorique impératif, paraissent ne faire que répéter ce grand homme, et n'être jamais arrivés purement au principe de la nécessité d'un postulat absolu. Ce n'est uniquement que parce qu'il est absolu, que le moi a le droit de faire un postulat absolu; et ce droit ne s'étend pas au-delà d'un postulat de cet être absolu, dont on pourrait en déduire un grand nombre d'autres. Une philosophie qui, sur tous les termes au-delà desquels elle ne peut aller, s'en rapporte à un fait de la conscience, est beaucoup moins positive que la philosophie populaire.

(en tant qu'il est quelque chose hors du moi), mais non quant à son contenu; car il doit s'accorder complètement avec le moi. Mais il ne peut s'accorder avec lui en tant qu'il doit être un non-moi seulement, quant à la forme; par conséquent cette activité du moi, mise en relation, n'est pas une activité déterminée (à l'égalité réelle); elle n'est simplement qu'une tendance, qu'un effort à la détermination, qui a entièrement force de loi, car elle est posée par le *poser* absolu du moi.

Voici donc le résultat de notre recherche jusqu'à présent. L'activité pure du moi retournant en soi-même est, en relation à un objet possible, un effort, et même en vertu de la démonstration ci-dessus, un effort infini. Cet effort infini est indéfiniment la condition de la possibilité de tout objet. Pas d'effort, pas d'objet.

Par ces résultats démontrés des autres propositions fondamentales, nous voyons maintenant jusqu'à quel point nous sommes arrivés d'une manière satisfaisante à la solution du problème que nous nous sommes proposé, et jusqu'à quel point la contradiction signalée est résolue. Le moi, qui, considéré comme intelligence, est dépendant d'un non-moi, n'est intelligence qu'à ce titre. En tant qu'un non-moi existe, il ne doit par conséquent dépendre que du moi. Mais, pour que cela fût possible, nous devions admettre encore une causalité du moi pour la détermination du non-moi, en tant que celui-ci doit être l'objet du moi intelligent. Au premier coup-d'œil, et le mot pris dans toute son extension, une pareille causalité se détruisait. Cette causalité supposée, ou le moi ou le non-moi n'était pas posé, et par conséquent, il ne pouvait y avoir aucun rapport de causalité. Nous avons cherché à concilier cette lutte par la distinction des deux activités du moi, l'activité pure et l'activité objective, et par la supposition que la première pourrait peut-être se rapporter à la seconde, comme la cause à l'effet, que la seconde pourrait se rapporter immédiatement à l'objet, comme la cause à l'effet, et que par suite la pure activité du moi pourrait médiatement du moins (par l'intermédiaire de l'activité objective) se trouver en rapport de causalité avec l'objet ; jusqu'à quel point cette supposition a-t-elle été affermie ?

Jusqu'à quel point l'activité pure du moi s'est-elle présentée comme cause de l'objective ? D'abord en tant qu'aucun objet ne peut être opposé s'il n'existe une activité du moi à laquelle celle de l'objet est opposée ; et cette activité doit nécessairement exister avant tout objet, absolument et seulement en vertu du sujet, dans le sujet même ; par conséquent l'activité pure du moi est la pure activité du sujet, et comme telle la condition de toute activité posant un objet. Mais, en tant que cette activité pure n'est primitivement en relation avec aucun objet et est indépendante de l'objet, comme celui-ci est complètement indépendant d'elle, elle doit être mise en rapport par une action également absolue du moi avec celle de l'objet (qui à cet égard n'est pas encore posé comme objet [1]) et comparé avec elle. Bien que

---

[1] L'assertion que l'activité pure, en elle-même, soit en relation avec un objet et qu'elle n'ait besoin pour cela d'aucune action particulière de relation, serait la proposition transcendantale du fatalisme intelligible, du système le plus conséquent sur la liberté qui fût possible avant qu'une science de la connaissance ne fût établie. Et de cette proposition, à l'égard de l'être fini, on serait conduit à la conséquence que, en tant qu'aucune

cette action soit absolue quant à sa forme (parce qu'elle a lieu réellement); (c'est sur ce caractère absolu qui lui est propre que se base la spontanéité absolue de la réflexion dans la partie théorique, et celle de la volonté dans la partie pratique, comme nous le verrons en son temps). Quant à son contenu (qu'elle soit demandée relative, égale, et subordonnée à ce qui est posé ensuite comme objet), quant à son contenu, elle est conditionnelle, le moi étant posé absolument comme l'essence de toute réalité : et l'activité pure est à cet égard condition de la relation sans laquelle aucun *poser* de l'activité objective n'est possible. En tant qu'activité pure et mise en relation par l'action indiquée plus haut avec un objet (possible), elle est, comme nous l'avons dit, un effort. Que l'activité pure soit mise en relation avec un objet, le fondement ne s'en trouve pas dans l'activité pure en elle-même; mais lorsqu'elle est posée ainsi, qu'elle soit posée comme un effort, le fondement s'en trouve en elle.

Le postulat que tout doit s'accorder avec le moi, que toute réalité doit être posée absolument par le moi, est le postulat de ce que l'on nomme, et à juste titre, la raison pratique. Une pareille faculté pratique de la raison était jusqu'à présent demandée, mais n'avait pas été démontrée. L'appel qui avait été fait de temps

pure activité ne peut être posée, aucune activité extérieure ne peut l'être, et que l'essence finie est posée finie absolument, on ignore si c'est par elle-même ou par quelque chose hors d'elle. A l'égard de la Divinité, c'est-à-dire d'une essence par la pure activité de laquelle serait posée immédiatement son activité objective, si cette notion n'était trop immense, trop infinie pour nous, le système du fatalisme intelligible aurait de la valeur.

en temps aux philosophes, de démontrer que la raison était pratique était par conséquent fort juste. Cette démonstration doit être présentée d'une manière satisfaisante pour la raison théorique (celle-ci ne peut être repoussée seulement par une décision d'autorité), cela ne se peut d'aucune autre manière qu'en montrant que la raison ne peut pas être théorique si elle n'est pas pratique. Il n'y a pas d'intelligence possible dans l'homme, s'il n'y a en lui une faculté pratique; c'est sur celle-ci que se fonde la possibilité de toute représentation. C'est ce qui vient d'avoir lieu, lorsqu'il a été prouvé que sans un effort aucun objet ne serait possible.

Mais nous avons encore à résoudre une difficulté qui menace de renverser toute notre théorie. C'est la relation demandée de la tendance de l'activité pure avec celle de l'objet successif. Cette relation, qui a lieu immédiatement ou au moyen d'un idéal esquissé sur l'idée de cette activité pure, n'est pas possible, si d'une manière quelconque l'activité de l'objet n'est donnée au moi qui fait la relation. Si de même elle est donnée par sa relation à une tendance de l'activité pure du moi, notre explication forme un cercle, et nous n'obtenons pas de principe premier de la relation. Il faut qu'un premier principe soit indiqué, cela s'entend seulement dans l'idée qu'il doit exister un premier principe.

Le moi absolu est absolument identique à lui-même; tout en lui est un seul et même moi, et, s'il est permis de s'exprimer d'une manière si impropre, appartient à un seul et même moi. On ne peut rien y distinguer. Le moi est tout et n'est rien, parce qu'il n'est rien pour soi : ni *posant* ni *posé* ne peuvent être distingués en lui: Il s'efforce, ce qui également n'est dit que d'une manière impropre, seulement à l'égard d'une relation future, il s'efforce, en vertu de son essence, de se maintenir dans cet état. Il se fait en lui une inégalité, et pour cela il en sort quelque chose d'hétérogène (on ne peut pas démontrer *à priori* que cela arrive; mais chacun peut se le prouver dans sa propre expérience). Nous ne pouvons jusqu'à présent rien dire de plus de cet hétérogène, si ce n'est qu'il ne doit pas être dérivé de l'essence intérieure du moi; car, dans ce cas, il n'y aurait rien à distinguer.

Cet hétérogène se trouve nécessairement en lutte avec l'effort du moi à être absolument identique; et si nous concevons un être quelconque, intelligent, hors du moi, qui le considère dans ces deux états différents, pour lui le moi sera limité, sa forme paraîtra se raccourcir, s'amoindrir comme nous le disons des corps. Mais ce n'est pas un être hors du moi, c'est le moi lui-même qui doit être l'intelligence qui pose la limitation; nous devons par conséquent faire quelques pas encore pour résoudre la difficulté indiquée. Si le moi est identique à soi-même, il s'efforce nécessairement vers l'identité parfaite avec soi-même. Il ne peut pas établir d'abord par lui-même l'interruption de son effort. Aucune comparaison entre son état de limitation et le rétablissement de l'effort arrêté, aucune relation simple de lui-même avec lui-même ne serait possible, sans l'addition d'un objet, si l'on ne pouvait indiquer aucun fondement de relation entre les deux états.

Si l'on pose que l'activité du moi qui s'efforce va de A jusqu'à C sans choc; il n'y a rien à distinguer jusqu'à C_x car le moi et le non-moi ne peuvent s'y discerner. Il ne se présente rien jusqu'à ce point dont le moi puisse avoir conscience. Cette activité qui renferme le premier fondement d'une conscience, mais n'arrive jamais à la conscience, est arrêtée en C. Mais en vertu de la propriété de son essence intime, elle ne peut être arrêtée; elle va par conséquent au-delà de C, mais comme une activité qui a été arrêtée par quelque chose d'extérieur, qui ne se conserve que par sa propre force intérieure, jusqu'à un point où il n'y a plus d'opposition et que j'appelle D. (*a*. Au-delà de D, d'après le même principe, elle ne saurait davantage être objet de la conscience. *b*. On ne dit pas que le moi pose son activité comme une activité arrêtée et qui ne se conserve que par soi-même; on dit seulement qu'une intelligence extérieure au moi pourra la poser comme telle.)

Pour être plus clairs, ne sortons pas de la supposition qui a été faite : une intelligence qui devrait poser exactement ce qui a été demandé, et devrait le poser conformément au postulat, — nous sommes nous-mêmes précisément cette intelligence dans la réflexion que nous dirigeons actuellement sur la connaissance, — devrait poser cette activité comme celle d'un moi, d'une essence posée en soi-même à laquelle n'arrive que ce qu'elle pose en soi. Le moi devrait donc poser en soi-même l'arrêt aussi bien que l'établissement de son activité, aussi certainement qu'il doit poser cet établissement, pour l'activité d'un moi qui est arrêtée et rétablie. Mais elle ne peut être posée comme rétablie, qu'en tant qu'elle est posée comme arrêtée, et elle ne peut être posée comme arrêtée, qu'en tant qu'elle est posée comme établie ; car, d'après ce qui précède, ces deux états sont en détermination réciproque. Les états qu'il faut réunir sont donc déjà synthétiquement réunis en soi et pour soi; autrement ils ne peuvent être posés comme réunis. Qu'ils soient posés, en général, cela se trouve dans la notion pure du moi et est érigé aussitôt que cette notion est donnée. Par conséquent l'activité arrêtée, mais qui doit être posée et partant établie, devrait être posée dans le moi et par le moi.

Tout *poser* du moi part donc du *poser* d'un état purement subjectif; toute synthèse, d'une synthèse nécessaire en soi du *poser* d'un simple sujet. Cet élément purement et uniquement subjectif sera caractérisé plus profondément comme étant le sentiment.

Une activité de l'objet est posée comme fondement de ce sentiment. Par conséquent cette activité, ainsi qu'il a été demandé plus haut, est donnée par le sentiment au sujet en relation; et maintenant la relation demandée avec une activité du moi pur est possible.

Cela suffit à résoudre la difficulté indiquée. Revenons maintenant au point d'où nous sommes partis. Pas d'effort infini du moi, pas d'objet fini dans le moi; tel était le résultat de notre investigation, et ainsi paraissait détruite la contradiction entre le moi fini et conditionnel, comme intelligence, et le moi infini et inconditionnel. Mais si nous examinons les choses avec plus de rigueur, nous découvrons qu'elle n'est qu'écartée du point où nous l'avons rencontrée entre le moi intelligent et le moi non-intelligent; qu'elle est repoussée plus loin et met en lutte des propositions fondamentales plus élevées.

Nous avions à résoudre la contradiction entre une activité finie et une activité infinie d'un seul et même moi; d'après notre solution, l'activité infinie est absolument non-objective, elle ne retourne que sur elle-même, et l'activité finie est objective. Mais, comme effort, l'activité infinie ne se rapporte qu'à l'objet; à cet égard elle est donc objective, et comme elle doit demeurer infinie et que la première activité finie et objective doit demeurer auprès d'elle, nous avons en même temps une activité infinie et une activité finie, objectives, d'un seul et même moi, ce que nous ne pouvons admettre sans contradiction ; on ne peut résoudre cette contradiction qu'en montrant que l'activité infinie du moi est objective dans un autre sens que son activité finie.

Ce que nous sommes portés à présumer d'abord, c'est sans doute que l'activité objective du moi se dirige sur un objet réel, et sa tendance infinie sur un objet imaginé. Cette présomption sera fortifiée. Mais comme cette réponse nous conduit dans un cercle, et suppose une distinction qui n'est possible qu'en vertu de la distinction même des deux activités, nous devons aller plus profondément dans l'examen de cette difficulté.

Tout objet est nécessairement déterminé, aussi certainement qu'il est objet ; car, étant tel, il détermine le moi et cet acte de déterminer le moi est lui-même déterminé (a ses limites). Par conséquent l'activité objective, aussi certainement qu'elle est objective, a la propriété de déterminer et à cet égard est déterminée et partant finie. Ainsi, cet effort infini ne peut être infini que dans un certain sens, et il doit être fini dans un certain autre sens.

A cette activité est opposée une activité objective et finie, celle-ci doit donc être finie dans le sens suivant lequel l'effort est infini, et l'effort est infini en tant que cette activité objective est finie ? L'effort a bien un terme; seulement, il n'a pas précisément le terme qu'a l'activité objective. Mais quel est ce terme. L'activité finie et objective suppose pour sa détermination une activité opposée à l'activité infinie du moi, ce qui est déterminé ensuite comme objet; non en tant qu'elle agit en général, car à cet égard d'après ce qui précède elle est absolue; mais en tant qu'elle pose les limites déterminées de l'objet, de telle sorte qu'il résiste au moi jusqu'à un certain point, ni moins ni plus, elle est dépendante, limitée et finie. Le principe de sa propriété déterminante et par suite de sa détermination se trouve hors d'elle. Un objet déterminé par cette activité, en ce cas limitée, est un objet réel.

A cet égard, l'effort n'est pas fini; il dépasse cette détermination de limite, indiquée, marquée par l'objet, et, en vertu de ce qui précède, doit aller au-delà, s'il doit y avoir une détermination de la limite. Il ne détermine pas le monde réel dépendant d'une activité du non-moi qui se trouve en réciprocité d'action avec l'activité du moi, mais un monde tel qu'il en existerait si toute réalité était absolument posée par le moi, par conséquent un monde idéal posé simplement par le moi et nullement pas par un non-moi.

Mais jusqu'à quel point l'effort est-il fini ? Il est fini en tant qu'il se dirige sur un objet, et aussi certainement que cet effort existe, il doit poser des limites à cet objet. Ce n'est pas l'action de déterminer en général, c'est la limite de la détermination qui, dans l'objet, dépend du non-moi ; mais dans l'objet idéal l'action de déterminer aussi bien que la limite ne dépend que du moi. Celui-ci n'est soumis à d'autres conditions qu'à poser des limites qu'il peut étendre à l'infini parce que cette extension ne dépend que de lui.

L'idéal est le produit absolu du moi; il peut être élevé à l'infini, mais dans tout moment déterminé, il a une limite qui ne doit pas être la même le moment suivant. L'effort indéterminé, qui à cet égard ne devrait point être appelé effort puisqu'il n'a pas d'objet, pour lequel nous n'avons ni ne pouvons avoir aucune dénomination, qui se trouve en dehors de toute déterminabilité, est infini; mais comme tel, il n'arrive pas et ne peut arriver à la conscience, parce que la conscience n'est possible que par la réflexion, et la réflexion que par la détermination. Aussitôt qu'une réflexion a lieu, l'effort est fini. Aussitôt que l'esprit découvre que l'effort est fini, il l'étend. Il est infini? se demande-t-il aussitôt. Mais par cette question même il devient précisément fini, et ainsi de suite indéfiniment.

La combinaison de l'infini et de l'objectif est donc une contradiction. Ce qui se dirige sur un objet est fini, et ce qui est fini se dirige sur un objet. Cette contradiction ne pourrait disparaître que si l'objet était renversé, mais il n'est renversé que dans l'infini parfait. Le moi peut étendre l'objet de son effort à l'infini; s'il était étendu jusqu'à l'infini dans un moment déterminé, il ne serait plus un objet, et l'idée de l'infini serait réalisée, ce qui est une contradiction.

Cependant l'idée de l'objet étendu à l'infini parfait flotte devant nous, et elle est renfermée dans l'intimité la plus profonde de notre être. Nous devons, comme elle nous y invite, résoudre la contradiction;

bien que nous ne puissions en concevoir la solution comme possible, et que nous prévoyions que dans aucun moment de notre existence, fut-elle prolongée à l'éternité, nous ne pourrions en concevoir la possibilité. Mais c'est là le caractère de notre détermination pour l'éternité.

Ainsi l'essence du moi est maintenant déterminée autant qu'elle peut l'être, et les contradictions qui étaient en lui sont résolues autant qu'elles peuvent l'être. Le moi est infini mais simplement quant à son effort; il s'efforce d'être infini, mais la notion de l'effort renferme celle du fini, car ce qui ne rencontre pas d'effort opposé, de résistance, n'est pas un effort. Si le moi était plus que s'efforçant, s'il était une causalité infinie, il ne serait pas un moi, il ne se poserait pas soi-même, et par conséquent ne serait rien. S'il n'avait pas cet effort infini, il ne pourrait pas se poser, car il ne pourrait rien s'opposer; il ne serait donc pas un moi, il ne serait rien. Présentons sous une autre forme tout ce qui a été déduit jusqu'à présent, afin d'éclaircir complètement pour la partie pratique de la science de la connaissance la notion très-importante de l'effort.

D'après la discussion précédente, il y a un effort du moi, qui n'est un effort qu'en tant qu'il n'éprouve pas de résistance, et qui ne peut avoir de causalité; un effort donc, qui, étant tel, a un non-moi pour condition.

En tant qu'il ne peut avoir de causalité, ai-je dit, par conséquent cette causalité est demandée. Que le postulat de cette causalité absolue doive exister dans le moi, cela a été démontré par la contradiction qui ne peut être résolue sans elle entre le moi comme intelligence et le moi comme essence absolue. La démonstration a donc été conduite *apagogiquement*; il a été démontré qu'il faut nier l'identité du moi si l'on ne veut pas admettre le postulat d'une causalité absolue.

Ce postulat doit être démontré directement et génétiquement. Ce n'est pas seulement par un appel aux principes supérieurs que l'on contredirait sans cette causalité absolue, qu'il faut y faire croire. Mais on doit la déduire proprement de ces principes élevés, de manière à montrer comment ce postulat prend naissance dans l'esprit humain. Il ne faut pas se borner à signaler un effort vers une causalité déterminée (au moyen d'un non-moi déterminé); il faut montrer un effort pour la causalité en général, lequel est le fondement de l'autre. Une activité qui va au-delà de l'objet, est un effort précisément parce qu'elle dépasse l'objet, et partant seulement à la condition qu'il existe un objet. On doit pouvoir montrer un principe de l'acte par lequel le moi sort de lui-même et par lequel un objet devient possible. Cette expansion, précédant toute activité à effort contraire et en fondant la possibilité à l'égard du moi, ne doit être fondée que dans le moi, et en elle nous obtenons le vrai point d'union entre le moi absolu, le moi pratique et le moi intelligent.

Expliquons-nous plus clairement sur le point particulier de la question. Il est d'une entière évidence que le moi en tant qu'il se pose absolument, en tant qu'il est tel qu'il se pose et qu'il se pose tel qu'il est, doit être inconditionnellement identique à lui-même, et qu'en ce sens, il ne peut rien se présenter en lui de différent. Il en résulte en même temps que s'il doit se présenter en lui quelque chose de différent, ce quelque chose doit être posé par un non-moi ; mais si le non-moi doit pouvoir poser quelque chose dans le moi, la condition de la possibilité de cette influence étrangère doit être fondée auparavant, antérieurement à toute action réelle et étrangère, dans le moi lui-même, dans le moi absolu ; le moi doit poser en soi primitivement et absolument la possibilité de l'action de quelque chose sur lui ; sans préjudice de son *poser* absolu par soi-même, il doit demeurer ouvert également à un autre *poser*. Il doit donc y avoir primitivement dans le moi une différence, si jamais différence doit s'y manifester ; et cette différence doit être fondée dans le moi absolu, comme tel. La contradiction apparente de cette supposition se résoudra d'elle-même en son temps, et ce qu'il y a en elle d'inconcevable disparaîtra.

Le moi doit trouver en soi, quelque chose d'hétérogène, d'étranger, qu'il doit distinguer de lui-même ; c'est un point de départ avant eux pour notre investigation.

Or, ce quelque chose d'hétérogène, doit être trouvé dans le moi et peut y être trouvé. S'il était hors du moi, il ne serait rien pour le moi, et il n'en résulterait rien pour le moi. Il doit donc à un certain égard être homogène au moi, il doit pouvoir lui être attribué.

L'essence du moi consiste dans son activité ; par conséquent, s'il faut que cet hétérogène puisse être attribué au moi, il doit y avoir une activité du moi, qui comme activité ne peut pas être hétérogène, mais dont la direction seule peut être telle, et a son fondement non dans le moi, mais hors du moi. Si d'après la supposition déjà plusieurs fois énoncée, l'activité du moi s'épand dans l'infini, mais reçoit un choc en un certain point, choc qui ne l'anéantit pas mais ne fait que la rejeter sur elle-même, cette activité du moi en ce cas, est et demeure toujours activité du moi; mais en tant qu'elle est repoussée, elle devient hétérogène et contraire au moi. Cependant, de difficiles questions avec la solution desquelles nous pénétrerions dans l'essence la plus intime du moi demeurent toujours sans réponse : Comment le moi arrive-t-il à cette direction extérieure dans l'infini? Comment une direction du moi vers le dehors, peut-elle être distinguée d'une direction du même moi vers le dedans? et pourquoi la direction repoussée vers le dedans, est-elle considérée comme hétérogène et n'ayant pas son fondement dans le moi?

Le moi se pose absolument et à cet égard son activité revient en soi-même. Sa direction, s'il est permis de supposer quelque chose qui n'a point encore été déduit, seulement pour pouvoir nous faire entendre, et s'il est permis aussi d'emprunter à la science de la nature un mot qui lui vient du reste comme on le montrera en son temps, du point de vue transcendantal actuel, —sa direction, dis-je, est centripète. (Un point ne détermine pas une ligne; pour qu'une ligne soit possible, deux points doivent toujours être donnés, lors même que le second se trouverait dans l'infini et ne ferait qu'indiquer sa direction. De même, et précisément par le même principe, il n'y a pas de direction, s'il n'y a pas deux directions et même deux directions opposées. La notion de la direction est une simple notion de réciprocité. Une direction simple ne serait pas une direction; elle n'est nullement concevable. Nous ne pouvons donc attribuer à l'activité absolue du moi, une direction, et une direction centripète, que sous la supposition tacite que nous découvrirons une autre direction centrifuge de cette activité); à l'extrême rigueur, dans la manière dont il est actuellement représenté, l'image du moi est prise comme un point mathématique se construisant pour soi-même, dans lequel on ne peut distinguer aucune direction et rien en général qui soit introduit où il est, et dont le contenu et la délimitation (contenu et forme) sont une seule et même chose. S'il n'y a rien de plus dans l'essence du moi que cette activité constitutive, elle est ce que tout corps est pour nous. Nous attribuons au corps une force intérieure posée par son propre être (d'après la proposition A = A). Mais lorsque nous sommes sur le terrain de la philosophie transcendantale et non de la philosophie transcendante, nous admettons qu'elle est posée pour nous par le simple être du corps, mais non qu'elle est posée par et pour le corps : et c'est pourquoi le corps est pour nous sans vie et sans âme et n'est pas moi. Le moi doit se poser non-seulement pour une intelligence quelconque hors de lui ; mais il doit se poser pour soi-même, se poser comme posé par soi-même. Aussi certainement qu'il existe un moi, ce moi doit donc n'avoir qu'en soi-même la raison de la vie et de la conscience, par conséquent aussi certainement qu'il y a un moi, ce moi doit avoir en soi inconditionnellement et sans aucun fondement la raison de sa réflexion sur soi-même. Le moi nous apparaît donc sous deux faces primitives, d'un côté en tant qu'il est réfléchissant, et à cet égard la direction de son activité est centripète, d'un autre côté, en tant qu'il est ce sur quoi il est réfléchi, et à cet égard la direction de son activité est centrifuge et même centrifuge dans l'infini. Le moi est posé comme réalité, et lorsque l'on réfléchit qu'il a de la réalité, il est nécessairement posé comme quelque chose, comme un *quantum* : mais il est posé comme toute réalité, par conséquent, il est nécessairement posé comme un *quantum* infini, comme un *quantum* qui remplit l'infini.

Les directions centripète et centrifuge de l'activité sont donc toutes deux fondées de la même manière dans l'essence du moi ; elles sont toutes deux une seule et même chose, et ne peuvent être distinguées qu'en tant que l'on réfléchit sur elles comme distinctes. (La force centripète dans le monde des corps n'est qu'un produit de l'imagination obéissant à une loi de la raison qui lui impose de ramener l'unité dans la multiplicité).

Mais la réflexion qui distingue ces deux activités n'est pas possible, s'il n'en survient une troisième avec laquelle elles puissent être mises en relation. Le postulat (nous devons toujours supposer quelque chose qui n'est pas encore démontré pour pouvoir nous exprimer, car à la rigueur il n'y a encore aucun postulat possible comme contraire de ce qui a lieu réellement), le postulat qu'il doit y avoir dans le moi toute réalité, satisfait notre supposition. Les deux directions centripète et centrifuge de l'activité du moi, se rencontrent et forment une seule et même direction : (Que l'on suppose, pour éclaircissement, que la conscience de soi-même de Dieu doive être exprimée, cela n'est possible que par la supposition que Dieu réfléchit sur son propre être. Mais, comme en Dieu la totalité réfléchie serait l'unité et l'unité serait la totalité, comme le tout reflechissant serait en un même être, et l'un dans le tout, en Dieu, ce qui serait réfléchi et ce qui réfléchirait, la conscience et son objet, ne pourraient pas être distingués, et la conscience de soi-même de Dieu ne serait pas par conséquent expliquée, comme elle demeurera éternellement inexplicable et inconcevable pour toute raison finie, c'est-à-dire pour toute raison liée à la détermination de l'objet sur lequel elle réfléchit). La conscience ne peut donc pas être déduite de ce qui a été supposé ci-dessus, car les deux directions admises ne peuvent pas être séparées.

Mais l'activité du moi qui tend à l'infini doit recevoir un choc en un point quelconque et être ramenée en soi-même, et le moi ne doit pas par conséquent remplir l'infini. Que cela ait lieu comme fait, il est absolument impossible de le déduire du moi, comme on l'a souvent rappelé; mais on peut démontrer que cela doit avoir lieu pour qu'une conscience réelle soit possible.

Tout postulat du moi réfléchissant dans la fonction présente, que le moi considéré ainsi, doit remplir l'infini, demeure et n'est nullement borné par ce choc. Il reste encore la question de savoir s'il le remplit, et le résultat qu'il ne le remplisse pas entièrement mais soit borné en C, et c'est maintenant que la distinction demandée entre le deux activités est possible. D'après le postulat du moi absolu, son activité (à cet égard centrifuge) devrait s'épandre à l'infini; mais elle est réfléchie en C, elle devient donc centripète, et la relation de ce postulat primitif d'une direction centrifuge qui s'épand dans l'infini, avec un troisième terme, rend possible la distinction, parce qu'elle découvre dans la réflexion une direction centrifuge conforme à ce postulat et une direction centripète qui lui résiste (la seconde réfléchie par le choc).

Cela explique en même temps pourquoi cette seconde direction est considérée comme quelque chose d'hétérogène et est déduite d'un principe opposé au principe du moi.

Ainsi est résolu le problème qui venait d'être énoncé : L'effort primitif existant dans le moi vers une causalité en général est dérivé génétiquement de la loi propre au moi de réfléchir sur soi-même et de demander qu'il soit découvert comme toute réalité dans cette réflexion, double loi aussi certaine qu'il est certain qu'il doit y avoir un moi; cette réflexion nécessaire du moi sur soi-même est le fondement de toute tendance du moi; et ce postulat qu'il remplit l'infini est le fondement de l'effort vers la causalité en général : l'un et l'autre n'ont pour fondement que l'être absolu du moi.

Ce qui avait été également demandé, le fondement de la possibilité d'une influence du non-moi sur le moi a été découvert dans le moi lui-même. Le moi se pose absolument, et par là, il est complet en soi-même et fermé à toute impression extérieure. Mais pour qu'il y ait un moi, il faut aussi qu'il se pose comme posé par soi-même, et par ce nouveau *poser* qui se rapporte à un *poser* primitif, il s'ouvre à ce que j'appelle l'influence de l'impression extérieure. Par cette répétition du *poser*, il ne pose que la possibilité de l'exclusion de quelque chose, qui n'est pas posé par lui-même. Ces deux sortes de *poser* sont la condition d'une influence du non-moi; sans la première, il n'y aurait pas d'activité du moi qui put être limitée; sans la seconde, cette activité ne serait pas limitée pour le moi. Le moi ne pourrait pas se poser comme limité. Le moi, en tant que moi, se trouve donc primitivement en réciprocité d'action avec soi-même, et c'est ainsi que devient possible une influence du dehors sur lui.

Par là nous avons enfin trouvé le point de réunion cherché entre l'essence absolue, l'essence pratique et l'essence intelligente du moi. Le moi demande à embrasser en soi toute réalité et à remplir l'infini ; ce postulat est nécessairement le fondement de l'idée du moi absolu, et c'est du moi absolu que nous avons parlé (ici est complètement expliqué le sens de la proposition : **Le moi se pose absolument**); il n'est nullement question du moi donné dans la conscience réelle ; car ce moi n'est jamais fondé absolument, et son état est toujours donné immédiatement ou médiatement par quelque chose hors du moi ; il s'agit d'une idée du moi qui doit être posée nécessairement au fond de son postulat pratique et infini, mais que notre conscience ne peut pas atteindre, et qui à cause de cela ne peut jamais se présenter en elle immédiatement (mais n'y arrive que médiatement, dans la réflexion philosophique).

Le moi doit, et cela se trouve également dans sa notion, réfléchir sur soi, s'il comprend en soi toute réalité. Il place cette idée au fond de la réflexion philosophique, entre par conséquent avec elle dans l'infini ; et à cet égard il est pratique : il n'est pas absolu, parce qu'il sort de lui-même par la tendance à la réflexion ; il n'est pas davantage théorique, parce qu'il n'y a rien au fond de sa réflexion que cette idée qui dérive du moi, et qu'il est fait complètement abstraction du choc possible ; qu'il n'y a pas par conséquent de réflexion

15

réelle. Ainsi s'élève la série de ce qui doit être donné, de ce qui est donné seulement par le moi; partant, la série de l'idéal.

Si la réflexion part du choc et si le moi considère son expansion comme limitée, une série toute différente s'élève par là, celle du réel, qui est déterminée par autre chose encore que le seul moi; à cet égard le moi est théorique ou intelligence.

S'il n'y a aucune faculté pratique dans le moi, aucune intelligence n'est possible; si l'activité du moi ne va que jusqu'au point du choc, si elle ne dépasse pas tout choc possible, il n'y a dans le moi et pour le moi rien qui produise le choc, et pas de non-moi, comme cela a été plusieurs fois démontré. Réciproquement, si le moi n'est pas intelligence, aucune conscience de sa faculté pratique n'est possible, parce que, comme on l'a prouvé, la direction hétérogène née du choc rend seule possible la distinction des diverses directions. On omet encore ici que, pour arriver à la conscience, pour passer à travers l'intelligence, la faculté pratique doit admettre d'abord la forme de la représentation.

L'essence des natures finies et rationnelles est ainsi embrassée et épuisée toute entière : idée primitive de notre être absolu, effort à la réflexion sur nous-mêmes d'après cette idée, limitation non de cet effort, mais de notre existence, posée par cette limitation [1], par un

---

[1] Dans le stoïcisme conséquent, l'idée infinie du moi est prise pour le moi réel; l'être absolu et l'être réel ne sont pas distingués. Le sage du stoïcisme se suffit à lui-même, est infini; tous les prédicats qui conviennent au pur moi ou à Dieu lui sont appliqués. D'après la morale stoïque, nous ne devons pas être semblables à Dieu, mais nous sommes Dieu. La science de la connaissance distingue soigneusement l'être absolu et l'être réel, et pose le premier pour fondement, afin de pou-

principe opposé, un non-moi, ou en général par notre nature finie, — conscience de nous-même, et en particulier conscience de notre effort pratique, — d'après cela détermination de nos représentations (sans liberté et avec liberté), — par celle-ci détermination de nos actions, de la direction de notre faculté réelle et sensible, élargissement constant de nos limites à l'infini.

Voici encore une observation importante qui suffirait seule à placer la science de la connaissance dans son vrai point de vue, et à en rendre la théorie parfaitement claire. D'après l'argumentation que nous venons de suivre, le principe de la vie et de la conscience est le principe de sa possibilité, — cependant il demeure renfermé dans le moi; — mais cela ne donne pas encore une vie réelle, une vie empirique, dans le temps; et il nous est impossible d'en concevoir une autre; pour que cette vie réelle soit possible, il faut encore un choc particulier produit sur le moi par un non-moi.

Le fondement suprême de toute réalité pour le moi est par conséquent, d'après la science de la connaissance, une réciprocité d'action primitive entre le moi et quelque chose hors du moi dont on ne peut rien dire de plus, si ce n'est qu'il est complètement opposé au moi. Dans cette réciprocité d'action, il n'est rien apporté dans le moi d'hétérogène; tout ce qui se développe en lui jusque dans l'infini, ne se développe que de lui-même, d'après les lois qui lui sont propres;

voir expliquer l'autre. Le stoïcisme est réfuté par cela même qu'il est prouvé qu'il ne peut expliquer la possibilité de la conscience. C'est pourquoi la science de la conscience n'est pas athée, comme le stoïcisme doit l'être nécessairement, s'il est conséquent.

l'opposé ne fait que donner l'impulsion au moi pour l'action ; sans ce premier moteur hors de lui, le moi n'agirait jamais, et comme son existence ne consiste que dans l'action, le moi n'aurait jamais existé. Ce moteur n'a pas d'autre propriété que d'être un moteur, une force opposée, qui, comme telle, ne peut être que sentie.

Le moi, par conséquent, est dépendant, quant à son être ; mais il est absolument indépendant dans les déterminations de ce même être. En vertu de son être absolu, il a en lui la loi de ces déterminations, qui a de la valeur à l'infini, et il a en lui la faculté de déterminer son être d'après cette loi. Le point sur lequel nous nous trouvons, en prenant possession de cette faculté de la liberté, ne dépend pas de nous ; mais la série que nous décrirons dans toute éternité, en partant de ce point, conçue dans toute son étendue, dépend entièrement de nous.

La science de la connaissance est donc réalistique. Elle montre qu'il est absolument impossible d'expliquer la conscience des natures finies, si l'on n'admet une force indépendante d'elles, qui leur soit entièrement opposée, de laquelle elles dépendent quant à leur existence empirique. Mais elle ne soutient rien de plus que l'existence de cette force opposée, qui n'est que sentie et jamais connue par l'être fini. Toutes les déterminations possibles de cette force ou de ce non-moi, qui peuvent se présenter à l'infini dans notre conscience, elle s'oblige à les déduire de la faculté déterminante du moi, et elles doivent pouvoir en être déduites aussi certainement qu'il y a une science de la connaissance.

Malgré son réalisme, cette science n'est cependant pas transcendante; elle demeure transcendantale dans sa plus intime profondeur. Elle explique toute conscience par quelque chose d'indépendant de toute conscience; mais dans cette explication, elle n'oublie pas qu'elle se dirige d'après ses propres lois, et que lorsque le moi réfléchit sur lui, cet indépendant devient un produit de sa propre faculté de penser, et par conséquent quelque chose de dépendant du moi, en tant qu'il doit exister pour le moi (être dans la notion du moi). Mais pour que cette première explication puisse être expliquée, on suppose la conscience réelle, et pour que celle-ci soit possible, ce quelque chose dont le moi dépend : et quoique alors ce qui a d'abord été posé comme quelque chose d'indépendant, devienne dépendant de la pensée du moi, l'élément indépendant n'est pas pour cela supprimé, il n'est que posé plus en dehors, plus en arrière, et l'on pourrait ainsi procéder indéfiniment sans qu'il fût anéanti. Tout dépend du moi dans son idéalité; mais à l'égard de la réalité le moi est lui-même dépendant; mais il n'y a rien de réel pour le moi qui ne soit idéal; par conséquent l'idéal et le réel sont en lui une seule et même chose, et cette réciprocité d'action entre le moi et le non-moi est en même temps une réciprocité d'action du moi avec soi-même. Le moi ne peut se poser comme limité par le non-moi, s'il ne réfléchit pas qu'il pose lui-même ce non-moi limitant. Il peut se poser comme limité par le non-moi, s'il y réfléchit.

L'esprit fini doit nécessairement poser quelque chose d'absolu hors de soi (une chose en soi); il doit reconnaître d'un autre côté que cette chose n'est que pour lui (est un noumène nécessaire); c'est un cercle qu'il peut agrandir à l'infini, mais dont il ne peut jamais sortir. Un système qui néglige ce cercle est un idéalisme dogmatique; car ce n'est proprement que ce cercle qui nous rend limité et fait de nous un être fini. Un système qui prétend en être sorti est un dogmatisme transcendant et réalistique.

La science de la connaissance tient avec précision le milieu entre ces deux systèmes; elle est un idéalisme critique, que l'on peut nommer aussi réel-idéalisme ou idéal-réalisme. Ajoutons quelques mots pour nous faire comprendre de tous, si c'est possible. Nous disions : La conscience des natures finies ne peut pas être expliquée, si l'on n'admet pas qu'il y a une force indépendante de ces natures. Pour *qui* ne peut-elle pas être expliquée ? Pour qui doit-elle être explicable ? Qui doit l'expliquer ? Les natures finies elles-mêmes. En disant expliquer, nous sommes sur le terrain du fini; car expliquer, c'est-à-dire, ne pas embrasser toutes choses à la fois, mais passer de l'une à l'autre, est quelque chose de fini, et la limitation ou la détermination est précisément le pont, que le moi a en soi, sur lequel se fait le passage. La force opposée, qui s'efforce de modifier la faculté pratique du moi ou son penchant vers la réalité, est indépendante du moi quant à son être et à sa détermination; mais elle dépend de son activité idéale, de sa faculté théorique; elle n'existe pour le moi, qu'autant qu'elle est posée par lui, sinon, elle n'existe pas pour le moi; une chose n'a de réalité indépendante qu'autant qu'elle est mise en relation avec la faculté pratique du moi : en tant qu'elle est mise en relation avec sa faculté pratique, elle est comprise dans le moi, renfermée dans sa sphère, soumise à ses lois de représentation. Mais, du reste, comment peut-elle être mise en relation avec la faculté pratique, si ce n'est au moyen de la faculté théorique; et comment peut-elle devenir objet, si ce n'est au moyen de la faculté pratique? Ici s'établit donc, ou plutôt ici apparaît dans toute sa clarté, la proposition : Pas d'idéalité, pas de réalité, et réciproquement. On peut donc dire : Le fondement suprême de toute conscience est une réciprocité d'action du moi avec soi-même, au moyen d'un non-moi qui doit être considéré sous divers aspects. C'est le cercle d'où l'esprit fini ne peut sortir, et ne peut vouloir sortir, sans nier la raison ou demander son anéantissement.

L'objection suivante serait digne d'intérêt : Si, d'après les lois précédentes, le moi pose un non-moi par une activité idéale, comme fondement d'explication de sa propre limitation, et par conséquent l'admet en soi; il pose donc le non-moi comme limité (en une notion déterminée et finie)? Soit cet objet = A. En posant cet A, l'activité du moi est nécessairement limitée parce qu'elle se dirige sur un objet limité. Or, le moi ne peut jamais se limiter; il ne le peut pas, par conséquent, dans le cas indiqué; donc, en limitant A qui est admis en lui, il doit être limité par un B complètement indépendant de lui, qui n'est pas admis en lui. Accordons tout cela; mais rappelons-nous que ce B peut être admis dans le moi, ce qu'accorde l'adversaire; mais en rappelant de son côté que, pour pouvoir l'admettre, le moi doit être limité par un C indépendant, et ainsi de suite à l'infini. Le résultat de cet examen serait que nous ne pourrions montrer à notre adversaire aucun moment dans lequel, pour l'effort du moi, il n'existerait pas de réalité indépendante, hors du moi ; mais il ne pourrait, lui-même, nous en montrer aucun dans lequel ce non-moi indépendant ne pourrait pas être représenté et rendu ainsi dépendant du moi. Où se trouve donc le non-moi indépendant de notre adversaire, ou sa chose en soi, que devait démontrer cette argumentation ? Évidemment nulle part et partout en même temps. Elle n'existe que lorsqu'on ne la tient pas, et elle s'échappe aussitôt qu'on veut la saisir. La chose en soi est quelque chose pour le moi ; elle doit donc être dans le moi, et cependant elle ne doit pas s'y trouver : elle est donc quelque chose de contradictoire, qui doit néanmoins être placé au fond de notre philosophie, comme objet d'une idée nécessaire, et qui, mais sans qu'on en eût clairement conscience pas plus que de la contradiction qui se trouvait en elle, a déjà été placée au fond de toute philosophie et de toutes les actions de l'esprit fini. Ce rapport de la chose en soi au moi est la base de tout le mécanisme de l'esprit humain et de tout esprit fini. Vouloir le changer, c'est vouloir anéantir toute conscience et avec elle toute existence.

Toutes les objections apparentes et capables de troubler celui dont la pensée n'est pas pénétrante, que l'on élève contre la science de la connaissance, ne viennent que de ce que l'on ne peut se rendre maître de l'idée exposée plus haut et s'y tenir ferme. On peut la prendre sous deux aspects également faux. Ou bien, on ne réfléchit que sur ceci, que, puisqu'il y a une idée, elle doit être en nous ; et alors, si l'on est exclusif, on devient idéaliste et l'on nie dogmatiquement toute réalité hors de nous. Alors ne se confiant qu'à son sentiment, on nie ce qui est clair, on combat les argumentations de la science de la connaissance avec des décisions prononcées sur l'autorité du bon sens, du sens commun (avec lequel, bien comprise, elle est intimement d'accord), et on accuse cette science d'idéalisme parce qu'on n'en saisit pas le sens. Ou bien on réfléchit seulement sur ceci, que l'objet de cette idée est un non-moi indépendant, et on devient réaliste transcendant; alors, croyant avoir saisi quelques pensées de Kant, sans s'être pénétré de l'esprit de toute sa philosophie, on part de son propre transcendantisme que l'on ne s'est jamais expliqué, pour accuser de transcendantisme la science de la connaissance, et l'on finit par découvrir que l'on se bat par ses propres armes.

On ne devrait faire aucune de ces choses; il ne faudrait adopter exclusivement ni l'un ni l'autre de ces points de vue; il faudrait les embrasser tous deux à la fois, et se tenir au milieu des deux déterminations opposées de cette idée. Tel est le rôle de l'imagination créatrice, qui sûrement a été départie à tout homme; car sans elle on n'aurait pas une seule représentation; mais tous les hommes ne l'ont pas assez puissante pour créer avec elle suivant les lois de l'esprit humain, ou, si, pendant un heureux instant, l'image demandée vient à briller rapide comme un éclair devant l'âme, pour la saisir fermement, l'étudier et en garder une empreinte ineffaçable. De cette faculté dépend l'aptitude que l'on apporte à la philosophie. Telle est la science de la connaissance, que ce n'est pas seulement par la lettre, que c'est uniquement par l'esprit qu'elle peut se communiquer, parce que ses idées fondamentales doivent être produites dans celui qui l'étudie par l'imagination créatrice : comme cela devait être, dans une science qui retourne aux premiers fondements de la connaissance humaine, puisque tout, dans l'esprit humain part de l'imagination, l'imagination ne peut être saisie que par l'imagination. A tous ceux chez lesquels cette faculté est endormie ou irrévocablement éteinte, il demeurera pour toujours impossible de pénétrer dans cette science ; impossibilité dont le principe n'est pas dans la science elle-même, qui est facile à comprendre, mais dans l'impuissance de ceux qui voudront l'aborder [1].

De même que l'idée énoncée est la base de tout l'édifice à l'intérieur, c'est aussi sur elle que s'en fonde la sûreté au dehors. Il est impossible d'appliquer l'esprit philosophique à un objet quelconque, sans en venir à cette idée et sans entrer par là sur le domaine de la science de la connaissance. Ses adversaires doivent la combattre, les yeux fermés peut-être, sur son propre terrain et avec ses propres armes; mais il sera toujours facile de déchirer le bandeau qui couvre leurs yeux et de leur faire voir le champ sur lequel ils se trouvent.

---

[1] La science de la connaissance doit épuiser tout l'homme ; c'est pourquoi elle ne peut être saisie que par la totalité de ses facultés. Elle ne peut devenir une philosophie universellement admise, tant que l'éducation continuera à tuer, en un si grand nombre d'hommes, une force de l'âme au profit d'une autre, l'imagination au profit de l'entendement, l'entendement au profit de l'imagination, ou ces deux facultés au profit de la mémoire. Elle devra s'enfermer en un cercle étroit aussi long-temps que durera cette méthode. — Vérité aussi pénible à dire qu'à entendre, mais qui est néanmoins une vérité.

La nature même des choses donne donc à cette science le droit d'expliquer d'avance qu'elle est mal entendue par un grand nombre, qu'elle n'est nullement comprise par plusieurs, qu'elle aura fort besoin de perfectionnement dans toutes ses parties, non-seulement après l'exposition *actuelle*, extérieurement inachevée, mais encore après la plus complète qu'il soit possible à un seul homme de présenter, mais qu'à aucune époque, ni par personne, elle ne pourra être réfutée quant à ses caractères fondamentaux.

§ 6. — TROISIÈME THÉORÈME.

Dans l'effort du moi, est posé en même temps un effort du non-moi, qui lui fait équilibre.

Disons d'abord quelques mots sur notre méthode. Dans la partie théorique de la science de la connaissance, nous n'avons eu à nous occuper que de la connaissance en elle-même (*du connaître*); ici, nous nous occupons de ce qui est connu. Là, nous demandions : *Comment* quelque chose est-il posé, aperçu, conçu, etc.? ici, nous demandons : *Qu'*y a-t-il de posé? Si donc la science de la connaissance devait avoir une métaphysique, science prétendue des choses en soi, si l'on exigeait d'elle une science de cette nature, elle renverrait à sa partie pratique. Celle-ci seule, comme on le montrera plus exactement, parle d'une réalité primitive; et si l'on demandait à la science de la connaissance : Comment sont faites les choses en soi? Elle n'aurait d'autre réponse que celle-ci : Comme nous devons les faire. Ainsi la science de la connaissance n'est nullement transcendante; car tout ce que nous montrons ici, nous le trouvons en nous-mêmes, nous le tirons de nous, parce qu'il y a en nous quelque chose qui ne peut être expliqué complètement que par quelque chose hors de nous. Nous savons que nous le pensons, que nous le pensons d'après les lois de notre esprit; que, par conséquent, nous ne pouvons jamais sortir de nous-mêmes, jamais parler de l'existence d'un objet sans sujet.

L'effort du moi doit être infini, et ne jamais avoir de causalité. Cela ne peut se concevoir que par un effort opposé qui lui fasse équilibre, c'est-à-dire, qui ait une quantité égale de force intérieure. La notion de cet effort opposé et de cet équilibre est déjà contenue dans la notion de l'effort, et peut en être développée par une analyse. Sans cette double notion, celle-ci est en contradiction avec elle-même.

1. — La notion de l'effort est la notion d'une cause qui n'est pas cause. Mais toute cause suppose une activité; tout ce qui s'efforce a une force; s'il n'avait pas une force, il ne serait pas cause, ce qui contredirait ce qui précède.

2. — L'effort, en tant qu'il est tel, a nécessairement sa quantité déterminée d'activité. Il arrive par là à être cause; s'il ne devient pas cause, il n'atteint pas son but, il est limité. S'il n'était pas limité, il serait cause et ne serait pas un effort; ce qui contredit ce qui précède.

3. — Ce qui s'efforce n'est pas limité par soi-même; il y a dans la notion de l'effort qu'il se termine par la causalité; s'il se limitait lui-même, il ne serait pas un effort. Tout effort doit donc être limité par une force opposée à celle de celui qui s'efforce.

4. — Cette force opposée doit être également un

effort, c'est-à-dire, se terminer par la causalité. Si elle ne se terminait pas ainsi, elle n'aurait aucun point de contact avec la force contraire. Mais elle ne doit avoir aucune causalité ; si elle avait de la causalité, elle anéantirait complètement l'effort contraire en anéantissant sa force.

5. — Aucun des deux termes contraires ne peut avoir la causalité. Si l'un des deux l'avait, la force du terme opposé serait par là anéantie, ils ne pourraient s'efforcer en opposition. Les deux forces doivent donc être en équilibre.

§ 7. — QUATRIÈME THÉORÈME.

L'effort du moi, l'effort opposé du non-moi et l'équilibre entre les deux doivent être posés.

A.

L'effort du moi doit être posé comme tel.

1. = Il est posé en général comme quelque chose, d'après la loi générale de la réflexion; par conséquent non comme activité, comme ce qui est en mouvement, mais comme quelque chose de fixé, de solide.

2. = Il est posé comme un effort. L'effort se termine par la causalité; il doit donc être posé comme causalité. Or, cette causalité ne peut être posée comme déterminant le non-moi, car alors il serait posé une activité réelle et agissante, et non un effort; c'est donc une activité qui ne pourrait que retourner en soi-même. Mais un effort se produisant soi-même, qui est quelque chose de fixé, de déterminé, de certain, s'appelle penchant.

Il y a dans la notion du penchant : 1. Qu'il est fondé dans l'essence intérieure du principe, où il se trouve par conséquent produit par la causalité de ce pincipe sur soi-même, par sa faculté d'être posé par soi-même : 2. Qu'il est donc quelque chose de fixe, de permanent : 3. Qu'il se termine en causalité hors de soi; mais en tant qu'il ne doit être que penchant, par soi-même il n'a pas purement de la causalité. Le penchant n'est donc que dans le sujet, et de sa nature ne sort pas de la sphère du sujet.

L'effort doit être posé ainsi, s'il *doit* être posé, et — que cela arrive immédiatement, avec ou sans conscience, — il doit être posé s'il doit être dans le moi, et si la conscience, qui, d'après ce qui précède, se fonde sur la manifestation de l'effort, *doit* être possible.

B.

L'effort du moi ne peut pas être posé, sans qu'un effort opposé du non-moi ne soit posé ; car l'effort du moi tend à la causalité, mais n'en a pas ; et qu'il n'en aie pas, la raison ne s'en trouve pas en lui-même, car autrement son effort ne serait pas un effort, il ne serait rien. Donc, s'il est posé, l'effort du non-moi doit être posé hors du moi, mais seulement comme un effort; car autrement l'effort du moi, ou comme nous le savons maintenant, le penchant serait comprimé et ne pourrait être posé.

C.

L'équilibre entre les deux efforts doit être posé.

Il ne s'agit pas de prouver ici qu'il doit y avoir équilibre entr'eux ; nous l'avons déjà montré dans le § précédent ; mais on demande seulement Qu'y a-t-il de posé dans le moi, cet équilibre étant posé ?

Le moi s'efforce de remplir l'infini ; c'est en même temps sa loi et sa tendance de réfléchir sur soi, sans être limité, et même, sans être limité relativement au penchant. Soit le penchant limité au point C : la tendance à la réflexion est satisfaite en C; mais le penchant est limité, quant à l'activité réelle. Le moi se limite alors lui-même et est posé en réciprocité d'action avec soi-même. La limite est repoussée par le penchant et maintenue par la réflexion.

Tous deux réunis donnent l'expression d'une contrainte, d'une impuissance (d'un *non-pouvoir*). Ce qui caractérise cette impuissance c'est : *a*. un plus grand effort ; ce que je ne peux pas ne serait rien pour moi, ne serait en aucune manière dans ma sphère ; *b*. la limitation de l'activité réelle, par conséquent l'activité réelle elle-même ; car ce qui n'est pas ne peut être limité ; *c*. que le limitant se trouve non en moi, mais hors de moi. Que l'on suppose qu'il n'y eût pas d'effort, il n'y aurait pas impuissance, mais absence de volonté (non-vouloir). Toute manifestation de *non-pouvoir* est une expression d'équilibre.

La manifestation du *non-pouvoir* dans le moi, s'appelle un *sentiment*. Dans le sentiment sont intimement unies, l'activité — je sens, je suis le sentant, et cette activité est celle de la réflexion ; — la limitation, — je sens, je suis passif et non actif ; il y a contrainte. Cette limitation suppose nécessairement le penchant d'aller au-delà. Ce qui ne veut pas, ce qui ne désire pas, n'embrasse rien, et n'est pas pour soi-même bien entendu, limité.

Le sentiment n'est que subjectif. Nous avons besoin pour son explication — qui est une action théorique — d'un limitant; mais non pour sa déduction, en tant que doit se présenter dans le moi la représentation de ce limitant.

Ici apparaît aussi clair que le jour ce que n'ont pu comprendre tant de philosophes, qui, se fiant à un prétendu criticisme, n'ont pu se dégager encore d'un dogmatisme transcendant; ici, dis-je, il est manifeste que (et de quelle manière) le moi ne peut développer que de soi-même tout ce qui doit se présenter en lui, sans sortir de soi-même, sans briser son cercle, comme cela doit nécessairement avoir lieu, si le moi doit être un moi. Il y a en lui un sentiment, c'est la limitation du penchant, et si ce sentiment doit être posé comme un sentiment déterminé et être distingué des autres sentiments, ce dont nous n'apercevons pas encore ici la possibilité, pour distinguer des autres penchants la limitation d'un penchant déterminé, le moi doit poser un fondement à cette limitation et le poser hors de soi. Il ne peut poser le penchant limité que par un penchant tout opposé, et place évidemment ainsi dans le penchant contraire ce qui doit être posé comme objet. Si le penchant est par exemple déterminé $= Y$, — Y doit nécessairement être posé comme objet. Mais toutes ces fonctions de l'esprit ayant lieu avec nécessité, on n'a pas conscience de son action et l'on doit nécessairement admettre que l'on a reçu du dehors ce que pourtant on a produit soi-même par sa propre force, d'après des lois particulières. Cette manière d'agir a pourtant une valeur objective; car c'est le procédé uniforme de toute raison finie, et il n'y a et ne peut y avoir d'autre valeur objective que celle-là. Au fond de toute prétention à une valeur objective différente il n'y a qu'illusion grossière et palpablement démontrable.

Il semble que dans cette investigation, nous ayons brisé le cercle dont nous venons de parler ; car, pour expliquer l'effort en général, nous avons admis un non-moi indépendant du moi et qui s'efforce contre lui. La raison de la possibilité de ce procédé et ce qui le justifie, c'est que, quiconque nous accompagne dans la présente investigation, est lui-même un moi ; mais qui depuis long-temps accomplit les actions déduites ici, et par conséquent a posé un non-moi (lequel, il doit en être convaincu par la présente recherche, est son propre produit); il a achevé avec nécessité toute la sphère de la raison et se détermine maintenant avec liberté à parcourir encore une fois la route qu'il a faite, à suivre du regard la marche qu'il a prescrite à un autre moi qu'il pose arbitrairement sur le point d'où il est parti et d'où il a fait son expérience. Le moi qui doit être étudié arrivera lui-même au point où se trouve maintenant l'observateur ; là, ils se réuniront tous deux, et cette réunion fermera le cercle.

§ 8. — CINQUIÈME THÉORÈME.

Le sentiment doit être posé et déterminé.

Faisons d'abord quelques observations générales pour nous préparer à l'investigation très-importante que nous allons entreprendre.

1. Il y a primitivement, dans le moi, un effort qui doit remplir l'infini; cet effort résiste à tout objet. 2. Le moi a en soi la loi de réfléchir sur soi-même comme remplissant l'infini; mais il ne peut réfléchir sur soi et en général sur rien, s'il n'est pas limité. L'accomplissement de cette loi, ou ce qui revient au même, la satisfaction du penchant de la réflexion, est par conséquent conditionnelle et dépend de l'objet. Ce penchant ne peut être satisfait sans objet, et par conséquent peut être défini comme penchant vers l'objet. 3. Par la limitation, au moyen d'un sentiment, ce penchant est en même temps satisfait et non satisfait, — *a.* — satisfait, — le moi devant absolument réfléchir sur soi, réfléchit avec une spontanéité absolue, et est satisfait par-là quant à la forme de l'action; il y a par conséquent dans le sentiment quelque chose qui peut être rapporté au moi, qui peut lui être attribué; — *b.* non satisfait

quant au contenu de l'action, le moi devant être posé comme remplissant l'infini, tandis qu'il est posé comme limité. Toutefois, cela a lieu nécessairement dans le sentiment. — *c.* — Mais l'acte de poser cette non-satisfaction, a pour condition le passage du moi au-delà de la limite qui lui est posée par le sentiment. Quelque chose doit être posé hors de la sphère posée par le moi, qui appartienne à l'infini; par conséquent, ce sur quoi le penchant se dirige doit être posé comme non déterminé par le moi.

Recherchons comment est possible ce passage, et partant l'acte de poser cette non-satisfaction ou ce qui est la même chose le sentiment.

I.

Le moi est limité aussi certainement qu'il réfléchit sur soi. Il ne remplit pas l'infini qu'il s'efforce néanmoins de remplir. Il est limité, disions-nous, c'est-à-dire pour un observateur possible, mais non pour soi-même. Soyons cet observateur, ou plutôt à la place du moi posons quelque chose qui ne soit qu'observé, qui soit sans vie, mais en quoi néanmoins doive avoir lieu ce qui, dans notre supposition, a lieu dans le moi. En conséquence, si l'on pose une balle élastique = A, et que l'on admette qu'elle reçoive une impression d'un autre corps,

a. — On pose en elle une force qui, aussitôt que mollit la force opposée, se manifeste, et cela sans aucune influence extérieure, qui n'a par conséquent qu'en soi-même le principe de sa causalité. La force existe, elle s'efforce en soi-même et sur soi-même pour se manifester; c'est une force qui se dirige en soi-même et sur soi-même; c'est par conséquent une force intérieure, car c'est ainsi qu'on nomme une force de cette nature; c'est un effort immédiat à la causalité sur soi-même, mais qui, à cause de la résistance extérieure, n'a aucune causalité; c'est l'équilibre de l'effort et de la pression médiate dans le corps lui-même, par conséquent ce que plus haut nous appelions penchant. Ainsi est posé un penchant dans le corps élastique admis.

b. — Ce penchant dans le corps résistant B, est posé force intérieure qui résiste à la réaction et à la résistance de A, qui par conséquent est bornée par cette résistance, mais n'a son fondement qu'en soi-même; en B, précisément comme en A, sont posés une force et un penchant.

c. — Si l'une des deux forces était augmentée, la force opposée serait affaiblie; si l'une était affaiblie, l'autre serait augmentée; la plus forte se manifesterait complètement, chassée de la sphère d'action de la plus faible. Mais elles sont maintenant en parfait équilibre, et le point de leur rencontre est le point de cet équilibre. Si celui-ci est dérangé le moins du monde, le rapport tout entier est détruit.

II.

C'est ainsi que cela se passe pour un objet sans réflexion qui s'efforce (élastique, comme nous l'appelons). Ce qu'il s'agit d'étudier ici, c'est un moi, et nous voyons ce qu'il peut en résulter.

Le penchant est une force intérieure se déterminant

à la causalité. Le corps sans vie n'a de causalité que hors de soi ; celle-ci doit-être contenue par la résistance, rien par conséquent ne s'élève à cette condition par la détermination de soi-même : il en est ainsi du moi en tant qu'il se dirige sur une causalité hors de soi ; et il n'en est pas autrement à son égard lorsqu'il ne demande qu'une causalité extérieure.

Mais le moi, précisément parce qu'il est un moi, a une causalité sur soi-même, celle de se poser, ou la faculté de réflexion. Le penchant doit déterminer la force de celui qui s'efforce, en tant que cette force doit se manifester extérieurement dans celui qui s'efforce lui-même ; de la détermination par le penchant doit nécessairement résulter une manifestation extérieure, où il n'y aurait pas de penchant, ce qui contredit l'hypothèse. Donc, du penchant suit nécessairement l'action de la réflexion du moi sur soi-même.

C'est une proposition importante qui répand sur notre investigation la plus vive clarté. 1. Les deux éléments qui se trouvent primitivement dans le moi, et qui ont été exposés, l'effort et la réflexion, sont par là étroitement réunis. Toute réflexion a l'effort pour fondement, et il n'y en a pas de possible s'il n'y a point d'effort. En renversant l'alternative, il n'y a pas d'effort pour le moi ; donc il n'y a pas d'effort du moi et même pas de moi, s'il n'y a pas de réflexion. L'un résulte nécessairement de l'autre, et ils sont tous deux en action réciproque. 2. On aperçoit ici d'une manière encore plus distincte que le moi doit être fini et limité. Pas de limitation, pas de penchant, (dans le sens transcendant) ; pas de penchant, pas de réflexion (passage au sens transcendantal) ; pas de réflexion, pas de penchant, ni de limitation, ni de limitant (sens transcendantal). Ainsi se poursuit le cercle des fonctions du moi et la réciprocité d'action étroitement liée du moi avec lui-même. 3. Ici devient fort clair ce qu'il faut entendre par activité idéale et activité réelle, comment ces deux activités se ditinguent et où se trouve leur limite. L'effort primitif du moi est considéré comme penchant, comme penchant qui n'est fondé que dans le moi, en même temps idéal et réel. Sa direction est sur le moi; il s'efforce par sa propre force sur quelque chose hors du moi; mais il n'y a là rien à distinguer si ce n'est par la limitation en vertu de laquelle la direction vers le dehors seulement est supprimée, mais non celle vers le dedans. Cette force primitive est également appréciée, et celle qui reste et qui retourne dans le moi est l'idéale. La réelle sera également posée en son temps. Ici donc apparaît en son plein jour la proposition : Pas d'idéalité, pas de réalité, et réciproquement. 4. L'activité idéale se montrera bientôt comme celle qui représente. Relativement à cette activité, le penchant doit donc être appelé penchant de représentation. Ce penchant est, par conséquent, la première et la plus haute expression du penchant, et c'est par lui que le moi devient intelligence, et il doit en être nécessairement ainsi, pour qu'un autre penchant puisse arriver à la conscience, et trouver place dans le moi, comme moi. 5. De là résulte, de la manière la plus évidente, la subordination de la partie théorique à la partie pratique. Il s'ensuit que toutes les lois théoriques doivent se fonder sur les lois pratiques et, comme il pourrait bien n'y avoir qu'une seule loi pratique, se fonder sur une seule et même loi; il en résulte par conséquent le système le plus complet dans toute son essence ; le point de vue s'y élèverait en proportion de l'élévation du penchant ; il en résulte la liberté absolue de la réflexion et de l'abstraction à l'égard de la théorie, et la possibilité, conformément à son devoir, de diriger son attention sur une chose et de la retirer d'une autre chose, possibilité sans laquelle aucune morale n'est possible. Ainsi est renversé par la base le fatalisme qui se fonde sur ce que notre action et notre volonté sont dépendantes du système de nos représentations, tandis qu'il est démontré ici que le système de nos représentations dépend, au contraire, de notre penchant et de notre volonté. C'est la seule manière de réfuter fondamentalement le fatalisme. Ce système, en un mot, apporte dans l'homme tout entier l'unité et la liaison qui manquent dans tant de systèmes.

III.

Dans cette réflexion sur soi-même, le moi ne peut pas arriver comme moi à la conscience, parce qu'il n'a jamais conscience immédiatement de son action. Il existe cependant comme moi, j'entends pour un observateur possible. Et la limite se trouve ici, là où le moi se distingue du corps sans vie, dans lequel toutefois il peut y avoir un penchant. Il est quelque chose pour lequel il peut y avoir quelque chose, quoiqu'il ne soit pas pour soi-même. Mais il y a nécessairement pour lui une force intérieure de penchant qui n'est que sentie ; puisqu'aucune conscience du moi, par conséquent aucune relation de lui-même à lui-même n'est possible; état difficile à décrire, mais que l'on peut sentir et de l'existence duquel chacun peut puiser la conviction dans son propre sentiment. Le philosophe ne peut que prouver l'existence de cet état (car elle doit être rigoureusement démontrée, sous la supposition d'un moi); mais il ne peut rien dire sur ce que doit être cet état. Demander l'existence d'un certain sentiment, n'est pas procéder d'une manière fondamentale. On fera connaître ce sentiment à l'avenir non par soi-même, mais par ses conséquences.

Ici, ce qui est vivant se sépare de ce qui est sans vie, disions-nous plus haut; la faculté de sentir est le principe de toute vie et le passage de la mort à la vie. En elle, si elle est seule, la vie est encore très-incomplète; mais elle est déjà séparée de la matière morte.

IV.

a. — Cette force est sentie comme quelque chose qui a penchant : Le moi, comme on l'a dit, se sent poussé et même poussé en dehors de lui-même. D'où vient cet en dehors du moi? On ne peut l'apercevoir encore; mais cela ne tardera pas à s'éclaircir.

b. — De même que plus haut, ce penchant doit avoir la causalité qu'il peut. Il ne détermine pas l'activité réelle, c'est-à-dire il n'y a pas de causalité sur le non-moi; aussi certainement qu'il y a un penchant, il peut et doit déterminer l'activité idéale qui ne dépend que du moi. L'activité idéale s'élève donc et pose quelque chose comme objet du penchant, comme ce que le penchant produirait s'il avait causalité. Il est démontré que cette production doit avoir lieu par l'activité idéale; mais on ne peut voir ici comment elle sera possible ; cela suppose une foule d'autres recherches.

c. — Cette production et ce qui agit en elle n'arrivent pas encore ici à la conscience. Par-là donc ne s'élève ni un sentiment de l'objet du penchant, ce sentiment n'est pas possible, ni une intuition de cet objet. Il n'en résulte rien, si ce n'est qu'il est expliqué comment le moi se sent poussé vers quelque chose d'inconnu; ce qui ouvre une voie aux considérations suivantes.

V.

Le penchant devait être senti comme penchant, c'est-à-dire comme quelque chose qui n'a pas de causalité; mais en tant qu'il penche vers la production de son objet par l'activité idéale, il a de la causalité, et à cet égard il n'est pas senti comme un penchant.

En tant que le penchant se dirige sur l'activité réelle, il n'y a rien à remarquer à cet égard; car il n'a pas de causalité, et par suite il n'est pas senti comme penchant. Réunissons les deux cas. Aucun penchant ne peut être senti, si l'activité idéale ne se dirige pas sur son objet; et elle ne peut s'y diriger, si la réelle n'est pas limitée.

Cette réunion donne la réflexion du moi sur soi comme limité; mais comme le moi, dans cette réflexion de soi-même, n'a pas conscience de soi, elle est un simple sentiment.

Le sentiment est ainsi complètement déduit. Ce qui le caractérise c'est le sentiment de la faculté, de la force qui jusqu'à présent ne se révèle pas extérieurement, un objet qui ne se manifeste pas non plus : un sentiment de contrainte, d'impuissance, telle est l'expresssion du sentiment qui devait être déduite.

§ 9. — SIXIÈME THÉORÈME.

Le sentiment doit être défini et limité davantage.

I.

1. — Le moi se sent limité, c'est-à-dire il est limité pour lui-même, et non comme précédemment, ou comme le corps élastique sans vie, seulement pour un observateur hors de lui. Son activité est supprimée pour lui-même : pour lui-même, disons-nous, car nous apercevons, de notre point de vue élevé, qu'il a produit hors de soi, par une faculté absolue, un objet du penchant, mais le moi qui est l'objet de notre recherche ne le voit pas encore.

Cet anéantissement total d'activité contredit le caractère du moi ; aussi certainement qu'il existe, le moi doit rétablir pour soi l'activité, c'est-à-dire il doit se mettre en position de se poser libre et illimité, bien que dans une réflexion future.

Ce rétablissement de son activité a lieu, en vertu de la déduction que nous avons présentée, par spontanéité absolue, uniquement en conséquence de l'essence du moi, sans autre impulsion. Une réflexion sur le sujet réfléchissant, laquelle, comme le prouvera bientôt l'action présente, n'est que l'interruption d'une action pour en poser une autre à la place ; — tandis que le moi sent de la manière décrite, il agit aussi, seulement sans conscience ; à la place de cette action, il doit s'en présenter une autre qui rende au moins la conscience possible ; — cette réflexion, dis-je, a lieu avec une spontanéité absolue. Le moi agit en elle absolument parce qu'il agit.

La limite est ici entre la vie simple et l'intelligence, comme elle était plus haut entre la mort et la vie. Ce n'est que de cette spontanéité que résulte la conscience du moi. Ce n'est par aucune loi de la nature, par aucune conséquence des lois de la nature, c'est par la liberté absolue que nous nous élevons à la raison, non par un passage, mais par un saut. C'est pourquoi il faut nécessairement, en philosophie, partir du moi, parce qu'il ne peut pas être déduit ; et la tentative des matérialistes pour expliquer les manisfestations de la raison par les lois de la nature sera éternellement inexécutable.

2. = Il est aussi évident que l'action demandée qui n'a lieu que par spontanéité absolue, ne peut avoir lieu que par l'activité idéale. Mais toute action, aussi certainement qu'elle est action, a un objet. L'action présente, qui ne doit avoir son fondement que dans le moi, qui, quant à ses conditions, ne doit dépendre que du moi, ne peut avoir pour objet que ce qui existe dans le moi. Mais il n'y a rien en lui que le sentiment, elle se dirige donc nécessairement sur le sentiment.

L'action a lieu avec spontanéité absolue, et à cet égard, elle est pour l'observateur possible une action du moi. Elle se dirige sur le sentiment, c'est-à-dire sur ce qui réfléchit dans la réflexion précédente qui formait le sentiment. L'activité se dirige sur l'activité ; ce qui réfléchit dans cette réflexion, ou ce qui sent, est posé par conséquent comme moi. L'ipséité du sujet réfléchissant dans la fonction présente qui, comme telle, n'arrive pas à la conscience, est transportée sur cela.

En vertu de l'argumentation présentée plus haut, le moi est ce qui se détermine soi-même. Le sujet sentant ne peut donc être moi qu'en tant qu'il est déterminé au sentiment par le penchant, partant par le moi, partant par soi-même ; c'est-à-dire qu'en tant qu'il se sent soi-même, qu'il sent en soi sa propre virtualité. Ce n'est que le sujet sentant qui est le moi, et ce n'est que le penchant, en tant qu'il réalise le sentiment ou la réflexion, qui appartient au moi. Ce qui se trouve au-delà de cette limite, s'il s'y trouve quelque chose, — et nous savons qu'en effet le penchant vers l'extérieur doit s'y trouver, — est exclu ; et il faut bien le remarquer, car ce qui est exclu devra être réadmis en son temps.

Ainsi, ce qui est senti devient, dans et pour la réflexion présente, le moi. — De même, le moi n'est moi pour le principe qui sent qu'en tant qu'il est déterminé par soi-même, c'est-à-dire qu'il se sent.

II.

Dans la réflexion présente, le moi n'est posé comme moi qu'en tant qu'il est en même temps ce qui sent et ce qui est senti, et par conséquent qu'il est en réciprocité d'action avec soi-même. Il doit être posé comme moi, et par conséquent de la manière décrite.

1. — Le sujet qui sent est posé comme actif dans le sentiment en tant qu'il est réfléchissant, et à cet égard ce qui est senti est passif; il est objet de la réflexion. En même temps le sujet sentant est posé comme passif dans le sentiment, en tant qu'il se sent comme poussé, et à cet égard ce qui est senti ou le penchant est actif; il est ce qui pousse.

2. — C'est une contradiction qui doit être conciliée, et ne peut l'être que de la manière suivante. Ce qui sent est actif relativement à ce qui est senti, et à cet égard il n'est qu'actif; (il ne se présente pas alors à la conscience, qu'il est poussé par une impulsion à la réflexion. On tient compte du penchant à la réflexion — dans notre recherche philosophique, — mais non dans la conscience primitive. Il se confond avec ce qui est l'objet du sujet sentant, et n'est pas distingué dans la réflexion sur le sentiment;) mais il doit être passif en relation avec le penchant. C'est par le penchant vers le dehors qu'il est réellement poussé à produire un non-moi par l'activité idéale. (Il est actif dans cette fonction, mais de même qu'il n'était pas réfléchi plus haut sur sa passivité, il n'est pas réfléchi ici sur cette activité. Pour soi-même, dans la réflexion sur soi, il est contraint d'agir, quoique cela semble une contradiction, laquelle sera résolue en son temps). De là la contrainte sentie de poser quelque chose comme existant réellement.

3. — Ce qui est senti est actif, en vertu du penchant à la réflexion. Dans le même rapport avec le sujet réfléchissant, il est passif, car il est objet de la réflexion; mais on ne réfléchit pas sur ce dernier cas, parce que le moi est posé comme une seule et même chose, comme

se sentant, et qu'il n'est pas réfléchi sur la réflexion. Le moi est, par conséquent, posé passif dans un autre rapport, c'est-à-dire en tant qu'il est limité; et dans ce cas le limitant est un non-moi. (Tout objet de la réflexion est nécessairement limité, et a une quantité déterminée. Mais en réfléchissant, on ne déduit jamais cette limitation de la réflexion elle-même, parce qu'il n'est pas réfléchi sur elle à cet égard.)

4. — L'un et l'autre doivent former un seul et même moi et être posés comme tel. Pourtant l'un est considéré comme actif relativement au non-moi, et l'autre comme passif dans la même relation; là, un non moi est produit par l'activité idéale du moi; ici, le moi est limité par ce non-moi.

5. — La contradiction est facile à concilier; si le moi produisant a été posé comme passif, le moi senti l'a été également dans la réflexion. Donc, en relation avec le non-moi, le moi est toujours passif pour soi-même; il n'a pas conscience de son activité, et il n'est pas réfléchi sur elle. De là vient que la réalité de la chose paraît être sentie, tandis cependant qu'il n'y a de senti que le moi.

Ici se trouve le fondement de toute réalité. Ce n'est que par la relation du sentiment au moi, que nous avons démontré, que la réalité, aussi bien celle du moi que celle du non-moi, devient possible pour le moi. Il est créé quelque chose qui n'est possible que par le rapport d'un sentiment, sans que le moi, ait conscience de l'intuition qu'il en a, quelque chose dont il ne peut avoir conscience, et qui, à cause de cela, paraît être et est cru senti.

La réalité en général, celle du moi, aussi bien que celle du non-moi, ne peut être que l'objet de la foi.

§ 10. — SEPTIÈME THÉORÈME.

Le penchant doit être posé et déterminé.

Ayant déterminé et expliqué le sentiment, nous devons de même déterminer le penchant, parce qu'il accompagne le sentiment. Cette explication nous fera avancer et gagner du terrain dans le champ de la faculté pratique.

1. — Le penchant est posé, c'est-à-dire le moi réfléchit sur lui. Or, le moi ne peut réfléchir que sur soi-même; et il n'y a également que ce qui est en lui et pour lui qui lui soit accessible. Par conséquent le penchant doit avoir eu action dans le moi et même, — en tant qu'il est posé comme moi par la réflexion qui a été indiquée plus haut, — s'être présenté dans le moi.

2. — Le *sentant* est posé comme moi. Il serait déterminé, par le penchant senti et primitif, à sortir de soi-même et à produire quelque chose par l'activité idéale. Or, ce penchant primitif se dirige non sur la pure activité idéale, mais sur la réalité; et le moi est ainsi déterminé à la production d'une réalité, hors de soi. Cette détermination ne peut être satisfaite, parce que l'effort ne peut jamais avoir causalité, et doit être

maintenu en équilibre par l'effort contraire du non-moi. Par conséquent, en tant qu'il est déterminé par le penchant, il est limité par le non-moi.

3. = La tendance constante du moi est de réfléchir sur soi-même, aussitôt que la limitation, condition de toute réflexion, s'introduit en lui. Cette condition s'introduit ici. Le moi doit donc nécessairement réfléchir sur cet état qui lui est propre. Dans cette réflexion, le réfléchissant s'oublie comme toujours; et à cause de cela elle n'arrive pas jusqu'à la conscience. Elle a lieu en outre par une simple impulsion, par conséquent il n'y a pas en elle la moindre manifestation de la liberté et elle est comme plus haut un simple sentiment. Seulement il s'agit de savoir ce qu'est un sentiment.

4. — L'objet de cette réflexion est le moi, ce qui a reçu l'impulsion est donc le moi *idealiter*, actif en soi-même, qui a été poussé par une impulsion se trouvant en lui-même, par conséquent non arbitraire et spontanée. Mais cette activité du moi se dirige sur un objet qu'elle ne peut réaliser comme chose, ni présenter par l'activité idéale. C'est donc une activité qui n'a pas d'objet; mais qui néanmoins est poussée irrésistiblement sur un objet et qui n'est que sentie. On donne à cette détermination du moi les noms d'aspiration, désir. C'est un penchant vers quelque chose de complètement inconnu, qui ne se révèle que par un besoin, un état de malaise, un vide qui veut être rempli sans indiquer par quoi. Le moi sent en soi un désir; il sent le besoin de quelque chose.

5. — Les deux sentiments, celui de l'aspiration qui vient d'être déduit et celui de la limitation et de la

contrainte qui a été signalé plus haut, doivent être distingués et mis en relation l'un avec l'autre; car le penchant doit être déterminé. Le penchant se manifeste par un certain sentiment; il doit être déterminé, mais il ne peut l'être que par un sentiment d'une autre sorte.

6. — Si le moi n'était pas limité dans le premier sentiment, il n'y aurait pas aspiration, il y aurait causalité dans le second; car le moi pourrait alors produire quelque chose hors de soi et son penchant ne serait pas borné à déterminer le moi intérieurement. Réciproquement, si le moi ne se sentait pas en aspiration, il ne pourrait se sentir limité, puisque ce n'est que par le sentiment de l'aspiration qu'il sort de soi-même, — puisque ce n'est que par ce sentiment que dans le moi et pour le moi est posé quelque chose qui doit être en dehors de lui.

Cette aspiration est importante, non-seulement pour la connaissance pratique, mais pour toute la science de la connaissance. Ce n'est que par elle que le moi est poussé en soi-même hors de soi, ce n'est que par elle que se manifeste en lui-même un monde extérieur.

7. — Toutes deux sont donc unies synthétiquement. L'une est impossible sans l'autre. Pas de limitation, pas d'aspiration; pas d'aspiration, pas de limitation. Toutes deux sont entièrement opposées l'une à l'autre. Dans le sentiment de la limitation, le moi n'est senti que comme passif; dans celui de l'aspiration, il n'est senti que comme actif.

8. — Toutes deux se fondent sur le penchant, et même sur un seul et même penchant dans le moi. Le

penchant du moi, limité par le non-moi et devenu seulement par là capable d'un penchant, détermine la faculté de réflexion et ainsi s'élève le sentiment d'une contrainte. Ce même penchant détermine le moi par une activité idéale à sortir de soi, et à produire quelque chose hors de soi ; et comme à cet égard le moi est limité, de là s'élève une aspiration et relativement à la faculté de réflexion, la nécessité de la réflexion du sentiment de l'aspiration. La question est de savoir comment un seul et même penchant peut produire une opposition seulement par la variété des faces sur lesquelles il se dirige. Dans la première fonction, il ne se dirige que vers la faculté de réflexion qui n'embrasse que ce qui lui est donné ; dans la seconde, vers l'effort absolu, libre, fondé dans le moi, qui s'efforce de créer et crée réellement par l'activité idéale. Seulement jusqu'à présent nous ne connaissons pas son produit et nous n'avons pas la faculté de le connaître.

9. — L'aspiration est par conséquent l'expression primitive complètement indépendante de l'effort qui se trouve dans le moi ; indépendante parce que, ne prenant garde à aucune limitation, elle ne peut être retenue par-là. Observation importante, car il sera démontré que l'aspiration est le véhicule de toutes les lois pratiques et que ce n'est qu'en cela qu'il est permis de reconnaître si elles peuvent ou non en être déduites.

10. — Dans l'aspiration, la limitation fait naître un sentiment de contrainte qui doit avoir son fondement dans un non-moi. L'objet de l'aspiration (ce que rendrait réel le moi déterminé par le penchant, s'il avait causalité, et ce que l'on peut nommer l'idéal) est com-

plètement proportionné et symétrique à l'effort du moi ; mais ce qui pourrait être posé par la relation du sentiment de la limitation avec le moi et ce qui y est aussi posé lui résiste. Les deux objets sont donc opposés l'un à l'autre.

11. — Puisqu'il ne peut y avoir aspiration dans le moi, sans sentiment de contrainte, et réciproquement, le moi, dans ces deux sentiments synthétiquement réunis, ne forme qu'un seul et même moi. Néanmoins dans les deux déterminations, il est manifestement rejeté en lutte avec soi-même, en même temps limité et illimité, fini et infini. Cette contradiction doit être supprimée et nous allons tâcher maintenant de la résoudre d'une manière satisfaisante.

12. — L'aspiration, nous l'avons dit, tend à produire réellement quelque chose hors du moi ; cela est impossible. Autant qu'il nous est permis de le prévoir, le moi ne peut le faire dans aucune de ses déterminations. Néanmoins le penchant qui se dirige au dehors doit agir dans la mesure de son pouvoir. Or, il peut agir sur l'activité idéale du moi, la déterminer, sortir de soi et produire quelque chose. Il n'est pas question ici de la faculté de la production qui sera bientôt déduite génétiquement ; mais il faut répondre à la question qui se présente à l'esprit de quiconque nous a suivis : Pourquoi n'avons-nous pas fait d'abord ce postulat, quoique nous soyons partis primitivement d'un penchant vers le dehors? Nous répondons : Le moi ne peut avoir de valeur pour soi-même (car il n'est question que de cela ; nous avons déjà fait plus haut ce postulat pour un observateur possible), il ne peut se diriger vers le dehors sans s'être d'abord limité ; car

jusqu'à présent il n'y a pour lui ni dedans ni dehors. Cette limitation de soi-même a eu lieu par le sentiment de soi-même qui a été déduit. Il ne peut pas davantage en effet se diriger vers le dehors, si d'une manière quelconque le monde extérieur ne se révèle pas à lui en lui-même, ce qui arrive par l'aspiration.

13. = On demande donc : Comment produira l'activité idéale du moi, déterminée par l'aspiration, et quel sera son produit? Il y a dans le moi un sentiment déterminé de la limitation = X. Il y a en outre dans le moi une aspiration à la réalité. Mais la réalité ne se manifeste pour le moi que par le sentiment : par conséquent l'aspiration tend à un sentiment. Or, le sentiment auquel il est aspiré n'est pas le sentiment X ; car avant celui-ci le moi ne se sentait pas limité, n'aspirait donc pas et ne se sentait pas en général ; c'est plutôt le sentiment opposé — X. L'objet qui doit exister, si le sentiment — X doit se trouver dans le moi, et que nous nommons — X, doit être produit. Ce serait l'idéal, ou si l'objet X (fondement du sentiment de la limitation X) pouvait être senti, l'objet — X serait facile à poser par la simple limitation. Mais cela est impossible, parce que le moi ne sent jamais un objet, ne sent jamais que soi-même. Ou, s'il était permis au moi d'ériger en soi le sentiment — X, il pourrait comparer immédiatement les deux sentiments, remarquer leurs différences, et les montrer dans les objets comme leurs fondements ; mais le moi ne peut ériger de sentiment en soi ; il aurait autrement une causalité qu'il ne doit pas avoir. Cela rentre dans la proposition de la science de la connaissance théorique : Le moi ne peut pas se limiter. Dans le problème à résoudre, il ne s'agit donc

de rien moins que de conclure immédiatement du sentiment de la limitation qui ne peut être déterminé davantage, à ce que le moi produise l'objet de l'aspiration entièrement opposé, seulement par l'activité idéale dans la direction du premier sentiment.

14. = L'objet du sentiment de la limitation est quelque chose de réel; celui de l'aspiration n'a pas de réalité, mais il doit en avoir en conséquence de l'aspiration, car celle-ci tend à la réalité. Tous deux sont opposés l'un à l'autre, parce que se sentant limité par l'un, le moi s'efforce vers l'autre pour sortir de la limitation. Ce qu'est l'un, l'autre ne l'est pas. Voilà tout ce qu'il est permis d'en dire jusqu'à présent.

15. = Pénétrons plus profondément dans notre investigation. D'après ce qui précède, le moi s'est posé comme moi, par la réflexion libre sur le sentiment. D'après la proposition fondamentale, ce qui se pose soi-même, ce qui est en même temps déterminant et déterminé est le moi. Par conséquent, dans cette réflexion (qui se manifeste comme sentiment de soi-même), le moi s'est déterminé, s'est entièrement circonscrit, s'est limité; il est en elle absolument déterminant.

16. = C'est l'activité vers laquelle se dirige le penchant qui tend vers l'extérieur; il est donc à cet égard un penchant à déterminer, à modifier quelque chose hors du moi, la réalité déjà donnée par le sentiment en général. Le moi était en même temps le déterminé et le déterminant. Par le penchant, il est poussé vers e dehors, c'est-à-dire : il doit être le déterminant. Mais toute détermination suppose une matière déterminable. Il faut conserver l'équilibre. La réalité de-

meure donc toujours ce qu'elle était, réalité, quelque chose qui peut être mis en relation avec le sentiment ; pour la réalité comme telle, comme simple matière, on ne peut concevoir d'autre modification que l'anéantissement total. Mais son existence est la condition de la vie ; dans ce qui ne vit pas, il ne peut y avoir de penchant ; et aucun penchant dans ce qui a vie ne peut tendre à l'anéantissement de la vie. Le penchant qui se manifeste dans le moi ne se dirige donc pas sur la matière en général, il tend à une certaine détermination de la matière. (On ne peut pas dire différente matière. La matérialité est absolument simple ; mais matière avec déterminations diverses.)

17. — C'est cette détermination par le penchant qui est sentie comme une aspiration. Le but de l'aspiration est donc non la production, mais la modification de la matière.

18. — Le sentiment de l'aspiration n'était pas possible sans réflexion sur la détermination du moi par le penchant indiqué, comme cela se comprend. Cette réflexion n'était pas possible sans la limitation du penchant et même expressément du penchant à la détermination qui seul se manifeste dans l'aspiration. Or, toute limitation du moi n'est que sentie. On demande ce que peut être le sentiment par lequel est senti comme limité le penchant de la détermination.

19. — Toute détermination a lieu par l'activité idéale, par conséquent, pour que le sentiment demandé soit possible, il faut qu'un objet soit déterminé par cette activité idéale, et cette activité de détermination doit être mise en relation avec le sentiment. Ici s'élèvent les questions suivantes : — 1. Comment l'activité

idéale doit-elle atteindre à la possibilité et à la réalité de cette détermination? — 2. Comment cette détermination peut-elle être mise en rapport avec le sentiment?

Nous répondons à la première : Nous avons déjà montré qu'il y a une détermination de l'activité idéale du moi par le penchant qui doit agir constamment autant qu'il peut. En conséquence de cette détermination, par elle doit d'abord être posé le fondement de la limitation, comme objet complètement déterminé du reste par soi-même; mais lequel précisément pour cela n'arrive pas et ne peut arriver à la conscience. En effet, un penchant a été montré dans le moi, d'après une simple détermination; et en conséquence l'activité idéale doit avant tout se diriger sur lui, lutter contre lui pour déterminer l'objet posé. Nous ne pouvons pas dire, comment, en conséquence du penchant, le moi doit déterminer l'objet; mais nous savons du moins que, d'après le penchant qui a son fondement dans les replis les plus intimes de son être, il doit, dans la détermination, être le déterminant, le principe purement et absolument actif. Même en faisant abstraction du sentiment déjà connu de l'aspiration, dont la présence seule décide la question, ce penchant de détermination peut-il, d'après les principes purs, avoir *à priori* une causalité, être ou non satisfait? La possibilité d'une aspiration est fondée sur sa limitation; sur celle-là la possibilité d'un sentiment; sur celui-ci la vie, la conscience et l'être spirituel en général. Le penchant de détermination, n'a par conséquent aucune causalité aussi certainement que le moi est moi. Le fondement de cela ne se trouve pas plus en lui-même que dans l'effort en général; car s'il s'y trouvait, il ne serait plus un penchant : la détermination de soi-même prend sa marche dans un penchant contraire du non-moi, dans une causalité du non-moi, complètement indépendante du moi et de son penchant, et se dirige d'après ses lois, comme celui-ci se dirige d'après les siennes.

S'il y a par conséquent un objet en soi et s'il a en soi ses déterminations, c'est-à-dire produites par la propre causalité intérieure de sa nature (comme nous l'admettons toujours hypothétiquement, mais comme nous le réaliserons pour le moi), si l'activité idéale (intuitive) du moi est poussée au dehors par le penchant, le moi doit déterminer et détermine l'objet. Elle est guidée dans cette détermination par le penchant et tend à le déterminer d'après lui ; mais elle se trouve en même temps sous l'influence du non-moi et est limitée par lui, par la qualité réelle de la chose, impuissante à le déterminer d'après le penchant dans un degré supérieur et inférieur.

Le moi est limité par cette limitation du penchant ; de même que dans toute limitation de l'effort, et de la même manière, naît un sentiment, qui est ici le sentiment de la limitation du moi, non par la substance mais par la qualité (état) de la matière. Ainsi reçoit en même temps sa réponse, la seconde question : Comment la limitation de la détermination peut-elle être mise en rapport avec le sentiment.

20. — Démontrons plus rigoureusement ce qui a été dit.

a. — Le moi se déterminait par spontanéité absolue, comme il a été dit plus haut. C'est à cette activité de la détermination que s'applique le penchant que nous avons maintenant à étudier, c'est ce penchant qui la pousse au dehors. Pour connaître à fond la détermination de l'activité par le penchant, il nous faut avant tout connaître à fond cette activité elle-même.

b. — Dans l'acte, elle était purement et uniquement réfléchissante; elle déterminait le moi, comme elle le trouvait, sans rien changer en lui : on pourrait dire qu'elle ne faisait simplement que donner la forme, la figure. Le penchant ne doit ni ne peut rien y introduire qui ne soit pas en elle; il penche seulement à donner forme à ce qui existe, tel qu'il existe, pour la pure intuition, mais nullement pour la modification de la chose par une causalité réelle. Il doit seulement être produit dans le moi une détermination comme elle est dans le non-moi.

c. — Mais pourtant, réfléchissant sur soi-même, le moi devait avoir en soi à un égard la mesure de la réflexion. Car il se dirigeait sur ce qui était en même temps déterminé (*realiter*) et déterminant et le posait comme moi. Que telle chose existât, cela ne dépendait pas de lui en tant qu'il est considéré purement comme réfléchissant. Mais pourquoi ne réfléchissait-il pas sur la partie, sur le déterminé seulement ou uniquement sur le réfléchissant? pourquoi pas sur le tout? Pourquoi n'étendait-il pas la circonférence de son objet? Le fondement de cela ne pouvait pas se trouver hors de lui, parce que la réflexion avait lieu avec spontanéité absolue. Il devait avoir seulement en soi par conséquent ce qui est le propre de toute réflexion, la limitation. Qu'il en fût ainsi, cela résulte d'une autre considération. Le moi devait être posé. Le principe en même temps déterminant et déterminé a été posé comme moi. Le principe réfléchissant avait en soi cette mesure et l'appliquait à la réflexion ; car en réfléchissant par spontanéité absolue, ce principe est en même temps déterminant et déterminé.

Le principe réfléchissant a-t-il, pour la détermination du non-moi, une loi intérieure semblable, et quelle est cette loi ?

Il est facile de répondre à cette question d'après les principes déjà exposés. Le penchant se dirige sur le moi réfléchissant tel qu'il est. Il ne peut rien lui donner, rien lui enlever ; sa loi intérieure de détermination demeure la même. Tout ce qui doit être objet de sa réflexion et de sa détermination (idéale), doit être en même temps déterminant et déterminé (*realiter*) ; de même aussi du non-moi qui doit être déterminé. La loi subjective de la détermination est ainsi d'être en même temps déterminant et déterminé, ou en d'autres termes déterminé par soi-même. Le penchant de détermination tend à trouver cette loi réalisée et ne peut être satisfait qu'à cette condition. Il demande une détermination, entité et totalité parfaite qui ne consiste que dans ce caractère. Ce qui n'est pas en même temps le déterminant, en tant qu'il est le déterminé, est à cet égard sous l'influence d'une action, d'une cause, qui est exclue de la chose comme quelque chose d'hétérogène, qui en est séparée par la limite que tire la réflexion et qui est expliquée par quelque chose autre. Ce qui, en tant qu'il est déterminant, n'est pas en même temps le déterminé, est à cet égard cause, et la détermination est rapportée à quelque chose autre exclu par là de la sphère que la réflexion a assignée à la chose : c'est seulement en tant que la chose est en réciprocité d'action avec elle-même qu'elle est une chose et une chose identique. Ce caractère est transporté par le penchant de détermination du moi aux choses; c'est une remarque importante.

Les exemples les plus communs nous servent d'éclaircissement. Pourquoi une sensation simple n'est-elle pas analysée en plusieurs? Pourquoi est-elle douce ou amère, rouge ou jaune, etc.; en d'autres termes, pourquoi une sensation forme-t-elle un tout consistant pour soi, et n'est-elle pas purement une partie de l'essence d'une autre? L'unique raison doit évidemment s'en trouver dans le moi pour lequel elle est une sensation simple; il doit donc y avoir en lui *à priori* une loi de la limitation en général.

d. — La différence du moi et du non-moi consiste toujours dans l'identité de la loi de détermination. S'il est réfléchi sur le moi, le réfléchissant et le réfléchi, le déterminant et le déterminé sont également une seule et même chose : s'il est réfléchi sur le non-moi, ils sont opposés; alors, bien entendu, le réfléchissant est toujours le moi.

e. — Ici nous avons en même temps la preuve que le penchant de détermination ne tend pas à une modification réelle, mais seulement à la détermination idéale, à déterminer pour le moi, à lui esquisser d'après une image. Ce qui peut être l'objet de cette esquisse doit être *realiter* parfaitement déterminé par soi-même, et il ne reste rien pour une activité réelle, ou plutôt une activité de cette nature se trouve en contradiction manifeste avec la détermination du penchant. Si le moi est modifié *realiter*, ce qui devait être donné n'est pas donné.

21. — On demande seulement comment et de quelle manière le déterminable doit être donné au moi. La réponse à cette question va nous faire entrer plus profondément dans la connexion synthétique des actions qui doivent être indiquées ici.

Le moi réfléchit sur soi comme déterminé et déterminant, et se limite à cet égard, (il va aussi loin que le déterminé et le déterminant) mais il n'y a pas de limitation sans limitant. Ce limitant, qui doit être opposé au moi, ne peut pas, comme cela est demandé dans la théorie, être produit par l'activité idéale, mais il doit être donné au moi, se trouver en lui. Ainsi quelque chose se trouve dans le moi, savoir ce qui est exclu dans cette réflexion, comme cela a été indiqué plus haut. Le moi ne se pose à cet égard comme moi qu'en tant qu'il est déterminé et déterminant, mais il n'est les deux que dans un rapport idéal. Mais son effort vers l'activé réelle est limité; il est posé à cet égard comme une force intérieure, enfermée, se déterminant soi-même (c'est-à-dire en même temps déterminée et déterminante), ou comme cette force est sans manifestation extérieure, comme matière intensive. S'il est réfléchi sur le moi comme tel; l'opposition est portée, par conséquent au dehors, et ce qui est en soi et primitivement subjectif, se métamorphose en objectif.

a. — On voit ici avec une entière clarté, d'où vient la loi : le moi ne peut pas se poser comme déterminé, sans s'opposer un non-moi. D'après cette loi suffisamment connue, nous aurions pu en effet poursuivre ainsi dès le commencement : si le moi doit se déterminer, il doit nécessairement s'opposer quelque chose ; mais comme nous sommes ici dans la partie pratique de la science de la connaissance, et que nos remarques doivent porter partout sur le sentiment et le penchant, nous avions à déduire cette loi elle-même d'un penchant. Le penchant qui primitivement tend au dehors, agit suivant son pouvoir ; et comme il ne peut agir sur l'activité réelle, il agit du moins sur l'activité idéale qui de sa nature ne peut être limitée et se pousse au dehors. De là s'élève l'opposition ; et ainsi se rattachent par le penchant et dans le penchant toutes les déterminations de la conscience et en particulier la conscience du moi et du non-moi.

b. — Le subjectif se transforme en objectif, et réciproquement, tout objectif est primitivement un subjectif. On ne peut pas en donner un exemple complètement satisfaisant, car il s'agit ici d'un déterminé en général, de ce qui n'est rien de plus que déterminé ; et un déterminé semblable, nous en verrons bientôt la raison, ne peut se présenter dans la conscience. Tout déterminé, aussi certainement qu'il doit se présenter dans la conscience, est nécessairement quelque chose de particulier. Mais la première assertion peut être clairement démontrée dans la conscience par des exemples pris dans la sphère de la dernière.

Que quelque chose en effet soit doux, acide, rouge, jaune, etc., une détermination de cette sorte est évidemment quelque chose d'uniquement subjectif ; et nous ne nous attendons pas à le voir nier par quiconque a l'intelligence de ces expressions. Ce qui est doux ou acide, rouge ou jaune, ne peut absolument pas être décrit ; il ne peut qu'être senti ; on ne saurait le communiquer par une description, chacun doit mettre l'objet en rapport avec son propre sentiment, pour avoir une connaissance de notre sensation. On peut dire seulement : J'ai en moi la sensation de l'amer, du doux, etc., et rien de plus. Mais supposez qu'une autre personne mette l'objet en rapport avec son sentiment : D'où sait-on que la connaissance de votre sensation s'élève par là en elle, et qu'elle sent uniformément avec vous ? D'où savez-vous, par exemple, que le sucre fait sur son goût la même impression que sur le vôtre ? Il est vrai que vous appelez douce l'impression que vous recevez si vous mangez du sucre, et que cette personne et tous vos semblables la nomment douce avec vous ; mais cette conformité d'intelligence n'est que dans les mots. D'où savez-vous donc que ce que précisément tous deux vous nommez doux est pour elle ce qu'il est pour vous ? On ne peut rien décider à cet égard. Il s'agit d'une chose qui n'est pas objective, qui se trouve dans le domaine purement subjectif, ce n'est que par la synthèse du sucre avec un caractère déterminé subjectif en soi, mais qui n'est objectif que quant à sa définition par rapport au goût, que la chose passe dans le domaine de l'objectivité. C'est de relations semblables purement subjectives à l'égard du sentiment que procède toute notre connaissance ; sans sentiment, aucune représentation de choses hors de nous n'est possible.

Cette détermination de vous-même vous la transportez aussitôt sur quelque chose hors de vous ; de ce qui est proprement un accident de votre moi, vous faites l'accident d'une chose qui doit être hors de vous (en vertu de la nécessité des lois qui ont été établies dans la science de la connaissance), l'accident d'une matière qui doit être répandue dans l'espace et le remplir. Depuis long-temps, le soupçon aurait dû s'éveiller en vous que cette matière peut bien être quelque chose qui n'existe qu'en vous, quelque chose de purement subjectif, parce que vous-même, sans qu'aucun autre sentiment de cette matière vous arrive, vous pouvez, de votre propre aveu, transporter sur elle quelque chose de purement subjectif ; parce qu'en outre cette matière n'existe pas pour vous sans un caractère subjectif qui doit être transporté sur elle, et qu'elle n'est par conséquent pour vous, que le support dont vous avez besoin pour le subjectif qui doit être transporté hors de vous. En tant que vous transportez le subjectif sur elle, elle est sans aucun doute en vous et pour vous. Si elle était primitivement hors de vous et qu'elle fût venue du dehors en vous, pour que la synthèse que vous avez à opérer fût possible, elle devrait être venue en vous par les sens. Mais les sens ne nous présentent qu'un caractère subjectif de même nature que celui qui a été indiqué plus haut. La matière, comme telle, ne tombe en aucune façon sous les sens, elle ne peut être figurée et conçue que par l'imagination productive. Elle n'est pas vue, elle n'est pas entendue, elle n'est pas goûtée; mais pourrait objecter une personne encore novice dans l'abstraction, elle tombe sous le sens du tact. Ce sens ne s'instruit que par la sensation d'une résistance, d'une impuissance (d'un non-pouvoir) qui est quelque chose de subjectif. Ce qui résiste n'est heureusement pas senti et n'est que l'objet d'une conclusion. Ce n'est jamais que la superficie extérieure du corps qui se présente, et c'est toujours par un caractère subjectif quelconque que l'on apprend de celle-ci qu'elle est, par exemple, rude ou polie, chaude ou froide, dure ou molle, etc.; mais ce n'est pas dans l'intérieur du corps lui-même qu'on le trouve. Pourquoi cette chaleur ou ce froid que vous sentez (avec la main), l'étendez-vous sur une large surface et ne les placez-vous en un seul point? Comment arrivez-vous en outre à admettre entre les diverses faces du corps, un intérieur que pourtant vous ne sentez pas? Cela a lieu évidemment au moyen de l'imagination productive. Cependant vous tenez cette matière pour quelque chose d'objectif, et vous n'avez pas tort, car vous êtes conduit et vous devez arriver à admettre son existence, puisque sa production a son principe dans une loi générale de la raison.

22. — Le penchant était dirigé sur l'activité du moi qui réfléchit sur soi-même, qui se détermine soi-même comme moi. La détermination qu'il opère implique donc expressément que ce doit être le moi qui détermine la chose, — par conséquent que le moi doit réfléchir sur soi dans cette détermination. Il doit réfléchir sur soi, c'est-à-dire se poser comme le déterminant. Nous reviendrons à cette réflexion, nous ne la considérons ici que comme un moyen de pénétrer plus profondément dans notre recherche.

23. — L'activité du moi est une et ne peut se diriger en même temps sur plusieurs objets. Elle devait déterminer le non-moi que nous nommons X. Par la même activité, bien entendu, le moi doit réfléchir sur soi-même dans cette détermination. Cela n'est pas possible sans que l'action de la détermination (de l'X) ne soit interrompue. La réflexion du moi sur soi-même

a lieu avec spontanéité absolue, par conséquent aussi l'interruption. Le moi interrompt l'action de la détermination avec spontanéité absolue.

24. — Le moi est par conséquent limité dans la détermination, et de là naît un sentiment. Il est limité, car le penchant de la détermination allait au dehors, sans aucune détermination, c'est-à-dire dans l'infini. Il avait en soi la loi de réfléchir sur ce qui était déterminé *realiter* par soi-même, comme sur une seule et même chose, — mais il n'y avait pas de loi pour que — dans notre cas X — ce déterminé allât jusqu'à B, ou jusqu'à C, etc. Maintenant cette détermination est interrompue en un point déterminé, que nous nommons C (ce qu'est ce point pour une limitation se trouvera en son temps; mais que l'on se garde de le considérer comme une limitation dans l'espace. Il s'agit d'une limitation d'intensité, par exemple, de ce qui distingue le doux de l'amer; etc.). Donc il y a une limitation du penchant, comme condition d'un sentiment. Il y a ensuite une réflexion de même que ci-dessus, comme son autre condition. Car tandis que la libre activité du moi interrompt la détermination de l'objet, elle se dirige sur la détermination, sur sa limitation, et sur tout ce qui devient par là sa sphère. Mais le moi n'a pas conscience de cette liberté de son action; c'est pour cela que la limitation est attribuée à la chose. C'est un sentiment de la limitation du moi par la détermination de la chose, ou le sentiment simple d'un objet déterminé.

25. — Décrivons maintenant la réflexion qui succède à la détermination interrompue, et dont l'interruption se révèle par un sentiment. En elle, le moi doit se poser comme moi, c'est-à-dire comme ce qui

dans l'action se détermine soi-même. Il est clair que ce qui est posé comme produit du moi ne peut pas être autre chose qu'une intuition, qu'une image de X, mais nullement X elle-même, comme cela ressort des propositions fondamentales théoriques et même de ce qui a été dit plus haut. Ce produit est posé comme produit du moi, dans sa liberté, c'est-à-dire, posé comme accidentel, comme une chose qui ne devait pas être nécessairement comme elle est, mais qui pouvait être autrement. — Si le moi avait conscience de sa liberté dans l'acte de donner la forme à l'image (par cela même qu'il réfléchirait sur l'action présente), l'image serait posée comme accidentelle relativement au moi. Cette réflexion n'a pas lieu ; elle doit donc être posée accidentellement en relation avec un autre non-moi qui nous est jusqu'à présent entièrement inconnu. Discutons d'une manière plus complète ce qui vient d'être dit en termes généraux.

Pour être conforme à la loi de la détermination, X devait être déterminée par soi-même (en même temps déterminée et déterminant). C'est en vertu de notre postulat. De plus, par la puissance du sentiment existant, X doit aller jusqu'à C, et pas plus loin, mais aussi doit être déterminée jusque-là (on verra bientôt ce que cela signifie). Aucun fondement de cette détermination ne se trouve dans le moi déterminant *idealiter* et ayant intuition. Il n'y a pas de loi pour cela. (Ce qui se détermine soi-même, ne va-t-il que jusque-là ? Il sera montré d'un côté, que considéré uniquement en soi-même, il va plus loin, c'est-à-dire dans l'infini ; d'un autre côté, s'il doit y avoir une différence dans la chose, comment arrive-t-elle dans la sphère d'action du moi idéal ? Comment lui devient-elle accessible, puisqu'il n'a avec le non-moi aucun point de contact, et qu'il n'est actif *idealiter* qu'en tant qu'il n'a point de contact avec le non-moi, qu'il n'est pas limité par le non-moi ? — Pour nous exprimer vulgairement : pourquoi y a-t-il quelque chose de doux, autre que l'amer et qui lui est opposé ? Tous deux en général, le doux et l'amer sont opposés ; mais en dehors de ce caractère général, quel est entr'eux le fondement de distinction ? Il ne peut se trouver uniquement dans l'activité idéale, car il n'y a pas de notion possible ni de l'un ni de l'autre. Cependant il doit se trouver en partie dans le moi; car c'est pour le moi qu'il y a différence entr'eux).

Par conséquent le moi idéal flotte avec une liberté absolue en deçà et au-delà de la limite. Sa limite est tout-à-fait indéterminée. Peut-il demeurer à ce point? Nullement, parce qu'en vertu du postulat qui exige que, dans cette intuition, il réfléchisse sur soi-même, il doit maintenant se poser déterminé en elle, car toute réflexion suppose une détermination.

La loi de la détermination nous est bien connue, quelque chose n'est déterminé qu'en tant que déterminé par soi-même. Par conséquent dans cette intuition de l'X, le moi devrait se poser la limite de son intuition. Il devrait se déterminer par soi-même à poser le point C comme point de limite et X serait donc déterminée par la spontanéité absolue du moi.

26. — Mais, — et cette remarque est importante, — X se détermine soi-même d'après la loi de la détermination, et n'est objet de l'intuition demandée, qu'en tant qu'elle se détermine soi-même. — Nous

avons parlé jusqu'à présent de la détermination intérieure de l'être ; mais la détermination extérieure de la limitation en résulte immédiatement. $X = X$, en tant qu'elle est en même temps déterminant et déterminée, et elle va aussi loin qu'elle va loin, par exemple jusqu'à C. Si le moi doit limiter X exactement et conformément à la chose, il doit la limiter en C, et ainsi on ne pourrait pas dire que la limitation a lieu par spontanéité absolue. Les deux assertions se contredisent, et rendraient une distinction nécessaire.

27. — Mais — la limitation en C n'est que sentie, elle n'est pas aperçue intuitivement. Celle qui est posée librement doit être seulement aperçue et non sentie. Or, l'intuition et le sentiment n'ont aucune connexion. L'intuition voit, mais elle est vide ; le sentiment se rapporte à la réalité, mais il est aveugle, — pourtant X doit être limitée conformément à la vérité et telle qu'elle est limitée. Il faut donc une union, une connexion synthétique entre le sentiment et l'intuition. N'examinons pas davantage celle-ci, et nous arriverons sans y prendre garde au point que nous cherchons.

28 — L'agent de l'intuition doit limiter X par spontanéité absolue, et même de telle sorte que X apparaisse comme limitée uniquement par soi-même, tel est le postulat. Il est satisfait, si l'activité idéale par sa faculté absolue de production pose un Y au-delà de X (dans le point B, C, D, etc.; car l'activité idéale ne peut pas poser le point déterminé de limite, et il ne peut pas lui être donné immédiatement). Cet Y, comme opposé à quelque chose de déterminé intérieurement à une chose, doit 1° être une chose, c'est-à-dire quelque chose de

déterminant et de déterminé conformément à la loi de la détermination ; 2° être opposé à X ou la déterminer, c'est-à-dire qu'à X en tant qu'elle est déterminant, Y ne se rapporte pas comme le déterminé, et en tant qu'elle est déterminée, Y ne se rapporte pas comme le déterminant. Il doit être impossible de les embrasser tous deux, de les considérer comme une seule et même chose. Il faut remarquer qu'il ne s'agit pas ici de la détermination relative ou de la limitation ; dans celle-ci, ils sont ensemble ; mais qu'il s'agit de la détermination intérieure dans laquelle ils ne sont point ensemble. Tout point possible de X se trouve en réciprocité d'action avec tout autre point possible de la même X ; il en est ainsi pour Y. Mais tout point de Y ne se trouve pas en réciprocité d'action avec tout point de X, et réciproquement, ils sont tous deux des choses ; mais chacun est une chose distincte ; et nous parvenons ainsi à répondre à la question : Que sont-ils ? Sans opposition, tout le non-moi est bien quelque chose, mais il n'est pas une chose déterminée particulière, et la question : Qu'est celui-ci ou celui-là ? n'a aucun sens puisqu'elle n'a de réponse que par l'opposition.

C'est à cela que le penchant détermine l'activité idéale ; la loi de l'action demandée est aisée à déduire d'après la règle ci-dessus, savoir : X et Y doivent s'exclure réciproquement. Nous pouvons nommer ce penchant, en tant que comme ici il ne se dirige que vers l'activité idéale, le penchant de la détermination réciproque.

29. — Le point de limite C n'est posé que par le sentiment ; par conséquent, l'Y qui se trouve au-delà de C, en tant qu'il doit aller précisément à C, ne peut

être donné que par une relation au sentiment. C'est le sentiment seul qui unit X et Y dans la limite. Le penchant de la détermination réciproque se révèle par conséquent en un sentiment. En lui, sont étroitement réunis l'activité idéale et le sentiment; en lui le moi tout entier est une seule même chose. Nous pouvons à cet égard le nommer penchant à la réciprocité. C'est ce penchant qui se manifeste par l'aspiration; l'objet de l'aspiration est quelque chose de différent de ce qui existe, qui lui est opposé.

Dans l'aspiration, l'idéalité et le penchant à la réalité sont étroitement réunis. L'aspiration se dirige sur quelque chose de différent : cela n'est possible, qu'en supposant une détermination antérieure par l'activité idéale. Ce quelque chose vient en elle (comme limité) avant le penchant à la réalité parce qu'il est senti, mais non pensé ou démontré. On voit ici comment en un sentiment peut se présenter un penchant vers l'extérieur, et par conséquent le pressentiment du monde extérieur; parce qu'il est modifié par l'activité idéale, qui est libre de toute limitation. On voit de plus ici comment une fonction théorique de l'âme peut être en rapport avec la faculté pratique; ce qui devait avoir lieu, pour que l'être raisonnable pût former un tout complet.

30. — Le sentiment ne dépend pas de nous, parce qu'il dépend d'une limitation, et le moi ne peut pas se limiter. Or, un sentiment opposé doit s'introduire ici. Il s'agit de savoir si la condition extérieure, à laquelle seule un semblable sentiment est possible, se présentera. Elle doit se présenter : si elle ne se présente pas, le moi ne sent rien de déterminé ; par conséquent il ne sent rien : il ne vit donc pas, et n'est pas un moi,

ce qui contredit la supposition d'une science de la connaissance.

31. — Le sentiment d'un opposé est la condition de la satisfaction du penchant ; donc le penchant à la réciprocité des sentiments en général est l'aspiration. Ce qui est aspiré est déterminé, mais seulement par le prédicat qu'il doit y avoir quelque chose autre pour le sentiment.

32. — Or, le moi ne peut pas sentir en même temps de deux manières, car il ne peut pas être limité en C et en même temps n'être pas limité en C. Donc, l'état changé ne peut pas être senti comme état changé ; il ne doit être qu'aperçu intuitivement par l'activité idéale, comme quelque chose de différent du sentiment présent et qui lui est opposé. Par conséquent, il y aurait toujours nécessairement en même temps dans le moi intuition et sentiment et tous deux seraient synthétiquement réunis en un seul et même point.

Mais l'activité idéale ne peut prendre la place d'aucun sentiment ou en engendrer un ; elle ne pourrait, par conséquent déterminer par là son objet que de telle manière qu'il ne fût pas ce qui est senti ; que toutes les déterminations possibles pussent arriver à son objet, hors celles qui existent dans le sentiment. La chose ne demeure toujours ainsi déterminée que négativement pour l'activité idéale ; le senti toutefois n'est pas déterminé par là. On ne peut concevoir aucun mode de détermination que la détermination négative et poursuivie à l'infini.

Il en est effectivement ainsi : Qu'appelle-t-on doux, par exemple ? Avant tout, quelque chose qui ne se rapporte pas à la vue, à l'ouïe, etc. ; mais au goût. Qu'est-ce que le goût? Vous le savez par sensation, et vous pouvez vous le représenter (vous le rendre présent) par l'imagination, mais seulement obscurément et négativement (dans une synthèse de tout ce qui n'est pas goût). De plus, relativement au goût, il est acide, amer, etc., comptez autant de déterminations particulières que vous pourrez. Mais après avoir compté toutes les sensations du goût que vous connaissez, il pourra vous en survenir de nouvelles, dont vous jugerez qu'elles ne sont pas douces. Par conséquent la limite, entre le doux et toutes les sensations du goût qui vous sont connues, demeure toujours infinie.

La seule question à laquelle il y aurait encore à répondre, serait la suivante : Comment le changement d'état du sujet sentant arrive-t-il à l'activité idéale? Il se découvre d'abord par la satisfaction de l'aspiration, par un sentiment; circonstance d'où nous verrons sortir beaucoup de résultats importants.

§ 11. — HUITIÈME THÉORÈME.

Les sentiments doivent pouvoir être opposés.

1. — Le moi doit par l'activité idéale opposer un objet Y à l'objet X ; il doit se poser comme changé. Mais il ne pose Y qu'à l'occasion d'un sentiment et même d'un sentiment opposé. L'activité idéale ne dépend uniquement que de soi, et non du sentiment. Il existe dans le moi un sentiment X, et dans ce cas, comme on l'a vu, l'activité idéale ne peut pas limiter l'objet X, ne peut pas montrer ce qu'il est. Mais en vertu de notre postulat, un autre sentiment = Y, doit s'élever dans le moi ; et maintenant l'activité idéale doit déterminer l'objet X, c'est-à-dire pouvoir lui opposer un objet Y déterminé. Le changement et la réciprocité dans le sentiment doivent, par conséquent, pouvoir influer sur l'activité idéale. On demande comment cela peut avoir lieu?

2. — Les sentiments sont différents pour un observateur en dehors du moi, mais ils doivent être différents pour le moi lui-même, c'est-à-dire ils doivent être posés comme opposés. Cela n'appartient qu'à l'activité idéale. Les deux sentiments doivent, par conséquent, être posés, mais aussi opposés, afin que tous deux

puissent être réunis synthétiquement. Nous avons donc à répondre aux trois questions suivantes : *a*. Comment un sentiment est-il posé ? *b*. Comment les sentiments sont-ils réunis synthétiquement par le *poser* ? *c*. Comment sont-ils opposés ?

3. — Un sentiment est posé par l'activité idéale : cela ne peut se concevoir que de la manière suivante. Le moi réfléchit sans aucune conscience de soi-même sur une limitation de son penchant. Par là s'élève d'abord un sentiment de soi-même. Il réfléchit de nouveau sur cette réflexion, ou se pose en elle en même temps comme déterminant et déterminé. Par là le sentiment devient une action idéale, puisque l'activité idéale est transportée sur lui. Le moi a le sentiment, ou plus exactement la sensation de quelque chose, de la matière. Réflexion, dont il a déjà été question, par laquelle X devient objet. Par la réflexion sur le sentiment, elle devient sensation.

4. — Les sentiments sont unis synthétiquement par le *poser* idéal. Leur fondement de relation ne peut être que le fondement de la réflexion sur les deux sentiments. Le fondement de la réflexion était : que sans elle, le penchant vers la détermination réciproque n'était pas satisfait, ne pouvait être posé comme satisfait, et que, si cela n'a pas lieu, il n'y a pas de sentiment et partant pas de moi. Le fondement de la réunion synthétique de la réflexion sur les deux sentiments est que sans cette réflexion on ne pourrait regarder aucun des deux comme sentiment.

On voit bientôt à quelle condition la réflexion sur le sentiment isolé ne peut pas avoir lieu. Tout sentiment est nécessairement une limitation du moi ; si par conséquent le moi n'est pas limité, il ne sent pas; et s'il ne peut être posé comme limité, il ne peut être posé comme sentant. Si, par conséquent, le rapport entre deux sentiments était que l'un n'est limité et déterminé que par l'autre, — comme il ne peut être réfléchi sur rien, sans qu'il soit réfléchi sur sa limite, et qu'ici l'un des deux sentiments est la limite de l'autre, — il ne pourrait être réfléchi ni sur l'un, ni sur l'autre, sans qu'il fût réfléchi sur les deux.

5. = Si les sentiments doivent être dans ce rapport, il doit y avoir dans chacun quelque chose qui renvoie à l'autre. Nous avons trouvé réellement cette relation. Nous avons montré un sentiment qui était lié avec une aspiration; par conséquent avec un penchant au changement. Si cette aspiration doit être parfaitement déterminée, l'autre sentiment, le sentiment aspiré, doit être montré. Cet autre sentiment a été demandé. Le moi peut le déterminer en soi comme il veut : en tant qu'il est aspiré, il doit se rapporter au premier et être accompagné à son égard d'un sentiment de satisfaction. Le sentiment de l'aspiration ne peut être posé sans une satisfaction à laquelle il tend; et la satisfaction ne peut être posée sans la supposition d'une aspiration qui est satisfaite. Là où cesse l'aspiration et commence la satisfaction, là est la limite.

6. = On demande seulement encore comment la satisfaction se manifeste dans le sentiment? L'aspiration est née de l'impossibilité de déterminer ce qui manquait à la limitation; l'activité idéale et le penchant à la réalité étaient donc réunis en elle. Aussitôt que s'élève un autre sentiment, — 1° la détermination demandée, la parfaite limitation du moi est possible, et a

lieu réellement, puisque le penchant et la force voulue sont là. 2° Par cela même qu'elle a lieu, il suit qu'il y a un autre sentiment. Dans le sentiment en soi, comme limitation, il n'y a pas et il ne peut y avoir de différence. Mais de ce que quelque chose est possible qui ne l'était pas sans changement de sentiment, il résulte que l'état du principe sentant a été changé. 3° Le penchant et l'action sont maintenant une seule et même chose; la détermination que demande le premier est possible et a lieu. Le moi réfléchit sur ce sentiment et réfléchit sur soi-même dans ce sentiment, comme étant en même temps déterminant et déterminé, comme étant entièrement uni avec soi-même; cette détermination de sentiment peut être nommée satisfaction. Le sentiment est accompagné de satisfaction.

7. — Le moi ne peut pas poser cet accord du penchant et de l'action sans les distinguer l'un de l'autre; mais il ne peut les distinguer sans poser quelque chose en quoi ils sont opposés. Cette chose est le sentiment précédent qui précisément à cause de cela est accompagné d'un sentiment de mécontentement. (Le contraire de la satisfaction, l'expression de la désharmonie entre le penchant et l'action). Toute aspiration n'est pas nécessairement accompagnée de mécontentement; mais si une aspiration est satisfaite, la précédente est accompagnée de mécontentement; elle paraît fade et sans attrait, (sans goût).

8. — Les objets X et Y, qui sont posés par l'activité idéale, ne sont plus déterminés seulement par antithèse (comme contraires); ils le sont aussi par les prédicats de plaisir et de déplaisir. Cette détermination se poursuit à l'infini, et les déterminations intérieures des choses

(qui se rapportent au sentiment) ne sont rien de plus que des degrés de la satisfaction ou du mécontentement qu'elles font éprouver.

9. — Jusqu'à présent cette harmonie ou cette désharmonie, ce plaisir ou ce déplaisir (comme coïncidence ou non-coïncidence des deux termes différents, mais non comme sentiment), existent seulement pour un observateur possible, mais non pour le moi lui-même. Or, ils doivent exister pour le moi, et être posés par lui, — sera-ce seulement idéalement par intuition, ou par une relation au sentiment, nous ne le savons pas encore ici.

10. = Ce qui doit être posé idéalement ou senti, doit à cause de cela pouvoir être démontré un penchant; rien de ce qui est dans le moi n'est sans penchant. On devrait donc pouvoir montrer un penchant qui tende à cette harmonie.

11. — Est en harmonie, ce qui peut être considéré comme étant réciproquement déterminant et déterminé. Pourtant l'état d'harmonie ne doit pas appartenir ici à un seul objet, mais à deux; par conséquent voici quel serait le rapport : A doit être en même temps déterminant et déterminé en soi, de même aussi B. Mais il doit y avoir encore dans A et dans B une détermination particulière (la détermination de la distance) à l'égard de laquelle A est le déterminant, si B est le déterminé et réciproquement.

12. — Ce penchant se trouve dans le penchant de la détermination réciproque. Le moi détermine X par Y et réciproquement. Qu'on examine son action dans les deux déterminations. Chacune de ces actions est manifestement déterminée par l'autre, parce que l'objet

de chacune des deux est déterminé par l'objet de l'autre. On peut nommer ce penchant le penchant à la détermination réciproque du moi par lui-même, ou le penchant à l'unité absolue et à l'achèvement du moi en soi-même.

Le cercle est maintenant parcouru : penchant à la détermination d'abord du moi, ensuite par lui du non-moi ; — Le non-moi étant multiple et par conséquent aucun objet particulier ne pouvant en lui être parfaitement déterminé en soi et par soi — penchant à la détermination du non-moi par réciprocité ; penchant à la détermination réciproque du moi par soi-même au moyen de cette réciprocité. Il y a par conséquent une détermination réciproque du moi et du non-moi, qui en vertu de l'unité du sujet doit devenir une détermination réciproque du moi par soi-même. Ainsi, d'après la règle déjà énoncée, les modes d'action du moi sont parcourus et épuisés ; et, en achevant le cercle des penchants, c'est la garantie que la déduction des penchants principaux du moi, que nous avons présentée, est complète.

13. — Le penchant et l'action doivent être en harmonie et réciproquement déterminés chacun par soi-même. *a*. Tous deux doivent pouvoir être considérés comme étant en même temps en soi déterminant et déterminé. Un penchant semblable serait un penchant qui se produirait absolument soi-même, un penchant absolu, un penchant pour le penchant. (Si on exprime cela par une loi, comme on le doit à un certain point de la réflexion à cause de cette détermination, c'est une loi pour la loi, une loi absolue, ou le catégorique impératif, — *Tu dois inconditionnellement*). On aper-

çoit facilement où est l'indéterminé dans un penchant de cette nature; il nous pousse en effet en dehors dans l'indéterminé, sans but (le catégorique impératif n'est que formel sans aucun objet). *b*. Une action est en même temps déterminée et déterminante, c'est-à-dire, il est agi parce qu'il est agi et pour agir, ou avec détermination de soi-même et liberté absolue. Tout le fondement et toutes les conditions de l'action se trouvent dans l'action; on voit sur-le-champ où est ici l'indéterminé : il n'y a pas d'action sans un objet : l'action devrait donc se donner l'objet à soi-même, ce qui est impossible.

14. — Il doit y avoir rapport entre les deux, le penchant et l'action, de manière qu'ils se déterminent réciproquement; un rapport semblable demande d'abord que l'action puisse être considérée comme produite par le penchant.— L'action doit être absolument libre, donc irrésistiblement déterminée par rien. Mais elle peut être telle, qu'elle puisse être déterminée ou non par le penchant. Mais comment cette harmonie ou cette désharmonie se manifeste-t-elle? C'est la question à laquelle il faut répondre, et dont la réponse va se présenter d'elle-même.

Ce rapport demande ensuite que le penchant soit posé comme déterminé par l'action. — Dans le moi rien ne peut être en même temps opposé. Mais le penchant et l'action sont ici opposés. Aussi certainement donc qu'une action a lieu, le penchant est interrompu ou limité. Par là naît un sentiment. L'action tend au fondement possible de ce sentiment; elle le pose, le réalise.

Si d'après le postulat de ci-dessus l'action est déterminée par le penchant, l'objet est déterminé par lui ; il est symétrique au penchant et exigé par lui ; le penchant est alors déterminable (*idealiter*) par l'action ; le prédicat doit lui être appliqué de sorte qu'il se dirige sur cette action.

L'harmonie existe alors, et il s'élève un sentiment de plaisir, une satisfaction qu'inspire le parfait accomplissement (satisfaction qui ne dure qu'un instant, parce que l'aspiration retourne nécessairement). Si l'action n'est pas déterminée par le penchant, l'objet est contraire au penchant, et il s'élève un sentiment de déplaisir, de non-satisfaction, résultant de la scission du sujet avec soi-même. Alors le penchant est déterminable par l'action, mais seulement négativement ; il ne se dirigeait pas sur cette action.

15. = L'action dont il est ici question est comme toujours purement idéale, par représentation. Notre causalité sensible dans le monde des sens que nous *croyons*, ne nous arrive pas autrement que médiatement par la représentation.

SECONDE EXPOSITION

DES PRINCIPES FONDAMENTAUX DE TOUTE LA SCIENCE
DE LA CONNAISSANCE.

§ 1. — *Notion de la science de la connaissance théorique particulière.*

Dans les principes fondamentaux de la science de la connaissance, pour fonder une science de la connaissance théorique, nous sommes partis de la proposition : Le moi se pose comme déterminé par le non-moi. Nous avons recherché comment et de quelle manière quelque chose peut correspondre à cette proposition dans l'être doué de raison. Après avoir laissé de côté tout ce qui était impossible et contradictoire, nous avons découvert la seule manière possible que nous recherchions. Autant il est certain que cette proposition doit avoir de la valeur, et qu'elle ne doit avoir de la valeur que de la manière indiquée, autant il est certain que celle-ci doit se présenter primitivement dans notre esprit comme fait. Le fait demandé était le suivant : Par suite d'un choc, jusqu'à présent encore entièrement inexplicable et inconcevable, sur l'activité primitive du moi, l'imagination flottant entre la direction primitive de cette activité et la direction née par la réflexion produit quelque chose de composé des deux directions. Comme, en vertu de sa notion, il ne peut rien y avoir dans le moi qu'il ne pose en soi, il doit aussi poser en soi ce fait, c'est-à-dire, il doit se l'expliquer primitivement, lui donner une détermination et des fondements complets.

Le système des faits qui se présentent à l'esprit de l'être doué de raison dans l'explication de ce fait forme la science de la connaissance théorique, et cette explication primitive comprend la faculté théorique de la raison. C'est à dessein que je dis l'explication primitive de ce fait. Il existe en nous sans notre consentement conscient ; il est expliqué sans notre participation consciente, uniquement par et suivant les lois et la nature d'un être doué de raison ; et les divers moments que l'on peut distinguer en poursuivant cette explication, sont de nouveaux faits. La réflexion se dirige sur le fait primitif, c'est ce que je nomme l'explication primitive. L'explication consciente et scientifique que nous entreprenons dans la philosophie transcendantale est quelque chose de tout différent ; en elle, la réflexion se dirige sur l'explication primitive du premier fait pour l'établir scientifiquement.

Nous avons déjà indiqué en peu de mots, dans la déduction de la représentation, comment le moi pose en soi ce fait en général. Il y était question de l'explication de ce fait en général, et nous faisions entièrement abstraction de l'explication d'un fait particulier appartenant à cette notion, en tant que fait particulier.

Cela venait seulement de ce que nous n'entrions pas dans tous les moments de cette explication, et nous ne pouvions pas y entrer. Sinon, nous aurions trouvé qu'un fait semblable, comme fait en général, doit être entièrement déterminé; qu'il ne peut être entièrement déterminé que comme fait particulier, qu'il est et doit être un fait déterminé par un autre fait du même genre. Il ne peut donc y avoir de science de la connaissance théorique complète, s'il n'y a pas de science de la connaissance particulière. Si nous voulons être conséquent dans notre œuvre, et procéder suivant les lois de la science de la connaissance, notre explication doit être nécessairement une exposition de la science de la connaissance théorique particulière, parce qu'à un certain moment, nous devons nécessairement arriver à la détermination d'un fait de ce genre par un fait opposé du même genre.

Encore quelques mots d'éclaircissement. Kant part de la supposition qu'un multiple est donné; pour pouvoir admettre l'unité de la conscience, et du terrain où il s'était placé, il ne pouvait en effet avoir un point de départ différent. Il prenait donc le particulier pour fondement de la science de la connaissance théorique; il ne voulait pas avoir de fondement plus éloigné et allait, par conséquent avec raison, du particulier au général. Dans cette voie, on peut expliquer il est vrai un général collectif, une totalité de l'expérience acquise jusqu'à présent comme unité régie par les mêmes lois; mais jamais un général infini, une expérience poursuivie dans l'infini. Du fini il n'y a pas de route à l'infini. Au contraire, par la faculté qui détermine, il y a une route de l'infini indéterminé et indéterminable au fini; (c'est pourquoi tout fini est le produit du principe qui détermine). La science de la connaissance qui embrasse tout le système de l'esprit humain doit prendre cette route et descendre du général au particulier Il faut démontrer que pour que l'expérience soit possible, un multiple doit être donné, et cette démonstration doit être conduite de la manière suivante : Ce qui est donné doit être quelque chose, mais il n'est quelque chose qu'en tant qu'il y a quelque chose autre ; et du point où cette démonstration sera possible, nous nous avancerons dans la sphère du particulier.

La méthode de la science de la connaissance théorique est déjà décrite dans les principes fondamentaux, et elle est facile et simple. Le fil de l'observation est transporté à la proposition fondamentale, qui domine ici complètement comme régulative : Rien n'appartient au moi que ce qu'il pose en soi. Prenons pour fondement le fait déduit plus haut et voyons comment le moi peut le poser en soi. Cet acte de poser est également un fait, et doit à ce titre être posé aussi dans le moi par le moi, et toujours de même, jusqu'à ce que nous arrivions au fait théorique le plus élevé, au fait par lequel le moi se pose avec conscience comme déterminé par le non-moi. C'est ainsi que la science de la connaissance théorique s'achève avec la proposition fondamentale, revient en elle-même et se ferme complètement par elle-même.

Il serait facile de montrer dans les faits qui doivent être déduits des différences caractéristiques qui nous fourniraient des titres à les diviser, et avec eux la science qui les établit. Mais, conformément à la méthode synthétique, ces divisions sont faites là où se produisent les principes de division.

Les actions par lesquelles le moi pose en soi quelque chose, comme il vient d'être dit, sont ici des faits en tant qu'il est réfléchi sur elles ; mais il n'en résulte pas qu'elles soient ce que l'on nomme communément des faits de la conscience, ou que l'on en ait réellement conscience comme faits de l'expérience intérieure. S'il y a une conscience, elle est un fait et doit être déduite comme tous les autres faits ; et s'il y a de cette conscience de nouvelles déterminations particulières, ces déterminations doivent aussi être déduites et sont proprement les faits de la conscience.

Il résulte de là, d'un côté, que si, comme on l'a rappelé plusieurs fois, quelque chose que la science de la connaissance établit comme fait, ne se trouve pas dans l'expérience intérieure, on ne doit pas en faire un reproche à la science de la connaissance. Elle ne l'imagine pas ; elle démontre seulement qu'il faut nécessairement penser qu'il y a dans l'esprit humain quelque chose qui correspond à une certaine pensée. Si ce quelque chose ne se présente pas dans la conscience, elle apporte en même temps le motif pour lequel il ne peut pas s'y présenter, motif qui appartient aux fondements qui rendent toute conscience possible. Il en résulte d'un autre côté que la science de la connaissance, dans ce qu'elle établit réellement comme fait de l'expérience intérieure, s'appuie non sur le témoignage de l'expérience mais sur la déduction ; si sa déduction est exacte, on rencontrera dans l'expérience un fait tel précisément qu'elle l'a déduit. Si ce fait ne se présente pas, sa déduction a été inexacte, et le philosophe devra revenir sur ses pas et corriger l'erreur qu'il aura faite quelque part dans la série des conséquences qu'il a tirées. Mais la science de la connaissance ne s'occupe absolument pas de l'expérience, elle n'y fait absolument aucune attention. Elle devrait être vraie, lors même qu'il n'y aurait pas eu d'expérience (sans celle-ci à la vérité une science de la connaissance ne serait pas possible *in concreto*, mais ce n'est pas ce dont il s'agit ici), et *à priori* il serait plus sûr que toute expérience possible dût se diriger selon les lois établies par elle.

§ 2. — PREMIER THÉORÈME.

Le fait indiqué est posé par la sensation, ou déduction de la sensation.

I.

La lutte des directions opposées de l'activité du moi décrite dans les propositions fondamentales, est quelque chose qui peut être distingué dans le moi. Étant dans le moi, elle doit être posée dans le moi par le moi, elle doit par conséquent être d'abord distinguée. Le moi la pose, cela signifie : il se l'oppose.

Jusqu'à présent, c'est-à-dire à ce point de la réflexion, rien encore n'est posé dans le moi, il n'y a en lui que ce qui s'y trouve primitivement, l'activité pure. Le moi s'oppose quelque chose, cela ne signifie donc ici et ne peut signifier rien de plus que ceci : il pose quelque chose non comme activité pure. Cet état du moi serait donc posé en lutte, comme le contraire de l'activité pure, comme cette activité mêlée, luttant contre soi-même et s'anéantissant. L'action du moi maintenant indiquée est purement antithétique.

Nous n'examinons pas ici de quelle manière et par quelle faculté le moi peut poser quelque chose, puisqu'il n'est question dans toute cette science que des produits de son activité. Or, il a déjà été rappelé dans les principes, que si la lutte doit être posée dans le moi, et qu'il en doive résulter quelque chose, par la simple action de poser, la lutte, la fluctuation de l'imagination entre les termes contraires doit cesser, mais qu'il en reste la trace, comme de quelque chose de possible. Nous voyons ici comment cela peut avoir lieu, bien que nous ne voyions pas la faculté par laquelle cela arrive. Le moi doit poser cette lutte de directions opposées, ou, ce qui est ici la même chose, de forces opposées ; il ne doit donc pas poser l'une et l'autre séparément ; il doit les poser toutes les deux et même toutes les deux en lutte, en activités opposées, mais se tenant en équilibre. Mais les activités opposées qui se font équilibre, s'anéantissent, et il ne reste rien. Il doit pourtant rester quelque chose, quelque chose doit être posé : il reste donc une matière en repos, une chose qui a une force qu'elle ne peut pas, à cause de la résistance qu'elle rencontre, mettre en activité, un substract de la force, comme on peut s'en convaincre à tout moment en en faisant l'expérience en soi-même. Et même ce qui se rapporte proprement ici, ce substract n'est pas comme quelque chose de posé antérieurement, il est le simple produit de l'union des activités opposées. C'est le fondement de toute matière et de tout substract possible existant dans le moi (et hors du moi il n'y a rien), comme cela sera montré plus clairement.

II.

Mais le moi doit poser cette lutte en soi; il doit, par conséquent, la poser identique à soi, se la rapporter à soi-même, et pour cela il faut qu'il y ait en elle un principe de relation avec le moi. Jusqu'à présent, comme nous l'avons rappelé, rien n'appartient au moi que l'activité pure. Il n'y a jusqu'à présent que cette activité qui doive être rapportée au moi, ou lui être posée identique; le principe de relation cherché ne pourrait donc être autre que l'activité pure, et la pure activité du moi devrait être trouvée, ou plus exactement posée, transportée dans la lutte.

Mais l'activité du moi comprise dans la lutte a été posée comme non pure. Elle doit, comme nous le voyons à présent, être posée comme pure pour que la relation avec le moi soit possible. Elle est, par conséquent, opposée à elle-même. Cela est impossible et contradictoire, s'il n'est posé encore un troisième terme où elle soit en même temps identique et opposée à elle-même. Ce troisième terme doit donc être posé comme terme synthétique de l'union.

Ce troisième terme serait une activité (du non-moi), opposée à toute activité du moi en général, qui comprimerait et anéantirait entièrement dans la lutte l'activité du moi en lui faisant équilibre. Par conséquent, pour que la relation demandée soit possible, et que la contradiction qui la menace soit supprimée, il faut que cette activité entièrement opposée soit posée.

Ainsi la contradiction énoncée est réellement résolue, et l'opposition demandée de l'activité du moi comprise dans la lutte avec soi-même est possible. Cette activité est pure et doit être posée comme pure, si l'on écarte par la pensée l'activité opposée du non-moi qui la repousse irrésistiblement ; elle n'est pas pure, elle est objective, si l'activité opposée est mise en relation avec elle ; elle n'est donc pure ou non que sous condition, condition qui peut être ou n'être pas posée. De même qu'il est posé que c'est quelque chose de conditionnel, c'est-à-dire qui peut être posé ou non, de même il est posé que cette activité du moi peut être opposée à elle-même.

L'action maintenant indiquée est en même temps thétique, antithétique et synthétique. Thétique, en tant qu'elle pose hors du moi une activité opposée que l'on ne peut absolument pas percevoir. (Comment le moi a-t-il cette faculté ? Il en sera question plus loin, il est seulement montré ici que cela arrive et doit arriver). Antithétique, en tant que par le poser ou le non poser de la condition, elle oppose à elle-même cette même activité du moi. Synthétique, en tant que par le poser de l'activité opposée, comme d'une condition accidentelle, elle pose cette activité comme n'étant qu'une seule et même activité.

III.

Maintenant, la relation demandée de l'activité du moi qui se trouve dans la lutte est-elle possible ? Peut-on la poser comme quelque chose qui appartient au moi, qui lui est propre ? Elle est posée dans le moi, parce que et en tant qu'elle peut être considérée comme pure, et elle le serait si l'activité du non-moi n'influait sur elle ; mais parce qu'elle existe seulement sous la condition de quelque chose entièrement hétérogène, qui ne se trouve pas dans le moi, qui lui est opposé ; elle n'est pas pure, elle est objective. Il faut bien remarquer ici que cette activité est rapportée au moi, non simplement comme pure, mais en tant qu'elle est posée comme objective, par conséquent, après la synthèse et avec tout ce qui est réuni par la synthèse. Le caractère d'activité pure posé en elle n'est que le principe de relation ; elle est en relation en tant que posée comme pure, si l'activité opposée n'agissait pas sur elle ; mais maintenant comme activité objective, parce que l'activité opposée agit réellement sur elle [1].

Dans cette relation, l'activité opposée au moi est exclue, l'activité du moi peut être considérée comme pure ou comme objective ; car elle est posée des deux côtés comme condition, une fois comme condition dont on fait abstraction, une fois comme condition sur laquelle il doit être réfléchi. (Elle est, il est vrai, posée en tout cas ; comment et par quelle faculté ? Ce n'est

---

[1] Enésidème rappelle contre Reinhold, que ce n'est pas seulement la forme de la représentation, que c'est la représentation tout entière qui est rapportée au sujet ; cela est entièrement exact. La représentation entière est mise en relation, mais il est vrai en même temps que sa forme seule est le principe de relation. Il en est précisément ainsi dans notre cas. Le fondement de relation et ce qui est mis en relation ne doivent pas être confondus l'un avec l'autre ; et nous devons nous tenir sur nos gardes dès le principe, afin que cela n'arrive pas dans notre déduction.

pas ce dont il s'agit). Ici donc se trouve, comme on le verra toujours plus clairement, la raison dernière, pour laquelle le moi sort de soi et pose quelque chose hors de soi. Ici, pour la première fois, s'il m'est permis de m'exprimer ainsi, se détache du moi quelque chose, qui par une détermination postérieure se transformera successivement en l'univers avec tous ses caractères.

La relation déduite s'appelle sensation. L'activité supprimée du moi est ce qui est senti, elle est ce qui est senti hétérogènement, en tant qu'elle est comprimée, ce qu'elle ne saurait être primitivement et par le moi. Elle est ce qui est senti comme quelque chose dans le moi, en tant qu'elle est comprimée sous la condition d'une activité opposée, et cette activité disparaissant, elle serait activité et activité pure. Le principe sentant est intelligiblement le moi qui est en relation dans l'action précédente; et ce principe ne sera intelligiblement pas ce qui est senti en tant qu'il sent. Il n'est donc pas question de lui ici. S'il est posé, comment il l'est, et par quel mode d'action déterminée, cela devra être recherché dans le § suivant. Il ne s'agit pas davantage ici de l'activité opposée du non-moi exclue dans la sensation ; car cette activité n'est pas sentie, puisqu'elle doit être exclue pour que la sensation soit possible. Comment et par quelle sorte d'action déterminée elle est exclue, elle est posée, on le montrera dans l'avenir.

Cette remarque, que quelque chose demeure ici complètement inexpliqué et indéterminé, ne doit pas nous effrayer; elle sert plutôt à affermir une proposition énoncée dans les principes fondamentaux sur la méthode synthétique, savoir que par cette méthode, il n'est jamais réuni que les termes intermédiaires, mais que les extrémités (comme le sont ici le moi sentant et l'activité du non-moi opposé au moi) demeurent non réunies, et que leur conciliation est laissée aux synthèses suivantes.

§ 3. — DEUXIÈME THÉORÈME.

Le sujet sentant est posé par l'intuition, ou déduction de l'intuition.

Dans le § précédent la sensation a été déduite comme une action du moi par laquelle il met en relation avec lui, il s'approprie, il pose en soi quelque chose d'hétérogène qu'il découvre en soi. Nous avons appris à connaître cette action ou la sensation aussi bien que son objet, ce qui est senti. Restent inconnus, et cela devait être, d'après les lois de la méthode synthétique, le principe sentant, le moi actif dans cette action, et l'activité du non-moi exclue dans la sensation et opposée au moi. D'après la connaissance que nous avons de la méthode synthétique, on peut prévoir que notre plus proche affaire sera de réunir synthétiquement ces termes extrêmes qui ont été exclus, ou si cela ne devait pas être possible, du moins d'introduire entr'eux un terme intermédiaire.

Partons de la proposition suivante : En vertu de ce qui précède, la sensation est dans le moi; comme rien n'arrive au moi, que ce qu'il pose en soi, le moi doit primordialement poser en soi la sensation; il doit se l'approprier. Ce *poser* de la sensation n'a pas été encore déduit; nous avons vu, il est vrai, dans le § précédent, comment le moi pose en soi *le senti*, action qui était précisément la sensation; mais nous n'avons pas vu comment il pose en soi la sensation elle-même, en d'autres termes, comment il se pose comme le sujet sentant.

I.

D'abord l'activité du moi dans la sensation, c'est-à-dire dans l'action par laquelle il s'attribue le *senti*, doit être distinguée, par opposition, de ce qui est attribué, de ce qui est senti.

D'après le § précédent, ce qui est senti, c'est une activité du moi, considérée comme en lutte avec une force opposée qui lui est complètement égale, par laquelle elle est comprimée et anéantie; comme une non-activité, qui néanmoins pourrait être et serait activité, si la force opposée disparaissait : par conséquent, comme activité en repos, comme matière ou substract des deux forces.

L'activité qu'il faut opposer à celle-ci doit donc être posée comme non comprimée, ni retardée par une force opposée, par conséquent comme activité réelle.

II.

Cette activité réelle doit être posée dans le moi : mais l'activité arrêtée, comprimée, qui lui est opposée, devait aussi d'après le § précédent être posée dans le moi. Cela se contredit, à moins que toutes deux, l'activité réelle et l'activité comprimée, ne soient mises en relation l'une avec l'autre par une réunion synthétique. Avant donc que d'entreprendre la relation demandée de l'activité qui a été indiquée avec le moi, nous devons d'abord mettre en relation avec cette activité, celle qui lui a été opposée : sinon, nous obtiendrions un nouveau fait dans le moi, mais nous perdrions par cela même le précédent : nous n'aurions rien gagné, nous n'aurions pas fait un pas de plus.

Les deux activités, l'activité réelle du moi et celle qui lui est opposée, doivent être mises en relation l'une avec l'autre; mais, d'après les lois de la synthèse, cela n'est possible que parce qu'elles sont réunies toutes les deux, ou, ce qui revient au même, parce qu'il est posé entr'elles un terme moyen en même temps activité (du moi) et passivité (activité comprimée).

Ce troisième terme doit être activité du moi. Il ne doit donc absolument être posé que par le moi. Il doit donc être une action ayant pour fondement la manière d'agir du moi; il doit être par conséquent un *poser* déterminé d'un moi déterminé, le moi doit en être le fondement réel.

Il doit y avoir une passivité du moi, comme cela résulte de la description qui en a été faite. Il doit y avoir un *poser* déterminé et limité; mais le moi, comme cela a été suffisamment montré, dans les principes fondamentaux, ne peut se limiter si ce n'est médiatement; la limitation devrait donc lui venir du non-moi. Le non-moi doit par conséquent en être le fondement idéal. La raison en est qu'il a de la quantité.

Tous deux doivent coexister. Ce qui vient d'être distingué ne doit pas être séparé. Le fait doit être considéré comme posé absolument par le moi quant à sa détermination, et par le non-moi quant à son être. Les fondements idéal et réel doivent être étroitement réunis en lui et ne former qu'une seule et même chose.

Pour le connaître entièrement, considérons-le préalablement sous les deux rapports demandés en lui comme possibles. Il est une action du moi ; et, quant à sa détermination entière, il doit être considéré comme purement et uniquement fondé dans le moi ; il doit en même temps être considéré comme le produit d'une action du non-moi, comme fondé dans le non-moi, quant à toutes ses déterminations. La détermination de la manière d'agir du moi ne doit donc pas déterminer celle du non-moi, ni réciproquement la détermination du non-moi celle du moi : mais toutes deux, entièrement indépendantes, doivent l'une à côté de l'autre procéder de leur propre principe et d'après leurs propres lois ; et néanmoins, il doit y avoir entr'elles l'harmonie la plus intime. L'une doit être précisément ce que l'autre est, et réciproquement.

Si l'on songe que le moi est *posant*, que par conséquent cette activité, devant être fondée absolument en lui, doit être un *poser*, on voit aussitôt que cette action doit être une intuition. Le moi considère un non-moi, et ici il n'y a pas autre chose pour lui que cette considération : il se pose dans la considération comme entièrement indépendant du non-moi. Il considère par son propre penchant, sans la moindre contrainte du dehors. Il pose dans sa conscience, par sa propre activité et avec la conscience d'une activité qui lui est propre, un caractère qu'il assigne au non-moi ; mais il le pose comme limitation d'un original qui existe hors de lui. Les caractères imités doivent être trouvés réellement dans cet original, non en conséquence de ce qu'ils sont posés dans la conscience, mais tout-à-fait indépendamment du moi, d'après des lois particulières fondées dans la chose elle-même. Le non-moi ne produit pas l'intuition dans le moi, le moi ne produit pas la manière d'être du non-moi, tous deux doivent être tout-à-fait indépendants l'un de l'autre, et il doit y avoir néanmoins entr'eux l'harmonie la plus intime. S'il était possible d'observer d'un côté le non-moi en soi et non par le moyen de l'intuition, et de l'autre côté l'agent de l'intuition en soi dans la simple action de l'intuition et sans rapport au non-moi aperçu par l'intuition, on les trouverait déterminés de la même manière. Nous verrons bientôt que l'esprit humain entreprend réellement cet examen, mais seulement, il est vrai, au moyen de l'intuition et d'après ses lois et pourtant sans en avoir conscience; et c'est précisément de là que résulte l'activité demandée.

Il est surprenant que ceux qui croyaient connaître les choses en soi n'aient pas fait cette facile remarque qu'amène la moindre réflexion sur la conscience, et qu'ils ne fussent pas conduits par elle à la pensée de mettre en question le principe de l'harmonie préétablie qui ne peut être évidemment que supposée, et qui n'est pas et ne peut être perçue. Nous avons maintenant déduit le principe de toute connaissance, nous avons montré pourquoi le moi est et doit être intelligence; c'est parce qu'il doit concilier une contradiction qui se trouve primitivement en lui-même entre son activité et sa passivité (sans conscience et pour que toute conscience soit possible). Il est clair que nous n'aurions pas pu faire cela, si nous n'avions pas remonté au-delà de toute conscience.

La remarque suivante éclaircira davantage ce qui a été déduit, jettera d'avance de la lumière sur ce qui va suivre, et répandra le plus grand jour sur notre méthode. Dans nos déductions, nous ne considérons jamais que le produit de l'action indiquée dans l'esprit humain, et non l'action elle-même ; dans toute déduction suivante, l'action par laquelle le premier produit était produit, est reproduite par une nouvelle action. Ce qui, dans une première déduction, est énoncé sans autre détermination comme une action de l'esprit, est posé et déterminé dans la déduction suivante. Par conséquent, dans notre cas, l'intuition qui vient d'être déduite synthétiquement doit se présenter dans la déduction précédente comme un acte. L'action indiquée comme étant la même, consistait en ce que le moi posait son activité comme devant être trouvée dans la lutte, suivant qu'une certaine condition serait écartée par la pensée, comme active, et comme comprimée en repos et pourtant dans le *moi*, suivant que la pensée s'arrêterait sur une autre condition. Telle est évidemment l'action déduite ; comme action, en elle-même, elle est, quant à son existence, uniquement fondée dans le moi, dans le postulat que le moi pose en soi ; ce qui doit être trouvé en lui, en vertu du § précédent. Elle pose dans le moi quelque chose qui doit être fondé, non par le moi lui-même, mais par le non-moi, l'impression qui a eu lieu. Comme action elle en est entièrement indépendante ; de même que l'impression est entièrement indépendante d'elle : elles suivent toutes deux une direction parallèle ; ou, pour rendre ma pensée plus claire, l'activité pure, primitive du moi, a été modifiée et a en même temps reçu une forme par le choc, et à cet égard elle n'est pas attribuée au moi. Une autre activité libre détache celle-là telle qu'elle est du non-moi qui la pénètre, la considère, l'examine et voit ce qui est contenu en elle; mais elle ne peut la regarder comme la pure forme du moi; elle n'y voit qu'une image du non-moi.

III.

Après ces recherches préliminaires, expliquons-nous plus nettement sur le problème.

L'action du moi dans la sensation doit être posée et déterminée, c'est-à-dire, pour nous exprimer d'une manière populaire, Comment, demandons-nous, le moi fait-il pour sentir par quel mode d'action une sensation est possible?

Cette question nous embarrasse, car, d'après ce qui a été dit ci-dessus, la sensation ne paraît pas possible. Le moi doit poser en soi quelque chose d'hétérogène; cet hétérogène est la non-activité ou passivité, et le moi doit le poser par l'activité qui est en lui. Le moi doit donc être en même temps actif et passif, et la sensation n'est possible que sous la supposition d'une réunion semblable. Il faut donc montrer quelque chose en quoi l'activité et la passivité soient si étroitement unies, que telle activité déterminée ne soit pas possible sans telle passivité déterminée, et que telle passivité déterminée ne soit pas possible sans telle activité déterminée; que l'une ne puisse être expliquée que par l'autre, et que chacune considérée en elle-même soit incomplète; que l'activité tende nécessairement à une passivité, et la passivité nécessairement à une activité : car telle est la nature de la synthèse demandée plus haut.

L'activité dans le moi ne peut nullement se rapporter à la passivité, comme si elle la produisait, ou la poser comme produite par le moi ; car le moi poserait alors quelque chose en soi et l'anéantirait en même temps, ce qui se contredit. (L'activité du moi ne peut pas produire la matière de la passivité,) mais elle peut la déterminer, marquer ses limites. Telle est l'activité qui n'est pas possible sans une passivité ; car le moi ne peut pas supprimer une partie de son activité, comme il a été dit ci-dessus, elle doit être supprimée par quelque chose en dehors du moi. Le moi, par conséquent, ne peut pas poser de limites, si quelque chose ne lui est pas donné du dehors à limiter. La détermination est donc une activité qui se rapporte nécessairement à une passivité.

De même une passivité se rapporterait nécessairement à l'activité, et ne serait pas possible sans activité, si elle n'était qu'une limitation de l'activité. Pas d'activité, pas de limitation ; par conséquent, pas de passivité de la nature de celle qui a été présentée. (S'il n'y a pas d'activité dans le moi, il n'y a pas d'impression possible ; le mode de l'influence n'est par conséquent pas fondé uniquement sur le non-moi, il l'est en même temps dans le moi.)

Le troisième terme cherché pour la synthèse est donc la limitation.

La sensation n'est possible qu'en tant que le moi et

le non-moi se limitent réciproquement, et pas au-delà de cette limite commune à tous deux. Cette limite est le point de réunion véritable du moi et du non-moi, ils n'ont rien de commun que cette limite, puisqu'ils doivent être tout-à-fait opposés l'un à l'autre. Mais de ce point commun ils se séparent, à partir de ce point le moi devient intelligence, en dépassant librement la limite et en transportant ainsi quelque chose hors de soi au-delà d'elle et sur ce qui doit se trouver au-delà ; ou, à voir la chose sous un autre aspect, en recevant en soi quelque chose qui ne doit arriver qu'à ce qui se trouve au-delà de la limite. Quant au résultat, l'un et l'autre sont tout-à-fait indifférents.

IV.

La limitation est donc le troisième terme par lequel la contradiction indiquée doit être détruite, et la sensation doit être possible comme réunion d'une passivité et d'une activité.

Au moyen de la limitation le *sentant* peut d'abord être rapporté au moi, ou en d'autres termes le *sentant* est le moi et peut être posé comme moi, en tant qu'il est limité dans et par la sensation. Ce n'est qu'en tant qu'il peut être posé comme limité, que le *sentant* est le moi et que le moi est sentant. S'il n'était limité (par quelque chose à lui opposé) la sensation ne pourrait être attribuée au moi.

Le moi se limite dans la sensation, comme nous l'avons vu dans le § précédent. Il exclut quelque chose de soi, comme lui étant hétérogène ; il se pose par conséquent en de certaines bornes au-delà desquelles doit se trouver quelque chose qui lui est opposé. Il est maintenant limité pour toute intelligence hors de lui.

Maintenant la sensation elle-même doit être posée, c'est-à-dire, d'abord à l'égard du terme qui vient d'en être indiqué, l'exclusion (elle est rapportée à la sensation, mais il ne s'agit pas de cela) le moi doit être posé comme limité. Il doit être limité non-seulement pour une intelligence hors de lui, mais pour soi-même.

En tant qu'il est limité, le moi ne va que jusqu'à la limite; en tant qu'il se pose comme limité, il va nécessairement au-delà; il se dirige sur la limite elle-même, comme limite, et une limite n'étant rien sans deux termes opposés, — sur ce qui est au-delà d'elle.

Le moi comme tel, est posé limité, c'est-à-dire en tant qu'il se trouve en-deçà de la limite; il est opposé à un moi non limité à cet égard, et par cette limite déterminée. Ce moi illimité doit donc être posé pour l'opposition demandée.

Le moi est illimité et absolument illimitable en tant que son activité ne dépend que de lui et n'est fondée qu'en lui, en tant, par conséquent, qu'elle est idéale suivant l'expression dont nous nous sommes toujours servis. Cette activité uniquement idéale est posée et posée comme allant au-delà de la limitation. (Notre synthèse actuelle se lie comme elle le doit avec celle qui a été établie dans le § précédent. Là aussi l'activité arrêtée devait être posée par le sentant comme activité, comme quelque chose qui devait être activité; si la résistance du non-moi tombait et que le moi ne dépendît que de lui-même, par conséquent comme activité dans une relation idéale. Ici, toutefois, elle est posée comme activité, mais médiatement et seulement non comme activité unique, mais en commun avec l'activité qui se trouve avant le point du choc (comme cela est nécessaire pour que notre discussion avance et gagne du terrain).

A cette activité est opposée l'activité limitée, qui par conséquent, en tant qu'elle doit être limitée, n'est pas idéale, dont la série dépend non du moi, mais du non-moi qui lui est opposé, et que nous nommerons activité se dirigeant sur le réel.

Il est clair que par là l'activité du moi, non en tant qu'elle est ou non arrêtée, mais en tant qu'elle est en action, est opposée à elle-même et considérée comme se dirigeant sur l'idéal ou sur le réel. L'activité du moi qui va au-delà du point de limite que nous nommons C, n'est qu'idéale et non réelle ; l'activité réelle ne le dépasse pas. Celle qui se trouve en-deçà de la limite de A jusqu'à C est en même temps idéale et réelle : idéale, en tant que comme force du *poser* précédent elle n'est fondée que dans le moi ; réelle, en tant qu'elle est posée comme limitée.

Il est montré que toute cette distinction procède de l'opposition : si l'activité réelle ne devait pas être posée, une activité idéale ne serait pas posée comme idéale ; car on ne saurait la distinguer. Si une activité idéale n'était pas posée, une activité réelle ne le serait pas. L'une et l'autre se trouvent en rapport de détermination réciproque, et nous avons ici seulement, par l'application, quelque chose de plus clair, la proposition : L'idéalité et la réalité sont unies synthétiquement. Pas d'idéal, pas de réel, et réciproquement.

Maintenant il est aisé de démontrer comment a lieu

ce qui doit arriver ensuite, savoir, que les opposés soient réunis synthétiquement et mis en relation avec le moi.

C'est l'activité qui se trouve entre A et C qui, rapportée au moi, doit lui être attribuée. Elle ne serait pas capable d'être rapportée comme limitée, car le moi n'est pas limité par lui-même. Mais elle est aussi une force idéale, uniquement fondée dans le moi, force du système de l'activité idéale déjà indiquée ; et cette activité (liberté, spontanéité, comme elle sera montrée en son temps), est le fondement de relation. Elle n'est fondée qu'en tant qu'elle dépend du non-moi, qui est exclu et considéré comme quelque chose d'hétérogène. Pourtant, observation dont la raison a été présentée dans le § précédent, — elle est attribuée au moi non comme idéale, mais expressément comme activité réelle et limitée.

Cette activité mise en relation, en tant qu'elle est limitée et exclut de soi quelque chose d'hétérogène (car jusqu'à présent il n'a été question que de cela, mais non comment elle le reçoit en soi), est évidemment la sensation déduite plus haut ; et ce qui était demandé est arrivé en partie.

D'après les lois assez connues du procédé synthétique, on ne réussira pas dans la tentative de confondre en réciprocité ce qui est mis en relation dans l'action déduite, avec le principe qui met en relation. Caractérisons ce dernier, autant que cela est possible et nécessaire.

Il va évidemment avec son activité au-delà de la limite, et ne prend pas garde au non-moi, mais plutôt l'exclut ; cette activité n'est par conséquent qu'idéale :

mais ce avec quoi n'est mis en relation que l'activité idéale, est précisément cette activité idéale du moi. Donc, ce qui met en relation et ce avec quoi il est mis en relation ne peuvent être distingués. Bien qu'il doive être posé et que quelque chose doive être mis en relation avec lui, le moi ne se présente pourtant pas dans cette relation pour la réflexion. Le moi agit : nous le voyons sur le terrain de la réflexion scientifique où nous nous trouvons, et comme le verrait une intelligence qui observerait le moi ; mais le moi ne le voit pas de son point de vue actuel (il pourra le voir dans l'avenir d'un autre point de vue). Dans l'objet de son activité, le moi s'oublie donc lui-même, et nous avons une activité qui n'apparaît que comme passivité, comme nous la cherchions. Cette action se nomme une intuition, contemplation muette, sans conscience, qui se perd dans l'objet. L'objet de l'intuition est le moi en tant qu'il sent. L'agent de l'intuition est également le moi, mais qui ne réfléchit pas sur son intuition. Et en effet, en tant qu'il a intuition, il ne peut pas y réfléchir.

Ici s'introduit dans la conscience un substract pour le moi, cette pure activité qui est posée comme existant lors même qu'il n'y aurait pas d'influence étrangère, mais qui est posée à la suite d'une antithèse, par conséquent, par détermination réciproque. Son existence est indépendante de toute influence étrangère, mais il dépend d'une influence de cette nature qu'elle soit posée.

V.

La sensation doit être posée; c'est le postulat de ce §. Mais la sensation n'est possible qu'en tant que le sentant se dirige sur quelque chose de senti et le pose dans le moi; par conséquent, par la notion intermédiaire de la limitation, le senti doit être mis en relation avec le moi.

Il a déjà été mis en relation avec le moi dans la sensation; mais ici la sensation doit être posée. Elle vient d'être posée par une intuition, mais dans laquelle le senti a été exclu. Évidemment cela ne suffit pas : elle doit être posée en tant qu'elle se l'approprie.

Cette appropriation de la relation doit avoir lieu par la notion intermédiaire de la limitation. Si la limitation n'est pas posée, la relation demandée n'est pas possible; elle n'est possible que par la limitation.

Par cela même que quelque chose est exclu et posé dans la sensation comme le limitant, ce quelque chose est limité par le moi, comme n'appartenant pas au moi; mais précisément comme objet de cette action de la limitation, il est vu dans le moi d'un point de vue plus élevé. Le moi le limite; il doit à cause de cela être contenu en lui.

Nous devons nous placer ici à ce point de vue élevé pour poser cette limitation du moi comme action par laquelle le limité (le senti) vient nécessairement dans son cercle d'action — et par là, nous posons alors, d'après le postulat, le sentant — non il est vrai précisément dans le moi, comme cela avait lieu tantôt, — mais nous le posons comme sentant, nous déterminons sa manière d'agir, nous la caractérisons, nous faisons qu'elle peut être distinguée de tous les modes d'activité du moi qui ne sont pas une sensation.

Pour connaître d'une manière précise cette limitation par laquelle le moi s'approprie le senti, rappelons-nous ce qui a été dit sur ce point dans la déduction de la sensation. Le senti était mis en relation avec le moi par cela seul qu'une activité opposée au moi était posée, seulement comme conditionnelle, c'est-à-dire comme quelque chose qui pouvait être et n'être pas posé. Dans ce *poser* ou *non-poser*, le posant comme toujours est le moi. Par conséquent pour cette relation, quelque chose était attribué non-seulement au non-moi, mais médiatement au moi, savoir la faculté de poser ou non quelque chose. Ce qu'il faut bien remarquer, ce n'est pas la faculté de poser ou la faculté de ne pas poser; mais c'est la faculté de poser et de ne pas poser qui devait être attribuée au moi. En lui, par conséquent, le *poser* de quelque chose de déterminé, et le *non-poser* de ce quelque chose de déterminé, se présentent réunis en même temps et synthétiquement. Ils doivent se présenter et se présentent dans tous les cas où quelque chose est posé comme condition accidentelle. Ceux dont les connaissances philosophiques ne dépassent pas une sèche logique, se plaignent beaucoup de l'impossibilité logique qui les empêche de comprendre lorsqu'une notion de cette nature s'offre à eux, notion qui doit être produite par l'imagination sans laquelle il n'y aurait pas de logique et pas de possibilité logique.

Voici la marche de la synthèse : Il y a sensation. Cela n'est possible qu'à la condition que le non-moi soit posé comme condition purement accidentelle de ce qui est senti. Comment a lieu ce *poser?* Nous n'avons pas à nous en occuper ici. Mais cela n'est pas possible à moins que le moi ne pose et en même temps ne pose pas ; une action semblable se présente donc nécessairement dans la sensation, comme terme intermédiaire entre les autres termes indiqués. Nous avons à montrer comment la sensation a lieu. Nous avons donc à montrer comment arrivent simultanément un *poser* et un *non-poser*.

Dans ce *poser* et *non-poser*, l'activité, quant à sa forme, est évidemment une activité idéale. Elle va au-delà du point de limite, et par conséquent n'est pas arrêtée par lui. Le principe d'où nous l'avons déduite, et avec elle toute la sensation, est que le moi doit poser en soi ce qui doit être en lui : elle est par conséquent fondée uniquement dans le moi. Si elle n'est que cela et rien de plus, elle est un simple *non-poser* et non un *poser*, elle est seulement activité pure.

Mais elle doit être un *poser* et elle l'est, parce qu'elle ne supprime ni n'amoindrit l'activité du non-moi comme telle ; elle la laisse telle qu'elle est. Elle la pose seulement en dehors de la sphère du moi. Mais d'un autre côté un non-moi ne se trouve jamais en dehors de la sphère du moi aussi certainement qu'il est un non-moi. Il lui est opposé ou il n'est pas. Elle pose donc un non-moi. Seulement elle le pose librement en dehors. Le moi est limité, car un non-moi est posé en général par lui; mais il est aussi non limité ; car il le pose en dehors de lui par l'activité idéale aussi loin qu'il veut. (Soit C, le point de limite déterminé. L'activité du moi que l'on étudie ici le pose comme point de limite; mais elle ne le laisse pas à la place que le non-moi lui déterminait : elle le repousse plus loin dans l'illimité. Elle pose donc (au moi) une limite en général; mais elle ne s'en pose aucune à elle-même, en tant qu'elle est précisément cette activité du moi; car elle ne pose cette limite dans aucun lieu déterminé; parmi tous les lieux possibles, il n'en est aucun d'où la limite ne pourrait et ne devrait pas être repoussée plus loin au dehors, puisqu'une activité idéale qui a en soi-même le fondement de la limitation se dirige sur cette limite : mais il n'y a pas dans le moi le fondement de se limiter soi-même, en tant que cette activité agit, il n'y aurait plus pour elle aucune limite, si elle ne cessait jamais d'agir, on verra en son temps à quelle condition cela arrive; le même non-moi demeurerait toujours avec la même activité ni limitée ni amoindrie). L'action indiquée du moi est donc une limitation par l'activité idéale (libre et non limitée).

Nous voudrions la caractériser préliminairement pour ne pas laisser subsister long-temps ce qu'il y a d'inconcevable dans ce qui a été indiqué. D'après la loi de la méthode synthétique, nous aurions dû la déterminer sur-le-champ par opposition. Faisons-le maintenant et rendons-nous ainsi parfaitement intelligibles.

Au *poser* et *non-poser*, il faut, pour la synthèse actuelle, opposer quelque chose qui soit en même temps posé et non-posé, et il faut déterminer les deux termes par cette opposition. D'après l'investigation précédente, telle était déjà l'activité du non-moi. Elle est en même temps posée et non posée, c'est-à-dire, en tant que le moi pousse au dehors la limite, il pousse en même temps au dehors l'activité réelle du moi; il la pose, mais idéalement par sa propre activité; car s'il n'y avait pas à poser une activité semblable du non-moi et si elle n'était posée, il ne serait pas posé de limite; mais elle est posée précisément et par cela seul qu'elle est poussée au dehors; et le non-moi transporte en même temps au dehors la limite comme le moi la transporte. Dans toute l'étendue que nous pouvons nous imaginer, le moi et le non-moi posent en même temps partout la limite, seulement chacun d'une manière différente, et c'est en cela qu'ils sont opposés; et pour déterminer leur opposition, nous devons opposer la limite à elle-même.

Elle est idéale ou réelle : en tant qu'elle est idéale, elle est posée par le moi; en tant qu'elle est réelle, elle est posée par le non-moi.

Mais tout en étant opposée à elle-même, elle demeure néanmoins une et identique, et ses déterminations opposées sont réunies en elle synthétiquement. Elle est réelle, seulement en tant qu'elle est posée par le moi, et que, par conséquent, elle est aussi idéale. Elle est idéale; elle ne peut être poussée au dehors par l'activité du moi qu'en tant qu'elle est posée par le non-moi, et que, par conséquent, elle est réelle.

L'activité du moi qui va au-delà du point solide de limite C est donc en même temps réelle et idéale. Elle est réelle, en tant qu'elle se dirige sur quelque chose de posé par quelque chose de réel. Elle est idéale en tant qu'elle s'y dirige par sa propre impulsion.

Ainsi donc, ce qui est senti peut être rapporté au

moi. L'activité du non-moi est exclue, demeure ; car celui-ci est repoussé avec la limite dans l'infini, autant que nous en jugeons jusqu'à présent. Mais, pouvant être mise en relation avec le moi, la limitation dans le moi est un produit de cette activité, comme condition de son activité idéale, maintenant indiquée. Ce avec quoi, comme avec le moi, dans cette relation, le produit du non-moi devait être mis en relation, est l'action idéale qui tend à cette relation : ce qui devait être le sujet de cette relation est cette même action idéale ; et il n'y a par conséquent pas de différence entre le sujet de la relation, qui d'après la méthode synthétique ne devait pas être posé ici, et l'objet de la relation qui devait être posé d'après elle. Il n'y a pas de relation avec le moi ; et l'action déduite est une intuition dans laquelle le moi se perd dans l'objet de son activité. L'objet de l'intuition est un produit du non-moi perçu idéalement, qui est étendu par l'intuition dans l'inconditionnel, et ici nous obtenons par conséquent, pour la première fois, un substract pour le non-moi. L'agent de l'intuition est, comme il a été dit, le moi, mais le moi qui ne réfléchit pas sur soi.

VI.

Avant de passer au point le plus important de notre recherche actuelle, ajoutons quelques mots de préparation, et jetons un coup-d'œil sur l'ensemble.

Il s'en faut de beaucoup qu'il soit arrivé ce qui devait arriver. Le sentant est posé par intuition. Ce qui est senti est posé par là. Mais si, suivant le postulat, la sensation doit être posée, l'un et l'autre ne doivent pas être séparés; ils doivent être posés dans une union synthétique. Cela ne pourrait avoir lieu que de termes extrêmes non réunis encore. On en trouve réellement dans la recherche précédente, bien que nous n'ayons pas appelé expressément l'attention sur eux.

Nous avions besoin d'abord, pour poser le moi comme limité et lui attribuer la limite, d'une activité idéale, opposée au moi limité, illimitée et autant que nous pouvons en juger illimitable ; pour que la relation demandée soit possible, cette activité doit être déterminée par une autre en opposition avec elle (la limitée), elle doit exister dans le moi. Il faut encore répondre à la question : Comment et à quelle occasion le moi arrive-t-il à une action de cette sorte ? Pour embrasser par le moi le *senti* qui devait se trouver au dehors de la limite déterminée, nous admettions une activité qui poussait au dehors la limite — dans l'illimité;— autant que nous pouvons en juger, il est démontré que cette action se présente parce que, sans elle, la relation demandée ne serait pas possible. Mais il reste toujours à répondre à la question : Pourquoi doit se présenter cette relation et avec elle cette action comme en étant la condition? En supposant qu'il arrivât dans la suite que ces deux activités ne fussent qu'une seule et même activité, il s'ensuivrait que, pour pouvoir se limiter, le moi doit pouvoir pousser au dehors la limite, et pour pouvoir pousser au dehors la limite, doit se limiter ; et ainsi la sensation et l'intuition, et, dans la sensation, l'intuition intérieure (celle du sentant) et l'intuition extérieure (celle du senti) seraient étroitement unies, et l'une ne serait pas possible sans l'autre.

Sans nous attacher à la forme rigoureuse suivie jusqu'à présent, et qui a été caractérisée avec assez de précision pour que chacun puisse, d'après elle, mettre le raisonnement à l'épreuve, tâchons d'introduire de la clarté dans cette investigation importante et décisive, mais embarrassée. Cherchons à répondre aux questions proposées et qui se pénètrent mutuellement, et attendons du résultat ce qui ne pourrait s'entreprendre autrement.

A. — D'où vient l'activité idéale et illimitée qui doit être opposée à l'activité réelle et limitée? Ou bien, si nous ne devons pas encore porter notre examen sur ce point, caractérisons-la par quelques traits.

L'activité limitée devait être déterminée par son contraire et partant mise en rapport avec lui. Mais on ne peut rien opposer à ce qui n'est pas posé; par conséquent, pour que la relation demandée soit possible, non-seulement l'activité limitée, mais, pour ce que nous avons à faire ici, l'activité idéale illimitée est supposée. Elle est la condition de la relation; mais celle-ci, du moins en la considérant du présent point de vue, n'est pas la condition de celle-là. Pour que la relation soit possible, l'activité idéale doit exister déjà dans le moi; on n'examine pas d'où elle vient ni quelle est la circonstance qui la détermine. Il est suffisamment évident que C n'est pas pour elle un point de limite, qu'elle ne se dirige pas vers lui, sur lui, mais qu'entièrement libre et indépendante, elle s'étend dans l'illimité.

Elle doit être posée expressément comme illimitée par opposition à la limitée; ce qui signifie, rien n'étant limité sans avoir de limite déterminée, et l'activité limitée devant donc nécessairement être posée dans le point déterminé C, qu'elle doit être posée comme non limitée en C; (peut-elle être limitée au-delà de C dans un autre point possible? cela demeure et doit demeurer tout-à-fait indéterminé).

C'est ainsi que dans la relation, le point de limite déterminé C est mis en relation avec cette activité. Comme elle doit précéder la relation, ce point de limite doit donc se trouver en elle. Elle est nécessairement en contact avec ce point, s'il doit lui être rapporté, sans néanmoins être dirigée originairement sur lui.

Dans la relation, le point C est posé en elle, là où il tombe, sans la moindre liberté. Le point d'incidence est déterminé. Ce n'est que son *poser* spécial comme point d'incidence qui est l'activité de la relation. Dans la relation, cette activité idéale est posée comme allant au-delà de ce point. Cela n'est pas possible, sans qu'il soit posé partout en elle, en tant qu'elle doit le dépasser, comme un point au-delà duquel elle est. Il est, par conséquent, transporté en elle quant à toute son étendue; il est posé partout, ou il est réfléchi sur elle, seulement pour essai et idéalement, un point de limite pour mesurer la distance par laquelle elle s'éloigne du premier point solide et immuable. Mais cette activité devant aller constamment au-delà et n'être limitée nulle part, ce second point idéal ne peut nullement se fixer, mais il flotte et de telle manière, que, dans toute l'étendue, aucun point (idéal) ne peut être posé qu'il ne le touche. S'il est donc certain que cette activité idéale doit aller au-delà du point de limite, il est d'une égale certitude qu'il est transporté dans l'infini (jusqu'à ce que nous puissions arriver à une nouvelle limite).

Par quelle activité est-il transporté? Par l'idéale supposée ou par celle de la relation? Avant la relation non évidemment, puisqu'alors il n'y a pas pour elle de point de limite, mais la relation suppose elle-même ce transport comme fondement de distinction et de relation. Dans et par la relation, le point de limite et le transport de ce point sont posés en elle synthétiquement; et même on pourrait dire par l'activité idéale; car, nous le savons, toute relation n'a son fondement que dans le moi; seulement c'est par une autre activité idéale.

Nous trouvons ici trois actions dans le moi; nous allons les énumérer à cause de ce qui suit. — Une première, qui a pour objet l'activité idéale; — une seconde, qui a pour objet l'activité réelle et limitée. Toutes deux doivent exister ensemble dans le moi, et être, par conséquent, une seule et même activité, bien que nous n'apercevions pas encore comment cela est possible; — une troisième qui transporte le point de limite de l'activité réelle dans l'activité idéale et le suit dans celle-ci. Par elle on peut distinguer quelque chose dans l'activité idéale en tant qu'elle va jusqu'à C et est entièrement pure; et en tant qu'elle va au-delà de C, et doit, par conséquent transporter la limite. Cette remarque sera importante dans la suite. Nous négligeons de caractériser davantage ici ces actions particulières; car nous pourrons les caractériser complètement dans la suite.

Pour éviter toute confusion, désignons les activités

déterminées par des lettres, — on oppose et on met en relation l'activité idéale qui de A s'épand dans l'illimité au-delà de C, et la réelle qui va de A jusqu'au point de limite C.

B. — Le moi, comme nous venons de le voir, ne peut pas se poser comme limité, sans s'épandre en même temps au-delà du point de limite et l'éloigner de soi. Néanmoins, en allant sur cette limite, il doit se poser limité par elle ; ce qui se contredit. Il a été dit, il est vrai, qu'il est limité et illimité dans un rapport tout-à-fait opposé, et suivant des modes d'activité entièrement contraires ; qu'il est limité en tant que l'activité est réelle, illimité en tant qu'elle est idéale. Or, nous avons opposé l'une à l'autre ces deux sortes d'activité, mais par aucun autre caractère que celui de la limitabilité ou de l'illimitabilité ; notre explication tourne donc dans un cercle. Le moi pose l'activité réelle comme la limitée et l'idéale comme l'illimitée. C'est bien, mais qui donc la pose comme limitée ? l'activité réelle. Qui la pose comme l'idéale ? l'illimitée. Si nous ne pouvons sortir de ce cercle et indiquer un principe de distinction tout-à-fait indépendant de la limitabilité pour l'activité réelle et idéale, la distinction et la relation demandées sont impossibles. Nous trouverons ce principe de distinction et c'est vers cela que va se diriger actuellement notre recherche.

Énonçons préalablement la proposition dont la vérité sera bientôt démontrée : Le moi ne peut pas se poser pour soi sans se limiter, et par suite sans sortir de soi.

Le moi est primitivement posé par soi-même, c'est-à-dire, il est ce qu'il est pour toute intelligence, hors de lui. Son être a en lui son principe : c'est ainsi qu'il devait être conçu. Nous pouvons ensuite, par des raisons exposées dans les principes fondamentaux de la science pratique, lui attribuer un effort à remplir l'infini aussi bien qu'une tendance à l'embrasser, c'est-à-dire à réfléchir sur soi-même comme étant infini. Deux caractères qui lui appartiennent aussi certainement qu'il est un moi (pag. 225). Mais de cette simple tendance ne naît et ne peut naître aucune action du moi.

Supposons que, dans cet effort, il aille jusqu'à C, et qu'en C, son effort à remplir l'infini soit arrêté et interrompu, bien entendu pour une intelligence qui peut être placée hors de lui, qui l'observe et a posé dans sa propre conscience cet effort du moi. Que naîtra-t-il en lui par cela ? Il s'efforçait en même temps de réfléchir sur soi-même, mais il ne le pouvait pas, parce que tout objet de réflexion est limité, et que le moi était illimité.

Il est limité en C ; donc, en C, avec la limitation se produit en même temps la réflexion du moi sur soi-même. Il revient en soi, il se trouve, il se sent, mais évidemment il ne sent rien encore hors de soi.

Cette réflexion du moi sur soi-même est comme nous le voyons du point où nous nous trouvons, et comme le verrait également toute intelligence possible hors du moi, une action du moi fondée dans une tendance nécessaire et dans une condition qui se présentera plus tard. Mais qu'est-elle pour le moi ? Dans cette réflexion, il se découvre pour la première fois d'abord : il naît pour soi. Il ne peut admettre en soi le fondement de quelque chose avant d'être soi-même. Pour le moi, par conséquent, ce sentiment de soi-même est une simple passivité; il ne réfléchit pas pour soi; mais il est réfléchi par quelque chose hors de soi. Nous le voyons agir; mais avec nécessité d'un côté à l'égard de l'action, suivant les lois de son être; d'un autre côté, à l'égard du point déterminé, en vertu d'une condition hors de lui. Le moi lui-même ne se voit pas agir; il est simplement passif.

Le moi existe maintenant pour soi-même, et il existe parce que et en tant qu'il est limité. Il doit, aussi certainement qu'il doit être un moi et être limité, se poser comme limité, c'est-à-dire, il doit s'opposer un limitant. Cela arrive nécessairement par une activité qui va au-delà de la limite C, et qui perçoit ce qui doit se trouver au-delà comme quelque chose qui est opposé à l'effort du moi. Qu'est cette activité d'abord pour l'observateur et ensuite pour le moi?

Elle n'est fondée que dans le moi quant à la forme et au contenu. Le moi pose un limitant, parce qu'il est limité, et parce qu'il doit poser tout ce qui doit être en lui. Il le pose comme un limitant, par conséquent, comme quelque chose d'opposé et comme un non-moi, parce qu'il doit expliquer une limitabilité en lui-même. Qu'on ne pense pas un instant d'après cela qu'une voie est ouverte ici au moi pour pénétrer dans la chose en soi (c'est-à-dire sans relation à un moi). Le moi est limité; nous partons de cette supposition. Cette limitation a-t-elle un fondement en soi, c'est-à-dire, sans relation à une intelligence possible? De quelle qualité est ce fondement? Comment puis-je le connaître? Comment puis-je répondre avec raison, lorsqu'il m'est imposé de faire abstraction de toute raison ? Pour le moi, c'est-à-dire pour toute raison, elle n'a pas de fondement, car pour lui, toute limitation suppose un limitant ; et ce fondement se trouve également pour le moi, non dans le moi lui-même ; car il y aurait alors en lui des principes contradictoires et il ne serait pas ; mais dans un opposé, opposé qui est posé comme tel par le moi, d'après ces lois de la raison, et qui est son produit.

Nous argumentons ainsi : Le moi est limité (il doit nécessairement être limité, pour être un moi), il doit, d'après les lois de son être, poser cette limitation et son fondement dans un limitant, et par conséquent celui-ci est son produit. Un philosophe qui serait si étroitement enlacé dans le dogmatisme transcendant qu'il ne pourrait en sortir, raisonnerait sans doute contre nous de la manière suivante : J'accorde ces conclusions du moi, comme la manière de l'expliquer ; mais par là ne s'élève dans le moi que la représentation de la chose : Cette représentation est son produit, mais non la chose elle-même ; je mets en question non le mode d'explication, mais la chose elle-même et en soi. Le moi, dites-vous, doit être limité. Considérée en soi et en faisant abstraction de la réflexion que le moi dirige sur elle, cette limitation doit pourtant avoir un fondement, et ce fondement est précisément la chose en soi. — A cela nous répondons, qu'il explique précisément comment le moi sur lequel nous réfléchissons, aussi certainement qu'il existe, se dirige avec la même certitude dans la déduction d'après les lois de la raison, et qu'il n'a qu'à réfléchir à cette circonstance pour s'apercevoir qu'il se trouvait toujours, mais à son insu, dans le même cercle où nous nous trouvions nous-mêmes, mais en le sachant. S'il ne peut, dans son explication, se dégager des lois de sa pensée, de son esprit, il ne franchira jamais la circonférence que nous avons tracée autour de lui. Mais s'il s'en dégage, ses objections ne nous seront pas dangereuses. D'où vient son obstination à vouloir une chose en soi, après avoir accordé que nous n'en avons en nous que la représentation? Nous le verrons parfaitement dans ce §.

Qu'est l'action indiquée pour le moi? Elle n'est pas pour lui ce qu'elle est pour l'observateur, parce que les principes qui guident le jugement de l'observateur n'existent pas pour le moi. Pour celui-ci, cette action n'était que dans le moi, aussi bien quant au contenu que quant à la forme; parce que le moi devait réfléchir, en conséquence de son être à lui connu comme purement actif et actif spécialement par la réflexion. Pour soi-même, le moi n'est pas encore posé comme réfléchissant, comme actif; mais en vertu de ce qui a été dit ci-dessus, il n'est que passif. Il n'a donc pas conscience de son action et ne peut l'avoir; le produit de cette action, s'il pouvait lui apparaître, lui paraîtrait exister sans sa participation.

Ce qui a été déduit ici, qu'il faut observer d'abord dans la conscience, et ensuite dans son origine, est impossible en même temps, parce que en réfléchissant sur sa propre manière d'agir, l'esprit doit se trouver sur un degré beaucoup plus haut de la réflexion. Mais nous pouvons apercevoir quelque chose de semblable dans ce qu'on pourrait appeler le lien d'une nouvelle série dans la conscience, comme dans le réveil d'un sommeil profond ou d'un évanouissement en un lieu qui nous serait inconnu. C'est avec le moi que commence notre conscience. Nous cherchons et nous trouvons d'abord nous-mêmes, et nous dirigeons notre attention sur les choses autour de nous, pour nous orienter par elles. Nous nous demandons, Où suis-je? Comment suis-je venu où je suis? Que s'est-il passé à mon égard? afin de rattacher la série actuelle des représentations à une autre série écoulée.

C. — Pour l'observateur, le moi est allé maintenant au-delà du point de limite C, avec la tendance constante et permanente de réfléchir sur soi. Comme il ne peut réfléchir sans être limité, ni se limiter soi-même, il est clair que la réflexion demandée ne serait pas possible, s'il n'était limité au-delà du point C dans le point possible D. Mais l'indication et la détermination de cette nouvelle limite nous conduiraient trop loin, et à des choses qui n'appartiennent pas au présent § : Nous devons donc nous contenter de formuler, comme nous en avons le droit, le postulat suivant : Si l'élément expansif est un moi, il doit poser son expansion ou réfléchir sur elle; sans vouloir toutefois nous dégager de l'obligation d'indiquer, en lieu opportun, à quelle condition cette réflexion est possible.

Le moi, par la simple action d'aller au-delà, produisait pour l'observateur possible un non-moi sans aucune conscience. Maintenant, il réfléchit sur son produit, et le pose dans cette réflexion comme non-moi, et cela absolument, sans aucune autre détermination, et sans aucune conscience, parce qu'il n'est pas encore réfléchi sur le moi. Ne demeurons pas plus long-temps à ces actions du moi, parce qu'ici elles sont absolument inconcevables; nous y reviendrons en temps voulu par la voie opposée. Seulement, nous prenons ici, en passant, un aperçu des points sur lesquels doit porter encore notre recherche.

Le moi doit réfléchir de nouveau sur le produit de cette seconde action, un non-moi posé comme tel ; non toutefois sans une limitation nouvelle que nous indiquerons en son temps. Le moi est posé passif dans le sentiment, le non-moi lui est opposé ; il doit donc être posé actif.

Il est réfléchi sur le non-moi posé actif, à la condition signalée plus haut, et nous entrons maintenant sur le domaine de notre recherche actuelle. Nous nous plaçons, comme nous l'avons toujours fait jusqu'à présent, et comme il est très-avantageux de le faire, dans de telles recherches qui dépassent le cercle habituel de la vue, qui paraissent transcendantes au penseur non exercé ; nous nous plaçons, dis-je, au point de vue d'un observateur possible, parce que nous ne pouvons rien voir encore du point de vue du moi dans cette partie de notre investigation. Par le moi et dans le moi (mais comme on l'a rappelé souvent), sans conscience, est posé un non-moi actif. Sur ce non-moi se dirige une nouvelle activité du moi, ou en d'autres termes il est réfléchi. La réflexion ne peut atteindre que ce qui est limité. Donc, l'activité du non-moi est nécessairement limitée et même comme activité, parce que et en tant qu'elle est posée en action, mais non quant au cercle de son influence ; de sorte, par exemple, qu'elle ne s'avance pas plus loin que E ou F, comme on peut aisément s'en convaincre. D'où devons-nous recevoir cette circonférence, puisqu'il n'y a pas d'espace ? Le non-moi ne demeure pas actif ; mais il est au repos. La manifestation de sa force est arrêtée, il ne reste de la force qu'un simple substract, ce qui a été dit pour nous faire comprendre, mais ce qui sera déduit à fond dans la suite.

De notre point de vue nous pouvons admettre que l'activité du non-moi est arrêtée seulement par l'activité réfléchissante du moi, dans et par la réflexion, et nous placerons plus tard le moi au point de vue où il admet la même chose. Mais le moi n'ayant conscience ici de cette activité, ni immédiatement, ni médiatement (par induction), il ne peut pas expliquer par elle cet arrêt. Mais il le dérivera d'une force opposée, d'un autre non-moi, comme nous le verrons en son temps.

En réfléchissant, le moi ne réfléchit pas sur cette réflexion elle-même; il ne peut en même temps agir sur l'objet et agir sur cette action; il n'a donc pas conscience de l'activité indiquée, mais il s'oublie et se perd entièrement dans l'objet de cette activité, et nous avons encore ici par conséquent l'intuition primitive extérieure (mais qui n'est pas encore posée comme extérieure) que nous avons décrite plus haut, mais qui ne donne naissance à aucune conscience, non-seulement à aucune conscience de soi-même, ce qui se comprend assez par ce qui précède, mais même à aucune conscience de l'objet.

Du point de vue actuel, ce que nous avons dit plus haut en décrivant la sensation de la lutte des activités opposées du moi et du non-moi qui doivent s'anéantir mutuellement, est complètement évident. Aucune activité du moi ne pourrait être anéantie, si le moi n'était pas d'abord sorti de ce que nous pouvons nous figurer comme sa sphère primitive (qui, dans notre exposition, se trouve depuis A jusqu'à C) pour entrer dans le cercle d'influence du non-moi qui va depuis C jusque dans l'infini. De plus, il n'y aurait ni non-moi, ni activité du non-moi, si le moi ne les avait posés tous deux comme ses produits; l'activité du non-moi est anéantie en tant que l'on réfléchit qu'elle était posée auparavant et qu'elle est supprimée maintenant par la réflexion; et pour qu'elle soit possible, celle du moi, si l'on considère qu'il ne réfléchit pas sur sa réflexion, dans laquelle il est actif néanmoins; mais qu'il se perd en elle et se transforme en non-moi, ce qui s'établira davantage dans la suite. En un mot, nous nous trouvons précisément ici sur le point d'où nous sommes partis dans le § précédent et dans toute la science de la connaissance théorique particulière, dans la lutte qui doit exister dans le moi pour l'observateur possible, mais sur laquelle le moi n'a pas encore réfléchi, et qui, à cause de cela, n'est pas encore pour le moi dans le moi ; par conséquent la conscience, quoique nous en ayons toutes les conditions possibles, ne peut être déduite le moins du monde de ce qui précède.

VII.

Le moi est maintenant pour soi-même, en pouvant réfléchir sur soi-même, ce qu'il était au commencement de notre recherche pour un observateur étranger qui aurait pu l'examiner. Celui-ci se trouvait d'abord en présence d'un moi, comme devant quelque chose de percevable, il voyait opposé à un moi comme être pensant, un non moi, également percevable comme quelque chose, et un point de contact entre les deux.

Mais cela seul ne lui donnait aucune représentation de la limitabilité du moi, s'il ne réfléchissait pas sur les deux : il devait réfléchir, car il n'était un observateur qu'à cette condition, et il a considéré successivement toutes les actions qui devaient nécessairement découler de l'essence du moi.

Par ces actions, le moi est lui-même arrivé au point où l'observateur se trouvait dans le principe. En lui-même, dans le cercle d'action posé pour l'observateur, et comme produit du moi lui-même, il y a un moi posé comme quelque chose de percevable; ce moi étant limité, il y a aussi un non-moi et un point de contact entre les deux. Le moi n'a qu'à réfléchir pour découvrir ce que ne pouvait trouver d'abord que l'observateur.

Au début de toute son activité, le moi a déjà réfléchi originairement sur soi-même, et il a réfléchi par nécessité comme nous l'avons vu plus haut. — Il y avait en lui tendance générale à réfléchir; par la limitation, vint s'y joindre la condition à laquelle la réflexion est possible, et il réfléchit nécessairement. De là naquit un sentiment, et par ce sentiment tout ce que nous avons déduit ensuite. La tendance à la réflexion dure indéfiniment, par conséquent elle continue toujours à exister dans le moi; et le moi peut réfléchir sur sa première réflexion elle-même, et sur tout ce qui s'en est suivi, puisque la condition de la réflexion existe, savoir, une limitation par quelque chose que l'on peut regarder comme un non-moi.

Il ne doit pas réfléchir, comme nous l'avons accordé dans la première réflexion, car la condition par laquelle il peut maintenant réfléchir, n'est pas inconditionnellement un non-moi; mais on peut la regarder comme contenue dans le moi. — Ce par quoi il est borné est le non-moi produit par le moi. On pourrait dire au contraire, puisqu'il doit être limité par son propre produit, qu'il doit se limiter lui-même. Cela a été expliqué et répété plusieurs fois pour échapper à la contradiction la plus grossière, et toute notre argumentation jusqu'à présent a pour fondement la nécessité d'éviter cette contradiction. D'un côté, cela n'est pas entièrement et absolument son propre produit, mais n'a été posé que sous la condition d'une limitation par un non-moi. De l'autre côté, pour la même raison, il ne tient pas la même chose pour son propre produit, en tant qu'il se pose comme limité par elle; et en la reconnaissant pour son propre produit, il ne se pose donc pas comme limité.

Mais si ce que nous avons posé dans le moi, ne doit réellement exister que dans le moi, il doit réfléchir. Nous demandons en conséquence cette réflexion et nous avons le droit de la demander. — Plusieurs impressions diverses pourraient nous arriver, si l'on permet un moment d'exprimer une pensée transcendante pour nous faire comprendre : si nous n'y réfléchissons pas, nous l'ignorons, et par conséquent, dans le sens transcendantal, nous n'avons éprouvé aucune impression en tant que moi.

Les fondements de la réflexion demandée sont donnés avec la spontanéité absolue : le moi réfléchit absolument parce qu'il réfléchit. Non-seulement la tendance à la réflexion, mais l'action de réfléchir elle-même est basée dans le moi; elle a, il est vrai, pour condition quelque chose hors du moi, par l'impression qui a eu lieu ; mais elle n'est pas nécessitée par cela.

Nous pouvons considérer deux choses dans cette réflexion : le moi réfléchi par elle, et le moi qui réfléchit en elle. Notre recherche se divise donc en deux parties, qui pourraient bien en amener une troisième, comme on doit s'y attendre, conformément à la méthode synthétique.

A. = Au moi jusqu'à présent rien n'a pu être attribué que le sentiment ; il sent et n'est rien de plus. Le moi réfléchi est limité, ce qui signifie qu'il se sent limité, ou qu'il y a en lui un sentiment de limitabilité, d'impuissance, de contrainte. Nous verrons clairement plus tard comment cela est possible.

En tant qu'il se pose limité, le moi va au-delà des limites : il pose donc nécessairement en même temps le non-moi, mais sans conscience de son action. A ce sentiment de contrainte se joint une intuition du non-moi, mais une simple intuition, dans laquelle le moi s'oublie soi-même.

Tous deux, le non-moi aperçu intuitivement et le moi senti et se sentant doivent être unis synthétiquement, ce qui a lieu au moyen de la limite. Le moi se sent limité et pose le non-moi aperçu intuitivement comme ce par quoi il est limité : en langage ordinaire, je vois quelque chose, et il y a en moi en même temps le sentiment d'une contrainte que je ne puis expliquer immédiatement. Mais elle ne peut être expliquée. Je rapporte donc les deux faits l'un à l'autre et je dis : ce que je vois est le fondement de la contrainte sentie.

La question suivante pourrait faire encore difficulté : Comment arrive-t-il que je me sente contraint ? Moi, je m'explique franchement le sentiment du non-moi (aperçu intuitivement); mais je ne puis avoir intuition si je ne sens déjà. Ce sentiment doit donc être expliqué indépendamment de l'intuition. Comment cela a-t-il lieu? Or, c'est précisément cette difficulté qui nous obligera à rattacher à une autre synthèse la synthèse actuelle, comme incomplète, et impossible en soi, à renverser le raisonnement et à dire : Je ne peux pas davantage sentir une contrainte sans avoir intuition. Les deux termes sont donc unis synthétiquement. L'un n'est pas le fondement de l'autre : Mais ils sont tous deux l'un à l'autre leur fondement mutuel. Toutefois, pour faciliter cet éclaircissement et voir le véritable état des choses, engageons-nous tout de suite dans la question qui vient d'être posée.

Le moi tend originairement à déterminer l'état des choses par soi-même ; il lui faut absolument une causalité. En tant qu'il s'agit de réalité et qu'il peut y avoir par conséquent activité réelle, ce besoin est combattu, et ainsi est satisfaite une autre tendance fondée primitivement dans le moi, celle qui le porte à réfléchir sur soi-même, et s'élève ensuite une réflexion sur une réalité donnée comme déterminée, qui, en tant qu'elle est déjà déterminée, ne peut être perçue que par l'activité idéale du moi, que par la faculté de représenter, de reproduire l'image. Or, les deux activités, aussi bien celle qui se dirige sur l'état des choses, que celle qui reproduit l'image de cet état déterminé sans la participation du moi, sont posées comme moi, (ce qui a lieu par spontanéité absolue). Le moi réel est posé limité par l'activité aperçue intuitivement, qui est sienne pourvu qu'elle soit posée par l'état opposé de la chose, et le moi ainsi uni synthétiquement tout entier se sent limité ou contraint. — Le sentiment est l'action réciproque primitive du moi avec soi-même avant que — dans le moi et pour le moi, bien entendu, — ne se présente un non-moi; car pour l'explication du sentiment il doit être posé. Le moi fait des efforts pour entrer dans l'infini; le moi réfléchit sur soi et se limite par là; cela est déduit plus haut et de là un observateur possible pourrait suivre un sentiment du moi; mais il ne s'élève pas encore de sentiment propre. Le moi limité et le moi limitant sont tous deux unis synthétiquement et posés, comme le moi lui-même, par la spontanéité absolue; cela est déduit ici, et ainsi s'élève pour le moi un sentiment, un sentiment propre, une union intime de l'actif et du passif dans un état).

B. — Il doit être réfléchi ensuite sur le moi qui réfléchit dans cette action. Cette réflexion aussi a lieu nécessairement avec une spontanéité absolue; mais comme cela sera montré dans la suite, elle n'est pas seulement demandée, elle est amenée par nécessité synthétique, comme condition de la possibilité de la réflexion demandée avant. Nous avons moins à nous occuper ici de cette réflexion elle-même que de son objet.

Le moi réfléchissant dans cette action, agissait avec spontanéité absolue, et son activité était fondée simplement dans le moi : c'était une activité idéale. Il doit, par conséquent, être réfléchi sur cette activité comme activité idéale, et elle doit être posée comme franchissant les limites — dans l'infini, si elle n'est bornée dans l'avenir par une autre réflexion. Mais en conséquence de la loi de la réflexion, il ne peut être réfléchi sur rien qui, par cela même, purement et uniquement par la réflexion, ne soit limité. Donc, cette action de la réflexion est limitée, aussi certainement qu'il est réfléchi sur elle. On peut apercevoir sur-le-champ ce que sera cette limitabilité dans l'illimitabilité qui doit rester. — L'activité ne peut pas être réfléchie, en tant qu'activité (le moi n'a jamais conscience immédiate de son activité, on le sait déjà), mais comme substract; par conséquent comme produit d'une activité absolue du moi.

Il est évident que le moi posant ce produit s'oublie soi-même dans le *poser* de ce produit, de sorte que ce produit est aperçu par intuition, sans conscience de l'intuition.

En tant donc que le moi réfléchit de nouveau sur la spontanéité absolue de sa réflexion dans la première action, un produit illimité de l'activité du moi est posé comme tel. — Nous connaîtrons plus exactement ce produit dans la suite.

Ce produit doit être posé comme produit du moi; il doit donc nécessairement être rapporté au moi; ce produit ne peut pas être rapporté au moi ayant intuition; car celui-ci, conformément à ce qui précède, n'est pas encore posé. Le moi n'est pas encore posé comme se sentant posé. Il devrait, par conséquent, être rapporté à celui-ci.

Mais le moi qui se sent limité est opposé à celui qui produit quelque chose par liberté, et quelque chose d'illimité. Le moi sentant n'est pas libre mais contraint; le moi produisant n'est pas contraint, il produit avec liberté.

Il doit en être ainsi, pour que la relation et l'union synthétique soient possibles et nécessaires; nous n'avons après cela qu'à indiquer le principe de relation pour la relation demandée.

Ce principe devait être une activité avec liberté ou une activité absolue. Cette activité n'appartient pas au moi limité. On ne voit donc pas comment l'union de ces deux termes est possible.

Nous n'avons à faire qu'un pas pour découvrir le résultat le plus étonnant qui termine les plus anciennes erreurs, et emprisonne pour toujours la raison dans sa sphère légitime. Le moi doit être l'agent de la relation (le mettant en relation). Il naît donc, nécessairement, absolument par soi-même, sans aucun fondement et contre le fondement manifesté de la limitation, il s'approprie par là le produit par la liberté. — Le principe et l'agent de la relation sont la même chose.

Le moi n'a jamais conscience de cette action ; il ne peut jamais en avoir conscience. Son essence consiste dans la spontanéité absolue, et aussitôt qu'il est réfléchi sur celle-ci, elle cesse d'être spontanéité. Le moi n'est libre qu'en agissant ; à mesure qu'il réfléchit sur cette action, elle cesse d'être libre et d'être action en général, et devient produit.

De l'impossibilité de la conscience d'une action libre, naît toute la différence qui sépare l'idéalité de la réalité, la représentation de la chose, comme nous le verrons bientôt de plus près.

La liberté, ou ce qui est la même chose, l'activité immédiate du moi, comme telle, est le point d'union de l'idéalité et de la réalité. Le moi est libre, en tant et parce qu'il se pose libre, qu'il s'affranchit ; et il se pose libre ou s'affranchit, en étant libre. La détermination et l'être sont une seule et même chose. Même en se déterminant à agir, le moi agit dans cette détermination ; et en agissant, il se détermine.

Le moi ne peut pas se poser par la réflexion comme libre, c'est une contradiction, et sur cette voie, nous ne pourrions jamais arriver à admettre que nous sommes libres ; mais il s'approprie quelque chose, comme produit de sa propre activité libre, et, à cet égard, il se pose au moins médiatement comme libre.

C.—Le moi est limité en se sentant, et il se pose limité à cet égard d'après la première synthèse. Le moi est libre et il se pose médiatement du moins comme libre, en posant quelque chose comme produit de son activité libre, d'après la seconde synthèse. Les deux déterminations du moi, celle de la limitation dans le sentiment, et celle de la liberté dans la production sont complètement opposées. Or, sous certains points de vue entièrement opposés, le moi pourrait se poser comme libre ou comme déterminé, de sorte que par là l'identité du moi ne serait pas supprimée. Mais il a été expressément demandé dans les deux synthèses qu'il dut se poser comme limité, parce que et en tant qu'il se pose comme libre, et comme libre, parce que et en tant qu'il se pose comme limité. Il doit donc être libre et limité à un seul et même égard : contradiction manifeste et qu'il faut faire disparaître. Pénétrons auparavant plus profondément le sens des propositions exposées comme contradictions.

1. — Le moi doit se poser comme limité, parce que et en tant qu'il se pose comme libre. — Le moi est libre, seulement en tant qu'il agit, nous aurions en conséquence à répondre préalablement à la question : Que

faut-il entendre par agir? Quel fondement de distinction y a-t-il entre agir et ne pas agir? Toute action suppose une force; il est agi absolument, cela signifie : La force n'est déterminée, c'est-à-dire ne reçoit sa direction que de soi-même et en soi-même. Elle n'avait donc auparavant aucune direction; elle n'était pas mise en action, mais elle était une force en repos, un pur effort à l'application de la force. Donc, aussi certainement que le moi doit se poser comme agissant absolument, aussi certainement il doit dans la réflexion se poser d'abord comme non agissant. Une détermination à l'action suppose le repos. Ensuite, la force se donne absolument une direction, c'est-à-dire, elle se donne un objet sur lequel elle va. La force elle-même se donne l'objet à elle-même; mais ce qu'elle doit se donner, elle doit aussi l'avoir déjà, en tant qu'elle le donne; cette chose donnée, à l'égard de laquelle elle s'était comportée comme passive, devait donc lui être donnée. Donc, la détermination de soi-même à l'action suppose nécessairement une passivité, — et nous nous trouvons engagés en de nouvelles difficultés, mais du sein desquelles la plus brillante lumière rejaillira sur toute notre recherche.

2. — Le moi doit se poser comme libre, parce que et en tant qu'il se pose comme limité. — Le moi se pose limité, c'est-à-dire, il pose à son activité une limite (il ne produit pas cette limitation, mais il la pose seulement comme posée par une force contraire). Le moi doit donc pour être limité avoir déjà agi, sa force doit avoir reçu une direction et même une direction par la détermination de soi-même, toute limitation suppose l'activité libre.

Appliquons ces principes au cas présent.

Le moi est toujours pour soi-même contraint, obligé, limité en tant qu'il dépasse la limite, qu'il pose un non-moi et qu'il en a intuition, sans avoir conscience de soi-même dans cette intuition. Or, ce non-moi, comme nous le savons du point de vue supérieur où nous nous sommes placés, est son produit, et il doit y réfléchir comme sur son produit. Cette réflexion arrive nécessairement par l'activité absolue du moi.

Le moi, le seul et même moi avec la seule et même activité, ne peut pas produire en même temps un non-moi, et y réfléchir comme sur son produit. Il doit donc limiter, briser sa première activité, aussi certainement que la seconde activité demandée doit lui appartenir, et cette interruption de sa première activité se fait également par spontanéité absolue, toute action arrivant par là. La spontanéité absolue n'est possible qu'à cette seule condition. Le moi doit se déterminer par elle. Mais rien n'appartient au moi que l'activité. Il devait donc limiter une de ses actions, et, comme rien ne lui appartient que cette activité, la limiter par une autre action opposée à la première.

Le moi doit ensuite limiter son produit, le non-moi opposé, limitant, comme son produit. Même par cette action par laquelle, comme il a été dit, il brise sa production, il la pose comme telle, il s'élève à un degré plus élevé de la réflexion. Cette action, premier domaine de la réflexion, est brisée par là, et nous n'avons maintenant à nous occuper pour le passage de l'une à l'autre que du point d'union. Mais le moi, comme on sait, n'a jamais conscience immédiatement de son action; il ne peut donc poser ce qui est demandé comme son produit que médiatement par une nouvelle réflexion.

Il doit être posé par celle-ci, comme produit de la liberté absolue, et le caractère d'un tel produit est qu'il puisse être autre qu'il n'est, et qu'il puisse être posé comme étant autre. La faculté intuitive flotte entre différentes déterminations, entre toutes les déterminations possibles, elle n'en pose qu'une, et le produit acquiert par là le caractère particulier de l'image.

— Pour nous faire comprendre : prenons pour exemple un objet avec divers caractères, quoiqu'il ne puisse être question jusqu'à présent d'un objet semblable. Dans la première intuition, dans l'intuition produisante, je suis perdu dans l'objet. Je réfléchis ensuite sur moi-même, je me découvre et je distingue l'objet de moi. Mais tout est confus encore dans l'objet, il n'y a pas autre chose qu'un objet. Je réfléchis maintenant aux caractères particuliers de cet objet, par exemple : à sa figure, à sa grandeur, à sa couleur, etc., et je les pose dans ma conscience. Sur chacun de ces caractères particuliers, je suis d'abord dans le doute, j'hésite ; je place au fond de mon observation un schéma arbitraire, d'une figure, d'une grandeur, d'une couleur qui s'approchent de celles de l'objet. J'observe plus rigoureusement, et je détermine d'abord mon schéma de la figure ; c'est à peu près un cube, qui a à peu près le volume d'un poing, dont la couleur est d'un vert sombre. Par ce passage d'un produit indéterminé de l'imagination libre à la détermination complète dans un seul et même acte, ce qui se présente dans ma conscience devient une image et est posé comme une image. Il devient mon produit, parce que je dois le poser comme déterminé par l'activité absolue de moi-même. —

En tant que le moi pose cette image comme produit de son activité, il lui oppose nécessairement quelque chose qui n'en est pas un produit ; qui n'est pas davantage déterminable, mais qui est complètement déterminé, et est déterminé, sans aucune participation du moi, par soi-même. C'est la chose réelle d'après laquelle le moi se dirige en ébauchant son image, et qui doit nécessairement être devant ses yeux, tandis qu'il forme l'image. C'est le produit de sa première activité maintenant brisée, mais qu'il est absolument impossible, dans ce rapport, de poser comme tel.

Le moi esquisse des images d'après la chose ; elle doit donc être contenue dans le moi, être accessible à son activité ; en d'autres termes, entre la chose et l'image de la chose qui sont opposées l'une à l'autre, on doit pouvoir indiquer un principe de relation. Ce principe de relation est une intuition complètement déterminée, mais inconsciente de la chose. Pour elle et en elle sont complètement déterminés tous les caractères de l'objet, et à cet égard elle peut être rapportée à la chose, et en elle le moi est passif. Elle est une action du moi, et à cet égard elle peut être rapportée au moi agissant dans la formation des images. Celui-ci a accès en elle ; il détermine son image d'après la détermination qu'il trouve en elle ; (ou, si l'on aime mieux, car cela revient au même, il parcourt avec liberté les déterminations qui se trouvent en lui, les énumère et s'en empreint).

Cette intuition intermédiaire est extrêmement importante; bien que nous devions y revenir encore, faisons sur elle en passant une observation.

Cette intuition est demandée ici par une synthèse comme terme intermédiaire qui doit nécessairement exister pour qu'il y ait image des objets. Mais il y a toujours la question : D'où vient-elle? — Comme nous nous trouvons ici au milieu des actions de l'être doué de raison qui sont toutes liées l'une à l'autre comme les anneaux d'une chaîne, ne peut-elle pas être déduite d'ailleurs? Elle le peut. — Le moi produit originairement l'objet. Il est interrompu dans cette production pour que la réflexion sur le produit ait lieu; et elle a lieu par cette rupture de l'action brisée. Cette action est-elle entièrement anéantie, détruite? Cela est impossible. Sinon cette interruption couperait le fil tout entier de la conscience, et il ne pourrait jamais être déduit de conscience; il a été demandé ensuite qu'il fût réfléchi sur son produit, ce qui ne serait pas possible si elle était entièrement supprimée ; mais elle demeure impossible comme action, car le résultat d'une action n'est pas une action. Mais son produit, l'objet doit demeurer, et l'action par laquelle l'interruption s'opère aboutit par conséquent à l'objet; elle en fait ainsi quelque chose d'assuré, de fixé, et c'est en ayant ce résultat qu'elle brise la première action.

Ensuite cette action de l'interruption que nous savons maintenant aboutir à l'objet, dure-t-elle ou non comme action?

Le moi, par sa propre activité, a interrompu sa production pour réfléchir sur le produit, donc, pour poser une nouvelle action à la place de la première, et particulièrement au point où nous nous trouvons maintenant, pour poser ce produit comme le sien. Le moi ne peut pas agir en même temps dans des relations différentes ; donc, cette action dirigée sur l'objet, en tant qu'elle est formée est interrompue ; elle n'existe que comme produit, c'est-à-dire, après tout, elle est une intuition immédiate dirigée sur l'objet et posée comme telle, — elle est donc précisément l'intuition que nous avons indiquée plus haut comme terme intermédiaire et qui est montrée telle sous un autre aspect.

Cette intuition est inconsciente, précisément pour la même raison par laquelle elle existe, parce que le moi ne peut se dédoubler dans l'action, par conséquent, ne peut pas réfléchir en même temps sur deux objets. Dans la liaison présente, il est considéré comme posant son produit comme tel, ou comme formant ; il ne peut pas, en conséquence, se poser en même temps comme apercevant la chose par intuition immédiate.

Cette intuition est le fondement de toute l'harmonie que nous admettons entre nos représentations et les choses. D'après nos propres paroles, nous esquissons une image, et on peut bien expliquer et justifier comment nous pouvons la considérer comme notre produit et la poser en nous. Mais à cette image doit correspondre quelque chose qui se trouve hors de nous, nullement produit ou déterminé par l'image, mais existant indépendamment de l'image par sa propre loi ; et ici, non-seulement on ne voit nullement de quel droit nous soutenons l'existence de quelque chose, mais même comment nous pouvons arriver à cette assertion, si nous n'avons pas en même temps une intuition immédiate de la chose. Si nous nous persuadons seulement la nécessité de cette intuition immédiate, nous ne pouvons pas long-temps conserver la conviction que la chose doit en conséquence se trouver en nous, puisque nous ne pouvons agir immédiatement sur rien. —

En esquissant l'image, le moi est complètement libre comme nous venons de le voir. L'image est déterminée d'une certaine manière, parce que le moi la détermine ainsi et non autrement, comme il le pourrait toutefois; et c'est par cette liberté dans la détermination que l'image peut être mise en relation avec le moi et peut être posée en lui et comme son produit.

Mais cette image ne doit pas être vide, quelque chose doit lui correspondre hors du moi : elle doit donc être rapportée à la chose. Il vient d'être dit comment la chose devient accessible au moi pour que cette relation soit possible, savoir par une intuition immédiate à supposer de la chose. En tant que l'image est rapportée à la chose, elle est complètement déterminée; elle doit être précisément ainsi et ne peut être autrement; car la chose est complètement déterminée, et l'image doit lui correspondre. La détermination parfaite est le fondement de relation entre l'image et la chose, et l'image n'est alors nullement différente de l'intuition immédiate de la chose.

Évidemment cela contredit ce qui précède, car ce qui est nécessairement ce qu'il est, et ne peut être autrement, n'est pas un produit du moi et ne peut se poser en lui ou s'y rapporter. (En outre, ainsi qu'on l'a plusieurs fois rappelé, dans l'esquisse de l'image, le moi n'a jamais immédiatement conscience de sa liberté; mais qu'en tant qu'il pose l'image avec d'autres déterminations possibles, il la pose comme son produit, cela est démontré et ne peut être repoussé par aucune opération future de la raison. Mais entièrement, en tant qu'il rapporte cette image à la chose, il ne la pose plus alors comme son produit; l'état précédent du moi est alors passé, et il n'y a entre cet état et l'état présent aucune connexion que celle que pose un observateur possible, par cela seul qu'il considère le moi qui agit dans les deux états comme un seul et même moi. Maintenant seulement est chose ce qui auparavant n'était qu'image. Mais il doit être aisé au moi de se replacer au moment précédent de la réflexion; mais par là ne naît aucune liaison, et ce qui n'était précédemment que chose, devient alors de nouveau image; si en cela, l'esprit rationnel ne procédait pas d'après une loi que nous avons à rechercher ici, cela entretiendrait un doute continu sur la question de savoir s'il n'y a que des choses et pas de représentations, ou s'il n'y a que des représentations et pas de choses qui y correspondent, et nous tiendrions ce qui existe en nous, tantôt pour un simple produit de notre imagination, tantôt pour une chose qui nous affecterait sans aucun consentement de notre part. Cette flottante incertitude s'élève réellement dans l'esprit de celui qui n'a pas l'habitude de semblables recherches, si on le contraint à nous accorder que la représentation de la chose ne peut se trouver qu'en lui. Il l'accorde; mais, dit-il, la chose est néanmoins hors de moi, et il trouve également peut-être qu'elle est en lui jusqu'à ce qu'il soit poussé au dehors. Il ne peut pas sortir de cette difficulté; car bien qu'il ait suivi jusqu'à présent dans tout son procédé théorique les lois de la raison, il ne la connaît pas scientifiquement et ne peut compter sur elle. —

Voici quelle serait l'idée de la loi à rechercher : une image ne serait nullement possible sans une chose; et une chose, du moins dans le cas dont il est ici question, c'est-à-dire pour le moi, ne devrait pas être possible sans une image. Ainsi, toutes deux, l'image et la chose se trouveraient unies synthétiquement, et l'une ne pourrait être posée sans que l'autre ne le fût aussi.

Le moi doit mettre l'image en relation avec la chose. Il faut montrer que cette relation n'est pas possible sans la supposition de l'image, comme telle, c'est-à-dire comme d'un libre produit du moi. Si la chose devient possible par la relation demandée, il est démontré, par l'affirmation de la dernière relation, que la chose n'est pas possible sans l'image. — Réciproquement le moi doit esquisser l'image avec liberté. Il faudrait montrer que cela n'est pas possible sans la supposition de la chose; et il serait conclu par là qu'aucune image n'est possible sans une chose (une chose pour le moi, bien entendu).

Parlons d'abord de la relation de l'image parfaitement déterminée à la chose. Elle a lieu par le moi; mais cette action du moi n'arrive pas immédiatement à la conscience. Et l'on ne voit pas bien de là, comment l'image peut être distinguée de la chose. Le moi devrait donc se présenter au moins médiatement dans la conscience, et ainsi il serait possible de distinguer l'image de la chose.

Le moi se présente médiatement dans la conscience, c'est-à-dire l'objet de son activité (le produit de l'activité seulement dans la conscience) est posé comme produit par la liberté, comme pouvant être autrement, comme accidentel.

Ainsi, la chose est posée, en tant que l'image parfaitement déterminée est mise en rapport avec elle. Il y a une image parfaitement déterminée, c'est-à-dire une propriété, par exemple : la couleur rouge. Il doit y avoir ensuite, pour que le rapport demandé soit possible, une chose. Toutes deux doivent être unies synthétiquement par une action absolue du moi; la dernière doit être déterminée par la première. Par conséquent elle ne doit pas être déterminée avant l'action, et partant indépendamment de l'action. Elle doit être posée comme telle qu'il puisse lui survenir ou non cette propriété, et ce n'est que parce qu'une action est posée que l'état accidentel de la chose est posée pour le moi. Contingente quant à sa qualité, la chose apparaît ainsi comme un produit supposé du moi, auquel rien n'appartient que l'être. La libre action et la nécessité qu'une libre action semblable se présente, est l'unique fondement du passage d'une action indéterminée à une action déterminée et réciproquement.

— Cherchons à rendre plus clair encore ce point important. Dans le jugement, A est rouge, il y a d'abord un A. Il est posé; en tant qu'il doit être A, la proposition A = A a de la valeur pour lui. Il est comme A, parfaitement déterminé par soi-même; quant à sa figure, son volume, sa position dans l'espace, etc., comme on peut le concevoir dans le cas présent; néanmoins, il faut bien l'observer, la chose dont nous parlions plus haut, étant encore complètement indéterminée, n'a d'autre propriété que d'être une chose, c'est-à-dire d'être. — Il y a dans ce jugement l'idée de rouge, elle est parfaitement déterminée, c'est-à-dire, elle est posée comme excluant toutes les autres couleurs (précisément comme plus haut, et nous avons un exemple ici de ce que signifie la détermination parfaite de la propriété, ou, comme nous l'avons nommée, de l'image). Comment A est-il à l'égard de la couleur rouge avant le jugement? Évidemment indéterminé. Toutes les couleurs pouvaient lui appartenir, et parmi ces couleurs, le rouge. Par le jugement, c'est-à-dire par l'action synthétique du sujet qui juge au moyen de l'imagination, action qui est exprimée par la copule *est,* l'indéterminé est déterminé ; toutes les couleurs qui pouvaient lui appartenir, lui sont refusées par le transport du prédicat non-jaune, non-bleu, etc. — rouge. — A est indéterminé, il est certainement jugé ainsi. (S'il était déjà déterminé, il n'y aurait pas de jugement, il ne serait pas agi).

Comme résultat de notre recherche, nous avons la proposition : Si la réalité de la chose (comme substance) est supposée, sa qualité est posée comme accidentelle, par conséquent médiatement comme produit du moi ; nous avons donc ici dans la chose la qualité à laquelle nous pouvons attacher le moi.

Pour que l'aperçu soit plus rapide, rappelons le schéma systématique d'après lequel nous avons à nous diriger dans la solution finale de notre question, et dont la valeur fondamentale a été démontrée dans la discussion de l'action réciproque. — Le moi se pose comme totalité, ou il se détermine ; cela n'est possible qu'à la condition qu'il exclue quelque chose de soi, par quoi il est limité ; si A est totalité, B est exclu. — Mais B est posé par cela même qu'il est exclu ; il doit être posé par le moi, qui ne peut être posé qu'à la condition que A soit la totalité. Le moi doit donc le considérer comme posé. Mais alors A n'est plus la totalité : il est exclu de la totalité par cela seul que l'autre est posé, comme nous l'avons exprimé dans le principe, et il est donc posé A + B. Il doit être de nouveau réfléchi sur ces termes dans cette réunion, car autrement ils ne seraient pas réunis; mais par cette réflexion cette réunion est de nouveau limitée, par conséquent posée comme totalité, et d'après la règle de ci-dessus il doit lui être opposé quelque chose. — En tant que par la réflexion avancée, A + B est posé comme totalité, il est posé égal à l'A absolu, posé comme totalité (ici le moi), posé et admis dans le moi, dans la signification bien connue de nous; par conséquent B lui est opposé à cet égard, et comme B est contenu ici dans A + B, B est opposé à soi-même, en tant qu'il est réuni en partie avec A (contenu dans le moi), en partie opposé à A (au moi). A + B, d'après la forme indiquée et démontrée plus haut, est déterminé par B. — Il doit être réfléchi sur A + B déterminé par B comme tel, c'est-à-dire en tant que A + B est déterminé par B. — Mais alors, puisque A doit être déterminé par B, l'A réuni synthétiquement avec lui est déterminé par l'A; et comme B et B doivent être réunis synthétiquement, l'A réuni avec le premier B doit être réuni synthétiquement. Cela contredit la première contradiction d'après laquelle A et B doivent être absolument opposés, cette contradiction ne peut pas être résolue autrement qu'en opposant A à lui-même; A + B sera déterminé par A, comme il était demandé dans la discussion de la notion de l'action réciproque : mais A ne peut pas être opposé à lui-même, si les synthèses demandées doivent être possibles. Il doit donc être en même temps égal et opposé à soi-même, c'est-à-dire, il doit y avoir une action de la faculté absolue du moi, de l'imagination, par laquelle il sera réuni absolument. Passons après ce schéma à l'investigation.

Si A est totalité et est posé comme tel, B est exclu; le moi se pose médiatement comme moi et se limite en tant qu'il esquisse l'image avec une liberté absolue, et flotte entre plusieurs déterminations de l'image. L'image n'est pas encore, mais sera déterminée; le moi est compris dans l'action de la détermination, c'est l'état parfaitement décrit plus haut auquel nous nous rapportons ici. Il est nommé A (intuition interne du moi dans la libre formation de l'image).

En tant que le moi agit ainsi, il oppose à cette image qui flotte librement, et médiatement il oppose soi-même, à celui qui forme l'image, la propriété parfaitement déterminée, que nous avons indiquée plus haut, de sorte que cette propriété est comprise par le moi, au moyen de l'intuition immédiate de la chose, dans laquelle le moi n'a pas conscience de soi-même (de son intuition). Cette propriété déterminée n'est pas posée comme moi, mais elle est opposée au moi ; elle est donc exclue. Je la nomme B.

B est posé et par conséquent A est exclu de la totalité. — Le moi posait la propriété comme déterminée, et, en aucune façon, il ne pouvait, comme il le devait, se poser comme libre dans la formation sans qu'elle ne fût posée ainsi. Par conséquent, aussi certainement qu'il doit se poser posant librement, le moi doit réfléchir sur cette détermination de la propriété; (il ne s'agit pas ici de l'union synthétique de plusieurs caractères dans un substrat, ni davantage de l'union synthétique du caractère avec le substrat; mais de la détermination parfaite du moi représentant, dans la perception d'un caractère, dont on peut prendre, pour exemple, la figure d'un corps dans l'espace). Le moi est exclu par là de la totalité, c'est-à-dire, il ne se suffit plus à soi-même, il n'est plus déterminé par soi-même, il est déterminé par quelque chose qui lui est entièrement opposé ; son état, c'est-à-dire l'existence de l'image en lui, ne peut plus s'expliquer seulement de lui-même, mais uniquement par quelque chose qui est hors de lui, et il est par conséquent posé comme totalité $A + B$ ou A déterminé par B (pure intuition externe et déterminée). En général dans les distinctions présentes, et en particulier dans celle dont il s'agit, il faut remarquer que quelque chose qui leur correspond uniquement ne peut pas se présenter dans la conscience. Les actions décrites de l'esprit humain ne se présentent pas séparées dans l'âme, et ne sont pas données pour séparées ; mais tout ce que nous établissons maintenant arrive en réunion synthétique, puisque nous poursuivons constamment la marche synthétique, et que de l'existence d'un terme nous concluons l'existence de l'autre ; un exemple de l'intuition déduite serait l'intuition de toute pure figure géométrique, par exemple, celle d'un cube. Mais cette intuition n'est pas possible. On ne peut s'imaginer aucun cube sans s'imaginer en même temps l'espace dans lequel il doit flotter, et sans décrire ensuite sa limite; et on voit ici démontré par l'expérience des sens la proposition que le moi ne peut poser aucune limite sans poser en même temps un principe limitant exclu par les limites.

Il doit être réfléchi sur $A + B$, c'est-à-dire sur la qualité comme qualité déterminée. Sinon elle ne serait pas dans le moi; sinon la conscience demandée de cette qualité ne serait pas possible. Nous serons repoussés par conséquent du point où nous nous trouvons et par un fondement qui se trouve en lui (et de même le moi, sujet de notre recherche); et c'est précisément l'essence de la synthèse; ici est cette X qui découvre le caractère incomplet dont il a été souvent question. Cette réflexion a lieu comme toute réflexion, par spontanéité absolue; le moi réfléchit absolument parce qu'il est moi. Dans cette action, il n'a pas conscience de sa spontanéité, pour la raison souvent indiquée. Mais l'objet de sa réflexion, en tant qu'il est tel, est produit ainsi de cette spontanéité, et il doit lui survenir le caractère d'un produit de la libre action du moi, la contingence. Or, il ne peut être accidentel, en tant qu'il est posé comme déterminé, et il est réfléchi sur lui comme tel, par conséquent, sous un autre rapport qui sera montré tantôt. Par la contingence qui lui survient, il est produit du moi et reçu dans le moi; donc le moi se détermine, ce qui n'est pas possible sans qu'il s'oppose quelque chose et partant un non-moi.

Ici se place une observation générale qui a été souvent préparée, mais qui ne peut être présentée avec clarté qu'ici. Le moi réfléchit avec liberté; action de la détermination, qui précisément par là est déterminée: mais il ne peut pas réfléchir, poser des limites sans produire en même temps quelque chose d'absolu comme limitant. Donc, déterminer et produire, sont toujours ensemble et c'est en quoi consiste l'identité de la conscience.

Cet opposé est nécessairement en relation avec la propriété déterminée, et celle-ci est en relation avec cet accidentel. Celui-ci est ensuite, de même précisément que la propriété, opposé au moi et de là comme elle, non-moi, mais un non-moi nécessaire.

Mais la propriété, comme quelque chose de déterminé et en tant qu'elle est déterminée, par conséquent en tant qu'elle est quelque chose à l'égard de quoi le moi se comporte purement passivement, doit être exclue du moi, d'après les argumentations précédentes; et le moi, lorsque et en tant qu'il la considère comme déterminée, ainsi qu'il arrive ici, doit l'exclure de soi. Dans la réflexion présente, le moi exclut encore de soi un autre non-moi comme déterminé nécessaire. Par conséquent ces deux non-moi doivent être mis en relation l'un avec l'autre et être réunis synthétiquement. Le principe de réunion est que les deux non-moi étant en relation avec le moi, sont par conséquent une seule et même chose, le principe de distinction que la propriété est accidentelle pourrait être autrement, mais que le substract comme tel est nécessairement en relation avec elle. Ils sont tous deux réunis, c'est-à-dire, ils sont en relation nécessairement et accidentellement l'un avec l'autre. La propriété doit avoir un substract; mais telle propriété n'appartient pas au substract. Ce rapport de l'accidentel au nécessaire dans l'unité synthétique est nommé le rapport de substantialité. — (B opposé à B. Le dernier B n'est pas dans le moi. — A + B déterminé par B. L'image, parfaitement déterminée en soi, et reçue dans le moi, peut toujours être déterminée pour le moi. La propriété qui y est exprimée est accidentelle à la chose. Elle pouvait ne pas lui appartenir).

Il doit être réfléchi sur le B, exclu dans le cas précédent, que nous connaissons comme non-moi nécessaire, contrairement à l'accidentel contenu dans le moi. Il résulte de cette réflexion que A + B, posé précédemment comme totalité, n'est plus totalité, c'est-à-dire, qu'il ne contient plus ce qui est uniquement dans le moi, et à cet égard il peut être accidentel. Il doit être déterminé par le nécessaire. En premier lieu, la propriété, ou le caractère, l'image, comme on voudra la nommer, doit être déterminée par cela. Elle était posée comme accidentelle à la chose, celle-ci étant nécessaire. Elles sont, par conséquent, entièrement opposées. Maintenant, si le moi doit réfléchir sur toutes deux, elles doivent être réunies dans ce seul et même moi. Cela arrive par la spontanéité absolue du moi. La réunion n'est que le produit du moi; elle est posée, c'est-à-dire, un produit est posé par le moi.

Mais le moi n'a jamais conscience immédiatement de son activité, il n'en a conscience que dans le produit et au moyen du produit. La réunion des deux doit donc être posée comme accidentelle; et comme tout ce qui est accidentel est posé comme enfanté par l'activité, elle doit être posée comme produite par l'activité. Mais ce qui est accidentel dans son être et dépendant d'un autre, ne peut être posé comme agissant; ce ne peut donc être que ce qui est nécessaire dans la réflexion; ainsi est transportée sur le nécessaire la notion de l'activité qui ne se trouve proprement que dans le sujet réfléchissant; l'accidentel est posé comme son produit, comme l'expression de sa libre activité. Ce rapport synthétique est nommé le rapport de causalité, et la chose considérée dans cette union synthétique du nécessaire et de l'accidentel en elle, est la chose réelle.

Faisons quelques observations sur ce point très-important.

1. = L'action du moi qui vient d'être indiquée, est évidemment une action par l'imagination dans l'intuition; car d'un côté le moi réunit quelque chose d'entièrement opposé, ce qui est le propre de l'imagination; d'un autre côté il s'oublie dans cette action et transporte ce qui est en lui sur l'objet de son action, ce qui caractérise l'intuition.

2. = Ce qu'on nomme catégorie de la causalité, apparaît donc ici comme n'ayant pris naissance que dans l'imagination, de sorte que rien ne peut venir dans l'entendement que par l'imagination. Quel changement recevra l'entendement de ce produit de l'imagination? on peut le prévoir ici. Nous avons posé la chose comme agissant librement et sans aucune loi, (comme elle est réellement posée, tant que l'entendement n'embrasse pas en soi sa manière d'agir, avec toutes ses modifications possibles, comme fatale), parce que l'imagination transporte sur elle sa propre activité libre. La conformité à la loi est absente. Si l'entendement se dirige sur la chose, elle agira comme lui-même d'après une loi.

3.=Kant, qui fait naître primitivement les catégories des formes de la pensée, et qui, de son point de vue, a parfaitement raison en cela, a besoin de schémas, esquissés par l'imagination, pour en rendre possible l'application aux objets; par conséquent, aussi bien que nous, il les fait mettre en œuvre par l'imagination et les lui rend accessibles. — Dans la science de la connaissance, elles naissent en même temps que les objets et pour les rendre possibles, sur le domaine de l'imagination elle-même.

4. — Maimon dit de la catégorie de la causalité ce qu'en dit la science de la connaissance. Seulement, il appelle une illusion ce procédé de l'esprit humain. Nous avons vu, au contraire, qu'on ne doit pas nommer illusion ce qui est conforme aux lois de l'être doué de raison, ce qui, d'après ces lois, est absolument nécessaire et ne peut pas être évité, si nous ne voulons cesser d'être des êtres doués de raison. Mais voici le point capital : « Vous pouvez toujours, disait Maimon, avoir *à priori* les lois de la pensée comme je vous les accorde démontrées. » (Ce qui est toutefois accorder beaucoup. Car comment peut-il exister dans l'esprit humain une simple loi sans application, une simple forme sans matière ?) « Mais vous ne pouvez les appliquer aux objets que par le moyen de l'imagination ; par conséquent la loi et l'objet doivent être une seule chose. La loi n'étant appliquée à l'objet que par l'imagination, comment arrive-t-elle à l'objet ? » La seule réponse possible à cette question est qu'elle doit le produire, ainsi qu'il a été démontré dans la science de la connaissance, par d'autres principes entièrement indépendants de la question actuelle. L'erreur consacrée par la lettre de Kant, mais entièrement contraire à son esprit, consiste donc en ce que l'objet doit être autre chose qu'un produit de l'imagination. Soutenir cela, c'est être dogmatique transcendant, et s'éloigner complètement de la philosophie critique.

5. — Maimon n'a mis en doute que la question de savoir si la loi de la causalité est applicable. D'après ses principes, il aurait dû mettre en doute l'application de toutes les lois *à priori*, de même que Hume. « C'est vous, disait-il, qui avez en vous la notion de la causalité, et qui la transportez aux choses. Votre connaissance n'a donc aucune valeur objective. » Kant convient de la proposition précédente, non-seulement pour la notion de la causalité, mais pour toutes les notions *à priori*; mais il détourne sa conclusion en démontrant qu'un objet ne peut exister que pour un sujet possible. Dans cette discussion on ne prenait pas garde à la faculté du sujet par laquelle ce qui se trouve dans le sujet est transporté à l'objet. Ce n'est que par l'imagination que vous appliquez la loi de la causalité aux objets, démontre Maimon; par conséquent votre connaissance n'a pas de valeur objective, et l'application des lois de votre pensée aux objets est une pure illusion. La science de la connaissance lui accorde la proposition précédente non-seulement pour la loi de la causalité, mais pour toutes les lois *à priori*, mais elle montre par une détermination plus rigoureuse de l'objet, qui se trouve déjà dans la détermination de Kant, que notre connaissance a précisément à cause de cela une valeur objective, et ne peut l'avoir qu'à cette condition. C'est ainsi que le scepticisme et le criticisme poursuivent une route uniforme et se demeurent toujours fidèles. Ce n'est que très-improprement que l'on peut dire que le criticisme réfute le scepticisme. Il accorde ce que le scepticisme lui demande et même plus qu'il ne lui demande, et limite seulement les objections que la plupart du temps il se fait précisément comme le dog-

matisme sur une connaissance de la chose en soi, en montrant que ces objections sont sans fondement.

Ce que nous connaissons maintenant comme l'expression de l'activité de la chose, et ce qui est parfaitement déterminé d'ailleurs par l'activité libre du moi, est posé dans le moi, et est déterminé pour le moi, comme nous l'avons vu plus haut. Par conséquent, si le moi est déterminé médiatement par là, il cesse d'être moi, et devient produit de la chose, parce que ce qui le remplit et lui est substitué est le produit de la chose. La chose agit au moyen de la manifestation sur le moi, et le moi n'est plus le moi, ce qui est posé par soi-même, il est dans cette détermination posé par la chose. (L'influence de la chose sur le moi, ou l'influence physique des disciples de Locke et des nouveaux éclectiques, qui font un ensemble indigeste de parties hétérogènes du système de Leibnitz et de celui de Locke, est entièrement fondée du point de vue actuel, mais exclusivement de ce point de vue); ce qui vient d'être établi a lieu si l'on réfléchit sur A + B déterminé par B.

Cela ne peut pas être; de là A + B déterminé par B doit de nouveau être posé dans le moi, ou d'après la formule être posé par A.

En premier lieu, A, c'est-à-dire l'influence, devant être produite dans le moi par la chose, est posé à l'égard du moi comme accidentel. Par conséquent, à cette action dans le moi, et au moi lui-même en tant qu'il est déterminé par elle, est opposé un moi nécessaire qui est en soi-même et par soi-même, le moi en soi. De même précisément que plus haut, à ce qui était accidentel dans le non-moi, était opposé le nécessaire ou la chose en soi, de même ici, à l'accidentel dans le moi, est opposé le nécessaire ou le moi en soi, précisément comme le produit précédent du moi. Le nécessaire est le moi-substance, le contingent, ce qu'il y a en lui d'accidentel. Tous deux, le contingent et le nécessaire, doivent être posés, unis synthétiquement comme un seul et même moi. Mais ils sont absolument opposés, par conséquent, ils ne peuvent être réunis que par l'activité absolue du moi, dont comme ci-dessus le moi n'a pas conscience immédiatement; il la transporte sur les objets de la réflexion, et par conséquent pose entr'eux le rapport de causalité. Le contingent est le résultat de l'action du moi absolu dans la réflexion, une manifestation du moi; et, à cet égard, quelque chose de réel pour lui. Qu'il dût recevoir une influence du non-moi, il en est fait entièrement abstraction dans cette réflexion, car il ne peut recevoir en même temps l'action du moi et celle de son opposé, le non-moi. Ainsi est exclue du moi la chose avec sa manifestation, et elle lui est entièrement opposée. Tous deux, le moi et le non-moi existent en soi nécessairement, tous deux, entièrement indépendants l'un de l'autre; tous deux se manifestent dans cette indépendance, chacun par sa propre activité et sa force, que nous n'avons pas soumises encore à des lois, qui sont toujours, par conséquent, entièrement libres.

Il est déduit maintenant comment nous arrivons à opposer un moi agissant, et un non-moi agissant, et à les considérer tous deux comme entièrement indépendants l'un de l'autre. Le non-moi existe à cet égard, et est déterminé par soi-même; mais qu'il soit représenté par le moi, cela lui est accidentel. De même, le moi existe et agit par soi-même; mais qu'il représente le non-moi, cela lui est accidentel. La manifestation de la chose dans le phénomène, est le produit de la chose; ce phénomène, en tant qu'il existe pour le moi, et qu'il est perçu par lui est le produit du moi.

Le moi ne peut agir sans avoir un objet; donc, par la causalité du moi est posée celle du non-moi : Le non-moi peut agir, mais non pour le moi, sans que le moi agisse aussi; par cela même qu'une causalité du non-moi est posée pour le moi, la causalité du moi est entièrement posée. Les manifestations des deux forces sont ainsi unies synthétiquement, et le principe de leur réunion (ce que nous avons nommé plus haut leur harmonie) doit être montré.

Cette réunion a lieu par spontanéité absolue, comme toutes les conciliations que nous avons indiquées jusqu'à présent. Ce qui est posé par la liberté a le caractère de la contingence, par conséquent, la présente unité synthétique doit avoir ce caractère. Plus haut, l'activité a été transportée; elle est déjà posée, par conséquent, et ne peut plus l'être. Il reste à poser l'unité accidentelle de l'activité, c'est-à-dire, la rencontre de la causalité du moi et de celle du non-moi dans un troisième terme, qui n'est et ne peut être rien de plus que ce en quoi ils se rencontrent, et que nous nommerons un point.

§ 4. — *L'intuition est déterminée dans le temps et l'objet de l'intuition dans l'espace.*

L'intuition doit être dans le moi un accident du moi, d'après le § précédent; le moi doit, par conséquent, se poser comme l'agent de l'intuition (*intuens*) ; il doit déterminer l'intuition à l'égard de soi-même : Proposition qui, dans la partie théorique de la science de la connaissance, est exigée en vertu de la proposition fon. damentale : Rien n'arrive au moi que ce qu'il pose en soi-même.

Procédons ici dans l'investigation, suivant le même plan que dans le § précédent, seulement avec la différence que, dans ce §, il s'agissait de quelque chose, d'une intuition, mais qu'il ne s'agit ici que d'un rapport, d'une réunion synthétique d'intuitions opposées; par conséquent, où tout-à-l'heure il était réfléchi sur un terme, il sera réfléchi ici sur deux termes opposés dans leur union; par conséquent ce qui était simple là, sera triple ici.

I.

L'intuition, telle qu'elle a été définie plus haut, c'est-à-dire, la réunion synthétique de la causalité du moi et du non-moi par leur rencontre accidentelle en un seul point, est posée et admise dans le moi, ou, d'après la signification suffisamment connue, elle est posée comme contingente. Il est bien à remarquer que de ce qui est une fois fini en elle, rien ne peut être changé, mais tout doit être soigneusement conservé. L'intuition est seulement déterminée davantage; mais toutes les déterminations une fois posées demeurent.

L'intuition X est posée comme contingente, c'est-à-dire, il lui est opposé, — non un autre objet, une autre détermination, etc., — mais une autre intuition = Y, parfaitement déterminée comme elle, qui est nécessairement en opposition avec la première, et avec laquelle la première est accidentellement en opposition. Y est à cet égard tout-à-fait exclu du moi qui a intuition dans X.

Comme intuition, X tombe nécessairement en un point, Y également comme intuition; mais dans une intuition opposée à la première, et par conséquent tout-à-fait différente. L'une n'est pas ce que l'autre est.

On demande seulement, qu'est donc la nécessité attribuée à l'intuition Y, par rapport à X, et la contingence attribuée à l'intuition X par rapport à Y? le voici : L'intuition Y est nécessairement unie synthétiquement avec son point, si X doit être unie avec le sien ; la possibilité de l'union synthétique X avec son point, suppose la réunion de l'intuition Y avec son point; mais la réciproque n'a pas lieu. Dans le point où X est posée, on peut, — ainsi fait le moi, — poser une autre intuition ; mais dans celui où Y est posé, il ne peut absolument en être posée aucune autre que Y, pour que X puisse être posée comme intuition du moi.

Ce n'est qu'en tant que cette contingence de la synthèse est posée que X doit être posée comme intuition du moi, et qu'en tant qu'à cette contingence est opposée la nécessité de la même synthèse qu'elle doit être posée.

Il reste encore à répondre à une question qui est de beaucoup la plus difficile : Par quoi le point X peut-il être encore déterminé autrement, soit par l'intuition X et le point Y, soit par l'intuition Y ? Jusqu'à présent ce point n'est rien de plus que ce en quoi se rencontrent une causalité du moi et une causalité du non-moi, une synthèse par laquelle l'intuition est possible, et qui n'est possible que par l'intuition, ainsi qu'il a été établi dans le § précédent. Or, il est clair que lorsque le point X doit être posé comme celui dans lequel une autre intuition peut être posée, mais le point Y, au contraire, comme celui dans lequel aucune autre ne peut être posée, tous deux se séparent de leur intuition et doivent pouvoir en être distingués, indépendants l'un de l'autre. On ne voit pas encore ici comment cela est possible ; mais on voit bien que cela doit l'être pour qu'une intuition puisse être attribuée au moi.

II.

Si A est posé comme totalité, B est exclu; A désignant l'image qui doit être déterminée avec liberté, B désigne la propriété déterminée sans la participation du moi. Dans l'intuition X, en tant qu'elle doit être une intuition, un objet déterminé X, d'après le § précédent, est exclu : De même aussi dans l'intuition Y qui lui est opposée. Les deux objets sont déterminés comme tels, c'est-à-dire, l'esprit est forcé, dans l'intuition qu'il a d'eux, de les poser comme il les pose. Cette détermination doit demeurer, et il n'est pas question de la changer.

Mais le rapport qui existe entre les intuitions, doit exister nécessairement aussi entre les objets. Par conséquent l'objet X devrait être contingent en relation avec Y, mais celui-ci en relation avec celui-là, nécessaire. La détermination de X suppose nécessairement celle d'Y, mais la réciproque n'a pas lieu.

Or, les deux objets comme objets de l'intuition en général sont parfaitement déterminés, et le rapport demandé entr'eux doit se rapporter non à cette détermination, mais à une autre entièrement inconnue encore; à une détermination par laquelle quelque chose est non un objet en général, mais seulement l'objet d'une intuition à distinguer d'une autre intuition. La détermination demandée n'appartient pas aux déterminations intérieures de l'objet (en tant que la proposition A = A a de la valeur pour lui); mais elle en est une détermination extérieure. Or, sans la distinction demandée, comme il est impossible qu'une intuition soit posée dans le moi, si cette détermination est la condition de la distinction demandée, l'objet n'est qu'à la condition de cette détermination, objet de l'intuition, et elle est la condition exclusive de toute intuition. Nous nommons l'inconnu par lequel l'objet doit être déterminé O, z la manière par laquelle Y est déterminé, et v, celle d'après laquelle X est déterminée.

Voici le rapport mutuel : X doit être posée comme s'unissant synthétiquement ou non avec v; donc v, comme s'unissant synthétiquement avec X ou avec tout autre objet : Y, au contraire, est uni nécessairement avec z par une synthèse, si X doit être uni avec v. Tandis que v est posé comme s'unissant avec X ou non, Y est posé nécessairement comme uni avec z, et de là résulte en même temps ce qui suit : Tout objet possible doit être uni avec v; excepté seulement Y, car il est déjà indissolublement uni. De même X doit être uni avec tout O possible excepté avec z; car Y est indissolublement uni avec z; il est donc absolument exclu de z.

X et Y sont entièrement exclus du moi, le moi s'oublie et se perd tout-à-fait dans leur intuition. Leur rapport, dont il est ici question, ne peut donc absolument pas être déduit du moi, mais il doit être attribué aux choses. — Il apparaît au moi comme ne dépendant pas de sa liberté, mais comme déterminé par les choses. Voici quel était le rapport : z étant uni avec Y, X en est absolument exclue. Transporté aux choses, cela doit être exprimé ainsi. Y exclut X de z, il la détermine négativement. Si Y va jusqu'au point d, X est exclue jusqu'à ce point; s'il va jusqu'à c, X est exclue jusque là, etc. Mais comme il n'y a pas d'autre fondement pour lequel X ne peut pas être unie avec z, si ce n'est qu'elle en est exclue par Y; et comme évidemment ce qui est fondé n'a pas plus de valeur que le fondement, X commence à être déterminée là où Y cesse de l'exclure, ou bien là où Y finit; et ils sont ainsi en continuité.

Cette exclusion, cette continuité n'est pas possible si X et Y ne sont pas tous deux dans une sphère commune (que nous ne connaissons pas encore ici) et dans laquelle ils se rencontrent en un même point. Leur union synthétique consiste dans le *poser* de cette sphère, suivant le rapport demandé. Cette sphère commune est donc produite par la spontanéité absolue de l'imagination.

III.

S'il est réfléchi sur le B exclu, A est exclu par là de la totalité (du moi). Mais B étant admis dans le moi par la réflexion, est donc posé uni avec A comme totalité (comme contingent); un autre B, à l'égard duquel il soit contingent, doit donc être exclu et lui être opposé comme nécessaire. Appliquons cette proposition générale au cas présent.

En vertu de notre démonstration, Y est déterminé maintenant à l'égard de son union synthétique avec un O entièrement inconnu encore, et X est en relation avec lui, négativement du moins et également en vertu de notre démonstration. Elle ne peut pas être déterminée de la manière dont Y l'est par O, mais seulement d'une manière opposée; elle est exclue de la détermination de Y.

Tous deux, en tant qu'ils doivent, comme cela a lieu ici, être unis avec A ou reçus dans le moi, doivent à cet égard être posés comme contingents. Cela signifie que, d'après le procédé déduit dans le § précédent, il leur est opposé un terme X et Y nécessaires, relativement auxquels ils sont accidentels, — savoir, les substances auxquels ils appartiennent tous deux comme accidents.

Sans nous arrêter plus long-temps à ce point de l'investigation, passons à l'unité synthétique qui a été déduite plus haut, du terme posé maintenant comme contingent avec le terme nécessaire qui lui est opposé; car l'Y compris dans le moi, et à cet égard contingent, est phénomène, — reçoit une influence, est une manifestation de la force nécessaire Y qu'il faut supposer: de même pour X; tous deux manifestations de forces libres.

Le rapport qui existe entre X et Y comme phénomènes doit être le même entre les forces qui se manifestent par eux. La manifestation de la force Y a lieu, par conséquent tout-à-fait indépendante de la manifestation de la force X, mais au contraire celle-ci, dans sa manifestation, dépend de la manifestation de la première et l'a pour condition.

Pour condition, dis-je; c'est-à-dire que la manifestion de Y détermine la manifestation X, non positivement, assertion qui n'aurait pas le moindre fondement dans ce qui a été déduit jusqu'à présent; donc la manifestation Y ne contient pas le fondement que la manifestation X soit précisément ainsi et non autrement; mais elle la détermine négativement, c'est-à-dire, elle contient le fondement que X ne peut pas se manifester d'une certaine manière entre toutes les manières possibles.

Cela paraît contredire ce qui précède. Il est posé expressément que X aussi bien qu'Y doit se manifester par une causalité libre absolument sans limites. Or, comme nous venons de le voir, la manifestation de X doit avoir pour condition celle de Y. Pour le moment, nous ne pouvons expliquer cela que négativement. X agit avec causalité aussi bien qu'Y, absolument parce qu'elle agit avec causalité; la causalité de Y n'est donc pas la condition de la causalité de X en général et quant à sa forme; la proposition ne doit pas être entendue comme si Y affectait X, agissait sur elle, la pressait, la poussait à se produire. De plus, X est entièrement libre dans la modalité de sa manifestation, de même que Y. Donc, celui-ci ne peut pas plus déterminer comme condition le mode de causalité de celle-là ni sa matière. C'est donc une question importante de savoir quelle relation il peut y avoir encore dans laquelle une causalité peut être la condition d'une autre causalité.

Y et X doivent être tous deux dans un rapport synthétique avec un O tout-à-fait inconnu; car tous deux, en vertu de notre démonstration, aussi certainement qu'une intuition doit être attribuée au moi, se trouvent nécessairement l'un à l'égard de l'autre en un certain rapport à l'égard seulement de leur relation avec O. Ils doivent donc tous deux, et indépendamment l'un de l'autre, être en rapport avec O. (Conséquence tirée, dans l'ignorance où je suis que A et B aient une grandeur déterminée; mais si je savais que A est plus grand que B, je pourrais en conclure avec sûreté qu'ils doivent avoir tous deux une grandeur déterminée).

O doit être quelque chose qui ne trouble pas la liberté des deux termes dans leur causalité; car ils doivent tous deux, comme il a été expressément demandé, agir librement avec causalité, et dans cette causalité, sans préjudice à la causalité elle-même, être unis synthétiquement avec O. Tout ce sur quoi se dirige la causalité d'une force (ce qui en est l'objet, le seul mode d'union synthétique que nous connaissions jusqu'à présent), limite nécessairement par sa résistance cette causalité. O ne peut donc avoir aucune force, aucune activité, aucune intensité; il ne peut rien *causer*. Il n'a donc pas de réalité et n'est rien; ce qu'il pourrait être au fond, nous le verrons vraisemblablement dans la suite. Le rapport désigné plus haut était : Y et z sont unis synthétiquement, et par là X est exclue de z. Comme nous venons de le voir, cette union synthétique d'Y avec z a eu lieu par une causalité propre, libre, non troublée, de la force intérieure Y; z cependant n'est nullement un produit de cette causalité, elle n'est unie que nécessairement avec elle; elle doit donc pouvoir en être distinguée. En outre, par cette union, la causalité de X et son produit sont exclus de z, par conséquent z est la sphère de la causalité de $Y - z$, et d'après ce qui précède, rien que cette sphère; il n'est rien en soi, il n'a pas de réalité et on ne peut lui appliquer aucun prédicat que celui qui vient d'être déduit. De plus z est la sphère de la causalité purement et simplement de Y; car, par cela même qu'elle est posée comme telle, X et tout objet possible en sont exclus. La sphère de la causalité de Y ou z signifient une seule et même chose, et ont tout-à-fait la même valeur ; z n'est rien de plus que cette sphère et cette sphère n'est rien autre chose que z. z n'est rien, si Y n'agit pas avec causalité, et Y n'agit pas si z n'est pas. La causalité de Y remplit z, c'est-à-dire en exclut tout ce qui n'est pas la causalité de Y (il ne faut pas encore songer à une étendue, car elle n'est point démontrée encore et ne peut être saisie par cette manifestation).

Si z va jusqu'au point c, d, e, etc., la causalité de X est exclue jusqu'à c, d, e, etc. Mais comme cette causalité ne peut pas être unie avec z, précisément parce qu'elle en est exclue par Y, il y a nécessairement continuité entre les sphères de causalité de X et d'Y, et elles se rencontrent en un point. L'imagination réunit l'une et l'autre et pose z et $-z$ ou comme nous le déterminions plus haut, $v = 0$.

Mais la causalité de X doit être exclue de z sans préjudice à sa liberté. Cette exclusion n'a pas lieu sans préjudice à sa liberté, si par cela seul que z est rempli par Y, quelque chose est supprimé dans X, si une manifestation de force, possible en soi, lui est rendue impossible. L'occupation de z par la causalité Y ne doit donc pas être une manifestation possible de l'X ; il ne doit y avoir en elle aucune tendance à cela. z, par un principe intérieur qui se trouve en X, n'est pas dans sa sphère d'action, ou plutôt il n'y a pas en X de fondement, pour que z puisse être sa sphère d'action : sinon X serait limitée et ne serait pas libre.

Par conséquent Y et X se rencontrent tous deux accidentellement en un point, dans l'unité synthétique absolue de l'opposition absolue sans aucune influence réciproque, sans aucune pénétration mutuelle.

IV.

A + B doit être déterminé par B. Jusqu'à présent B seul a été déterminé par B; mais A le sera aussi médiatement. Cela signifiait plus haut ce qui est dans le moi, et comme il n'y a rien de plus dans le moi que l'intuition, — le moi est déterminé par le non-moi, et ce qui est en lui, en est médiatement un produit : appliquons cela au cas présent.

X est produit du non-moi, et est déterminée dans le moi, quant à sa sphère d'action ; Y également, tous deux déterminés par soi-même dans leur liberté absolue; tous deux par leur rencontre contingente déterminent aussi le point de leur rencontre, et le moi est dans ce rapport purement passif.

Il ne doit et ne peut en être ainsi. Aussi certainement qu'il est moi, le moi doit tracer la détermination avec liberté. Nous avons résolu cette difficulté plus haut de la manière suivante : Toute réflexion sur quelque chose comme substance, — sur ce qui dure et agit causalement, — qui posé ainsi, se trouve dans une connexion nécessaire et synthétique avec son produit, et ne peut pas en être séparé, — dépend de la liberté absolue du moi, et la difficulté est résolue ainsi : Il dépend de la liberté absolue du moi de réfléchir ou de ne pas réfléchir sur Y et X comme sur quelque chose de permanent, de simple. S'il y réfléchit, il doit, d'après cette loi, poser librement Y remplissant la sphère d'action z, et poser en C le point de limite entre le cercle d'action des deux ; or, il ne pourrait pas réfléchir ainsi ; mais à la place de Y et de X, il pourrait poser toute chose possible comme substance, avec liberté absolue.

Pour rendre cela parfaitement clair, que l'on conçoive la sphère z et la sphère v, comme en connexion au point C, ainsi qu'elles ont été réellement posées. Dans la sphère z, le moi, au lieu de Y peut poser un a et un b, faire de z leur cercle d'action et le partager au point g. J'appelle h ce qui est maintenant le cercle d'action de a. Mais il n'est pas plus forcé de poser a en h comme substance indivisible ; à la place de a il pourrait poser e et d, et par conséquent diviser h au point e en f et en k et ainsi de suite à l'infini. Mais s'il a posé une fois un a et un b il doit leur marquer des cercles d'action qui se rencontrent en un seul et unique point, d'après la loi plus haut déduite.

Il doit poser réellement pour le moi cette contingence de l'Y et même de son cercle d'action, par l'imagination, en vertu du principe souvent exposé.

Donc, O est posé comme étendue ayant de la cohésion et divisible à l'infini, c'est l'espace.

1. = En posant, comme elle le doit, la possibilité de toute autre substance et de tout autre cercle d'action dans l'espace z, l'imagination sépare l'espace de la chose qui le remplit réellement et esquisse un espace vide, mais seulement pour essai, et passagèrement ; car elle le remplit aussitôt de substances à volonté, qui ont des cercles d'action à volonté. Par conséquent, il n'y a pas d'espace vide, puisqu'il n'y en a que dans le passage de l'imagination du *remplissement* de l'espace par a au

remplissement du même espace par *b, c, d,* etc., à volonté.

2. = La partie la plus infiniment petite de l'espace est toujours un espace, quelque chose qui a de la continuité, mais non un simple point ou la limite entre des positions déterminées dans l'espace, et il en est ainsi, parce que, en tant qu'il est lui-même posé, il peut être posé et il est réellement posé en lui par l'imagination une force qui se manifeste nécessairement et qui ne peut pas être posée sans être posée comme se manifestant, en vertu de la synthèse de la libre causalité entreprise dans le § précédent; mais elle ne peut se manifester sans avoir une synthèse de sa manifestation qui n'est rien de plus qu'une sphère semblable, en vertu de la synthèse entreprise dans ce §.

3. = Par conséquent l'intensité et l'étendue sont nécessairement unies synthétiquement, et on ne saurait déduire l'une sans l'autre. Toute force (non par soi-même, car sans manifestation elle n'est pas dans l'espace, elle n'est en soi absolument rien), mais par son produit nécessaire, qui est le principe synthétique de l'union de l'intensité et de l'étendue, remplit nécessairement une place dans l'espace; et l'espace n'est rien de plus que ce qui est rempli ou doit être rempli par ces produits.

4. = Hormis par leurs déterminations intérieures, mais qui n'ont relation qu'au sentiment (du plus ou moins de plaisir ou de déplaisir) et qui ne sont pas accessibles à la faculté théorique du moi, par exemple, qu'elles sont amères ou douces, rudes ou polies, pesantes ou légères, rouges ou blanches, etc., et dont on doit, par conséquent, faire ici entièrement ab-

straction, les choses ne peuvent être distinguées par rien, sinon par l'espace dans lequel elles se trouvent. Donc, ce qui appartient aux choses de telle manière qu'il ne puisse être attribué qu'à elles, et nullement au moi, mais qui n'appartient pas néanmoins à leur essence intérieure, est l'espace qu'elles occupent.

5. = Mais tout espace est identique, et il n'y a donc par lui aucune distinction ni détermination possible, sinon la condition qu'une chose — Y est posée dans un certain espace, lequel est déterminé et caractérisé par là, et qu'il est dit de X : elle est dans un autre espace, —(bien entendu comme Y). Toute détermination d'espace suppose un espace rempli et déterminé, parce qu'il est rempli.

Si l'on pose A dans l'espace vide et infini, il demeure autant indéterminé qu'il l'était et vous ne pouvez pas répondre à ma question, où est-il? Car vous n'avez aucun point déterminé d'après lequel vous puissiez le mesurer, duquel vous puissiez vous orienter. La place qu'il occupe n'est déterminée par rien que par A, et A n'est déterminé par rien que par sa position, par conséquent, il n'y a là aucune détermination que parce que, et en tant que vous en posez une. C'est une synthèse par spontanéité absolue.

Pour l'exprimer sensiblement : A pourrait être pour une intelligence qui pourrait se mouvoir incessamment, dans l'espace, d'un point à un point qu'elle aurait en vue, sans que vous le remarquiez, parce qu'il n'y a pas pour vous de point semblable, parce que vous n'avez que l'espace vide sans limites; pour vous il demeure toujours dans sa position, tant qu'il reste dans l'espace, car il est en lui absolument, parce que vous le posez en lui. Posez B auprès, celui-ci est déterminé ; et si je vous demande où il est, vous me répondez auprès de A, et je suis satisfait, si je ne demande pas davantage. Mais dirai-je alors, où est A ? posez auprès de B, C, D, E, etc., dans l'inconditionnel, vous avez pour tous ces objets une détermination de lieu relative ; mais remplissez l'espace aussi loin que vous voudrez, cet espace rempli est toujours un espace fini qui ne peut avoir avec l'infini, aucun rapport, et à l'égard duquel il est constamment dans la même situation qu'avec A. Il est déterminé seulement, parce que vous l'avez déterminé en vertu de votre synthèse absolue. Remarque facile à concevoir, il me semble, de laquelle on aurait dû être conduit depuis long-temps à l'idéalité de l'espace.

6. — L'objet de l'intuition présente est comme tel désigné par cela seul que nous le posons par l'imagination, dans un espace comme espace vide ; mais, comme on l'a démontré, cela n'est pas possible, si on ne suppose un espace déjà rempli. Succession dépendante du *remplissement* de l'espace ; mais dans laquelle on peut toujours retourner par des fondements qui se montreront plus bas.

V.

La liberté du moi devait par là être rétablie et le non-moi (la détermination d'Y et d'X dans l'espace), être posé comme contingent, de manière que le moi fût posé comme libre de lier avec z, Y ou a, b, c, etc., et de manière que, en tant que cette liberté serait posée, O apparaîtrait comme espace. Ce mode de contingence est découvert et subsiste; mais c'est une question de savoir, si par là la difficulté est résolue d'une manière satisfaisante.

Le moi est libre, il est vrai, de poser dans l'espace Y, X ou *a, b, c,* etc. Mais, s'il doit réfléchir sur X comme substance, supposition de laquelle nous sommes partis, il doit nécessairement, en vertu de la loi énoncée plus haut, poser Y comme substance déterminée, et X comme déterminée par l'espace *z*. Il n'est donc pas libre dans cette condition. Il est déterminé ensuite à l'égard de la détermination de lieu de X, et non libre, il doit la poser auprès de Y. Dans la supposition faite au commencement du §, le moi demeure donc déterminé et contraint. Mais il doit être libre, et la contradiction qui dure encore doit être résolue. Elle ne peut l'être que de la manière suivante. Y et X doivent tous deux être déterminés et opposés encore d'une autre manière, autrement que par leur détermination dans l'espace, car ils ont été séparés plus haut de leur espace, posés par conséquent comme quelque chose d'existant pour soi, et différent pour soi d'autre chose. Ils doivent avoir encore un autre caractère en vertu duquel la proposition $A = A$ ait pour eux de la valeur. Par exemple X est rouge, Y jaune, etc.; or, la loi de la détermination de lieu n'a pas de rapport à ce caractère, et il n'est pas dit que Y, comme jaune, doive être déterminé dans l'espace, et X comme rouge, déterminable dans l'espace d'après celui-là ; mais elle s'applique à Y comme sur un déterminé et à aucun autre égard ; à X comme sur un déterminable et à aucun autre égard ;

elle dit que l'objet de l'intuition à poser doit nécessairement être déterminable, et ne peut pas être déterminé, et qu'un déterminé doit lui être opposé, qui, à cet égard, n'est pas indéterminable. Si X doit être déterminée par ses caractères intérieurs, ou Y déterminé par les siens,— déterminé ou déterminable dans l'espace, — cela demeure par là entièrement indécis. Ici la libreté a donc son jeu ; elle doit opposer un déterminé et un déterminable ; mais elle rendra déterminé ou déterminable celui des opposés qu'elle voudra ; il ne dépend que de la spontanéité que X soit déterminée par Y ou Y par X.

Peu importe la série que l'on décrive dans l'espace, que ce soit de A à B ou au contraire ; que l'on pose B à côté de A, ou A à côté de B, car les choses s'excluent mutuellement dans l'espace.

VI.

Le moi peut rendre déterminé ou déterminable ce qu'il veut, et par l'imagination il pose sa liberté de la manière indiquée plus haut. Mais aussi certainement qu'il y a une intuition et qu'un objet de l'intuition doit exister, en vertu de la loi dont nous sommes partis, le moi doit faire des deux une même chose, le déterminé en soi est déterminable dans l'espace.

Pourquoi pose-t-il X, ou Y, ou tout autre objet possible, comme déterminable ? On ne peut en donner aucune raison, et il ne saurait y en avoir ; car il est agi par spontanéité absolue. Cela se montre par la contingence. Il faut bien remarquer seulement en quoi se trouve proprement cette contingence.

Par la liberté a été posé un déterminable, dont la déterminabilité comme telle est nécessaire d'après la loi, et qui, comme objet de l'intuition, doit être un déterminable ; dans *l'être posé* ou l'existence du déterminable se trouve, par conséquent, la contingence. Le *poser* du déterminable est un accident du moi, lequel par opposition est posé comme substance d'après la règle apportée dans le § précédent.

VII.

De même précisément que dans le § précédent, dans le point actuel de notre procédé synthétique le moi et le non-moi sont entièrement opposés et indépendants l'un de l'autre. Les forces intérieures dans le non-moi agissent causalement avec liberté absolue, remplissent sa sphère d'action, se rencontrent accidentellement en un même point, s'excluent mutuellement par là, sans préjudice à leur liberté respective, de leurs sphères d'action, ou, comme nous le savons maintenant, de leurs espaces.

Le moi pose comme substance ce qu'il veut, partage également l'espace aux substances, comme il veut ; détermine avec liberté absolue ce qu'il veut rendre déterminé dans l'espace, et en lui ce qu'il veut rendre déterminable ; ou choisit avec liberté la direction suivant laquelle il veut parcourir l'espace. Toute connexion entre le moi et le non-moi est supprimée par là ; ils ne sont plus en connexion comme à travers l'espace vide, lequel étant tout-à-fait vide et ne devant rien être de plus que la sphère où le non-moi pose librement *realiter* ses produits, comme produits d'un non-moi *idealiter* ne limite aucun des deux et ne les rattache pas l'un à l'autre. L'opposition et cette existence indépendante du moi et du non-moi sont expliquées, mais non l'harmonie demandée entre les deux. On nomme avec raison l'espace forme, c'est-à-dire, condition subjective de la possibilité de l'intuition extérieure. S'il n'y a pas encore une autre forme de l'intuition, l'harmonie demandée entre la représentation et la chose, la condition de l'une et de l'autre, et par conséquent aussi leur opposition pour le moi, demeurent impossibles. Poursuivons notre route et nous découvrirons sans doute cette forme.

VIII.

1. — Dans leurs rapports dans l'espace, et dans tous leurs rapports possibles, Y et X sont tous deux des produits de la libre causalité du non-moi entièrement indépendants du moi; ils existent, et cela non pour le moi, sans une causalité particulière du moi.

2. — Ces deux causalités du moi et du non-moi doivent être en réciprocité d'action, c'est-à-dire, leurs manifestations doivent se rencontrer en un même point; synthèse absolue des deux causalités par l'imagination, le point de réunion existe par la faculté absolue du moi, elle le pose comme accidentel, ce qui signifie que la rencontre des deux causalités opposées est accidentelle en vertu du § précédent.

3. — L'un des deux, X ou Y devant être posé, ce point doit être posé. Il est posé objet, c'est-à-dire, elles sont réunies synthétiquement avec un tel point et par son moyen avec une causalité du moi.

4. — A l'égard de la détermination ou de l'indétermination d'Y ou de X, le moi flotte librement entre des directions opposées, c'est-à-dire : il ne dépend que de la causalité du moi que X ou Y soit réuni synthétiquement avec le point.

5. — Cette liberté ainsi définie du moi doit être posée par l'imagination ; la simple possibilité d'une synthèse du point avec une causalité du non-moi doit être posée. Cela n'est possible qu'à condition que le point puisse être posé séparé de la causalité du non-moi.

6. — Mais ainsi séparé, ce point n'est rien ; car une synthèse des causalités du moi et du non-moi, et par conséquent toute causalité du non-moi, ne peut en être séparée sans qu'il s'évanouisse entièrement. L'X déterminée en est donc seule séparée, et, au contraire, un produit indéterminé qui peut être *a*, *b*, *c*, etc., un non-moi en général, peut être réuni synthétiquement avec lui ; et cela, en même temps qu'il conserve son caractère déterminé comme point synthétique. (Les principes énoncés plus haut rendent évident qu'il en doit être ainsi). La rencontre de l'X avec la causalité du moi, autant qu'avec le point maintenant à rechercher, doit être accidentelle et être posée comme telle, cela signifie qu'elle doit être posée comme devant être réunie avec ce point, ou non, et dans ce dernier cas comme devant être réuni à sa place tout non-moi possible.

7. = Le moi doit, en vertu de toute notre hypothèse, réunir réellement synthétiquement le point avec X ; car il doit y avoir une intuition de X, qui, comme telle, comme simple intuition, ne soit pas possible sans cette synthèse, en vertu du § précédent. Or, comme nous l'avons démontré plus haut, cette synthèse a lieu avec spontanéité absolue, sans aucun principe de détermination. Mais, par cela même que X est unie avec le point, tout le reste en est exclu ; car il est le point de réunion du moi avec une force posée dans le non-moi comme substance, existant par elle-même, simple et agissant librement ; par là donc plusieurs forces possibles sont exclues.

8. = Cette juxta-position doit donc être réellement une juxta-position et être posée comme telle, c'est-à-dire, elle doit être produite par la spontanéité absolue du moi, et son caractère, la contingence, n'arrive réellement dans aucune des considérations présentées ci-dessus ; mais la synthèse ayant lieu réellement, et tout le reste étant exclu, les caractères qu'il porte en soi, sont réellement posés avec ce caractère. Cela n'est possible que par le caractère d'une autre synthèse nécessaire, d'un Y déterminé avec un point, non celui de X, car, par cette synthèse, toute autre chose est exclue de ce point, mais avec un autre point opposé. Nommons-le C, et celui avec lequel X est unie D.

9. — Ce point C est ce qu'est le point D, le point synthétique de réunion des causalités du moi et du non-moi. Mais il est opposé au point D. Avec celui-ci, la réunion est considérée comme dépendant de la liberté ; comme pouvant donc exister autrement ; mais en C la réunion sera considérée comme nécessaire ; elle ne

peut être posée comme pouvant avoir lieu autrement. (L'action synthétique est fermée, entièrement terminée; elle ne se trouve plus en mon pouvoir.)

10. — La contingence de l'union synthétique avec D doit être posée, par conséquent la nécessité de l'union avec C doit être posée aussi. Toutes deux doivent donc être posées sous ce rapport, comme nécessaires et contingentes à l'égard l'une de l'autre. Si l'union synthétique avec D doit être posée, celle avec C doit être posée comme ayant eu lieu; mais la réciproque n'est pas vraie. Si l'union avec C est posée, celle avec D n'est pas posée comme ayant eu lieu.

11. — Or, la synthèse avec D doit avoir lieu en vertu du postulat; si elle est posée comme telle, elle est nécessairement posée comme dépendante, comme conditionnelle de la synthèse avec C. Mais C n'est pas réciproquement conditionnel à D.

12. — Mais, en outre, la synthèse avec C doit être précisément ce qu'est celle avec D, une synthèse contingente et laissée au libre arbitre; si elle est posée comme telle, il doit lui être opposé comme nécessaire une autre synthèse avec B, dont elle est dépendante et qui soit sa condition, mais sans que celle-ci lui soit conditionnelle. B est d'ailleurs, de même que C et D, une synthèse contingente, et en tant qu'elle est posée comme telle, il lui est opposé une autre synthèse nécessaire = A, à laquelle elle se rapporte précisément de la même manière que C à elle-même et D à C, et ainsi de suite à l'infini. Nous obtenons ainsi une série de points comme points synthétiques de réunion des causalités du moi et du non-moi dans l'intuition, où chaque point dépend d'un point déterminé, qui n'en

dépend pas réciproquement, et chacun a un autre point déterminé qui dépend de lui sans que lui-même dépende de celui-ci. Nous obtenons en un mot une série de temps.

13. — D'après l'argumentation ci-dessus, le moi se posait comme complètement libre de n'unir avec le point que ce qu'il voulait, d'y unir par conséquent tout le non-moi infini. Ainsi considéré, le point n'est que contingent, il n'est pas nécessaire; il n'est que dépendant sans qu'un autre dépende de lui : et on l'appelle le présent.

14. — Par conséquent, si l'on fait abstraction de la réunion synthétique d'un point déterminé avec l'objet, par conséquent de toute la causalité du moi, qui n'est réunie que par ce point avec le non-moi, les choses considérées en elles-mêmes et comme indépendantes du moi sont *en même temps* (c'est-à-dire, peuvent être réunies synthétiquement avec un seul et même point) dans l'espace; mais elles ne peuvent être perçues dans le temps que l'une après l'autre, dans une série successive dont chaque terme dépend d'un autre sans que le premier dépende du second.

Faisons en passant les remarques suivantes :

a. — Il n'y a pour nous de passé qu'autant qu'il est conçu dans le *présent*. (Pour s'exprimer d'une manière transcendante, ce qui était hier n'est pas. Cela n'est qu'autant que je pense dans le moment présent qu'il était hier. La question : N'y a-t-il donc pas réellement un temps passé? équivaut à celle-ci : Y a-t-il, oui ou non, une chose en soi? Il y a bien un temps passé si vous en posez un comme passé : vous rejetez cette question : Posez un temps passé; si vous ne le posez pas, ne rejetez pas cette question et alors il n'y a pas pour vous de temps passé. Remarque facile à saisir et qui aurait dû conduire depuis long-temps à des représentations exactes touchant l'idéalité du temps.

b. — Mais il y a pour nous nécessairement un passé, car ce n'est qu'à sa condition qu'il y a un présent et ce n'est qu'à la condition d'un présent que la conscience est possible. Répétons en peu de mots la démonstration de la conscience qui devait être donnée dans ce §. — La conscience n'est possible qu'à condition que le moi s'oppose un non-moi; cet acte ne peut se concevoir qu'à condition que le moi dirige son activité idéale sur le non-moi. Cette activité est la sienne et non celle du non-moi, seulement en tant qu'elle est libre, seulement donc en tant qu'elle peut se diriger sur tout autre objet que celui qu'elle choisit. C'est ainsi qu'elle doit être posée pour qu'une conscience soit possible, et c'est le caractère du moment présent que toute autre perception que celle qui s'y présente puisse y avoir lieu. Cela n'est possible qu'à la condition d'un autre moment dans lequel il ne puisse être posé aucune autre perception que celle qui y est posée, tel est le caractère du moment passé. La conscience est donc nécessairement conscience de la liberté et de l'identité; de l'identité, parce que tout moment aussi certainement qu'il est un moment, doit se rattacher à un autre. La perception B n'est pas une perception, si une autre perception A du même sujet n'est pas supposée. A peut s'évanouir; mais si maintenant le moi doit passer à la perception C, B doit du moins en être posé comme la condition; et ainsi de suite à l'infini. De cette loi dépend l'identité de la conscience pour laquelle nécessairement nous n'avons jamais besoin d'un second moment. Il n'y a pas de premier moment de la conscience, il n'en existe qu'un second.

c. — Toutefois, le moment passé et tout moment passé possible peut être élevé à la conscience, représenté, rendu comme chose présente, posé comme s'étant présenté dans le même sujet, si l'on réfléchit qu'en ce moment une autre perception aurait pu avoir lieu. Alors il lui est opposé un autre moment passé à son égard, dans lequel, si une perception déterminée doit être posée dans le dernier, aucune autre ne pouvait avoir lieu que celle qui s'y est présentée. De là vient que nous pouvons toujours retourner aussi loin que nous le voulons, même dans l'inconditionnel et dans l'infini.

d. — Une quantité déterminée d'espace est toujours coexistante au même moment : une quantité de temps est toujours successive; c'est pourquoi nous ne pouvons mesurer l'un que par l'autre : l'espace par le temps que l'on emploie à le parcourir; le temps par l'espace qu'un corps quelconque se mouvant régulièrement (le soleil, l'aiguille d'une horloge, le pendule) peut parcourir en une certaine quantité de temps.

OBSERVATION FINALE.

Kant, dans la *critique de la raison pure*, part du terrain de la réflexion sur lequel le temps, l'espace, et une multitude de choses données à l'intuition existent déjà dans le moi et pour le moi. Nous avons déduit ces choses *à priori;* elles existent actuellement dans le moi. Ainsi est signalé le caractère de la science de la connaissance à l'égard de la théorie, et nous avons amené notre lecteur précisément au point où Kant le prend.

FIN.

TABLE.

Préface du Traducteur. I

SCIENCE DE LA CONNAISSANCE.

PREMIÈRE PARTIE.

Principes de la Science de la Connaissance. 1

DEUXIÈME PARTIE.

Principes de la Connaissance théorique. 40
Déduction de la représentation. 164

TROISIÈME PARTIE.

Principes de la Connaissance pratique. 188

SECONDE EXPOSITION DES PRINCIPES FONDAMENTAUX DE LA SCIENCE DE LA CONNAISSANCE. 294

FÉLIX ALCAN, Éditeur

PHILOSOPHIE — HISTOIRE

CATALOGUE
DES
Livres de Fonds

	Pages.		Pages.
BIBLIOTHÈQUE DE PHILOSOPHIE CONTEMPORAINE.		ANNALES DE L'UNIVERSITÉ DE LYON	16
Format in-12	2	PUBLICATIONS HISTORIQUES ILLUSTRÉES	16
Format in-8	5	RECUEIL DES INSTRUCTIONS DIPLOMATIQUES	17
COLLECTION HISTORIQUE DES GRANDS PHILOSOPHES	9	INVENTAIRE ANALYTIQUE DES ARCHIVES DU MINISTÈRE DES AFFAIRES ÉTRANGÈRES	17
Philosophie ancienne	9		
Philosophie moderne	9		
Philosophie écossaise	10	REVUE PHILOSOPHIQUE	18
Philosophie allemande	10	REVUE HISTORIQUE	18
Philosophie anglaise contemporaine	11	ANNALES DES SCIENCES POLITIQUES	19
Philosophie allemande contemporaine	11	REVUE MENSUELLE DE L'ÉCOLE D'ANTHROPOLOGIE	19
Philosophie italienne contemporaine	11	ANNALES DES SCIENCES PSYCHIQUES	19
LES GRANDS PHILOSOPHES	11	BIBLIOTHÈQUE SCIENTIFIQUE INTERNATIONALE	20
BIBLIOTHÈQUE GÉNÉRALE DES SCIENCES SOCIALES	12	Par ordre d'apparition	20
BIBLIOTHÈQUE D'HISTOIRE CONTEMPORAINE	13	Par ordre de matières	23
BIBLIOTHÈQUE HISTORIQUE ET POLITIQUE	15	RÉCENTES PUBLICATIONS NE SE TROUVANT PAS DANS LES COLLECTIONS PRÉCÉDENTES	26
BIBLIOTHÈQUE DE LA FACULTÉ DES LETTRES DE PARIS	16		
TRAVAUX DES FACULTÉS DE LILLE	16	BIBLIOTHÈQUE UTILE	31

On peut se procurer tous les ouvrages qui se trouvent dans ce Catalogue par l'intermédiaire des libraires de France et de l'Étranger.

On peut également les recevoir franco par la poste, sans augmentation des prix désignés, en joignant à la demande des TIMBRES-POSTE FRANÇAIS *ou un* MANDAT *sur Paris.*

PARIS
108, BOULEVARD SAINT-GERMAIN, 108
Au coin de la rue Hautefeuille

Les titres précédés d'un *astérisque* sont recommandés par le Ministère de l'Instruction publique pour les Bibliothèques des élèves et des professeurs et pour les distributions de prix des lycées et collèges.

BIBLIOTHÈQUE
DE
PHILOSOPHIE CONTEMPORAINE

Volumes in-12, brochés, à 2 fr. 50.
Cartonnés toile, 3 francs. — En demi-reliure, plats papier, 4 francs.

ALAUX, professeur à la Faculté des lettres d'Alger. **Philosophie de M. Cousin.**
ALLIER (R.). *****La Philosophie d'Ernest Renan.** 1895.
ARRÉAT (L.). ***La Morale dans le drame, l'épopée et le roman.** 2ᵉ édition.
— *****Mémoire et imagination** (Peintres, Musiciens, Poètes, Orateurs). 1895.
— Les Croyances de demain. 1898.
AUBER (Ed.). **Philosophie de la médecine.**
BALLET (G.). **Le Langage intérieur et les diverses formes de l'aphasie.** 2ᵉ édit.
BEAUSSIRE, de l'Institut. ***Antécédents de l'hégél. dans la philos. française.**
BERSOT (Ernest), de l'Institut. ***Libre philosophie.**
BERTAULD. **De la Philosophie sociale.**
BERTRAND (A.), professeur à l'Université de Lyon. **La Psychologie de l'effort et les doctrines contemporaines.**
BINET (A.), directeur du lab. de psych. physiol. de la Sorbonne. **La Psychologie du raisonnement,** expériences par l'hypnotisme. 2ᵉ édit.
BOST. **Le Protestantisme libéral.**
BOUGLÉ, maître de conférences à l'Université de Montpellier. **Les Sciences sociales en Allemagne.**
BOUTROUX, de l'Institut. ***De la contingence des lois de la nature.** 3ᵉ éd. 1896.
CARUS (P.). ***Le Problème de la conscience du moi,** trad. par M. A. Monod.
COIGNET (Mᵐᵉ). **La Morale indépendante.**
CONTA (B.).*****Les Fondements de la métaphysique,** trad. du roumain par D. Tescanu.
COQUEREL Fils (Ath.). **Transformations historiques du christianisme.**
— **Histoire du Credo.**
— **La Conscience et la Foi.**
COSTE (Ad.). ***Les Conditions sociales du bonheur et de la force.** 3ᵉ édit.
CRESSON (A.), agrégé de philosophie. **La Morale de Kant.** 1897. Couronné par l'Institut.
DAURIAC (L.), professeur au lycée Janson-de-Sailly. **La Psychologie dans l'Opéra français** (Auber, Rossini, Meyerbeer). 1897.
DANVILLE (Gaston). **Psychologie de l'amour.** 1894.
DELBŒUF (J.), prof. à l'Université de Liège. **La Matière brute et la Matière vivante.**
DUGAS, docteur ès lettres. ***Le Psittacisme et la pensée symbolique.** 1896.
— **La Timidité.** 1898.
DUMAS (G.), agrégé de philosophie. *****Les états intellectuels dans la Mélancolie.** 1894.
DUNAN, docteur ès lettres. **La théorie psychologique de l'Espace.** 1895.
DURKHEIM (Émile), professeur à l'Université de Bordeaux. ***Les règles de la méthode sociologique.** 1895.
ESPINAS (A.), prof. à la Sorbonne. ***La Philosophie expérimentale en Italie.**
FAIVRE (E.). **De la Variabilité des espèces.**
FÉRÉ (Ch.). **Sensation et Mouvement.** Étude de psycho-mécanique, avec figures.
— **Dégénérescence et Criminalité,** avec figures. 2ᵉ édit.
FERRI (E.). **Les Criminels dans l'Art et la Littérature.** 1897.
FIERENS-GEVAERT. **Essai sur l'Art contemporain.** 1897. (Couronné par l'Académie française.)
FLEURY (Maurice de). **L'Ame du criminel.** 1898.

Suite de la *Bibliothèque de philosophie contemporaine*, format in-12, à 2 fr. 50 le vol.

FONSEGRIVE, professeur au lycée Buffon. La Causalité efficiente. 1893.
FONTANÈS. Le Christianisme moderne.
FONVIELLE (W. de). L'Astronomie moderne.
FRANCK (Ad.), de l'Institut. * Philosophie du droit pénal. 4° édit.
— Des Rapports de la Religion et de l'État. 2° édit.
— La Philosophie mystique en France au XVIII° siècle.
GAUCKLER. Le Beau et son histoire.
GREEF (de). Les Lois sociologiques. 2° édit.
GUYAU. * La Genèse de l'idée de temps.
HARTMANN (E. de). La Religion de l'avenir. 4° édit.
— Le Darwinisme, ce qu'il y a de vrai et de faux dans cette doctrine. 6° édit.
HERCKENRATH. (C.-R.-C.) Problèmes d'Esthétique et de Morale. 1897.
HERBERT SPENCER. * Classification des sciences. 6° édit.
— L'Individu contre l'État. 4° édit.
JAELL (Mme). * La Musique et la psycho-physiologie. 1895.
JANET (Paul), de l'Institut. * Le Matérialisme contemporain. 6° édit.
— * Philosophie de la Révolution française. 5° édit.
— * Les Origines du socialisme contemporain. 3° édit. 1896.
— * La Philosophie de Lamennais.
LACHELIER, de l'Institut. Du fondement de l'induction, suivi de psychologie et métaphysique. 3° édit. 1898.
LAMPÉRIÈRE (Mme A.). Rôle social de la femme, son éducation. 1898.
LANESSAN (J.-L. de). La Morale des philosophes chinois. 1896.
LANGE, professeur à l'Université de Copenhague. Les émotions, étude psycho physiologique, traduit par G. Dumas. 1895.
LAUGEL (Auguste). L'Optique et les Arts.
— * Les Problèmes de l'âme.
— Problème de la nature.
LE BLAIS. Matérialisme et Spiritualisme.
LE BON (Dr Gustave). * Lois psychol. de l'évolution des peuples. 2° édit. 1895.
— * Psychologie des foules. 3° édit. 1898.
LÉCHALAS. * Etude sur l'espace et le temps. 1895.
LE DANTEC, docteur ès sciences. Le Déterminisme biologique et la Personnalité consciente. 1897.
— L'Individualité et l'Erreur individualiste. 1898.
LEFÈVRE, docteur ès lettres. Obligation morale et idéalisme. 1895.
LEOPARDI. Opuscules et Pensées, traduit de l'italien par M. Aug. Dapples.
LEVALLOIS (Jules). Déisme et Christianisme.
LIARD, de l'Institut. * Les Logiciens anglais contemporains. 3° édit.
— Des définitions géométriques et des définitions empiriques. 2° édit.
LICHTENBERGER (Henri), professeur adjoint à l'Université de Nancy. La philosophie de Nietzsche. 3° édit. 1899.
LOMBROSO. L'Anthropologie criminelle et ses récents progrès. 3° édit. 1896.
— Nouvelles recherches d'anthropologie criminelle et de psychiatrie. 1892.
— Les Applications de l'anthropologie criminelle. 1892.
LUBBOCK (Sir John). * Le Bonheur de vivre. 2 volumes. 5° édit.
— * L'Emploi de la vie. 2° éd. 1897.
LYON (Georges), maître de conf. à l'École normale. * La Philosophie de Hobbes.
MARIANO. La Philosophie contemporaine en Italie.
MARION, professeur à la Sorbonne. * J. Locke, sa vie, son œuvre. 2° édit.
MAUS (I.), avocat à la Cour d'appel de Bruxelles. De la Justice pénale.
MILHAUD (G.), chargé de cours à l'Université de Montpellier. Essai sur les conditions et les limites de la Certitude logique. 2° édit. 1898.
— Le Rationnel. 1898.
MOSSO. * La Peur. Étude psycho-physiologique (avec figures). 2° édit.
— * La fatigue intellectuelle et physique, traduit de l'italien par P. Langlois. 2° édit. 1896, avec grav.

F. ALCAN.

Suite de la *Bibliothèque de philosophie contemporaine*, format in-12, à 2 fr. 50 le vol.

NORDAU (Max). *Paradoxes psychologiques, trad. Dietrich. 3ᵉ édit. 1898.
— Paradoxes sociologiques, trad. Dietrich. 2ᵉ édit. 1898.
— Psycho-physiologie du Génie et du Talent. 2ᵉ édit. 1898.
NOVICOW (J.). L'Avenir de la Race blanche. 1897.
OSSIP-LOURIÉ. Pensées de Tolstoï. 1898.
PAULHAN (Fr.). Les Phénomènes affectifs et les lois de leur apparition.
— *Joseph de Maistre et sa philosophie. 1893.
PILLON (F.). La Philosophie de Ch. Secrétan. 1898.
PILO (Mario), professeur au lycée de Bellune (Italie). *La psychologie du Beau et de l'Art, trad. par Aug. Dietrich. 1895.
PIOGER (Dr Julien). Le Monde physique, essai de conception expérimentale. 1893.
QUEYRAT (Fr.), professeur de l'Université. *L'imagination et ses variétés chez l'enfant. 2ᵉ édit. 1896.
— *L'abstraction, son rôle dans l'éducation intellectuelle. 1894.
— Les Caractères et l'éducation morale. 1896.
REGNAUD (P.), professeur à l'Université de Lyon. Logique évolutionniste. *L'Entendement dans ses rapports avec le langage*. 1897.
— Comment naissent les mythes. 1897.
RÉMUSAT (Charles de), de l'Académie française. *Philosophie religieuse.
RENARD (Georges), professeur à l'Université de Lausanne. Le régime socialiste, son organisation politique et économique. 2ᵉ édit. 1898.
RIBOT (Th.), professeur au Collège de France, directeur de la *Revue philosophique*. La Philosophie de Schopenhauer. 6ᵉ édition.
— *Les Maladies de la mémoire. 12ᵉ édit.
— *Les Maladies de la volonté. 11ᵉ édit.
— *Les Maladies de la personnalité. 7ᵉ édit.
— *La Psychologie de l'attention. 4ᵉ édit.
RICHARD (G.), docteur ès lettres. *Le Socialisme et la Science sociale. 1897.
RICHET (Ch.). Essai de psychologie générale (avec figures). 3ᵉ édit. 1898.
ROBERTY (E. de). L'Inconnaissable, sa métaphysique, sa psychologie.
— L'Agnosticisme. Essai sur quelques théories pessim. de la connaissance. 2ᵉ édit.
— La Recherche de l'Unité. 1 vol. 1893
— Auguste Comte et Herbert Spencer. 2ᵉ édit.
— *Le Bien et le Mal. 1896.
— Le Psychisme social. 1897.
— Les Fondements de l'Ethique. 1898.
ROISEL. De la Substance.
— L'Idée spiritualiste. 1897.
SAIGEY. La Physique moderne. 2ᵉ édit.
SAISSET (Émile), de l'Institut. *L'Ame et la Vie.
— *Critique et Histoire de la philosophie (fragm. et disc.).
SCHŒBEL. Philosophie de la raison pure.
SCHOPENHAUER. *Le Libre arbitre, traduit par M. Salomon Reinach. 7ᵉ édit.
— *Le Fondement de la morale, traduit par M. A. Burdeau. 6ᵉ édit.
— Pensées et Fragments, avec intr. par M. J. Bourdeau. 13ᵉ édit.
SELDEN (Camille). La Musique en Allemagne, étude sur Mendelssohn.
SIGHELE. La Foule criminelle, essai de psychologie collective.
STRICKER. Le Langage et la Musique, traduit de l'allemand par M. Schwiedland.
STUART MILL. *Auguste Comte et la Philosophie positive. 6ᵉ édit.
— *L'Utilitarisme. 2ᵉ édit.
— Correspondance inédite avec Gustave d'Eichthal (1828-1842) — (1864-1871), avant-propos et trad. par Eug. d'Eichthal. 1898.
TAINE (H.), de l'Académie française. *Philosophie de l'art dans les Pays-Bas.
TARDE. La Criminalité comparée. 4ᵉ édition. 1898.
— *Les Transformations du Droit. 2ᵉ édit. 1894.
— Les Lois sociales. 1898.
THAMIN (R.), professeur au lycée Condorcet, docteur ès lettres. *Éducation et positivisme. 2ᵉ édit. 1895. Ouvrage couronné par l'Institut.

Suite de la *Bibliothèque de philosophie contemporaine*, format in-12, à 2 fr. 50 le vol.

THOMAS (P. Félix), docteur ès lettres. * **La suggestion**, son rôle dans l'éducation intellectuelle. 2ᵉ édit. 1898.
TISSIÉ. * **Les Rêves**, avec préface du professeur Azam. 2ᵉ éd. 1898.
VIANNA DE LIMA. **L'Homme selon le transformisme**.
WUNDT. **Hypnotisme et suggestion**. Étude critique, traduit par M. Keller.
ZELLER. **Christian Baur et l'École de Tubingue**, traduit par M. Ritter.
ZIEGLER. **La Question sociale est une Question morale**, traduit par M. Palante. 2ᵉ éd. 1894.

BIBLIOTHÈQUE DE PHILOSOPHIE CONTEMPORAINE
Volumes in-8.

Br. à 5 fr., 7 fr. 50 et 10 fr.; Cart. angl., 1 fr. en plus par vol.; Demi-rel. en plus 2 fr. par vol.

ADAM (Ch.), recteur de l'Académie de Dijon. * **La Philosophie en France** (première moitié du XIXᵉ siècle). 7 fr. 50
AGASSIZ.* **De l'Espèce et des Classifications.** 5 fr.
ARRÉAT. * **Psychologie du peintre.** 5 fr.
AUBRY (le Dʳ P.). La contagion du meurtre. 1896. 3ᵉ édit. 5 fr.
BAIN (Alex.). **La Logique inductive et déductive.** Traduit de l'anglais par M. G. Compayré. 2 vol. 3ᵉ édition. 20 fr.
— * **Les Sens et l'Intelligence.** 1 vol. Traduit par M. Cazelles. 3ᵉ édit. 10 fr.
— * **Les Émotions et la Volonté.** Trad. par M. Le Monnier. 10 fr.
BALDWIN (Mark), professeur à l'Université de Princeton (États-Unis). Le Développement mental chez l'enfant et dans la race. Trad. Nourry, préface de L. Marillier. 1897. 7 fr. 50
BARNI (Jules). * **La Morale dans la démocratie.** 2ᵉ édit. 5 fr.
BARTHÉLEMY-SAINT-HILAIRE, de l'Institut. **La Philosophie dans ses rapports avec les sciences et la religion.** 5 fr.
BERGSON (H.), maître de conférences à l'École normale sup. **Matière et mémoire**, essai sur les relations du corps à l'esprit. 1896. 5 fr.
— Essai sur les données immédiates de la concience. 2ᵉ édit. 1898. 3 fr. 75
BERTRAND, prof. à l'Université de Lyon. L'Enseignement intégral. 1898. 5 fr.
BOIRAC (Émile), prof. à l'Université de Dijon. * **L'idée du Phénomène.** 1894. 5 fr.
BOURDEAU (L.). Le Problème de la mort, ses solutions imaginaires et la science positive. 2ᵉ édition. 1896. 5 fr.
BOURDON, professeur à l'Université de Rennes. * **L'expression des émotions et des tendances dans le langage.** 1892. 7 fr. 50
BOUTROUX (Em.), de l'Institut. Études d'hist. de la philos. 1898. 7 fr. 50
BROCHARD (V.), professeur à la Sorbonne. De l'Erreur. 1 vol. 2ᵉ édit. 1897. 5 fr.
BRUNSCHWICG (E.), docteur ès lettres. * **Spinoza.** 1894. 3 fr. 75
— La modalité du jugement. 5 fr.
CARRAU (Ludovic), professeur à la Sorbonne. **La Philosophie religieuse en Angleterre**, depuis Locke jusqu'à nos jours. 5 fr.
CHABOT (Ch.), docteur ès lettres. Nature et Moralité. 1897. 5 fr.
CLAY (R.). * **L'Alternative**, *Contribution à la psychologie*. 2ᵉ édit. 10 fr.
COLLINS (Howard). * **La Philosophie de Herbert Spencer**, avec préface de M. Herbert Spencer, traduit par H. de Varigny. 2ᵉ édit. 1895. 10 fr.
COMTE (Aug.). La Sociologie, résumé par E. Rigolage. 1897. 7 fr. 50
CONTA (B.). Théorie de l'ondulation universelle. 1894. 3 fr. 75
CRÉPIEUX-JAMIN. L'Écriture et le Caractère. 4ᵉ édit. 1897. 7 fr. 50
DEWAULE, docteur ès lettres. * **Condillac et la Psych. anglaise contemp.** 5 fr.
DUPROIX (P.), professeur à l'Université de Genève. * **Kant et Fichte et le problème de l'éducation.** 2ᵉ édit. 1897. (Ouvrage couronné par l'Académie française.) 5 fr.
DURAND (DE GROS). Aperçus de taxinomie générale. 1898. 5 fr.
DURKHEIM, professeur à l'Université de Bordeaux. * **De la division du travail social.** 1893. 7 fr. 50
— Le Suicide, *étude sociologique*. 1897. 7 fr. 50

Suite de la *Bibliothèque de philosophie contemporaine*, format in-8.

DURKHEIM. L'Année sociologique. 8ᵉ année, 1896-1897, avec la collaboration de MM. SIMMEL, BOUGLÉ, MAUSS, HUBERT, LAPIE, EM. LÉVY, RICHARD, A. MILHAUD, SIMIAUD, MUFFANG, FAUCONNET et PARODI. 10 fr.
ESPINAS (A.), professeur à la Sorbonne. La philosophie sociale du XVIIIᵉ siècle et la révolution française. 1898. 7 fr. 50
FERRERO (G.). Les lois psychologiques du symbolisme. 1895. 5 fr.
FERRI (Louis), professeur à l'Université de Rome. **La Psychologie de l'association**, depuis Hobbes jusqu'à nos jours. 7 fr. 50
FLINT, prof. à l'Univ. d'Edimbourg. *La Philos. de l'histoire en Allemagne. 7 fr. 50
FONSEGRIVE, professeur au lycée Buffon. *Essai sur le libre arbitre. Ouvrage couronné par l'Académie des sciences morales et politiques. 2ᵉ éd. 1895. 10 fr.
FOUILLÉE (Alf.), de l'Institut. *La Liberté et le Déterminisme. 1 vol. 2ᵉ édit. 7 fr. 50
— Critique des systèmes de morale contemporains. 2ᵉ édit. 7 fr. 50
— *La Morale, l'Art, la Religion, d'après GUYAU. 2ᵉ édit. 3 fr. 75
— L'Avenir de la Métaphysique fondée sur l'expérience. 5 fr.
— * L'Évolutionnisme des idées-forces. 7 fr. 50
— * La Psychologie des idées-forces. 2 vol. 1893. 15 fr.
— * Tempérament et caractère. 1895. 7 fr. 50
— Le Mouvement positiviste et la conception sociol. du monde. 1896. 7 fr. 50
— Le Mouvement idéaliste et la réaction contre la science posit. 1896. 7 fr. 50
— Psychologie du peuple français. 7 fr. 50
FRANCK (A.), de l'Institut. Philosophie du droit civil. 5 fr.
FULLIQUET. Essai sur l'Obligation morale. 1898. 7 fr. 50
GAROFALO, agrégé de l'Université de Naples. La Criminologie. 4ᵉ édit. 7 fr. 50
— La superstition socialiste. 1895. 5 fr.
GOBLOT (E.), docteur ès lettres. Essai sur la Classif. des sciences. 1898. 5 fr.
GODFERNAUX (A.), docteur ès lettres. * Le sentiment et la pensée et leurs principaux aspects physiologiques. 1894. 5 fr.
GORY (G.), docteur ès lettres. L'Immanence de la raison dans la connaissance sensible. 1896. 5 fr.
GREEF (de), prof. à la nouvelle Université libre de Bruxelles. Le **transformisme social**. Essai sur le progrès et le regrès des sociétés. 1895. 7 fr. 50
GURNEY, MYERS et PODMORE. Les Hallucinations télépathiques, traduit et abrégé des « *Phantasms of The Living* » par L. MARILLIER, préf. de CH. RICHET. 3ᵉ éd. 7 fr. 50
GUYAU (M.). * La Morale anglaise contemporaine. 4ᵉ édit. 7 fr. 50
— Les Problèmes de l'esthétique contemporaine. 5 fr.
— Esquisse d'une morale sans obligation ni sanction. 3ᵉ édit. 5 fr.
— L'Irréligion de l'avenir, étude de sociologie. 5ᵉ édit. 7 fr. 50
— * L'Art au point de vue sociologique. 7 fr. 50
— * Hérédité et Education, étude sociologique. 3ᵉ édit. 5 fr.
HERBERT SPENCER. *Les Premiers principes. Traduc. Cazelles. 8ᵉ éd. 10 fr.
— * Principes de biologie. Traduit par M. Cazelles. 4ᵉ édit. 2 vol. 20 fr.
— * Principes de psychologie. Trad. par MM. Ribot et Espinas. 2 vol. 20 fr.
— *Principes de sociologie. 4 vol., traduits par MM. Cazelles et Gerschel :
Tome I. 10 fr. — Tome II. 7 fr. 50. — Tome III. 15 fr. — Tome IV. 3 fr. 75
— * Essais sur le progrès. Traduit par M. A. Burdeau. 4ᵉ édit. 7 fr. 50
— Essais de politique. Traduit par M. A. Burdeau. 4ᵉ édit. 7 fr. 50
— Essais scientifiques. Traduit par M. A. Burdeau. 3ᵉ édit. 7 fr. 50
— * De l'Education physique, intellectuelle et morale. 10ᵉ édit. 5 fr.
(Voy. p. 3, 20 et 21.)
HIRTH (G.). *Physiologie de l'Art. Trad. et introd. de M. L. Arréat. 5 fr.
HUXLEY, de la Société royale de Londres. * **Hume, sa vie, sa philosophie**. Traduit de l'anglais et précédé d'une introduction par M. G. Compayré. 5 fr.
IZOULET (J.), professeur au Collège de France. * La Cité moderne, métaphysique de la sociologie. 4ᵉ édit. 1897. 10 fr.
JANET (Paul), de l'Institut. * **Les Causes finales**. 3ᵉ édit. 10 fr.
— * Histoire de la science politique dans ses rapports avec la morale. 2 forts vol. 3ᵉ édit., revue, remaniée et considérablement augmentée. 20 fr.

Suite de la *Bibliothèque de philosophie contemporaine*, format in-8.

JANET (Paul). * **Victor Cousin et son œuvre**. 3ᵉ édition. 7 fr. 50
JANET (Pierre), professeur au lycée Condorcet. * **L'Automatisme psychologique**, essai sur les formes inférieures de l'activité mentale. 2ᵉ édit. 1894. 7 fr. 50
LANG (A.). * **Mythes, Cultes et Religion**. Traduit par MM. Marillier et Durr, introduction de Marillier. 1896. 10 fr.
LAVELEYE (de), correspondant de l'Institut. * **De la Propriété et de ses formes primitives**. 4ᵉ édit. revue et augmentée. 10 fr.
— * **Le Gouvernement dans la démocratie**. 2 vol. 3ᵉ édit. 1896. 15 fr.
LE BON (Dʳ Gustave). Psychologie du socialisme. 1898. 7 fr. 50
LÉVY-BRUHL, docteur ès lettres. * **La Philosophie de Jacobi**. 1894. 5 fr.
LIARD, de l'Institut. * **Descartes**. 5 fr.
— * **La Science positive et la Métaphysique**. 4ᵉ édit. 7 fr. 50
LICHTENBERGER (H.), professeur à l'Université de Nancy. Richard Wagner, poète et penseur. 2ᵉ édit. 1899. 10 fr.
LOMBROSO. * **L'Homme criminel** (criminel-né, fou-moral, épileptique), précédé d'une préface de M. le docteur LETOURNEAU. 3ᵉ éd. 2 vol. et atlas. 1895. 36 fr.
LOMBROSO ET FERRERO. La Femme criminelle et la prostituée. Avec planches hors texte. 1896. 15 fr.
LOMBROSO et LASCHI. Le Crime politique et les Révolutions. 2 vol. avec 13 planches hors texte. 15 fr.
LYON (Georges), maître de conférences à l'École normale supérieure. * **L'Idéalisme en Angleterre au XVIIIᵉ siècle**. 7 fr. 50
MALAPERT (P.), docteur ès lettres. Les Éléments du caractère et leurs lois de combinaison. 1897. 5 fr.
MARION (H.), professeur à la Sorbonne. * **De la Solidarité morale**. Essai de psychologie appliquée. 6ᵉ édit. 1897. 5 fr.
MARTIN (Fr.), docteur ès lettres. La perception extérieure et la science positive, essai de philosophie des sciences. 1894. 5 fr.
MATTHEW ARNOLD. La Crise religieuse. 7 fr. 50
MAX MULLER, prof. à l'Université d'Oxford. Nouvelles études de mythologie, trad. de l'anglais par L. Job, docteur ès lettres. 1898. 12 fr. 50
NAVILLE (E.), correspond. de l'Institut. La physique moderne. 2ᵉ édit. 5 fr.
— * **La Logique de l'hypothèse**. 2ᵉ édit. 5 fr.
— * **La définition de la philosophie**. 1894. 5 fr.
— Le Libre arbitre. 2ᵉ édit. 1898. 5 fr.
NORDAU (Max). * **Dégénérescence**, traduit de l'allemand par Aug. Dietrich. 5ᵉ éd. 1898. 2 vol. Tome I. 7 fr. 50. Tome II. 10 fr.
— Les Mensonges conventionnels de notre civilisation, trad. Dietrich. 5 fr.
NOVICOW. Les Luttes entre Sociétés humaines et leurs phases successives. 2ᵉ édit. 10 fr.
— * **Les gaspillages des sociétés modernes**. 2ᵉ éd. 1899. 5 fr.
OLDENBERG, professeur à l'Université de Kiel. * **Le Bouddha, sa Vie, sa Doctrine, sa Communauté**, trad. par P. Foucher. Préf. de Lucien Lévy. 1894. 7 fr. 50
PAULHAN (Fr.). L'Activité mentale et les Éléments de l'esprit. 10 fr.
— Les types intellectuels : esprits logiques et esprits faux. 1896. 7 fr. 50
PAYOT (J.), inspecteur d'académie, docteur ès lettres. * **L'Éducation de la volonté**. 8ᵉ édit. 1898. 5 fr.
— De la croyance. 1896. 5 fr.
PÉRÈS (Jean), docteur ès lettres. L'Art et le Réel, essai de métaphysique fondé sur l'esthétique. 1898. 3 fr. 75
PÉREZ (Bernard). Les Trois premières années de l'enfant. 5ᵉ édit. 5 fr.
— L'Enfant de trois à sept ans. 3ᵉ édit. 5 fr.
— L'Éducation morale dès le berceau. 3ᵉ édit. 1896. 5 fr.
— * **L'éducation intellectuelle dès le berceau**. 1896. 5 fr.
PIAT (l'abbé C.), docteur ès lettres. La Personne humaine. 1898. (Couronné par l'Institut). 7 fr. 50
— Destinée de l'homme. 1898 5 fr.

Suite de la *Bibliothèque de philosophie contemporaine*, format in-8.

PICAVET (E.), maître de conférences à l'École des hautes études. *** Les Idéologues**, essai sur l'histoire des idées, des théories scientifiques, philosophiques, religieuses, etc., en France, depuis 1789. (Ouvr. couronné par l'Académie française.) 10 fr.
PIDERIT. **La Mimique et la Physiognomonie**. Trad. par M. Girot. 5 fr.
PILLON (F.), *** L'Année philosophique**, 8 années : 1890, 1891, 1892, 1893 (épuisé), 1894, 1895, 1896 et 1897. 8 vol. Chaque volume séparément. 5 fr.
PIOGER (J.). **La Vie et la Pensée**, essai de conception expérimentale. 1894. 5 fr.
— **La vie sociale, la morale et le progrès**. 1894. 5 fr.
PREYER, prof. à l'Université de Berlin. **Éléments de physiologie**. 5 fr.
—* **L'Ame de l'enfant**. Développement psychique des premières années. 10 fr.
PROAL. * **Le Crime et la Peine**. 2ᵉ édit. (Couronné par l'Institut). 10 fr.
— * **La criminalité politique**. 1895. 5 fr.
RAUH, professeur à l'Université de Toulouse. **De la méthode dans la psychologie des sentiments**. 1899. 5 fr.
RÉCEJAC, docteur ès lettres. **Essai sur les Fondements de la Connaissance mystique**. 1897. 5 fr.
RIBOT (Th.). * **L'Hérédité psychologique**. 5ᵉ édit. 7 fr. 50
— * **La Psychologie anglaise contemporaine**. 3ᵉ édit. 7 fr. 50
— * **La Psychologie allemande contemporaine**. 4ᵉ édit. 7 fr. 50
— **La psychologie des sentiments**. 2ᵉ édit. 1897. 7 fr. 50
— **L'Evolution des idées générales**. 1897. 5 fr.
RICARDOU (A.), docteur ès lettres. * **De l'Idéal**. (Couronné par l'Institut.) 5 fr.
ROBERTY (E. de). **L'Ancienne et la Nouvelle philosophie**. 7 fr. 50
—* **La Philosophie du siècle** (positivisme, criticisme, évolutionnisme). 5 fr.
ROMANES. * **L'Évolution mentale chez l'homme**. 7 fr. 50
SAIGEY (E.). ***Les Sciences au XVIIIᵉ siècle. La Physique de Voltaire**. 5 fr.
SANZ Y ESCARTIN. **L'Individu et la réforme sociale**, traduit de l'espagnol par Aug. Dietrich. 1898. 7 fr. 50
SCHOPENHAUER. **Aphorismes sur la sagesse dans la vie**. 6ᵉ édit. Traduit par M. Cantacuzène. 5 fr.
— * **De la Quadruple racine du principe de la raison suffisante**, suivi d'une *Histoire de la doctrine de l'idéal et du réel*. Trad. par M. Cantacuzène. 5 fr.
— * **Le Monde comme volonté et comme représentation**. Traduit par M. A. Burdeau. 2ᵉ éd. 3 vol. Chacun séparément. 7 fr. 50
SÉAILLES (G.), maître de conférences à la Sorbonne. **Essai sur le génie dans l'art**. 2ᵉ édit. 1897. 5 fr.
SERGI, professeur à l'Université de Rome. **La Psychologie physiologique**, traduit de l'italien par M. Mouton. Avec figures. 7 fr. 50
SOLLIER (Dʳ P.). * **Psychologie de l'idiot et de l'imbécile**. 5 fr.
SOURIAU (Paul), prof. à l'Univ. de Nancy. **L'Esthétique du mouvement**. 5 fr.
— * **La suggestion dans l'art**. 5 fr.
STUART MILL. * **Mes Mémoires**. Histoire de ma vie et de mes idées. 3ᵉ éd. 5 fr.
— * **Système de logique déductive et inductive**. 4ᵉ édit. 2 vol. 20 fr.
— * **Essais sur la religion**. 2ᵉ édit. 5 fr.
— **Lettres inédites à Aug. Comte et réponses d'Aug. Comte**, publiées et précédées d'une introduction par L. Lévy Bruhl. 1899. 10 fr.
SULLY (James). **Le Pessimisme**. Trad. Bertrand. 2ᵉ édit. 7 fr. 50
— **Études sur l'enfance**. Trad. A. Monod, préface de G. Compayré. 1898. 10 fr.
TARDE (G.). * **La logique sociale**. 2ᵉ édit. 1898. 7 fr. 50
— ***Les lois de l'imitation**. 2ᵉ édit. 1895. 7 fr. 50
— **L'Opposition universelle**. *Essai d'une théorie des contraires*. 1897. 7 fr. 50
THOMAS (P F.), docteur ès lettres. **L'Éducation des sentiments**. 1898. 5 fr.
THOUVEREZ (Émile), docteur ès lettres. **Le Réalisme métaphysique**. 1894. Couronné par l'Institut. 5 fr.
VACHEROT (Et.), de l'Institut. * **Essais de philosophie critique**. 7 fr. 50
— **La Religion**. 7 fr. 50
WUNDT. **Éléments de psychologie physiologique**. 2 vol. avec figures. 20 fr.

COLLECTION HISTORIQUE DES GRANDS PHILOSOPHES

PHILOSOPHIE ANCIENNE

ARISTOTE (Œuvres d'), traduction de J. Barthélemy-Saint-Hilaire, de l'Institut.
— *Rhétorique. 2 vol. in-8. 16 fr.
— *Politique. 1 vol. in-8... 10 fr.
— La Métaphysique d'Aristote. 3 vol. in-8. .... 30 fr.
— De la Logique d'Aristote, par M. Barthélemy-Saint-Hilaire. 2 vol. in-8............. 10 fr.
— Table alphabétique des matières de la traduction générale d'Aristote, par M. Barthélemy-Saint-Hilaire, 2 forts vol. in-8. 1892 .... 30 fr.
— L'Esthétique d'Aristote, par M. Bénard. 1 vol. in-8. 1889. 5 fr.
SOCRATE. *La Philosophie de Socrate, par Alf. Fouillée. 2 vol. in-8 .... 16 fr.
— Le Procès de Socrate, par G. Sorel. 1 vol. in-8..... 3 fr. 50
PLATON. Études sur la Dialectique dans Platon et dans Hegel, par Paul Janet. 1 vol. in-8. 6 fr.
— *Platon, sa philosophie, sa vie et de ses œuvres, par Ch. Bénard. 1 vol. in-8. 1893...... 10 fr.
— La Théorie platonicienne des Sciences, par Élie Halévy. In-8. 1895................. 5 fr.
PLATON. Œuvres, traduction Victor Cousin revue par J. Barthélemy-Saint-Hilaire : Socrate et Platon ou le Platonisme — Eutyphron — Apologie de Socrate — Criton — Phédon. 1 vol. in-8. 1896. 7 fr. 50
ÉPICURE.*La Morale d'Épicure et ses rapports avec les doctrines contemporaines, par M. Guyau. 1 volume in-8. 3e édit...... 7 fr. 50
BÉNARD. La Philosophie ancienne, histoire de ses systèmes. *La Philosophie et la Sagesse orientales. — La Philosophie grecque avant Socrate. — Socrate et les socratiques. — Études sur les sophistes grecs.* 1 v. in-8............ 9 fr.
FABRE (Joseph). *Histoire de la philosophie, antiquité et moyen âge. 1 vol. in-18. .... 3 fr. 50
FAVRE (Mme Jules), née Velten. La Morale des stoïciens. In-18. 3 fr. 50
— La Morale de Socrate. In-18. 3 fr. 50
— La Morale d'Aristote. In-18. 3 fr. 50
OGEREAU. Système philosophique des stoïciens. In-8..... 5 fr.
RODIER (G.). *La Physique de Straton de Lampsaque. In-8. 3 fr.
TANNERY (Paul). Pour l'histoire de la science hellène (de Thalès à Empédocle). 1 v. in-8. 1887................. 7 fr. 50
MILHAUD (G.).*Les origines de la science grecque. 1 vol. in-8. 1893................. 5 fr.

PHILOSOPHIE MODERNE

* DESCARTES, par L. Liard. 1 vol. in-8................. 5 fr.
— Essai sur l'Esthétique de Descartes, par E. Krantz. 1 vol. in-8. 2e éd. 1897............ 6 fr.
SPINOZA. Benedicti de Spinoza opera, quotquot reperta sunt, recognoverunt J. Van Vloten et J.-P.-N. Land. 2 forts vol. in-8 sur papier de Hollande........... 45 fr.
Le même en 3 volumes élégamment reliés........... 18 fr.
— Inventaire des livres formant sa bibliothèque, publié d'après un document inédit avec des notes biographiques et bibliographiques et une introduction par A.-J. Servaas van Rvoijen. 1 v. in-4 sur papier de Hollande....... 15 fr.
GEULINCK (Arnoldi). Opera philosophica recognovit J.-P.-N. Land, 3 volumes, sur papier de Hollande, gr. in-8. Chaque vol... 17 fr. 75
GASSENDI. La Philosophie de Gassendi, par P.-F. Thomas. In-8. 1889................. 6 fr.
LOCKE. *Sa vie et ses œuvres, par Marion. In-18. 3e éd... 2 fr. 50
MALEBRANCHE. * La Philosophie de Malebranche, par Ollé-Laprune, de l'Institut. 2 volumes. in-8................. 16 fr.

PASCAL. **Études sur le scepticisme de Pascal**, par Droz. 1 vol. in-8.............. 6 fr.

VOLTAIRE. **Les Sciences au XVIII° siècle**. Voltaire physicien, par Em. Saigey. 1 vol. in-8. 5 fr.

FRANCK (Ad.), de l'Institut. **La Philosophie mystique en France au XVIII° siècle**. 1 volume in-18.............. 2 fr. 50

DAMIRON. **Mémoires pour servir à l'histoire de la philosophie au XVIII° siècle**. 3 vol. in-8. 15 fr.

J.-J. ROUSSEAU. **Du Contrat social**, édition comprenant avec le texte définitif les versions primitives de l'ouvrage d'après les manuscrits de Genève et de Neuchâtel, avec introduction, par Edmond Dreyfus-Brisac. 1 fort volume grand in-8. 12 fr.

PHILOSOPHIE ÉCOSSAISE

DUGALD STEWART. *** Éléments de la philosophie de l'esprit humain**. 3 vol. in-12..... 9 fr.

HUME. * **Sa vie et sa philosophie**, par Th. Huxley. 1 vol. in-8. 5 fr.

BACON. **Étude sur François Bacon**, par J. Barthélemy-Saint-Hilaire. In-18....... 2 fr. 50

BACON. ***Philosophie de François Bacon**, par Ch. Adam. (Couronné par l'Institut). In-8..... 7 fr. 50

BERKELEY. **Œuvres choisies**. Essai d'une nouvelle théorie de la vision. Dialogues d'Hylas et de Philonoüs. Traduit de l'anglais par MM. Beaulavon (G.) et Parodi (D.). In-8. 1895.............. 5 fr.

PHILOSOPHIE ALLEMANDE

KANT. **La Critique de la raison pratique**, traduction nouvelle avec introduction et notes, par M. Picavet. 1 vol. in-8........ 6 fr.

— **Éclaircissements sur la Critique de la raison pure**, trad. Tissot. 1 vol. in-8....... 6 fr.

— * **Principes métaphysiques de la morale**, et Fondements de la métaphysique des mœurs, traduct. Tissot. In-8............ 8 fr.

— **Doctrine de la vertu**, traduction Barni. 1 vol. in-8........ 8 fr.

— * **Mélanges de logique**, traduction Tissot. 1 v. in-8..... 6 fr.

— * **Prolégomènes à toute métaphysique future qui se présentera comme science**, traduction Tissot. 1 vol. in-8........ 6 fr.

— * **Anthropologie**, suivie de divers fragments relatifs aux rapports du physique et du moral de l'homme, et du commerce des esprits d'un monde à l'autre, traduction Tissot. 1 vol. in-8....... 6 fr.

— **Traité de pédagogie**, trad. J. Barni; préface et notes par M. Raymond Thamin. 1 vol. in-12. 1 fr. 50

— **Essai critique sur l'Esthétique de Kant**, par V. Basch. 1 vol. in-8. 1896...... 10 fr.

— **Sa morale**, par Cresson. 1 vol. in-12............ 2 fr. 50

KANT et FICHTE et **le problème de l'éducation**, par Paul Duproix. 1 vol. in-8. 1897...... 5 fr.

SCHELLING. **Bruno, ou du principe divin**. 1 vol. in-8....... 3 fr. 50

HEGEL.* **Logique**. 2 vol. in-8. 14 fr.

— * **Philosophie de la nature**. 3 vol. in-8............. 25 fr.

— * **Philosophie de l'esprit**. 2 vol. in-8................ 18 fr.

— * **Philosophie de la religion**. 2 vol. in-8............ 20 fr.

— **La Poétique**, trad. par M. Ch. Bénard. Extraits de Schiller, Gœthe, Jean-Paul, etc., 2 v. in-8. 12 fr.

— **Esthétique**. 2 vol. in-8, trad. Bénard................ 16 fr.

— **Antécédents de l'hégélianisme dans la philosophie française**, par E. Beaussire. 1 vol. in-18.......... 2 fr. 50

— **Introduction à la philosophie de Hegel**, par Véra. 1 vol. in-8. 2° édit.............. 6 fr. 50

— **La logique de Hegel**, par Eug. Noel. In-8. 1897........ 3 fr.

HERBART. **Principales œuvres pédagogiques**, trad. A. Pinloche. In-8. 1894.......... 7 fr. 50

HUMBOLDT (G. de). **Essai sur les limites de l'action de l'État**. in-8................. 3 fr. 50

MAUXION (M.). **La métaphysique de Herbart et la critique de Kant**. 1 vol. in-8..... 7 fr. 50

RICHTER (Jean-Paul-Fr.). **Poétique ou Introduction à l'Esthétique**. 2 vol. in-8. 1862..... 15 fr.

SCHILLER. **Son esthétique**, par Fr. Montargis. In-8..... 4 fr.

PHILOSOPHIE ANGLAISE CONTEMPORAINE

(Voir *Bibliothèque de philosophie contemporaine*, pages 2 et 5.)

ARNOLD (Matt.). — BAIN (Alex). — CARRAU (Lud.). — CLAY (R.). — COLLINS (H.). — CARUS. — FERRI (L.). — FLINT. — GUYAU. — GURNEY, MYERS et PODMOR. — HERBERT-SPENCER. — HUXLEY. — LIARD. — LANG, — LUBBOCK (Sir John). — LYON (Georges). — MARION. — MAUDSLEY. — STUART-MILL (JOHN). — ROMANES. — SULLY (James).

PHILOSOPHIE ALLEMANDE CONTEMPORAINE

(Voir *Bibliothèque de philosophie contemporaine*, pages 2 et 5.)

BOUGLÉ — HARTMANN (E. de). — NORDAU (Max). — NIETZSCHE. — OLDENBERG. — PIDERIT. — PREYER. — RIBOT (Th.). — SCHMIDT (O.). — SCHOEBEL. — SCHOPENHAUER. — SELDEN (C.). — STRICKER. — WUNDT. — ZELLER. — ZIEGLER.

PHILOSOPHIE ITALIENNE CONTEMPORAINE

(Voir *Bibliothèque de philosophie contemporaine*, pages 2 ct 5.)

ESPINAS. — FERRERO. — FERRI (Enrico). — FERRI (L.). — GAROFALO. — LÉOPARDI. — LOMBROSO. — LOMBROSO et FERRERO. — LOMBROSO et LASCHI. — MARIANO. — MOSSO. — PILO (Marco). — SERGI. — SIGHELE.

LES GRANDS PHILOSOPHES
Publié sous la direction de M. l'Abbé PIAT

Sous ce titre, M. L'ABBÉ PIAT, agrégé de philosophie, docteur ès lettres, professeur à l'Ecole des Carmes, va publier, avec la collaboration de savants et de philosophes connus, une série d'études consacrées aux grands philosophes: *Socrate, Platon, Aristote, Philon, Plotin et Saint Augustin; Saint Anselme, Saint Bonaventure, Saint Thomas d'Aquin et Dunsscot, Malebranche, Pascal, Spinoza, Leibniz, Kant, Hégel, Herbert Spencer*, etc.

Chaque étude formera un volume in-8° carré de 300 pages environ, du prix de **5 francs**.

PARAITRONT DANS LE COURANT DE L'ANNÉE 1899 :

Avicenne, par le baron CARRA DE VAUX.
Saint Anselme, par M. DOMET DE VORGES, ancien ministre plénipotentiaire.
Socrate, par M. l'abbé PIAT.
Saint Augustin, par M. l'abbé JULES MARTIN.
Descartes, par M. le baron Denys COCHIN, député de Paris.
Saint Thomas d'Aquin, par Msr MERCIER, directeur de l'Institut supérieur de philosophie de l'Université de Louvain, et par M. DE WULF, professeur au même Institut.
Malebranche, par M. Henri JOLY, ancien doyen de la Faculté des lettres de Dijon.
Saint Bonaventure, par Mgr DADOLLE, recteur des Facultés libres de Lyon.
Maine de Biran, par M. Marius COUAILHAC, docteur ès lettres.
Rosmini, par M. BAZAILLAS, agrégé de l'Université, professeur au collège Stanislas.
Pascal, par M. HATZFELD, professeur honoraire au lycée Louis-le-Grand.
Kant, par M. RUYSSEN, agrégé de l'Université, professeur au lycée de La Rochelle.
Spinoza, par M. G. FONSEGRIVE, professeur au lycée Buffon.
Dunsscot, par le R. P. DAVID FLEMING, définiteur général de l'ordre des Franciscains.

F. ALCAN.

BIBLIOTHÈQUE GÉNÉRALE
DES
SCIENCES SOCIALES

SECRÉTAIRE DE LA RÉDACTION :
DICK MAY, Secrétaire général du Collège libre des Sciences sociales.

L'éditeur de la *Bibliothèque de philosophie contemporaine* a toujours réservé dans cette collection une place à la science sociale : les rapports de celle-ci avec la psychologie des peuples et avec la morale justifient ce classement et, à ces titres divers, elle intéresse les philosophes.

Mais, depuis plusieurs années, le cercle des études sociales s'est élargi ; elles sont sorties du domaine de l'observation pour entrer dans celui des applications pratiques et de l'histoire, qui s'adressent à un plus nombreux public.

Aussi ont-elles pris leur place dans le haut enseignement ; elles ont leurs représentants dans les Facultés des lettres et de droit, au Collège de France, à l'École libre des sciences politiques. La récente fondation du *Collège libre des sciences sociales* a montré la diversité et l'utilité des questions qui font partie de leur domaine ; les nombreux auditeurs qui en suivent les cours et conférences prouvent par leur présence que cette nouvelle institution répond à un besoin de curiosité générale.

C'est pour répondre à ce même besoin que l'éditeur de la *Bibliothèque de philosophie contemporaine* fonde la *Bibliothèque générale des sciences sociales*. Les premiers volumes de cette *Bibliothèque* seront la reproduction des leçons professées dans ces deux dernières années au Collège libre. La collaboration de son distingué secrétaire général assure à la *Bibliothèque* la continuation du concours de ses professeurs et conférenciers.

La *Bibliothèque générale des sciences sociales* sera d'ailleurs ouverte à tous les travaux intéressants, quelles que soient les opinions des sociologues qui leur apporteront leur concours, et l'école à laquelle ils appartiendront.

Les volumes, dont les titres suivent, seront publiés dans le courant de l'année 1898, les trois premiers devant paraître aux mois de mars et avril prochains :

VOLUMES PUBLIÉS :

L'individualisation de la peine, par R. SALEILLES, professeur agrégé à la Faculté de droit de l'Université de Paris.

L'idéalisme social, par Eugène FOURNIÈRE, député, professeur au Collège libre des sciences sociales.

Ouvriers du temps passé (XVᵉ et XVIᵉ siècles), par H. HAUSER, professeur à l'Université de Clermont-Ferrand.

Chaque volume in-8° carré de 300 pages environ, cartonné à l'anglaise..... 6 fr.

EN PRÉPARATION :

La méthode historique appliquée aux sciences sociales, par Charles SEIGNOBOS, maître de conférences à la Faculté des lettres de l'Université de Paris.

La formation de la démocratie socialiste en France, par Albert MÉTIN, agrégé de l'Université.

Le mouvement social catholique depuis l'encyclique *Rerum novarum*, par Max TURMANN.

La méthode géographique appliquée aux sciences sociales, par Jean BRUNHES, professeur à l'Université de Fribourg (Suisse).

Les Bourses, par THALLER, professeur à la Faculté de droit de l'Université de Paris.

La décomposition du Marxisme, par Ch. ANDLER, maître de conférences à l'École normale supérieure.

La statique sociale, par le Dʳ DELBET, député, directeur du Collège libre des sciences sociales.

Le monisme économique (sociologie marxiste), par DE KELLÈS-KRAUZ.

L'organisation industrielle moderne. Ses caractères, son développement, par Maurice DUFOURMENTELLE.

Précis d'économie sociale. *Le Play et la méthode d'observation*, par Alexis DELAIRE, secrétaire général de la Société d'économie sociale.

Les enquêtes (théorie et pratique), par M. P. DU MAROUSSEM, docteur en droit.

BIBLIOTHÈQUE
D'HISTOIRE CONTEMPORAINE

Volumes in-12 brochés à 3 fr. 50. — Volumes in-8 brochés de divers prix

Cartonnage anglais, 50 cent. par vol. in-12; 1 fr. par vol. in-8.

Demi-reliure, 1 fr. 50 par vol. in-12; 2 fr. par vol. in-8.

EUROPE

SYBEL (H. de). * **Histoire de l'Europe pendant la Révolution française**, traduit de l'allemand par Mlle DOSQUET. Ouvrage complet en 6 vol. in-8. 42 fr.

DEBIDOUR, inspecteur général de l'Instruction publique. * **Histoire diplomatique de l'Europe, de 1815 à 1878**. 2 vol. in-8. (Ouvrage couronné par l'Institut.)   18 fr.

FRANCE

AULARD, professeur à la Sorbonne. * **Le Culte de la Raison et le Culte de l'Être suprême**, étude historique (1793-1794). 1 vol. in-12.   3 fr. 50

— * **Études et leçons sur la Révolution française**. 2 vol. in-12. Chacun.   3 fr. 50

DESPOIS (Eug.). * **Le Vandalisme révolutionnaire**. Fondations littéraires, scientifiques et artistiques de la Convention. 4e édition, précédée d'une notice sur l'auteur par M. Charles BIGOT. 1 vol. in-12.   3 fr. 50

DEBIDOUR, inspecteur général de l'instruction publique. **Histoire des rapports de l'Église et de l'État en France (1789-1870)**. 1 fort vol. in-8. 1898.   12 fr.

ISAMBERT (G.). * **La vie à Paris pendant une année de la Révolution (1791-1792)**. 1 vol. in-12. 1896.   3 fr. 50

MARCELLIN PELLET, ancien député. **Variétés révolutionnaires**. 3 vol. in-12, précédés d'une préface de A. RANC. Chaque vol. séparém.   3 fr. 50

BONDOIS (P.), agrégé de l'Université. * **Napoléon et la société de son temps (1793-1821)**. 1 vol. in-8.   7 fr.

CARNOT (H.), sénateur. * **La Révolution française**, résumé historique. 1 volume in-12. Nouvelle édit.   3 fr. 50

BLANC (Louis). * **Histoire de Dix ans (1830-1840)**. 5 vol. in-8.   25 fr.

— 25 pl. en taille-douce. Illustrations pour l'*Histoire de Dix ans*.   6 fr.

ELIAS REGNAULT. **Histoire de Huit ans (1840-1848)**. 3 vol. in-8.   15 fr.

— 14 planches en taille-douce. Illustrations pour l'*Histoire de Huit ans*. 4 fr.

GAFFAREL (P.), professeur à l'Université de Dijon. * **Les Colonies françaises**. 1 vol. in-8. 5e édit.   5 fr.

LAUGEL (A.). * **La France politique et sociale**. 1 vol. in-8.   5 fr.

ROCHAU (de). **Histoire de la Restauration**. 1 vol. in-12.   3 fr. 50

SPULLER (E.), ancien ministre de l'Instruction publique. * **Figures disparues**, portraits contemp., littér. et politiq. 3 vol. in-12. Chacun.   3 fr. 50

— **Histoire parlementaire de la deuxième République**. 1 volume in-12. 2e édit.   3 fr. 50

— **Hommes et choses de la Révolution**. 1 vol. in-12. 1896.   3 fr. 50

TAXILE DELORD. * **Histoire du second Empire (1848-1870)**. 6 v. in-8. 42 fr.

ZEVORT (E.), recteur de l'Académie de Caen. **Histoire de la troisième République** :
     Tome I. * La présidence de M. Thiers. 1 vol. in-8. 1896.   7 fr.
     Tome II. * La présidence du Maréchal. 1 vol. in-8. 1897.   7 fr.
     Tome III. La présidence de Jules Grévy. 1 vol. in-8.   7 fr.
     Tome IV. La présidence de Sadi-Carnot. 1 vol. in-8. (*Sous presse.*) 7 fr.

F. ALCAN.

WAHL, inspecteur général honoraire de l'Instruction aux colonies. *L'Algérie. 1 vol. in-8. 3ᵉ édit. refondue. (Ouvrage couronné par l'Institut.)   5 fr.

LANESSAN (de). **L'Expansion coloniale de la France.** Étude économique, politique et géographique sur les établissements français d'outre-mer. 1 fort vol. in-8, avec cartes. 1886.   12 fr.

— *L'Indo-Chine française. Étude économique, politique et administrative sur *la Cochinchine, le Cambodge, l'Annam et le Tonkin.* (Ouvrage couronné par la Société de géographie commerciale de Paris, médaille Dupleix.) 1 vol. in-8, avec 5 cartes en couleurs hors texte.   15 fr.

— * **La colonisation française en Indo-Chine.** 1 vol. in-12, avec une carte de l'Indo-Chine. 1895.   3 fr. 50

LAPIE (P.), agrégé de l'Université. **Les Civilisations tunisiennes** (Musulmans, Israélites, Européens). 1 v. in-12. 1898. (Couronné par l'Académie française.)   3 fr. 50

SILVESTRE (J.). L'Empire d'Annam et les Annamites, publié sous les auspices de l'administration des colonies. 1 v. in-12, avec 1 carte de l'Annam. 3 fr. 50

WEILL (Georges), agrégé de l'Université, docteur ès lettres. L'École saint-simonienne, son histoire, son influence jusqu'à nos jours. 1 vol. in-12. 1896.   3 fr. 50

ANGLETERRE

LAUGEL (Aug.). * **Lord Palmerston et lord Russell.** 1 vol. in-12. 3 fr. 50

SIR CORNEWAL LEWIS. * **Histoire gouvernementale de l'Angleterre depuis 1770 jusqu'à 1830.** Traduit de l'anglais. 1 vol. in-8.   7 fr.

REYNALD (H.), doyen de la Faculté des lettres d'Aix. * **Histoire de l'Angleterre**, depuis la reine Anne jusqu'à nos jours. 1 vol. in-12. 2ᵉ éd. 3 fr. 50

MÉTIN (Albert). Le Socialisme en Angleterre. 1 vol. in-12. 1897.   3 fr. 50

ALLEMAGNE

VÉRON (Eug.). * **Histoire de la Prusse**, depuis la mort de Frédéric II jusqu'à la bataille de Sadowa. 1 vol. in-12. 6ᵉ édit., augmentée d'un chapitre nouveau contenant le résumé des événements jusqu'à nos jours, par P. Bondois, professeur agrégé d'histoire au lycée Buffon.   3 fr. 50

— * **Histoire de l'Allemagne**, depuis la bataille de Sadowa jusqu'à nos jours. 1 vol. in-12. 3ᵉ éd., mise au courant des événements par P. Bondois. 3 fr. 50

ANDLER (Ch.), maître de conférences à l'École normale. **Les origines du socialisme d'état en Allemagne.** 1 vol. in-8. 1897.   7 fr.

AUTRICHE-HONGRIE

ASSELINE (L.). * **Histoire de l'Autriche**, depuis la mort de Marie-Thérèse jusqu'à nos jours. 1 vol. in-12. 3ᵉ édit.   3 fr. 50

SAYOUS (Ed.), professeur à la Faculté des lettres de Toulouse. **Histoire des Hongrois** et de leur littérature politique, de 1790 à 1815. 1 vol. in-18. 3 fr. 50

BOURLIER (J.). * **Les Tchèques et la Bohème contemporaine**, avec préface de M. Flourens, ancien ministre des Affaires étrangères. 1 vol. in-12. 1897.   3 fr. 50

AUERBACH, professeur à la Faculté des lettres de Nancy. **Les races et les nationalités en Autriche-Hongrie.** 1 vol. in-8, avec une carte hors texte. 1898.   5 fr.

ITALIE

SORIN (Élie). * **Histoire de l'Italie**, depuis 1815 jusqu'à la mort de Victor-Emmanuel. 1 vol. in-12. 1888.   3 fr. 50

GAFFAREL (P.), professeur à la Faculté des lettres de Dijon. * **Bonaparte et les Républiques italiennes** (1796-1799). 1895. 1 vol. in-8.   5 fr.

ESPAGNE

REYNALD (H.). * **Histoire de l'Espagne**, depuis la mort de Charles III jusqu'à nos jours. 1 vol. in-12.   3 fr. 50

RUSSIE

CRÉHANGE (M.), agrégé de l'Université. *Histoire contemporaine de la Russie, depuis la mort de Paul Ier jusqu'à l'avènement de Nicolas II (1801-1894). 1 vol. in-12. 2e édit. 1895. 3 fr. 50

SUISSE

DAENDLIKER. *Histoire du peuple suisse. Trad. de l'allem. par Mme Jules FAVRE et précédé d'une Introduction de Jules FAVRE. 1 vol. in-8. 5 fr.

GRÈCE & TURQUIE

BÉRARD (V.), docteur ès lettres. * La Turquie et l'Hellénisme contemporain. (Ouvrage cour. par l'Acad. française). 1 v. in-12. 2e éd. 1895. 3 fr. 50

AMÉRIQUE

DEBERLE (Alf.). * Histoire de l'Amérique du Sud, depuis sa conquête jusqu'à nos jours. 1 vol. in-12. 3e édit., revue par A. MILHAUD, agrégé de l'Université. 3 fr. 50

BARNI (Jules). * Histoire des idées morales et politiques en France au XVIIIe siècle. 2 vol. in-12. Chaque volume. 3 fr. 50
— * Les Moralistes français au XVIIIe siècle. 1 vol. in-12 faisant suite aux deux précédents. 3 fr. 50
BEAUSSIRE (Émile), de l'Institut. La Guerre étrangère et la Guerre civile. 1 vol. in-12. 3 fr. 50
BOURDEAU (J.). * Le Socialisme allemand et le Nihilisme russe. 1 vol. in-12. 2e édit. 1894. 3 fr. 50
D'EICHTHAL (Eug.). Souveraineté du peuple et gouvernement. 1 vol. in-12. 1895. 3 fr. 50
DEPASSE (Hector). Transformations sociales. 1894. 1 vol. in-12. 3 fr. 50
— Du Travail et de ses conditions (Chambres et Conseils du travail). 1 vol. in-12. 1895. 3 fr. 50
DRIAULT (E.). La question d'Orient, préface de G. MONOD, de l'Institut 1 vol. in-8. 1898. 7 fr.
GUÉROULT (G.). * Le Centenaire de 1789, évolution polit., philos., artist. et scient. de l'Europe depuis cent ans. 1 vol. in-12. 1889. 3 fr. 50
LAVELEYE (E. de), correspondant de l'Institut. Le Socialisme contemporain. 1 vol. in-12. 10e édit. augmentée. 3 fr. 50
LICHTENBERGER (A). Le Socialisme utopique, étude sur quelques précurseurs du Socialisme. 1 vol. in-12. 1898. 3 fr. 50
— Le Socialisme et la Révolution française. 1 vol. in-8. 5 fr.
MATTER (P.). La dissolution des assemblées parlementaires, étude de droit public et d'histoire. 1 vol. in-8. 1898. 5 fr.
REINACH (Joseph). Pages républicaines. 1894. 1 vol. in-12. 3 fr. 50
SPULLER (E.).* Éducation de la démocratie. 1 vol. in-12. 1892. 3 fr. 50
— L'Évolution politique et sociale de l'Église. 1 vol. in-12. 1893. 3 fr. 50

BIBLIOTHÈQUE HISTORIQUE ET POLITIQUE

DESCHANEL (E.), sénateur, professeur au Collège de France. * Le Peuple et la Bourgeoisie. 1 vol. in-8. 2e édit. 5 fr.
DU CASSE. Les Rois frères de Napoléon Ier. 1 vol. in-8. 10 fr.
LOUIS BLANC. Discours politiques (1848-1881). 1 vol. in-8. 7 fr. 50
PHILIPPSON. La Contre-révolution religieuse au XVIe siècle. 1 vol. in-8. 10 fr.
HENRARD (P.). Henri IV et la princesse de Condé. 1 vol. in-8. 6 fr.
NOVICOW. La Politique internationale. 1 fort vol. in-8. 7 fr.
REINACH (Joseph). * La France et l'Italie devant l'histoire. 1 vol. in-8. 1893. 5 fr.
LORIA (A.). Les Bases économiques de la constitution sociale. 1 vol. in-8. 1893. 7 fr. 50

F. ALCAN. — 16 —

BIBLIOTHÈQUE DE LA FACULTÉ DES LETTRES DE L'UNIVERSITÉ DE PARIS

De l'authenticité des épigrammes de Simonide, par AM. HAUVETTE, professeur adjoint. 1 vol. in-8. 5 fr.

* Antinomies linguistiques, par VICTOR HENRY, professeur à la Faculté. 1 vol. in-8. 2 fr.

Mélanges d'histoire du moyen âge, par MM. le Prof. LUCHAIRE, DUPONT, FERRIER et POUPARDIN. 1 vol. in-8. 3 fr. 50

Études linguistiques sur la Basse-Auvergne, phonétique historique du patois de Vinzelles (Puy-de-Dôme), par ALBERT DAUZAT, préface de M. le Prof. ANT. THOMAS. 1 vol. in-8. 6 fr.

De la flexion dans Lucrèce, par A. CARTAULT, professeur à la Faculté. 1 vol. in-8. 4 fr.

Le treize vendémiaire an IV, par HENRY ZIVY. 1 vol. in-8, avec 2 pl. hors texte. 4 fr.

TRAVAUX DE L'UNIVERSITÉ DE LILLE

PAUL FABRE. **La polyptyque du chanoine Benoît — Etude sur un manuscrit de la bibliothèque de Cambrai.** 3 fr. 50

MÉDÉRIC DUFOUR. **Sur la constitution rythmique et métrique du drame grec.** 1re série, 4 fr.; 2e série, 2 fr. 50; 3e série, 2 fr. 50.

A. PINLOCHE. *** Principales œuvres de Herbart.** (Pédagogie générale. — Esquisse de leçons pédagogiques. — Aphorismes et extraits divers). 7 fr. 50

A. PENJON. **Pensée et réalité**, de A. SPIR, trad. de l'allem. in-8°. 10 fr.

ANNALES DE L'UNIVERSITÉ DE LYON

Lettres intimes de J.-M. Alberoni adressées au comte J. Rocca, ministre des finances du duc de Parme, par Emile BOURGEOIS, maître de conférences à l'École normale. 1 vol. in-8. 10 fr.

Sur l'hypothèse des atomes dans la science contemporaine, par Arthur HANNEQUIN, professeur à la Faculté des lettres. 1 v. in-8. 7 fr. 50

Saint Ambroise et la morale chrétienne au IVe siècle, par Raymond THAMIN, professeur au lycée Condorcet. 1 vol. in-8. 7 fr. 50

La république des Provinces-Unies, la France et les Pays-Bas espagnols, de 1630 à 1650, par A. WADDINGTON, professeur à la Faculté des lettres.
TOME I (1630-42). 1 vol. in-8. 6 fr. — TOME II (1642-50). 1 vol. in-8. 6 fr.

Le Vivarais, essai de géographie régionale, par BURDIN. 1 vol. in-8. 1898. 6 fr.

PUBLICATIONS HISTORIQUES ILLUSTRÉES

* HISTOIRE ILLUSTRÉE DU SECOND EMPIRE, par Taxile DELORD. 6 vol. in-8 colombier avec 500 gravures de FERAT, Fr. REGAMEY, etc. Chaque vol. broché, 8 fr. — Cart. doré, tr. dorées. 11 fr. 50

HISTOIRE POPULAIRE DE LA FRANCE, depuis les origines jusqu'en 1815. — 4 vol. in-8 colombier avec 1323 gravures. Chaque vol. broché, 7 fr. 50. — Cart. toile, tr. dorées. 11 fr.

*De Saint-Louis à Tripoli
Par le Lac Tchad
Par le Lieutenant-Colonel MONTEIL

1 beau volume in-8 colombier, précédé d'une préface de M. de Vogüé, de l'Académie française, illustrations de RIOU. 1895. 20 fr.

Ouvrage couronné par l'Académie française (Prix Montyon)

F. ALCAN.

RECUEIL DES INSTRUCTIONS
DONNÉES
AUX AMBASSADEURS ET MINISTRES DE FRANCE
DEPUIS LES TRAITÉS DE WESTPHALIE JUSQU'A LA RÉVOLUTION FRANÇAISE

Publié sous les auspices de la Commission des archives diplomatiques
au Ministère des Affaires étrangères.

Beaux volumes in-8 raisin, imprimés sur papier de Hollande,
avec Introduction et notes.

I. — **AUTRICHE**, par M. Albert SOREL, de l'Académie française. 20 fr.
II. — **SUÈDE**, par M. A. GEFFROY, de l'Institut............... 20 fr.
III. — **PORTUGAL**, par le vicomte DE CAIX DE SAINT-AYMOUR..... 20 fr.
IV et V. — **POLOGNE**, par M. LOUIS FARGES, 2 vol............. 30 fr.
VI. — **ROME**, par M. G. HANOTAUX, de l'Académie française..... 20 fr.
VII. — **BAVIÈRE, PALATINAT ET DEUX-PONTS**, par M. André LEBON. 25 fr.
VIII et IX. — **RUSSIE**, par M. Alfred RAMBAUD, de l'Institut. 2 vol.
Le 1er vol. 20 fr. Le second vol...................... 25 fr.
X. — **NAPLES ET PARME**, par M. Joseph REINACH............. 20 fr.
XI. — **ESPAGNE** (1649-1750), par MM. MOREL-FATIO et LÉONARDON
(tome I) .... 20 fr.
XII et XII bis. — **ESPAGNE** (1750-1789) (t. II et III), par les mêmes (sous presse).
XIII. — **DANEMARK**, par A. GEFFROY, de l'Institut............. 14 fr.
XIV et XV. — **SAVOIE-MANTOUE**, par M. HORRIC de BEAUCAIRE (sous presse).

*INVENTAIRE ANALYTIQUE
DES
ARCHIVES DU MINISTÈRE DES AFFAIRES ÉTRANGÈRES
PUBLIÉ
Sous les auspices de la Commission des archives diplomatiques

I. — **Correspondance politique de MM. de CASTILLON et de MARILLAC, ambassadeurs de France en Angleterre (1538-1540)**, par M. JEAN KAULEK, avec la collaboration de MM. Louis Farges et Germain Lefèvre-Pontalis. 1 vol. in-8 raisin............. 15 fr.

II. — **Papiers de BARTHÉLEMY, ambassadeur de France en Suisse, de 1792 à 1797** (année 1792), par M. Jean KAULEK. 1 vol. in-8 raisin....................................... 15 fr.

III. — **Papiers de BARTHÉLEMY** (janvier-août 1793), par M. JEAN KAULEK. 1 vol. in-8 raisin............................ 15 fr.

IV. — **Correspondance politique de ODET DE SELVE, ambassadeur de France en Angleterre (1546-1549)**, par M. G. LEFÈVRE-PONTALIS. 1 vol. in-8 raisin............................ 15 fr.

V. — **Papiers de BARTHÉLEMY** (septembre 1793 à mars 1794), par M. Jean KAULEK. 1 vol. in-8 raisin.................... 18 fr.

VI. — **Papiers de BARTHÉLEMY** (avril 1794 à février 1795), par M. JEAN KAULEK. 1 vol. in-8 raisin..................... 20 fr.

VII. — **Papiers de BARTHÉLEMY** (mars 1795 à septembre 1796). *Négociations de la paix de Bâle*, par M. Jean KAULEK. 1 volume in-8 raisin.. 20 fr.

Correspondance des Deys d'Alger avec la Cour de France (1579-1833), recueillie par Eug. PLANTET, attaché au Ministère des Affaires étrangères. 2 vol. in-8 raisin avec 2 planches en taille-douce hors texte. 30 fr.

Correspondance des Beys de Tunis et des Consuls de France avec la Cour (1577-1830), recueillie par Eug. PLANTET, publiée sous les auspices du Ministère des Affaires étrangères. TOME I. In-8 raisin. (*Épuisé.*)
TOME II. 1 fort vol. in-8 raisin........................ 20 fr.
TOME III. 1 fort vol. in-8 raisin (*sous presse*).

F. ALCAN.

REVUE PHILOSOPHIQUE
DE LA FRANCE ET DE L'ÉTRANGER

Dirigée par Th. Ribot, Professeur au Collège de France.
(24ᵉ année, 1899.)

Paraît tous les mois, par livraisons de 7 feuilles grand in-8, et forme chaque année deux volumes de 680 pages chacun.

Prix d'abonnement :
Un an, pour Paris, 30 fr. — Pour les départements et l'étranger, 33 fr.
La livraison...................... 3 fr.
Les années écoulées, chacune 30 francs, et la livraison, 3 fr.

Première table des matières (1876-1887). 1 vol. in-8............ 3 fr.
Deuxième table des matières (1888-1895). 1 vol. in-8........... 3 fr.

La Revue philosophique n'est l'organe d'aucune secte, d'aucune école en particulier. Tous les articles de fond sont signés et chaque auteur est responsable de son article. Sans professer un culte exclusif pour l'expérience, la direction, bien persuadée que rien de solide ne s'est fondé sans cet appui, lui fait la plus large part et n'accepte aucun travail qui la dédaigne.

Elle ne néglige aucune partie de la philosophie, tout en s'attachant cependant à celles qui, par leur caractère de précision relative, offrent moins de prise aux désaccords et sont plus propres à rallier toutes les écoles. La *psychologie*, avec ses auxiliaires indispensables, l'*anatomie* et la *physiologie du système nerveux*, la *pathologie mentale*, la *psychologie des races inférieures et des animaux*, les *recherches expérimentales des laboratoires*; — la *logique*; — les *théories générales fondées sur les découvertes scientifiques*; — l'*esthétique*; — les *hypothèses métaphysiques*, tels sont les principaux sujets dont elle entretient le public.

Plusieurs fois par an paraissent des *Revues générales* qui embrassent dans un travail d'ensemble les travaux récents sur une question déterminée : sociologie, morale, psychologie, linguistique, philosophie religieuse, philosophie mathématique, psycho-physique, etc.

La Revue désirant être, avant tout, un organe d'information, a publié depuis sa fondation le compte rendu de plus de quinze cents ouvrages. Pour faciliter l'étude et les recherches, ces comptes rendus sont groupés sous des rubriques spéciales : anthropologie criminelle, esthétique, métaphysique, théorie de la connaissance, histoire de la philosophie, etc., etc. Ces comptes rendus sont, autant que possible, impersonnels, le but étant de faire connaître le mouvement philosophique contemporain dans toutes ses directions, non de lui imposer une doctrine.

En un mot par la variété de ses articles et par l'abondance de ses renseignements elle donne un tableau complet du mouvement philosophique et scientifique en Europe.

Aussi a-t-elle sa place marquée dans les bibliothèques des professeurs et de ceux qui se destinent à l'enseignement de la philosophie et des sciences ou qui s'intéressent au développement du mouvement scientifique.

---

*REVUE HISTORIQUE

Dirigée par G. MONOD
Membre de l'Institut, maître de conférences à l'Ecole normale
Président de la section historique et philologique à l'Ecole des hautes études
(24ᵉ année, 1899.)

Paraît tous les deux mois, par livraisons grand in-8° de 15 feuilles et forme par an trois volumes de 500 pages chacun.

CHAQUE LIVRAISON CONTIENT :

I. Plusieurs *articles de fond*, comprenant chacun, s'il est possible, un travail complet. — II. Des *Mélanges et Variétés*, composés de documents inédits d'une étendue restreinte et de courtes notices sur des points d'histoire curieux ou mal connus. — III. Un *Bulletin historique* de la France et de l'étranger, fournissant des renseignements aussi complets que possible sur tout ce qui touche aux études historiques. — IV. Une *Analyse des publications périodiques* de la France et de l'étranger, au point de vue des études historiques. — V. Des *Comptes rendus critiques* des livres d'histoire nouveaux.

Prix d'abonnement :
Un an, pour Paris, 30 fr. — Pour les départements et l'étranger, 33 fr.
La livraison.. .... 6 fr.

Les années écoulées, chacune 30 francs, le fascicule, 6 francs.
Les fascicules de la 1ʳᵉ année, 9 francs.

Tables générales des matières.

I. — 1876 à 1880...	3 fr.;	pour les abonnés.	1 fr. 50
II. — 1881 à 1885...	3 fr.;	—	1 fr. 50
III. — 1886 à 1890...	5 fr.;	—	2 fr. 50
IV. — 1891 à 1895...	3 fr.;	—	1 fr. 50

ANNALES
DES
SCIENCES POLITIQUES
RECUEIL BIMESTRIEL
Publié avec la collaboration des professeurs et des anciens élèves
de l'École libre des sciences politiques
(Quatorzième année, 1899)

COMITÉ DE RÉDACTION:

M. Emile BOUTMY, de l'Institut, directeur de l'Ecole ; M. ALF. DE FOVILLE, de l'Institut, directeur de la Monnaie ; M. R. STOURM, ancien inspecteur des Finances et administrateur des Contributions indirectes ; M. Alexandre RIBOT, député, ancien ministre ; M. Gabriel ALIX ; M. L. RENAULT, professeur à la Faculté de droit ; M. André LEBON, ancien ministre des colonies ; M. Albert SOREL, de l'Académie française ; M. A. VANDAL, de l'Académie française ; Aug. ARNAUNÉ, Directeur au ministère des Finances ; M. Émile BOURGEOIS, maître de conférences à l'École normale supérieure ; Directeurs des groupes de travail, professeurs à l'Ecole.

Secrétaire de la rédaction : M. A. VIALLATE.

Les sujets traités dans les *Annales* embrassent les matières suivantes : *Economie, politique, finances, statistique, histoire constitutionnelle, droits international, public et privé, droit administratif, législations civile et commerciale privées, histoire législative et parlementaire, histoire diplomatique, géographie économique, ethnographie, etc.*

CONDITIONS D'ABONNEMENT

Un an (du 15 janvier) : Paris, **18 fr.** ; départements et étranger, **19 fr.**
La livraison, **3 fr. 50**.

Les trois premières années (1886-1887-1888) se vendent chacune 16 francs, les livraisons, chacune 5 francs, la quatrième année (1889) et les suivantes se vendent chacune 18 francs, et les livraisons, chacune 3 fr. 50.

Revue mensuelle de l'École d'Anthropologie de Paris
(9e année, 1899)
PUBLIÉE PAR LES PROFESSEURS :

MM. CAPITAN (Anthropologie pathologique), Mathias DUVAL (Anthropogénie et Embryologie), Georges HERVÉ (Ethnologie), J.-V. LABORDE (Anthropologie biologique), André LEFÈVRE (Ethnographie et Linguistique), Ch. LETOURNEAU (Histoire des civilisations), MANOUVRIER (Anthropologie physiologique), MAHOUDEAU (Anthropologie zoologique), SCHRADER (Anthropologie géographique), H. THULIÉ, directeur de l'École.

Cette revue paraît tous les mois depuis le 15 janvier 1891, chaque numéro formant une brochure in-8 raisin de 32 pages, et contenant une leçon d'un des professeurs de l'Ecole, avec figures intercalées dans le texte et des analyses et comptes rendus des faits, des livres et des revues périodiques qui doivent intéresser les personnes s'occupant d'anthropologie.

ABONNEMENT : France et Étranger, **10 fr.** — Le Numéro, **1 fr.**

ANNALES DES SCIENCES PSYCHIQUES
Dirigées par le Dr DARIEX
(9e année, 1899)

Les ANNALES DES SCIENCES PSYCHIQUES ont pour but de rapporter, avec force preuves à l'appui, toutes les observations sérieuses qui leur seront adressées, relatives aux faits soi-disant occultes : 1° de télépathie, de lucidité, de pressentiment ; 2° de mouvements d'objets, d'apparitions objectives. En dehors de ces chapitres de faits sont publiées des **théories** se bornant à la discussion des bonnes conditions pour observer et expérimenter ; des analyses, bibliographies, critiques, etc.

Les ANNALES DES SCIENCES PSYCHIQUES paraissent tous les deux mois par numéros de quatre feuilles in-8 carré (64 pages), *depuis le 15 janvier 1891.*

ABONNEMENT : Pour tous pays, **12 fr.** — Le Numéro, **2 fr. 50**.

BIBLIOTHÈQUE SCIENTIFIQUE
INTERNATIONALE
Publiée sous la direction de M. Émile ALGLAVE

La *Bibliothèque scientifique internationale* est une œuvre dirigée par les auteurs mêmes, en vue des intérêts de la science, pour la populariser sous toutes ses formes, et faire connaître immédiatement dans le monde entier les idées originales, les directions nouvelles, les découvertes importantes qui se font chaque jour dans tous les pays. Chaque savant expose les idées qu'il a introduites dans la science et condense pour ainsi dire ses doctrines les plus originales.

On peut ainsi, sans quitter la France, assister et participer au mouvement des esprits en Angleterre, en Allemagne, en Amérique, en Italie, tout aussi bien que les savants mêmes de chacun de ces pays.

La *Bibliothèque scientifique internationale* ne comprend pas seulement des ouvrages consacrés aux sciences physiques et naturelles ; elle aborde aussi les sciences morales, comme la philosophie, l'histoire, la politique et l'économie sociale, la haute législation, etc. ; mais les livres traitant des sujets de ce genre se rattachent encore aux sciences naturelles, en leur empruntant les méthodes d'observation et d'expérience qui les ont rendues si fécondes depuis deux siècles.

Cette collection paraît à la fois en français et en anglais : à Paris, chez Félix Alcan ; à Londres, chez C. Kegan, Paul et Cie ; à New-York, chez Appleton.

LISTE DES OUVRAGES PAR ORDRE D'APPARITION
91 VOLUMES IN-8, CARTONNÉS A L'ANGLAISE. CHAQUE VOLUME : 6 FRANCS.

1. J. TYNDALL. * **Les Glaciers et les Transformations de l'eau**, avec figures. 1 vol. in-8. 6ᵉ édition.   6 fr.
2. BAGEHOT. * **Lois scientifiques du développement des nations** dans leurs rapports avec les principes de la sélection naturelle et de l'hérédité. 1 vol. in-8. 5ᵉ édition.   6 fr.
3. MAREY. * **La Machine animale**, locomotion terrestre et aérienne, avec de nombreuses fig. 1 vol. in-8. 5ᵉ édit. augmentée.   6 fr.
4. BAIN. * **L'Esprit et le Corps**. 1 vol. in-8. 6ᵉ édition.   6 fr.
5. PETTIGREW. * **La Locomotion chez les animaux**, marche, natation. 1 vol. in-8, avec figures. 2ᵉ édit.   6 fr.
6. HERBERT SPENCER. * **La Science sociale**. 1 v. in-8. 12ᵉ édit.   6 fr.
7. SCHMIDT (O.). * **La Descendance de l'homme et le Darwinisme**. 1 vol. in-8, avec fig. 6ᵉ édition.   6 fr.
8. MAUDSLEY. * **Le Crime et la Folie**. 1 vol. in-8. 6ᵉ édit.   6 fr.
9. VAN BENEDEN. * **Les Commensaux et les Parasites dans le règne animal**. 1 vol. in-8, avec figures. 3ᵉ édit.   6 fr.
10. BALFOUR STEWART. * **La Conservation de l'énergie**, suivi d'une Étude sur la *nature de la force*, par M. P. de SAINT-ROBERT, avec figures. 1 vol. in-8. 5ᵉ édition.   6 fr.
11. DRAPER. **Les Conflits de la science et de la religion**. 1 vol. in-8. 9ᵉ édition.   6 fr.
12. L. DUMONT. * **Théorie scientifique de la sensibilité**. 1 vol. in-8. 4ᵉ édition.   6 fr.
13. SCHUTZENBERGER. * **Les Fermentations**. 1 vol. in-8, avec fig. 6ᵉ édit.   6 fr.
14. WHITNEY. * **La Vie du langage**. 1 vol. in-8. 4ᵉ édit.   6 fr.
15. COOKE et BERKELEY. * **Les Champignons**. 1 vol. in-8, avec figures. 4ᵉ édition.   6 fr.
16. BERNSTEIN. * **Les Sens**. 1 vol. in-8, avec 91 fig. 5ᵉ édit.   6 fr.

17. BERTHELOT. *La Synthèse chimique. 1 vol. in-8, 8° édit. 6 fr.
18. NIEWENGLOWSKI (H.). *La photographie et la photochimie. 1 vol. in-8, avec gravures et une planche hors texte. 6 fr.
19. LUYS. *Le Cerveau et ses fonctions, avec figures. 1 vol. in-8. 7° édition. 6 fr.
20. STANLEY JEVONS. *La Monnaie et le Mécanisme de l'échange. 1 vol. in-8. 5° édition. 6 fr.
21. FUCHS. *Les Volcans et les Tremblements de terre. 1 vol. in-8, avec figures et une carte en couleur. 5° édition. 6 fr.
22. GÉNÉRAL BRIALMONT. *Les Camps retranchés et leur rôle dans la défense des États, avec fig. dans le texte et 2 planches hors texte. 3° édit. 6 fr.
23. DE QUATREFAGES. *L'Espèce humaine. 1 v. in-8. 12° édit. 6 fr.
24. BLASERNA et HELMHOLTZ. *Le Son et la Musique. 1 vol. in-8, avec figures. 5° édition. 6 fr.
25. ROSENTHAL. *Les Nerfs et les Muscles. 1 vol. in-8, avec 75 figures. 3° édition. Epuisé.
26. BRUCKE et HELMHOLTZ. *Principes scientifiques des beaux-arts. 1 vol. in-8, avec 39 figures. 4° édition. 6 fr.
27. WURTZ. *La Théorie atomique. 1 vol. in-8. 8° édition. 6 fr.
28-29. SECCHI (le père). *Les Étoiles. 2 vol. in-8, avec 63 figures dans le texte et 17 pl. en noir et en couleur hors texte. 3° édit. 12 fr.
30. JOLY. *L'Homme avant les métaux. 1 vol. in-8, avec figures. 4° édition. 6 fr.
31. A. BAIN. *La Science de l'éducation. 1 vol. in-8. 8° édit. 6 fr.
32-33. THURSTON (R.). *Histoire de la machine à vapeur, précédée d'une Introduction par M. HIRSCH. 2 vol. in-8, avec 140 figures dans le texte et 16 planches hors texte. 3° édition. 12 fr.
34. HARTMANN (R.). *Les Peuples de l'Afrique. 1 vol. in-8, avec figures. 2° édition. 6 fr.
35. HERBERT SPENCER. *Les Bases de la morale évolutionniste. 1 vol. in-8. 5° édition. 6 fr.
36. HUXLEY. *L'Écrevisse, introduction à l'étude de la zoologie. 1 vol. in-8, avec figures. 2° édition. 6 fr.
37. DE ROBERTY. *De la Sociologie. 1 vol. in-8. 3° édition. 6 fr.
38. ROOD. *Théorie scientifique des couleurs. 1 vol. in-8, avec figures et une planche en couleur hors texte. 2° édition. 6 fr.
39. DE SAPORTA et MARION. *L'Évolution du règne végétal (les Cryptogames). 1 vol. in-8 avec figures. 6 fr.
40-41. CHARLTON BASTIAN. *Le Cerveau, organe de la pensée chez l'homme et chez les animaux. 2 vol. in-8, avec figures. 2° éd. 12 fr.
42. JAMES SULLY. *Les Illusions des sens et de l'esprit. 1 vol. in-8, avec figures. 2° édit. 6 fr.
43. YOUNG. *Le Soleil. 1 vol. in-8, avec figures. 6 fr.
44. DE CANDOLLE. *L'Origine des plantes cultivées. 4° édition. 1 vol. in-8. 6 fr.
45-46. SIR JOHN LUBBOCK. *Fourmis, abeilles et guêpes. Études expérimentales sur l'organisation et les mœurs des sociétés d'insectes hyménoptères. 2 vol. in-8, avec 65 figures dans le texte et 13 planches hors texte, dont 5 coloriées. 12 fr.
47. PERRIER (Edm.). La Philosophie zoologique avant Darwin. 1 vol. in-8. 3° édition. 6 fr.
48. STALLO. *La Matière et la Physique moderne. 1 vol. in-8, 2° éd., précédé d'une Introduction par CH. FRIEDEL. 6 fr.
49. MANTEGAZZA. La Physionomie et l'Expression des sentiments. 1 vol. in-8. 3° édit., avec huit planches hors texte. 6 fr.
50. DE MEYER. *Les Organes de la parole et leur emploi pour la formation des sons du langage. 1 vol. in-8, avec 51 figures, précédé d'une Introd. par M. O. CLAVEAU. 6 fr.

51. DE LANESSAN. *Introduction à l'Étude de la botanique (le Sapin.) 1 vol. in-8, 2ᵉ édit., avec 143 figures dans le texte. 6 fr.
52-53. DE SAPORTA et MARION: *L'Évolution du règne végétal (les Phanérogames). 2 vol. in-8, avec 136 figures. 12 fr.
54. TROUESSART. *Les Microbes, les Ferments et les Moisissures. 1 vol. in-8, 2ᵉ édit., avec 107 figures dans le texte. 6 fr.
55. HARTMANN (R.). *Les Singes anthropoïdes, et leur organisation comparée à celle de l'homme. 1 vol. in-8, avec figures. 6 fr.
56. SCHMIDT (O.). *Les Mammifères dans leurs rapports avec leurs ancêtres géologiques. 1 vol. in-8 avec 51 figures. 6 fr.
57. BINET et FÉRÉ. Le Magnétisme animal. 1 vol. in-8. 4ᵉ édit. 6 fr.
58-59. ROMANES. *L'Intelligence des animaux. 2 v. in-8, 2ᵉ édit. 12 fr.
60. F. LAGRANGE. Physiologie des exercices du corps. 1 vol. in-8. 7ᵉ édition. 6 fr.
61. DREYFUS. * Évolution des mondes et des sociétés. 1 vol. in-8. 3ᵉ édit. 6 fr.
62. DAUBRÉE. * Les Régions invisibles du globe et des espaces célestes. 1 vol. in-8 avec 85 fig. dans le texte. 2ᵉ édit. 6 fr.
63-64. SIR JOHN LUBBOCK. * L'Homme préhistorique. 2 vol. in-8, avec 228 figures dans le texte. 4ᵉ édit. 12 fr.
65. RICHET (Ch.). La Chaleur animale. 1 vol. in-8, avec figures. 6 fr.
66. FALSAN (A.). *La Période glaciaire principalement en France et en Suisse. 1 vol. in-8, avec 105 figures et 2 cartes. 6 fr.
67. BEAUNIS (H.). Les Sensations internes. 1 vol. in-8. 6 fr.
68. CARTAILHAC (E.). La France préhistorique, d'après les sépultures et les monuments. 1 vol. in-8, avec 162 figures. 2ᵉ édit. 6 fr.
69. BERTHELOT. *La Révolution chimique, Lavoisier. 1 vol. in-8. 6 fr.
70. SIR JOHN LUBBOCK. * Les Sens et l'instinct chez les animaux, principalement chez les insectes. 1 vol. in-8, avec 150 figures. 6 fr.
71. STARCKE. *La Famille primitive. 1 vol. in-8. 6 fr.
72. ARLOING. * Les Virus. 1 vol. in-8, avec figures. 6 fr.
73. TOPINARD. * L'Homme dans la Nature. 1 vol. in-8, avec fig. 6 fr.
74. BINET (Alf.). * Les Altérations de la personnalité. 1 vol. in-8 avec figures. 6 fr.
75. DE QUATREFAGES (A.). *Darwin et ses précurseurs français. 1 vol. in-8. 2ᵉ édition refondue. 6 fr.
76. LEFÈVRE (A.). * Les Races et les langues. 1 vol. in-8. 6 fr.
77-78. DE QUATREFAGES. * Les Émules de Darwin. 2 vol. in-8 avec préfaces de MM. E. Perrier et Hamy. 12 fr.
79. BRUNACHE (P.). *Le Centre de l'Afrique. Autour du Tchad. 1 vol. in-8, avec figures. 1894. 6 fr.
80. ANGOT (A.). *Les Aurores polaires. 1 vol. in-8, avec figures. 6 fr.
81. JACCARD. Le pétrole, le bitume et l'asphalte au point de vue géologique. 1 vol. in-8 avec figures. 6 fr.
82. MEUNIER (Stan.). La Géologie comparée. 1 vol. in-8, avec fig. 6 fr.
83. LE DANTEC. Théorie nouvelle de la vie. 1 vol. in-8, avec fig. 6 fr.
84. DE LANESSAN. Principes de colonisation. 1 vol. in-8. 6 fr.
85. DEMOOR, MASSART et VANDERVELDE. L'évolution régressive en biologie et en sociologie. 1 vol. in-8 avec gravures. 6 fr.
86. MORTILLET (G. de). Formation de la Nation française. 1 vol. in-8, avec 150 gravures et 18 cartes. 6 fr.
87. ROCHÉ (G.). La Culture des Mers (piscifacture, pisciculture, ostréiculture). 1 vol. in-8, avec 81 gravures. 6 fr.
88. COSTANTIN (J.). Les Végétaux et les Milieux cosmiques (adaptation, évolution). 1 vol. in-8, avec 171 gravures. 6 fr.
89. LE DANTEC. L'évolution individuelle et l'hérédité. 1 vol. in-8. 6 fr.
90. GUIGNET et GARNIER. La Céramique ancienne et moderne. 1 vol. avec grav. 6 fr.
91. GELLÉ (E.-M.). L'audition et ses organes. 1 v. in-8 avec grav. 6 fr.

F. ALCAN.

LISTE PAR ORDRE DE MATIÈRES
DES 89 VOLUMES PUBLIÉS
DE LA BIBLIOTHÈQUE SCIENTIFIQUE INTERNATIONALE
Chaque volume in-8, cartonné à l'anglaise..... 6 francs.

SCIENCES SOCIALES

* Introduction à la science sociale, par HERBERT SPENCER. 1 vol. in-8. 12ᵉ édit. 6 fr.
* Les Bases de la morale évolutionniste, par HERBERT SPENCER. 1 vol. in-8. 4ᵉ édit. 6 fr.
* Les Conflits de la science et de la religion, par DRAPER, professeur à l'Université de New-York. 1 vol. in-8. 8ᵉ édit. 6 fr.
* Le Crime et la Folie, par H. MAUDSLEY, professeur de médecine légale à l'Université de Londres. 1 vol. in-8. 5ᵉ édit. 6 fr.
* La Monnaie et le Mécanisme de l'échange, par W. STANLEY JEVONS, professeur à l'Université de Londres. 1 vol. in-8. 5ᵉ édit. 6 fr.
* La Sociologie, par DE ROBERTY. 1 vol. in-8. 3ᵉ édit. 6 fr.
* La Science de l'éducation, par Alex. BAIN, professeur à l'Université d'Aberdeen (Écosse). 1 vol. in-8. 7ᵉ édit. 6 fr.
* Lois scientifiques du développement des nations dans leurs rapports avec les principes de l'hérédité et de la sélection naturelle, par W. BAGEHOT. 1 vol. in-8. 5ᵉ édit. 6 fr.
* La Vie du langage, par D. WHITNEY, professeur de philologie comparée à Yale-College de Boston (États-Unis). 1 vol. in-8. 3ᵉ édit. 6 fr.
* La Famille primitive, par J. STARCKE, professeur à l'Université de Copenhague. 1 vol. in-8. 6 fr.

PHYSIOLOGIE

* Les Illusions des sens et de l'esprit, par James SULLY. 1 v. in-8. 2ᵉ édit. 6 fr.
* La Locomotion chez les animaux (marche, natation et vol), par J.-B. PETTIGREW, professeur au Collège royal de chirurgie d'Édimbourg (Écosse). 1 vol. in-8, avec 140 figures dans le texte. 2ᵉ édit. 6 fr.
* La Machine animale, par E.-J. MAREY, membre de l'Institut, prof. au Collège de France. 1 vol. in-8, avec 117 figures. 4ᵉ édit. 6 fr.
* Les Sens, par BERNSTEIN, professeur de physiologie à l'Université de Halle (Prusse). 1 vol. in-8, avec 91 figures dans le texte. 4ᵉ édit. 6 fr.
* Les Organes de la parole, par H. DE MEYER, professeur à l'Université de Zurich, traduit de l'allemand et précédé d'une introduction sur l'*Enseignement de la parole aux sourds-muets*, par O. CLAVEAU, inspecteur général des établissements de bienfaisance. 1 vol. in-8, avec 51 grav. 6 fr.
La Physionomie et l'Expression des sentiments, par P. MANTEGAZZA, professeur au Muséum d'histoire naturelle de Florence. 1 vol. in-8, avec figures et 8 planches hors texte. 3ᵉ édit. 6 fr.
* Physiologie des exercices du corps, par le docteur F. LAGRANGE. 1 vol. in-8. 7ᵉ édit. (Ouvrage couronné par l'Institut.) 6 fr.
La Chaleur animale, par CH. RICHET, professeur de physiologie à la Faculté de médecine de Paris. 1 vol. in-8, avec figures dans le texte. 6 fr.
Les Sensations internes, par H. BEAUNIS. 1 vol. in-8. 6 fr.
* Les Virus, par M. ARLOING, professeur à la Faculté de médecine de Lyon, directeur de l'école vétérinaire. 1 vol. in-8, avec fig. 6 fr.
Théorie nouvelle de la vie, par F. LE DANTEC, docteur ès sciences, 1 vol. in-8, avec figures. 6 fr.
L'évolution individuelle et l'hérédité, par *le même*. 1 vol. in-8. 6 fr.
L'audition et ses organes, par le Docᵗʳ E.-M. GELLÉ, membre de la Société de biologie. 1 vol. in-8 avec grav. 6 fr.

PHILOSOPHIE SCIENTIFIQUE

* Le Cerveau et ses fonctions, par J. LUYS, membre de l'Académie de médecine, médecin de la Charité. 1 vol. in-8, avec fig. 7ᵉ édit. 6 fr.
* Le Cerveau et la Pensée chez l'homme et les animaux, par CHARLTON BASTIAN, professeur à l'Université de Londres. 2 vol. in-8, avec 184 fig. dans le texte. 2ᵉ édit. 12 fr.
* Le Crime et la Folie, par H. MAUDSLEY, professeur à l'Université de Londres. 1 vol. in-8. 6ᵉ édit. 6 fr.
* L'Esprit et le Corps, considérés au point de vue de leurs relations, suivi d'études sur les *Erreurs généralement répandues au sujet de l'esprit*, par Alex. BAIN, prof. à l'Université d'Aberdeen (Écosse). 1 v. in-8. 6ᵉ éd. 6 fr.
* Théorie scientifique de la sensibilité : *le Plaisir et la Peine*, par Léon DUMONT. 1 vol. in-8. 3ᵉ édit. 6 fr.

* **La Matière et la Physique moderne**, par STALLO, précédé d'une préface par M. Ch. FRIEDEL, de l'Institut. 1 vol. in-8. 2ᵉ édit. 6 fr.
Le Magnétisme animal, par Alf. BINET et Ch. FÉRÉ. 1 vol. in-8, avec figures dans le texte. 4ᵉ édit. 6 fr.
* **L'Intelligence des animaux**, par ROMANES. 2 v. in-8. 2ᵉ éd. précédée d'une préface de M. E. PERRIER, prof. au Muséum d'histoire naturelle. 12 fr.
* **L'Évolution des mondes et des sociétés**, par C. DREYFUS. In-8. 6 fr.
L'évolution régressive en biologie et en sociologie, par DEMOOR, MASSART et VANDERVELDE, prof. des Univ. de Bruxelles. 1 v. in-8, avec grav. 6 fr.
* **Les Altérations de la personnalité**, par Alf. BINET, directeur du laboratoire de psychologie à la Sorbonne. In-8, avec gravures. 6 fr.

ANTHROPOLOGIE

* **L'Espèce humaine**, par A. DE QUATREFAGES, de l'Institut, professeur au Muséum d'histoire naturelle de Paris. 1 vol. in-8. 12ᵉ édit. 6 fr.
* **Ch. Darwin et ses précurseurs français**, par A. DE QUATREFAGES. 1 v. in-8. 2ᵉ édition. 6 fr.
* **Les Émules de Darwin**, par A. DE QUATREFAGES, avec une préface de M. EDM. PERRIER, de l'Institut, et une notice sur la vie et les travaux de l'auteur par E.-T. HAMY, de l'Institut. 2 vol. in-8. 12 fr.
* **L'Homme avant les métaux**, par N. JOLY, correspondant de l'Institut. 1 vol. in-8, avec 150 gravures. 4ᵉ édit. 6 fr.
* **Les Peuples de l'Afrique**, par R. HARTMANN, professeur à l'Université de Berlin. 1 vol. in-8, avec 93 figures dans le texte. 2ᵉ édit. 6 fr.
* **Les Singes anthropoïdes** et leur organisation comparée à celle de l'homme, par R. HARTMANN, prof. à l'Univ. de Berlin. 1 vol. in-8, avec 63 fig. 6 fr.
* **L'Homme préhistorique**, par SIR JOHN LUBBOCK, membre de la Société royale de Londres. 2 vol. in-8, avec 228 gravures dans le texte. 3ᵉ édit. 12 fr.
La France préhistorique, par E. CARTAILHAC. In-8, avec 150 gr. 2ᵉ édit. 6 fr.
* **L'Homme dans la Nature**, par TOPINARD, ancien secrétaire général de la Société d'Anthropologie de Paris. 1 vol. in-8, avec 101 gravures. 6 fr.
* **Les Races et les Langues**, par André LEFÈVRE, professeur à l'École d'Anthropologie de Paris. 1 vol. in-8. 6 fr.
* **Le centre de l'Afrique. Autour du Tchad**, par P. BRUNACHE, administrateur à Aïn-Fezza (Algérie). 1 vol. in-8 avec gravures. 6 fr.
Formation de la Nation française, par G. de MORTILLET, professeur à l'École d'Anthropologie. In-8, avec 150 grav. et 18 cartes. 6 fr.

ZOOLOGIE

* **La Descendance de l'homme et le Darwinisme**, par O. SCHMIDT, professeur à l'Université de Strasbourg. 1 vol. in-8, avec figures. 6ᵉ édit. 6 fr.
* **Les Mammifères dans leurs rapports avec leurs ancêtres géologiques**, par O. SCHMIDT. 1 vol. in-8, avec 51 figures dans le texte. 6 fr.
* **Fourmis, Abeilles et Guêpes**, par sir JOHN LUBBOCK, membre de la Société royale de Londres. 2 vol. in-8, avec figures dans le texte, et 13 planches hors texte dont 5 coloriées. 12 fr.
* **Les Sens et l'instinct chez les animaux**, et principalement chez les insectes, par Sir JOHN LUBBOCK. 1 vol. in-8 avec grav. 6 fr.
* **L'Écrevisse**, introduction à l'étude de la zoologie, par Th.-H. HUXLEY, membre de la Société royale de Londres. 1 vol. in-8, avec 82 grav. 6 fr.
* **Les Commensaux et les Parasites** dans le règne animal, par P.-J. VAN BENEDEN, professeur à l'Université de Louvain (Belgique). 1 vol. in-8, avec 82 figures dans le texte. 3ᵉ édit. 6 fr.
* **La Philosophie zoologique avant Darwin**, par EDMOND PERRIER, de l'Institut, prof. au Muséum. 1 vol. in-8. 2ᵉ édit. 6 fr.
* **Darwin et ses précurseurs français**, par A. de QUATREFAGES, de l'Institut. 1 vol. in-8. 2ᵉ édit. 6 fr.
La Culture des mers en Europe (Pisciculture, piscifacture, ostréiculture), par G. ROCHÉ, insp. gén. des pêches maritimes. In-8, avec 81 grav. 6 fr.

BOTANIQUE — GÉOLOGIE

* **Les Champignons**, par COOKE et BERKELEY. 1 v. in-8, avec 110 fig. 4ᵉ éd. 6 fr.
* **L'Évolution du règne végétal**, par G. DE SAPORTA et MARION, prof. à la Faculté des sciences de Marseille :
  * I. *Les Cryptogames*. 1 vol. in-8, avec 85 figures dans le texte. 6 fr.
  * II. *Les Phanérogames*. 2 vol. in-8, avec 136 fig. dans le texte. 12 fr.

* **Les Volcans et les Tremblements de terre**, par Fuchs, prof. à l'Univ. de Heidelberg. 1 vol. in-8, avec 36 fig. 5ᵉ éd. et une carte en couleur. 6 fr.
* **La Période glaciaire**, principalement en France et en Suisse, par A. Falsan. 1 vol. in-8, avec 105 gravures et 2 cartes hors texte. 6 fr.
* **Les Régions invisibles du globe et des espaces célestes**, par A. Daubrée, de l'Institut. 1 vol. in-8, 2ᵉ édit., avec 89 gravures. 6 fr.
* **Le Pétrole, le Bitume et l'Asphalte**, par M. Jaccard, professeur à l'Académie de Neuchâtel (Suisse). 1 vol. in-8, avec figures. 6 fr.
* **L'Origine des plantes cultivées**, par A. de Candolle, correspondant de l'Institut. 1 vol. in-8. 4ᵉ édit. 6 fr.
* **Introduction à l'étude de la botanique** (*le Sapin*), par J. de Lanessan, professeur agrégé à la Faculté de médecine de Paris. 1 vol. in-8. 2ᵉ édit., avec figures dans le texte. 6 fr.
* **Microbes, Ferments et Moisissures**, par le docteur L. Trouessart. 1 vol. in-8, avec 108 figures dans le texte. 2ᵉ édit. 6 fr.
* **La Géologie comparée**, par Stanislas Meunier, professeur au Muséum. 1 vol. in-8, avec figures. 6 fr.
  Les Végétaux et les milieux cosmiques (adaptation, évolution), par J. Costantin, maître de conférences, à l'École normale supérieure. 1 vol. in-8 avec 171 gravures. 6 fr.

CHIMIE

* **Les Fermentations**, par P. Schutzenberger, memb. de l'Institut. 1 v. in-8, avec fig. 6ᵉ édit. 6 fr.
* **La Synthèse chimique**, par M. Berthelot, secrétaire perpétuel de l'Académie des sciences. 1 vol. in-8. 8ᵉ édit. 6 fr.
* **La Théorie atomique**, par Ad. Wurtz, membre de l'Institut. 1 vol. in-8. 8ᵉ édit., précédée d'une introduction sur *la Vie et les Travaux* de l'auteur, par M. Ch. Friedel, de l'Institut. 6 fr.
  La Révolution chimique (*Lavoisier*), par M. Berthelot. 1 vol. in-8. 6 fr.
* **La Photographie et la Photochimie**, par H. Niewenglowski. 1 vol. avec gravures et une planche hors texte. 6 fr.

ASTRONOMIE — MÉCANIQUE

* **Histoire de la Machine à vapeur, de la Locomotive et des Bateaux à vapeur**, par R. Thurston, professeur à l'Institut technique de Hoboken, près de New-York, revue, annotée et augmentée d'une introduction par M. Hirsch, professeur à l'École des ponts et chaussées de Paris. 2 vol. in-8, avec 160 figures et 16 planches hors texte. 3ᵉ édit. 12 fr.
* **Les Etoiles**, notions d'astronomie sidérale, par le P. A. Secchi, directeur de l'Observatoire du Collège Romain. 2 vol. in-8, avec 68 figures dans le texte et 16 planches en noir et en couleurs. 2ᵉ édit. 12 fr.
* **Le Soleil**, par C.-A. Young, professeur d'astronomie au Collège de New-Jersey. 1 vol. in-8, avec 87 figures. 6 fr.
* **Les Aurores polaires**, par A. Angot, membre du Bureau central météorologique de France. 1 vol. in-8 avec figures. 6 fr.

PHYSIQUE

La Conservation de l'énergie, par Balfour Stewart, prof. de physique au collège Owens de Manchester (Angleterre). 1 vol. in-8 avec fig. 4ᵉ édit. 6 fr.
* **Les Glaciers et les Transformations de l'eau**, par J. Tyndall, suivi d'une étude sur le même sujet, par Helmholtz, professeur à l'Université de Berlin. 1 vol. in-8, avec fig. et 8 planches hors texte. 5ᵉ édit. 6 fr.
* **La Matière et la Physique moderne**, par Stallo, précédé d'une préface par Ch. Friedel, membre de l'Institut. 1 vol. in-8. 2ᵉ édit. 6 fr.

THÉORIE DES BEAUX-ARTS

* **Le Son et la Musique**, par P. Blaserna, prof. à l'Université de Rome, prof. à l'Université de Berlin. 1 vol. in-8, avec 41 fig. 4ᵉ édit. 6 fr.
* **Principes scientifiques des Beaux-Arts**, par E. Brucke, professeur à l'Université de Vienne. 1 vol. in-8, avec fig. 4ᵉ édit. 6 fr.
* **Théorie scientifique des couleurs et leurs applications aux arts et à l'industrie**, par O. N. Rood, professeur à Colombia-College de New-York. 1 vol. in-8, avec 130 figures et une planche en couleurs. 6 fr.
  La Céramique ancienne et moderne, par MM. Guignet, directeur des teintures à la Manufacture des Gobelins, et Garnier, directeur du Musée de la Manufacture de Sèvres. 1 vol. in-8 avec grav. 6 fr.

RÉCENTES PUBLICATIONS

HISTORIQUES, PHILOSOPHIQUES ET SCIENTIFIQUES

qui ne se trouvent pas dans les collections précédentes.

ALAUX. **Esquisse d'une philosophie de l'être.** In-8. 1 fr.
— **Les Problèmes religieux au XIX° siècle.** 1 vol. in-8. 7 fr. 50
— **Philosophie morale et politique**, in-8. 1893. 7 fr. 50
— **Théorie de l'âme humaine.** 1 vol. in-8. 1895. 10 fr. (Voy. p. 2.)
ALTMEYER (J.-J.). **Les Précurseurs de la réforme aux Pays-Bas.** 2 forts volumes in-8. 12 fr.
AMIABLE (Louis). **Une loge maçonnique d'avant 1789.** (La loge des Neuf-Sœurs.) 1 vol. in-8. 1897. 6 fr.
ANSIAUX (M.). **Heures de travail et salaires**, étude sur l'amélioration directe de la condition des ouvriers industriels. 1 vol. in-8. 1896. 5 fr.
ARNAUNÉ (A.). **La monnaie, le crédit et le change.** in-8. 7 fr.
ARRÉAT. **Une Éducation intellectuelle.** 1 vol. in-18. 2 fr. 50
— **Journal d'un philosophe.** 1 vol. in-18. 3 fr. 50 (Voy. p. 2 et 5.)
AZAM. **Hypnotisme et double conscience**, avec préfaces et lettres de MM. PAUL BERT, CHARCOT et RIBOT. 1 vol. in-8. 1893. 9 fr.
BAETS (Abbé M. de). **Les Bases de la morale et du droit.** In-8. 6 fr.
BALFOUR STEWART et TAIT. **L'Univers invisible.** 1 vol. in-8. 7 fr.
BARBÉ (É.). **Le nabab René Madec.** Histoire diplomatique des projets de la France sur le Bengale et le Pendjab (1772-1808). 1894. 1 vol. in-8. 5 fr.
BARNI. **Les Martyrs de la libre pensée.** 1 vol. in-18. 2° édit. 3 fr. 50 (Voy. p. 5 ; KANT, p. 10 ; p. 15 et 31.)
BARTHÉLEMY-SAINT-HILAIRE. (Voy. pages 2, 5 et 9, ARISTOTE.)
— *Victor Cousin, sa vie, sa correspondance. 3 vol. in-8. 1895. 30 fr.
BAUTAIN (Abbé). **La Philosophie morale.** 2 vol. in-8. 12 fr.
BEAUNIS (H.). **Impressions de campagne** (1870-1871). In-18. 3 fr. 50
BÉNARD (Ch.). **Philosophie dans l'éducation classique.** In-8. 6 fr. (Voy. p. 9, ARISTOTE et PLATON ; p. 10, HEGEL.)
BLANQUI. **Critique sociale.** 2 vol. in-18. 7 fr.
BLONDEAU (C.). **L'absolu et sa loi constitutive.** 1 vol. in-8. 1897. 6 fr.
BOILLEY (P.). **La Législation internationale du travail.** In-12. 3 fr.
— **Les trois socialismes** : anarchisme, collectivisme, réformisme. 3 fr. 50
BOURDEAU (Louis). **Théorie des sciences.** 2 vol. in-8. 20 fr.
— **La Conquête du monde animal.** In-8. 5 fr.
— **La Conquête du monde végétal.** In-8. 1893. 5 fr.
— **L'Histoire et les historiens.** 1 vol. in-8. 7 fr. 50
— *Histoire de l'alimentation. 1894. 1 vol. in-8. 5 fr. (V. p. 5.)
BOURDET (Eug.). **Principes d'éducation positive.** In-18. 3 fr. 50
— **Vocabulaire de la philosophie positive.** 1 vol. in-18. 3 fr. 50
BOUTROUX (Em.). *De l'idée de loi naturelle dans la science et la philosophie. 1 vol. in-8. 1895. 2 fr. 50. (V. p. 2 et 5.)
BOUSREZ (L.). **L'Anjou aux âges de la Pierre et du Bronze.** 1 vol. gr. in-8, avec pl. h. texte. 1897. 3 fr. 50
BUNGE (N.-Ch.). **Esquisses de littérature politico-économique.** 1 vol. in-8. 1898. 7 fr. 50
CARDON (G.). *Les Fondateurs de l'Université de Douai. In-8. 10 fr.
CASTELAR (Emilio). **La politique européenne.** 2 vol. in-8. 1896, 1898, Chacun. 3 fr.
CLAMAGERAN. **La Réaction économique et la démocratie.** 1 v. in-8. 1891. 1 fr. 25
— **La lutte contre le mal.** 1 vol. in-18. 1897. 3 fr. 50
COIGNET (Mme). *Victor Considérant, sa vie et son œuvre. in-8. 2 fr.

COLLIGNON (A.). ***Diderot**, sa vie et sa correspondance. In-12. 1895. 3 fr. 50
COMBARIEU (J.). ***Les rapports de la musique et de la poésie** considérés au point de vue de l'expression. 1893. 1 vol. in-8. 7 fr. 50
COSTE (Ad.). **Hygiène sociale contre le paupérisme.** In-8. 6 fr.
— **Nouvel exposé d'économie politique et de physiologie sociale.** In-18. 3 fr. 50 (Voy. p. 2 et 32.)
COUTURAT (Louis). *** De l'infini mathématique.** In-8. 1896. 12 fr.
DAURIAC. **Croyance et réalité.** 1 vol. in-18. 1889. 3 fr. 50
— **Le Réalisme de Reid.** In-8. 1 fr. (V. p. 2.)
DELBŒUF. **De la loi psychophysique.** In-18. 3 fr. 50 (V. p. 2.)
DENEUS. **De la réserve héréditaire des enfants.** In-8. 5 fr.
DENIS (Abbé Ch.). **Esquisse d'une apologie du Christianisme dans les limites de la nature et de la révélation.** 1 vol. in-12. 1898. 4 fr.
DERAISMES (Mlle Maria). Œuvres complètes :
— Tome I. **France et progrès.** — **Conférences sur la noblesse.** 1 vol. in-12. 1895. 3 fr. 50. — Tome II. **Eve dans l'humanité.** — **Les droits de l'enfant.** 1 vol. in-12. 1896. 3 fr. 50. — Tome III. **Nos principes et nos mœurs.** — **L'ancien devant le nouveau.** 1 vol. in-12. 1896. — Tome IV. **Lettre au clergé français. Polémique religieuse.** 1 vol. in-12. 1898. Chaque volume 3 fr. 50
DESCHAMPS. **La Philosophie de l'écriture.** 1 vol. in-8. 1892. 3 fr.
DESDOUITS. **La philosophie de l'inconscient.** 1893. 1 vol. in-8. 3 fr.
DOLLFUS (Ch.). **Lettres philosophiques.** In-18. 3 fr.
— **Considérations sur l'histoire.** In-8. 7 fr. 50
— **L'Ame dans les phénomènes de conscience.** 1 vol. in-18. 3 fr. 50
DROZ (Numa). **Etudes et portraits politiques.** 1 vol. in-8. 1895. 7 fr. 50
— **Essais économiques.** 1 vol. in-8. 1896. 7 fr. 50
— **La démocratie fédérative et le socialisme d'État.** In-12. 1 fr.
DUBUC (P.). * **Essai sur la méthode en métaphysique.** 1 vol. in-8. 5 fr.
DU CASSE (le Baron). **Le 5e corps de l'armée d'Italie en 1859.** Br. gr. in-8. 1898. 2 fr.
DUGAS (L.). ***L'amitié antique**, d'après les mœurs et les théories des philosophes. 1 vol. in-8. 1895. 7 fr. 50 (V. p. 2.)
DUNAN. ***Sur les formes à priori de la sensibilité.** 1 vol. in-8. 5 fr.
— **Les Arguments de Zénon d'Élée contre le mouvement.** 1 br. in-8. 1 fr. 50 (V. p. 2.)
DUVERGIER DE HAURANNE (Mme E.). **Histoire populaire de la Révolution française.** 1 vol. in-18. 4e édit. 3 fr. 50
Éléments de science sociale. 1 vol. in-18. 4e édit. 3 fr. 50
ESPINAS (A.). **Les Origines de la technologie.** 1 vol. in-8. 1897. 5 fr.
FABRE (J.). **Hist. de la philosophie.** Antiquité et Moyen âge. In-12. 3 fr. 50
FEDERICI. **Les Lois du progrès.** 2 vol. in-8. Chacun. 6 fr.
FERRÈRE (F.). **La situation religieuse de l'Afrique romaine** depuis la fin du IVe siècle jusqu'à l'invasion des Vandales. 1 v. in-8. 1898. 7 fr. 50
FERRIÈRE (Em.). **Les Apôtres**, essai d'histoire religieuse. 1 vol. in-12. 4 fr. 50
— **L'Ame est la fonction du cerveau.** 2 volumes in-18. 7 fr.
— **Le Paganisme des Hébreux jusqu'à la captivité de Babylone.** 1 vol. in-18. 3 fr. 50
— **La Matière et l'énergie.** 1 vol. in-18. 4 fr. 50
— **L'Ame et la vie.** 1 vol. in-18. 4 fr. 50
— **Les Erreurs scientifiques de la Bible.** 1 vol. in-18. 1891. 3 fr. 50
— **Les Mythes de la Bible.** 1 vol. in-18. 1893. 3 fr. 50
— **La cause première d'après les données expérimentales.** 1 vol. in-18. 1896. 3 fr. 50
— **Étymologie de 100 prénoms usités en France.** 1 vol. in-18. 1898. 1 fr. 50 (Voy. p. 32.
FLEURY (Maurice de). **Introduction à la médecine de l'Esprit.** 1 vol. in-8, 5e éd. 1898. 7 fr. 50
FLOURNOY. **Des phénomènes de synopsie.** In-8. 1893. 6 fr.

GAYTE (Claude). **Essai sur la croyance.** 1 vol. in-8. 3 fr.
GOBLET D'ALVIELLA. **L'Idée de Dieu**, d'après l'anthr. et l'histoire. In-8. 6 f.
GOURD. **Le Phénomène.** 1 vol. in-8. 7 fr. 50
GREEF (Guillaume de). **Introduction à la Sociologie.** 2 vol. in-8. 10 fr.
— **L'évolution des croyances et des doctrines politiques.** 1 vol. in-12. 1895. 4 fr. (V. p. 6.)
GRIMAUX (Ed.). *Lavoisier (1743-1794), d'après sa correspondance et divers documents inédits. 1 vol. gr. in-8, avec gravures. 2ᵉ éd. 1896. 15 fr.
GRIVEAU (M.). **Les Éléments du beau.** Préface de M. SULLY-PRUDHOMME. In-18, avec 60 fig. 1893. 4 fr. 50
GUILLY. **La Nature et la Morale.** 1 vol. in-18. 2ᵉ édit. 2 fr. 50
GUYAU. **Vers d'un philosophe.** In-18. 3 fr. 50 (Voy. p. 3, 6 et 9.)
GYEL (le Dʳ E.). **L'être subconscient.** 1 vol. in-8. 4 fr.
HAURIOU (M.). **La science sociale traditionnelle.** 1 v. in-8. 1896. 7 fr. 50
HALLEUX (J.). **Les principes du positivisme contemporain**, exposé et critique. (Ouvrage récompensé par l'Institut). 1 vol. in-12. 1895. 3 fr. 50
HARRACA (J.-M.). **Contributions à l'étude de l'Hérédité et des principes de la formation des races.** 1 vol. in-18. 1898. 2 fr.
HIRTH (G.). **La Vue plastique, fonction de l'écorce cérébrale.** In-8. Trad. de l'allem. par L. ARRÉAT, avec grav. et 34 pl. 8 fr. (Voy. p. 6.)
— **Les localisations cérébrales en psychologie. Pourquoi sommes-nous distraits?** 1 vol. in-8. 1895. 2 fr.
HOCQUART (E.). **L'Art de juger le caractère des hommes sur leur écriture**, préface de J. CRÉPIEUX-JAMIN. Br. in-8. 1898. 1 fr.
HUXLEY.* **La Physiographie**, introduction à l'étude de la nature, traduit et adapté par M. G. LAMY. 1 vol. in-8. 3ᵉ éd., avec fig. 8 fr. (V. p. 6, 21 et 32.)
ICARD (S.). **Paradoxes ou vérités.** 1 vol. in-12. 1895. 3 fr. 50
JOYAU. **De l'Invention dans les arts et dans les sciences.** 1 v. in-8. 5 fr.
— **Essai sur la liberté morale.** 1 vol. in-18. 3 fr. 50
— **La Théorie de la grâce et la liberté morale.** In-8. 2 fr. 50
KAUFMAN. **Etude de la cause finale et son importance au temps présent.** Trad. de l'allem. par Deiber. In-12. 1898. 2 fr. 50
KINGSFORD (A.) et MAITLAND (E.). **La Voie parfaite ou le Christ ésotérique**, précédé d'une préface d'Edouard SCHURE. 1 vol. in-8. 1892. 6 fr.
KUMS (A.). **Les choses naturelles dans Homère.** 1 vol. in-8. 1897. 5 fr.
LABORDE. **Les Hommes et les Actes de l'insurrection de Paris** devant la psychologie morbide. 1 vol. in-18. 2 fr. 50
LAURENT (O.). **Les Universités des deux mondes.** In-12. 3 fr. 50
LAVELEYE (Em. de). **De l'avenir des peuples catholiques.** In-8. 25 c.
— **L'Italie actuelle.** In-18. 3 fr. 50
— **L'Afrique centrale.** 1 vol. in-12. 3 fr.
— **Essais et Études.** Première série (1861-1875). 1 vol. in-8. 7 fr. 50. — Deuxième série (1875-1882). 1 vol. in-8. 7 fr. 50. — Troisième série (1892-1894). 1 vol. in-8. 7 fr. 50 (Voy. p. 7 et 15.)
LÉGER (C.). **La liberté intégrale**, esquisse d'une théorie des lois républicaines. 1 vol. in-12. 1896. 1 fr. 50
LETAINTURIER (J.). **Le socialisme devant le bon sens.** in-18. 1 fr. 50
LEVY (Albert). *Psychologie du caractère. In-8. 1896. 5 fr.
LÉVY (le Dʳ P.-E.). **L'éducation rationnelle de la volonté.** 1 vol. in-8. 1898. 4 fr.
LICHTENBERGER (A.). **Le socialisme au XVIIIᵉ siècle.** Etudes sur les idées socialistes dans les écrivains français au XVIIIᵉ siècle, avant la Révolution. 1 vol. in-8. 1895. 7 fr. 50 (Voy. p. 15.)
LOURBET (J.). **La femme devant la science contemporaine.** 1 vol. in-12. 1895. 2 fr. 50
MABILLEAU (L.). *Histoire de la philosophie atomistique. 1 vol. in-8. 1895. (Ouvrage couronné par l'Institut.) 12 fr.
MANACÉINE (Marie de). **L'anarchie passive et le comte Léon Tolstoï.** 1 vol. in-18. 2 fr.

MAINDRON (Ernest). *L'Académie des sciences (Histoire de l'Académie ; fondation de l'Institut national ; Bonaparte, membre de l'Institut). 1 beau vol. in-8 cavalier, avec 53 gravures dans le texte, portraits, plans, etc. 8 planches hors texte et 2 autographes. 12 fr.

MALON (Benoît). Le Socialisme intégral. Première partie : *Histoire des théories et tendances générales*. Grand in-8, 2ᵉ éd. 6 fr. — Deuxième partie : *Des réformes possibles et des moyens pratiques*. Grand in-8. 6 fr.
— Précis théorique, historique et pratique de socialisme (lundis socialistes). 1 vol. in-12. 1892. 3 fr. 50

MARSAUCHE (L.). La Confédération helvétique d'après la constitution, préface de M. Frédéric Passy. 1 vol. in-18. 1891. 3 fr. 50

MERCIER (Mgr). Les origines de la psychologie contemporaine. In-12. 1898. 5 fr.

MISMER (Ch.). Principes sociologiques. 1 vol. in-8. 2ᵉ éd. 1897. 5 fr.

MORIAUD (P.). La question de la liberté et la conduite humaine. 1 vol. in-12. 1897. 3 fr. 50

MOSSO (A.). L'éducation physique de la jeunesse. 1 vol. in-12, cart., préface du commandant Legros. 1895. 4 fr.

NAUDIER (Fernand). Le socialisme et la révolution sociale. 1894. 1 vol. in-18. 3 fr. 50

NETTER (A.). La Parole intérieure et l'âme. 1 vol. in-18. 2 fr. 50

NIZET. L'Hypnotisme, étude critique. 1 vol. in-12. 1892. 2 fr. 50

NOTOVITCH. La Liberté de la volonté. In-18. 3 fr. 50

NOVICOW (J.). La Question d'Alsace-Lorraine, critique du point de vue allemand. in-8. 1895. 1 fr. (V. p. 4, 7 et 15.)

NYS (Ernest). Les Théories politiques et le droit international. 1 vol. in-8. 1891. 4 fr.

PARIS (comte de). Les Associations ouvrières en Angleterre (Trades-unions). 1 vol. in-18. 7ᵉ édit. 1 fr. — Édition sur papier fort. 2 fr. 50

PAULHAN (Fr.). Le Nouveau mysticisme. 1 vol. in-18. 1891. 2 fr. 50 (Voy. p. 4, 7 et 32.)

PELLETAN (Eugène). *La Naissance d'une ville (Royan). In-18. 2 fr.
— *Jarousseau, le pasteur du désert. 1 vol. in-18. 2 fr.
— *Un Roi philosophe : Frédéric le Grand. In-18. 3 fr. 50
— Droits de l'homme. 1 vol. in-12. 3 fr. 50
— Profession de foi du XIXᵉ siècle. In-12. 3 fr. 50 (V. p. 34.)

PEREZ (Bernard). Thiery Tiedmann. Mes deux chats. In-12. 2 fr.
— Jacotot et sa Méthode d'émancipation intellect. In-18. 3 fr.
— Dictionnaire abrégé de philosophie. 1893. in-12. 1 fr. 50 (V. p. 7.)

PHILBERT (Louis). Le Rire. In-8. (Cour. par l'Académie française.) 7 fr. 50

PHILIPPE (J.). Lucrèce dans la théologie chrétienne du IIIᵉ au XIIIᵉ siècle. 1 vol. in-8. 1896. 2 fr. 50

PIAT (Abbé C.). L'Intellect actif ou Du rôle de l'activité mentale dans la formation des idées. 1 vol. in-8. 3 fr. (V. p. 7.)

PICARD (Ch.). Sémites et Aryens (1893). In-18. 1 fr. 50

PICAVET (F.). L'Histoire de la philosophie, ce qu'elle a été, ce qu'elle peut être. In-8. 2 fr.
— La Mettrie et la critique allemande. 1889. In-8. 1 fr. (V. p. 8.)

PICTET (Raoul). Étude critique du matérialisme et du spiritualisme par la physique expérimentale. 1 vol. gr. in-8. 1896. 10 fr.

POEY. Le Positivisme. 1 fort vol. in-12. 4 fr. 50
— M. Littré et Auguste Comte. 1 vol. in-18. 3 fr. 50

PORT. La Légende de Cathelineau. In-8. 5 fr.

POULLET. La Campagne de l'Est (1870-1871). In-8, avec cartes. 7 fr.

*Pour et contre l'enseignement philosophique, par MM. VANDEREM (Fernand), RIBOT (Th.), BOUTROUX (F.), MARION (H.), JANET (P.) et FOUILLÉE (A.) de l'Institut ; MONOD (G.), LYON (Georges), MARILLIER (L.), CLAMADIEU (abbé), BOURDEAU (J.), LACAZE (G.), TAINE (H.). 1894. In-18. 2 fr.

PRÉAUBERT. **La vie, mode de mouvement,** essai d'une théorie physique des phénomènes vitaux. 1 vol. in-8, 1897. 5 fr.

PRINS (Ad.). **L'organisation de la liberté et le devoir social.** 1 vol in-8. 1895. 4 fr.

PUJO (Maurice). *****Le règne de la grâce. L'idéalisme intégral.** 1894. 1 vol. in-18. 3 fr. 50

RIBOT (Paul). **Spiritualisme et Matérialisme.** 2ᵉ éd. 1 vol. in-8. 6 fr.

RUTE (Marie-Letizia de). **Lettres d'une voyageuse.** Vienne, Budapest, Constantinople. 1 vol. in-8. 1896. 3 fr.

SANDERVAL (O. de). **De l'Absolu.** La loi de vie. 1 vol. in-8. 2ᵉ éd. 5 fr.

— **Kahel. Le Soudan français.** In-8, avec gravures et cartes. 8 fr.

SECRÉTAN (Ch.). **Études sociales.** 1889. 1 vol. in-18. 3 fr. 50

— **Les Droits de l'humanité.** 1 vol. in-18. 1891. 3 fr. 50

— **La Croyance et la civilisation.** 1 vol. in-18. 2ᵉ édit. 1891. 3 fr. 50

— **Mon Utopie.** 1 vol. in-18. 3 fr. 50

— **Le Principe de la morale.** 1 vol. in-8. 2ᵉ éd. 7 fr. 50

— **Essais de philosophie et de littérature.** 1 vol. in-12. 1896. 3 fr. 50

SECRÉTAN (H.). **La Société et la morale.** 1 vol. in-12. 1897. 3 fr. 50

SÉE (Paul). **La question monétaire.** Br. gr. in-8. 1898. 2 fr.

SILVA WHITE (Arthur). **Le développement de l'Afrique.** 1894. 1 fort vol. in-8 avec 15 cartes en couleurs hors texte. 10 fr.

SOLOWEITSCHIK (Leonty). **Un prolétariat méconnu,** étude sur la situation sociale et économique des juifs. 1 vol. in-8. 1898. 2 fr. 50

SOREL (Albert). **Le Traité de Paris du 30 novembre 1815.** In-8. 4 fr. 50

SPIR (A.). **Esquisses de philosophie critique.** 1 vol. in-18. 2 fr. 50

STOCQUART (Emile). **Le contrat de travail.** In-12. 1895. 3 fr.

STRADA (J.). **La loi de l'histoire.** 1 vol. in-8. 1894. 5 fr.

— **Jésus et l'ère de la science.** 1 vol. in-8. 1896. 5 fr.

— **Ultimum organum,** constitution scientifique de la méthode générale. Nouvelle édition. 2 vol. in-12. 1897. 7 fr.

— **La religion de la science et de l'esprit pur,** constitution scientifique de la religion. 2 vol. in-8. 1897. Chacun séparément. 7 fr.

TERQUEM (A.). **Science romaine à l'époque d'Auguste.** in-8. 3 fr.

THURY. **Le chômage moderne,** causes et remèdes. 1 v. in-12. 1895. 2 fr. 50

TISSOT. **Principes de morale.** 1 vol. in-8. 6 fr. (Voy. KANT, p. 10.)

ULLMO (L.). **Le Problème social.** 1897. 1 vol. in-8. 3 fr.

VACHEROT. **La Science et la Métaphysique.** 3 vol. in-18. 10 fr. 50

VAN BIERVLIET (J.-J.). **Éléments de Psychologie humaine.** 1 vol. in-8. 1895. 8 fr.

— **La Mémoire.** Br. in-8. 1893. 2 fr.

VIALLET (C.-Paul). **Je pense, donc je suis.** Introduction à la méthode cartésienne. 1 vol. in-12. 1896. 2 fr. 50

VIGOUREUX (Ch.). **L'Avenir de l'Europe au double point de vue de la politique de sentiment et de la politique d'intérêt.** 1892. 1 vol. in-18. 3 fr. 50

WEIL (Denis). **Le Droit d'association et le Droit de réunion** devant les chambres et les tribunaux. 1893. 1 vol. in-12. 3 fr. 50

— **Les Élections législatives.** Histoire de la législation et des mœurs. 1 vol. in-18. 1895. 3 fr. 50

WUARIN (L.). **Le Contribuable.** 1 vol. in-16. 3 fr. 50

WULF (M. de). **Histoire de la philosophie scolastique dans les Pays-Bas et la principauté de Liège jusqu'à la Révol. franç.** In-8. 5 fr.

— **Sur l'esthétique de saint Thomas d'Aquin.** In-8. 1 fr. 50

ZIESING (Th.). **Érasme ou Salignac.** Étude sur la lettre de François Rabelais. 1 vol. gr. in-8. 4 fr.

ZOLLA (D.). **Les questions agricoles d'hier et d'aujourd'hui.** 1894, 1895. 2 vol. in-12. Chacun. 3 fr. 50

BIBLIOTHÈQUE UTIL

120 VOLUMES PARUS

Le volume de 192 pages, broché, 60 centimes.

Cartonné à l'anglaise, 1 fr.

La plupart des livres de cette collection ont été adoptés par le *Ministère de l'Instruction publique* pour les Bibliothèques des Lycées et Collèges de garçons et de jeunes filles, celles des Écoles normales, les Bibliothèques populaires et scolaires.

Les livres adoptés par la Commission consultative des Bibliothèques des Lycées sont marqués d'un astérisque.

HISTOIRE DE FRANCE

Les Mérovingiens, par BUCHEZ.

Les Carlovingiens, par BUCHEZ.

Les Luttes religieuses des premiers siècles, par J. BASTIDE. 4ᵉ édit.

Les Guerres de la Réforme, par J. BASTIDE. 4ᵉ édit.

La France au moyen âge, par F. MORIN.

Jeanne d'Arc, par Fréd. LOCK.

Décadence de la monarchie française, par Eug. PELLETAN, sénateur. 4ᵉ édit.

La Révolution française, par H. CARNOT (2 volumes).

La Défense nationale en 1792, par P. GAFFAREL, professeur à la Faculté des lettres de Dijon.

Napoléon Iᵉʳ, par Jules BARNI. 3ᵉ édit.

Histoire de la Restauration, par Fréd. LOCK. 3ᵉ édit.

Histoire de Louis-Philippe, par Edgar ZEVORT, recteur de l'Académie de Caen. 2ᵉ édit.

Mœurs et Institutions de la France, par P. BONDOIS, prof. au lycée Buffon, 2 vol.

Léon Gambetta, par J. REINACH.

Histoire de l'armée française, par L. BÈRE.

Histoire de la marine française, par DONEAUD, prof. à l'École navale, 2ᵉ édit.

Histoire de la conquête de l'Algérie, par QUESNEL.

Les Origines de la guerre de 1870, par Ch. DE LARIVIÈRE.

Histoire de la littérature française, par Georges MEUNIER, agrégé de l'Université.

Histoire de l'Art ancien et moderne, par le même.

PAYS ÉTRANGERS

L'Espagne et le Portugal, par E. RAYMOND. 2ᵉ édition.

Histoire de l'Empire ottoman, par L. COLLAS. 2ᵉ édition.

Les Révolutions d'Angleterre, par Eug. DESPOIS. 3ᵉ édition.

Histoire de la maison d'Autriche, par Ch. ROLLAND. 2ᵉ édition.

L'Europe contemporaine (1789-1879), par P. BONDOIS, prof. au lycée Buffon.

Histoire contemporaine de la Prusse, par Alfr. DONEAUD.

Histoire contemporaine de l'Italie, par Félix HENNEGUY.

Histoire contemporaine de l'Angleterre, par A. REGNARD.

HISTOIRE ANCIENNE

La Grèce ancienne, par L. COMBES.

L'Asie occid. et l'Égypte, par A. OTT.

L'Inde et la Chine, par A. OTT.

Histoire romaine, par CREIGHTON.

L'Antiquité romaine, par WILKINS.

L'Antiquité grecque, par MAHAFFY.

GÉOGRAPHIE

Torrents, fleuves et canaux de la France, par H. BLERZY.

Les Colonies anglaises, par H. BLERZY.

Les Iles du Pacifique, par le capitaine de vaisseau JOUAN (avec une carte).

Les Peuples de l'Afrique et de l'Amérique, par GIRARD DE RIALLE.

Les Peuples de l'Asie et de l'Europe, par GIRARD DE RIALLE.

L'Indo-Chine française, par FAQUE.

Géographie physique, par GEIKIE.

Continents et Océans, par GROVE (avec figures).

Les Frontières de la France, par P. GAFFAREL, prof. à la Faculté de Dijon.

L'Afrique française, par A. JOYEUX.

Madagascar, par A. MILHAUD, prof. agrégé d'histoire et de géographie (avec carte).

Les grands ports de commerce, par D. BELLET.

COSMOGRAPHIE

Les Entretiens de Fontenelle sur la pluralité des mondes, mis au courant de la science, par BOILLOT.

Le Soleil et les Étoiles, par le P. SECCHI. BRIOT, WOLF et DELAUNAY. 2ᵉ édition (avec figures).

Les Phénomènes célestes, par ZURCHER et MARGOLLÉ.

A travers le ciel, par AMIGUES, proviseur du lycée de Toulon.

Origines et Fin des mondes, par Ch. RICHARD. 3ᵉ édition.

Notions d'astronomie, par L. CATALAN. 4ᵉ édition (avec figures).

SCIENCES APPLIQUÉES

Le Génie de la science et de l'industrie, par B. GASTINEAU.

Causeries sur la mécanique, par BROTHIER. 2ᵉ édit.

Médecine populaire, par le Dʳ TURCK.

La Médecine des accidents, par le Dʳ BROQUÈRE.

Les Maladies épidémiques (Hygiène et Prévention), par le Dʳ L. MONIN.

Hygiène générale, par le Dʳ CRUVEILHIER.

La tuberculose, son traitement hygiénique, par P. MERKLEN, interne des hôpitaux

Petit Dictionnaire des falsifications, par DUFOUR, pharmacien de 1ʳᵉ classe.

L'Hygiène de la cuisine, par le Dʳ LAUMONIER.

Les Mines de la France et de ses colonies, par P. MAIGNE.

Les Matières premières et leur emploi, par le Dʳ H. GENEVOIX, pharmacien de 1ʳᵉ cl.

Les Procédés industriels, du même.

La Photographie, par H. GOSSIN.

La Machine à vapeur, du même (avec fig.).

La Navigation aérienne, par G. DALLET.

L'Agriculture française, par A. LARBALÉTRIER, prof. d'agriculture (avec figures).

La Culture des plantes d'appartement, par A. LARBALÉTRIER (avec figures).

La Viticulture nouvelle, par A. BIRGET.

Les Chemins de fer, p. G. MAYER (av. fig.).

Les grands ports maritimes de commerce, par D. BELLET (avec figures).

SCIENCES PHYSIQUES ET NATURELLES

Télescope et Microscope, par ZURCHER et MARGOLLÉ.

Les Phénomènes de l'atmosphère, par ZURCHER. 7ᵉ édit.

Histoire de l'air, par ALBERT-LÉVY.

Histoire de la terre, par BROTHIER.

Principaux faits de la chimie, par BOUANT, prof. au lycée Charlemagne.

Les Phénomènes de la mer, par E. MARGOLLÉ. 5ᵉ édit.

L'Homme préhistorique, par ZABOROWSKI. 2ᵉ édit.

Les Mondes disparus, du même.

Les grands Singes, du même.

Histoire de l'eau, par BOUANT, prof. au lycée Charlemagne (avec grav.).

Introduction à l'étude des sciences physiques, par MORAND. 5ᵉ édit.

Le Darwinisme, par E. FERRIÈRE.

Géologie, par GEIKIE (avec figures).

Les Migrations des animaux et le Pigeon voyageur, par ZABOROWSKI.

Premières Notions sur les sciences, par Th. HUXLEY.

La Chasse et la Pêche des animaux marins, par JOUAN.

Zoologie générale, par H. BEAUREGARD.

Botanique générale, par E. GÉRARDIN, (avec figures).

La Vie dans les mers, par H. COUPIN.

Les Insectes nuisibles, par A. ACLOQUE.

PHILOSOPHIE

La Vie éternelle, par ENFANTIN. 2ᵉ éd.

Voltaire et Rousseau, par E. NOEL. 3ᵉ éd.

Histoire populaire de la philosophie, par L. BROTHIER. 3ᵉ édit.

La Philosophie zoologique, par Victor MEUNIER. 3ᵉ édit.

L'Origine du langage, par ZABOROWSKI.

Physiologie de l'esprit, par PAULHAN (avec figures).

L'Homme est-il libre? par G. RENARD.

La Philosophie positive, par le docteur ROBINET. 2ᵉ édition.

ENSEIGNEMENT. — ÉCONOMIE DOMESTIQUE

De l'Éducation, par H. SPENCER. 8ᵉ édit.

La Statistique humaine de la France, par Jacques BERTILLON.

Le Journal, par HATIN.

De l'Enseignement professionnel, par CORBON. 3ᵉ édit.

Les Délassements du travail, par Maurice CRISTAL. 2ᵉ édit.

Le Budget du foyer, par H. LENEVEUX.

Paris municipal, par H. LENEVEUX.

Histoire du travail manuel en France, par H. LENEVEUX.

L'Art et les Artistes en France, par Laurent PICHAT, sénateur. 4ᵉ édit.

Premiers principes des beaux-arts, par J. COLLIER (avec gravures).

Économie politique, par STANLEY JEVONS.

Le Patriotisme à l'école, par JOURDY, colonel d'artillerie.

Histoire du libre-échange en Angleterre, par MONGREDIEN.

Économie rurale et agricole, par PETIT.

La Richesse et le Bonheur, par Ad. COSTE.

Alcoolisme ou épargne, le dilemme social, par Ad. COSTE.

L'Alcool et la lutte contre l'alcoolisme, par les Dʳˢ SÉRIEUX et MATHIEU.

Les plantes d'appartement, de fenêtres et de balcons, par A. LARBALÉTRIER.

DROIT

La Loi civile en France, par MORIN, 3ᵉ édit.

La Justice criminelle en France, par G. JOURDAN. 2ᵉ édit.

Librairie Philosophique de Ladrange.

Des Pensées de Pascal. Rapport à l'Académie Française sur la nécessité d'une nouvelle édition, suivi d'un vocabulaire des locutions les plus remarquables, usitées par Pascal; par Vict. Cousin, in-8. 1843.   7 fr. 50 c.

Système de l'Idéalisme transcendantal, par Schilling, membre de l'Institut de France, professeur à l'Univers de Berlin, etc. etc., traduit de l'allemand par M. Paul Grimblot. In-8, 1842.   7 fr. 50.

Critique de la raison pure, par Kant; traduit de l'allemand sur la 8e édition, par J. Tissot, professeur de Philosophie à la Faculté de Dijon, 2 vol. in-8.   14 fr.

Principes Métaphysiques du droit, suivis d'un Projet de paix perpétuelle, par Kant, et de l'analyse des deux ouvrages par Mellin; traduit de l'allemand *par le même*, 1 vol. in-8.   7 fr. 50 c.

Principes Métaphysiques de la Morale, par Kant, 2e édition, augmentée : 1° d'une Analyse de l'ouvrage; 2° d'une Analyse des Fondements de la métaphysique des mœurs; 3° et de l'Analyse de la Critique de la Raison pratique, par Mellin; 4° d'un Traité de la morale élémentaire, d'après les principes de M. Kant par M. Snell; traduit de l'allemand *par le même*. In-8.   7 fr. 50 c.

La Logique de Kant, traduit de l'allemand *par le même*, 1 vol. in-8.   6 fr.

La Religion dans les limites de la Raison, par Kant, traduit de l'allemand par G. Trullard. 1 vol. in-8, 1841.   7 fr. 50 c.

Histoire de la Philosophie Ancienne, par le docteur Henri Ritter, professeur à l'Université de Kiel; traduit de l'allemand par J. Tissot, etc. 4 gros vol. in-8.   32 fr.

Fragments de Philosophie, par W. Hamilton, professeur de Logique et de Métaphysique à l'Université d'Edimbourg; traduit de l'anglais par L. Peisse, avec une longue préface, des notes et un appendice du traducteur. 1 vol. in-8.   7 fr. 50 c.

La Politique d'Aristote, avec le texte en regard, traduite en français par M. Barth. Saint-Hilaire, membre de l'Institut, Professeur de Philosophie Ancienne au Collége de France. 2 vol. grand in-8; Imprimerie Royale.   20 fr.

La Logique d'Aristote — (**les premiers** et les **derniers Analytiques**), traduite pour la première fois en français par M. Barth. St.-Hilaire, 2 vol. grand in-8. 1842.   15 fr.

De la Logique, par M. Barth. St.-Hilaire, Mémoire couronné en 1837 par l'Académie des Sciences Morales et Politiques. 2 vol. in-8.   14 fr.

Manuel de Philosophie, par Aug. Henri Mathiæ, traduit de l'allemand sur la 3e édition par M. Poret, professeur de Philosophie au Collège Rollin. In 8.   4 fr.

De la destination du Savant et de l'homme de Lettres, par Fichte, traduit de l'allemand par Nicolas, professeur de Philosophie à la Faculté de Théologie de Montauban. 1 vol. in-8.   2 fr.

De l'Imprimerie de BEAU, à Saint-Germain-en-Laye.

admis que le moi doit poser en général, en vertu de son essence, proposition que nous démontrerons dans la synthèse capitale suivante. Or il ne peut poser que le sujet ou l'objet, et tous deux que médiatement. S'il pose l'objet il supprime nécessairement alors le sujet, et une passivité est produite en lui. Cette passivité est nécessairement corrélative à un fondement réel dans le non-moi et ainsi naît la représentation d'une réalité du non-moi, indépendante du moi. — Ou bien s'il pose le sujet, il supprime nécessairement l'objet posé, et alors se produit une passivité corrélative d'une activité du sujet qui donne naissance à la représentation d'une réalité du moi, indépendante du non-moi, (la représentation d'une liberté du moi qui n'est dans la discussion actuelle, qu'une liberté purement représentée). Ainsi au moyen des termes intermédiaires, comme le veulent les lois de la synthèse, sont parfaitement expliquées et fondées, la passivité et l'activité (idéales) du moi, indépendantes, aussi bien que celles du non-moi.

Mais la loi établie étant évidemment une détermination de l'activité du moi comme telle, elle doit avoir un fondement et il faut que la science de la connaissance montre ce fondement. Or, si l'on n'insère pas, comme on le doit pourtant, un terme moyen par une nouvelle synthèse, il faut chercher ce principe uniquement dans les moments qui limitent immédiatement cette détermination, dans le poser du moi ou dans la passivité. La première voie est adoptée comme principe de détermination par l'idéaliste quantitatif, qui fait de cette loi, la loi du *poser* en général, la seconde par le réaliste quantitatif qui la déduit de la passivité du moi. D'après le premier, cette loi est une loi subjective et idéale qui n'a son principe que dans le moi. D'après le second, c'est une loi objective et réelle qui n'a pas son fondement dans le moi. Où peut-elle l'avoir, a-t-elle même un fondement? à cet égard l'investigation est coupée. Il est vrai que l'affection du moi, posée, établie comme inexplicable, doit se rapporter à une réalité dans le non-moi qui la mette en action; mais cela n'arrive qu'en conséquence d'une loi explicable et même d'une loi expliquée dans le moi par l'affection.

Il résulte de la synthèse que nous venons d'établir, qu'ils ont tort tous deux; que cette loi n'est ni purement subjective et idéale, ni purement objective et réelle; mais que son fondement doit se trouver en même temps dans l'objet et dans le sujet, or, comment se trouve-t-elle ainsi dans les deux termes? Ici s'arrête notre recherche, et nous avouons notre incapacité et notre ignorance. Nous sommes alors dans l'idéalisme quantitatif critique dont nous combattions tout-à-l'heure l'établissement. Néanmoins le problème proposé plus haut n'étant pas encore complètement résolu, et ayant par devers nous plusieurs synthèses encore, il faudrait bien avancer quelque chose de plus précis sur ce système de fondation.

B. — Nous allons faire maintenant pour la notion de substance, ce que nous avons fait pour celle de causalité; nous concilierons synthétiquement l'activité de la forme et celle de la matière, ensuite la forme de la pure réciprocité avec sa matière et enfin les unités synthétiques ainsi produites, les unes avec les autres.

α. — D'abord l'activité de la forme et celle de la matière, (on suppose que les développements qui précèdent ont fait connaître le sens dans lequel ces expressions sont employées ici. Le point capital, en ce moment et dans la suite, est de saisir avec rectitude et précision les caractères de la substantialité).

D'après ce qui précède, l'activité formelle est dans cette réciprocité particulière un *non-poser* par *un poser* absolu, le poser de quelque chose comme *non-posé*, comme posé par le *poser* d'une autre, en un mot la négation par l'affirmation.

Le *non-posé* doit donc être posé et doit être posé comme non-posé. Il doit, en conséquence, n'être pas anéanti d'une manière générale, comme dans la réciprocité de la causalité; mais seulement être exclu d'une sphère déterminée. Il est donc nié non par le *poser* en général, mais seulement par un *poser* déterminé. Ce *poser* qui détermine en cette fonction, qui détermine par conséquent comme activité objective, doit déterminer le *posé*, c'est-à-dire il doit le poser en une sphère déterminée comme la remplissant. On peut voir comment par le *poser*, un autre peut être posé comme *non-posé*. Il est posé *dans cette sphère* comme non-posé, il n'est donc pas posé en elle, il en est exclu, parce que ce qui y est posé doit le remplir. — Par cette action *l'exclu* n'est nullement posé en une sphère déterminée; sa sphère ne reçoit par là absolument aucun autre prédicat qu'un prédicat négatif : elle n'est pas *telle sphère*. Quelle sphère peut-elle être? est-elle une sphère déterminée? cela demeure entièrement indécis. *Dans la détermination réciproque par la substantialité, le caractère précis de l'activité formelle est l'exclusion d'une sphère déterminée, remplie et ayant à cet égard la totalité* (de ce qui y est contenu).

La difficulté, en ceci, réside évidemment en ce que l'exclu = B est posé = B, et seulement n'est pas posé par A dans sa sphère. Mais la sphère de A doit être posée comme totalité absolue, d'où il doit suivre que B ne peut pas être posé. La sphère de A doit donc être posée en même temps comme totalité et non-totalité ; elle est posée comme totalité à l'égard de A ; elle est posée comme non-totalité à l'égard de B, exclu. Mais la sphère de B n'est pas déterminée ; elle est déterminée d'une manière purement négative, comme n'étant pas la sphère A. A par conséquent, étant admis à tout égard, serait posé comme partie déterminée, et à cet égard totale et complète, d'un tout non déterminé et à cet égard incomplet. Le *poser* de cette sphère supérieure, embrassant les deux autres, la déterminée et l'indéterminée, serait cette activité, par laquelle l'activité formelle que nous venons d'établir serait possible, elle serait par conséquent l'activité matérielle que nous cherchons.

Soit donné le morceau de fer déterminé = C, en mouvement. Vous posez le fer absolument = A, tel qu'il est posé, d'après sa simple notion (en vertu de la proposition A = A, § 1.), comme totalité absolue, et vous ne trouvez pas dans sa sphère le mouvement = B. En posant A vous excluez B par conséquent de sa sphère. Pourtant vous ne supprimez pas le mouvement du morceau de fer = C. Vous ne voulez pas nier absolument sa possibilité. Vous le posez donc hors de la sphère de A, dans une sphère indéterminée, parce que vous ne savez pas sous quelle condition et d'après quel principe le morceau de fer C peut se mouvoir. La sphère A est la totalité du fer et pourtant elle ne l'est pas, car le

www.ingramcontent.com/pod-product-compliance
Lightning Source LLC
Chambersburg PA
CBHW070218240426
43671CB00007B/688